[清]吴楚材 吴调侯 编选

洪本健 方笑一 戴从喜 李强 解题汇评

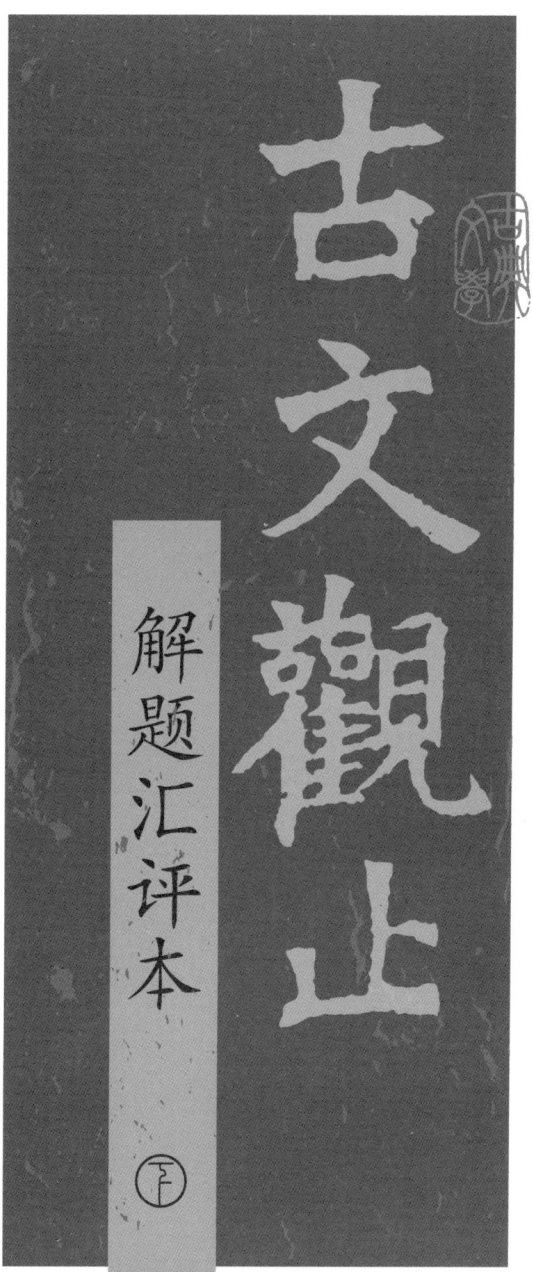

卷七

六朝唐文

陈情表

李 密

解题 常璩《华阳国志》："李密,字令伯,父早亡,母何氏更适人。密见养于祖母,事祖母以孝闻,侍疾日夜未曾解带。蜀平后,晋武帝征为太子洗马,诏书累下,郡县逼迫,密上书,武帝览其表(按即本文)曰:密不空有名者也。"《晋书·李密传》："父早亡,母何氏改醮,密时年数岁,感恋弥至,烝烝之性,遂以成疾。祖母刘氏,躬自抚养。密奉事以孝谨闻。刘氏有疾,则涕泣侧息,未尝解衣。饮膳汤药,必先尝后进。……少仕蜀为郎,数使吴,有才辩,吴人称之。"

　　臣密言:李密,字令伯,犍为武阳人。父早亡,母何氏更适人,密见养于祖母刘氏,以孝闻,侍疾,日夜未尝解带。蜀亡,晋武帝征为太子洗马。诏书累下,郡县逼迫,密上此疏。**臣以险衅,夙遭闵凶。**险衅,艰难祸罪也。夙,早也。闵,忧也。○二句总下。**生孩六月,慈父见背;**父死。**行年四岁,舅夺母志。**舅嫁其母,不得守节。**祖母刘,愍臣孤弱,躬亲抚养。臣少多疾病,九岁不行,零丁孤苦,至于成立。**一段。所谓"臣无祖母无以至今日"。**既无叔伯,终鲜**上声。**兄弟。门衰祚薄,**门户衰微,福祚浅薄。**晚

413

有儿息。儿息得之甚晚。外无期功强羌上声。近之亲,内无应门五尺之童,期,周年服也。功,大功、小功也。强近,强为亲近也。童,仆也。茕茕孑立,形影相吊。茕茕,孤独貌。孑,单也。吊,问也。唯形与影,自相吊问也。而刘夙婴疾病,婴,加也。常在床蓐,褥。臣侍汤药,未尝废离。一段。所谓"祖母无臣无以终余年"。

逮奉圣朝,晋朝。沐浴清化。前太守臣逵,察臣孝廉;后刺史臣荣,举臣秀才。臣以供养去声。无主,无人主供养之事。辞不赴命。一次陈情在前。诏书特下,拜臣郎中;寻蒙国恩,除臣洗马。寻,俄也。拜官曰除。洗马,太子属官。猥委。以微贱,当侍东宫,非臣陨首所能上报。猥,顿也。东宫,太子宫也。陨,落也。臣具以表闻,辞不就职。两次陈情在前。诏书切峻,责臣逋慢;郡县逼迫,催臣上道;州司临门,急于星火。切峻,急切而严峻也。逋,缓也。慢,倨也。○连用"察臣"、"举臣"、"拜臣"、"除臣"、"责臣"、"催臣",文法错落。臣欲奉诏奔驰,则以刘病日笃;欲苟顺私情,则告诉不许。州县不从。臣之进退,实为狼狈。狼,前二足长,后二足短。狈,前二足短,后二足长。狼无狈不立,狈无狼不行。若相离,则进退不得。○写出进退两难之状,以示不得不再具表陈情之意。

伏惟圣朝以孝治天下,凡在故老,犹蒙矜育,矜怜、养育。况臣孤苦,特为尤甚。且臣少事伪朝,伪朝,谓蜀汉也。对晋而称,不得不尔。历职郎署,官至尚书郎。本图宦达,不矜名节。言我本谋为官职,非隐逸以名节自矜也。○密以蜀臣而坚辞晋命,恐晋疑其以名节自矜,故作此语。今臣亡国贱俘,孚。○军所虏获曰俘。至微至陋,过蒙拔擢,宠命优渥,岂敢盘桓,有所希冀?盘桓,不进貌。希冀,谓希望立名节也。○此段言己非不欲就职。振起下意。但以刘日薄博。西山,气息奄奄,人命危浅,朝不虑夕。薄,迫也。日迫西山,喻刘老暮也。奄奄,将绝也。危易落,浅易拔。虑,谋也。言朝不谋至夕之生也。臣无祖母,无以至今日;祖母无臣,无以终余年。母孙二人,更平声。相为命,是以区区不能废远。更,迭也。言二人迭相依以为命。区区,犹勤勤也。废远,谓废养而远离祖母。○此段写尽慈孝,使人读之欲涕。

臣密今年四十有四,祖母刘今年九十有六,是臣尽节于陛下之日长,报刘之日短也。乌鸟私情,愿乞终养。乌鸟反哺其母,言我有此乌鸟之私情,乞毕祖母之养也。○数语尤婉曲动人。○又连用"况臣"、"且臣"、"今臣"、"是臣",文法更圆转。臣之辛苦,非独蜀之人士及二州牧伯所见明知,皇天后土,实所共鉴。二州,谓梁州、益州。牧伯,谓荣、逵。言非但人知我辛苦,天地亦知也。愿陛下矜愍愚诚,听臣微志。庶刘侥幸,卒保余年,臣生当陨首,死当结草。魏武子有嬖妾,无子,武子疾,命子颗曰:"吾死,嫁之。"及困,又曰:"杀以殉。"颗乃从初言嫁之。后与秦将杜回战,颗见老人结草以亢杜回。回踬,为颗所获。中夜梦结草老人曰:"予妾父也,报君不杀之心。"臣不胜升。犬马怖惧之情,谨拜表以闻。

汇评

[宋] 真德秀:按令伯之表,反复谆笃,出于真诚。至今读之,犹足使人感动,况当时之君乎!(《文章正宗》卷一○)

[清] 林云铭:纯是一片至性语,不事雕饰,惟见天真烂漫。(《古文析义》卷一○)

[清] 吴楚材、吴调侯:历叙情事,俱从天真写出,无一字虚言驾饰。晋武览表,嘉其诚款,赐奴婢二人,使郡县供祖母奉膳。至性之言,自尔悲恻动人。(《古文观止》卷七)

[清] 浦起龙:情真则文真,真则至,何处著一字粉饰?(《古文眉诠》卷

四一)

[清] 余诚：层次说来，无一语不委婉动人，固是至情至性之文，而通体局势浑成，步骤安雅，更极结构之妙。读者须细玩其词旨，及其转落承接，方不辜负作者苦心，而得此文之益。○通体俱是陈情，而前两段是陈其已往之情，乃题前文字；中三段是陈其现今之情，乃题中文字；末段是陈其日后之情也，乃题后文字。(《重订古文释义新编》卷七)

[清] 过琪：直摅真情，声泪俱下。读《十二郎文》而为之呜咽，读《出师表》而为之感悟。呜咽，其动乎情者也；感悟，其发乎性者也。斯文历叙生平辛苦，亦呜咽，亦感悟，其入人之性情者深欤！(《详订古文评注全集》卷六)

[清] 唐介轩：情真语挚，绝无粉饰之迹，读之令人感动。盖《出师》，一忠心所注；《陈情》，一孝思所迫，文章根忠孝中来，自足不朽千古。(《古文翼》卷八)

兰亭集序

王羲之

解题　《晋书·王羲之传》："羲之雅好服食养性，不乐在京师。初渡浙江，便有终焉之志。会稽有佳山水，名士多居之。谢安未仕时，亦居焉。孙绰、李充、许询、支遁等，皆以文义冠世，并筑室东土，与羲之同好。尝与同志宴集于会稽山阴之兰亭，羲之自为之序。"

永和九年，永和，晋穆帝年号。岁在癸丑，暮春之初，会于会稽。稽山阴之兰亭，时当暮春，王羲之与谢安、孙绰、郗昙、魏滂及凝之、涣之、玄之、献之等，以上巳日，会于兰亭。会稽，今绍兴府。山阴，县名。○总叙一笔。修禊系。事也。禊，祓除不祥也。三月上巳日，临水洗濯，除去宿垢，谓之禊。○此句点出所以会之故。群贤毕至，少长咸集。叙人。此地有崇山峻岭，茂林修竹，又有清流激湍，脱平声。映带左右，修，长也。湍，波流潆洄之貌。○叙地。引以为流觞曲水，因曲水以泛觞。列坐其次，虽无丝竹管弦之盛，折一句，跌入赋诗。一觞一咏，亦足以畅叙幽情。叙事。是日也，天朗气清，惠风和畅。叙日。仰观宇宙之大，俯察品类之盛，所以游目骋怀，足以极视听之娱，鱼。信可乐也。叙乐。○叙会事至此已毕，下乃发胸中之感。

夫人之相与，俯仰一世。承上"俯"、"仰"二字，推开一步说。或取诸怀抱，晤言一室之内；一种人，是倦于涉猎者。或因寄所托，放浪形骸之外。又一种人，是旷达不拘者。虽取舍万殊，静躁不同，此两种人，或取或舍，或静或躁。当其欣于所遇，暂得于己，快然自足，曾不知老之将至。总是一样得意。及其所之既倦，之，往也。情随事迁，感慨系之矣。却又一样兴尽。○此只就一时一事论。向之所欣，俛同俯。仰之间，已为陈迹，犹不能不以之兴怀，俛仰之顷，为时甚近。而向之所乐者，已成往事，犹尚感慨系之。○申足上文，即逼入死生正意，何等灵快。况修短随化，终期于尽！人命长短，总归于尽。古人云："死生亦大矣。"岂不痛哉！《庄子·德充符》："仲尼曰：'死生亦大矣。'"○至此方入作序正旨。

每览昔人兴感之由，若合一契，古人皆兴感于死生之际。未尝不临文嗟悼，不能喻之于怀。我未尝不临此兴感之文，而为之嗟悼，亦不能自解其所以然。固知一死生为虚诞，齐彭殇为妄作，《庄子·齐物论》："予恶乎知夫死者不悔其始之蕲生乎！"此"一死生"之说也。"莫寿乎殇子，而彭祖为夭。"此"齐彭殇"之说也。言人莫不兴感于死生寿夭，固知是两说为虚诞妄作。后之视今，亦犹今之视昔，悲夫！言瞥见吾已杳无踪影，犹如今日之古人杳无踪影也，能不悲乎！○一齐收卷，眼疾手快。故列叙时人，叙在会之人。录其所述，录所赋之诗。○二句应前群贤少长赋诗等事。虽世殊事异，所以兴怀，其致一也。古今同一兴感。后之览者，亦将有感于斯文。后人亦重死生，览我斯文，亦当同我之感。○"览"字，应前"每览"之"览"字。"文"字，应前"临文"之"文"字。

汇评

[宋] 苏辙：逸少知清言为害，然《兰亭记》亦不免于清言耳。(《栾城后集》卷一《次韵题画卷》自注)

[明] 胡应麟：右军素不以著作鸣，而《兰亭禊序》俯仰感慨，实际之语，千载若新。(《少室山房类稿》卷一〇八《跋家藏宋拓赵文敏临真迹》)

卷七　六朝唐文

［清］　金圣叹：此文一意反复生死之事甚疾，现前好景可念，更不许顺口说有妙理妙悟，真古今第一情种也。（《天下才子必读书》卷六）

［清］　谢有煇：山水清幽，名流雅集，写高旷之怀，吐金石之声。乐事方酣，何至遽为说死说痛？不知乐至于极，未有不流入于悲者。故文中说生死之可痛，说今之与昔同感，后之与今同悲，总是写乐之极致耳。（《古文赏音》卷七）

［清］　林云铭：其笔意疏旷淡宕，渐近自然，如云气空濛，往来纸上。后来惟陶靖节文庶几近之，余远不及也。（《古文析义》卷一〇）

［清］　吴楚材、吴调侯：通篇著眼在"死生"二字。只为当时士大夫务清谈，鲜实效，一死生而齐彭、殇，无经济大略，故触景兴怀，俯仰若有余痛。但逸少旷达人，故虽苍凉感叹之中，自有无穷逸趣。（《古文观止》卷七）

［清］　浦起龙：非止序禊事也，序诗意也。修短死生，皆一时诗意所感，故其言如此。笔情绝俗，高出选体。（《古文眉诠》卷四二）

［清］　余诚：因游宴之乐写入生死之可悲，故兰亭一会固未可等诸寻常小集。而排斥当日竞尚清谈倾惑朝廷者之意，亦寓言下。林西仲谓古人游览之文亦不苟作如此，信非诬也。至其文情之高旷，文致之轻松，更难备述。（《重订古文释义新编》卷七）

［清］　过珙：兰亭之会，乐事也。从乐处突发出无数感慨、无穷妙理，见驹隙如流，胜事不可多得，当与《春夜宴桃李园序》参看。逸思高致，若出一人之手。（《详订古文评注全集》卷六）

［清］　李兆洛：雅人深致，玩其抑扬之趣。（《骈体文钞》卷二一）

［清］　唐介轩：前半写赏心乐事，作一顿折，转出下半篇文字，感慨兴怀，文情绝世。（《古文翼》卷八）

［清］　李扶九：或以右军非把生死看不破，为当时清谈误国者箴。看来文中原无此意，就文论文，不必深求。夫随时行乐，正是看破死生者也。乐极而悲，正见此会不可多得，乃文章反衬之法。（《古文笔法百篇》卷一五）

归去来辞

陶渊明

解题　《宋书·隐逸传》:"郡遣督邮至县,吏白应束带见之。(陶)潜叹曰:'我不能为五斗米折腰向乡里小人!'即日解印绶去职,赋《归去来》。"洪迈《容斋随笔·五笔》云:"观其语意,乃以妹丧而去,不缘督邮。所谓矫励违己之说,疑必有所属,不欲尽言之耳。"林云铭《古文析义》谓:"就彭泽言谓之归去,就南村言谓之归来。"按:此说非是。归去来,意即归去。杜甫《发刘郎浦》:"白头厌伴渔人宿,黄帽青鞋归去来。"

归去来兮,渊明为彭泽令,是时郡遣督邮至,吏白当束带见之。渊明叹曰:"我不能为五斗米折腰向乡里小儿。"乃自解印绶,将归田园,作此辞以明志。因而命篇曰《归去来》,言去彭泽而来至家也。**田园将芜**,无。**胡不归!** 芜,谓草也。胡,犹何也。○自断之词。**既自以心为形役,奚惆怅而独悲!** 心在求禄,则不能自主,反为形体所役。此我自为之,何所惆怅而独为悲乎?○自责之词。**悟已往之不谏,知来者之可追;实迷途其未远,觉今是而昨非。** 前此求禄之事,固不可谏。今乃辞官而归,犹可追改。如人行迷路,犹尚未远,可以早回。方知今日辞官之是,而昨日求禄之非也。○自悔之词。○一起已写尽归去来之旨。下乃从归至家,逐段细写之。**舟摇摇以轻扬,风飘飘而吹衣。** 行舟而归。**问征夫以前路,恨晨光之熹**熙。**微。** 熹微,光未明也。问前途之远近,而恨晨光之未明,无由见路也。○一段。离彼。

乃瞻衡宇，载欣载奔。衡宇，谓其所居衡门屋宇也。载，则也。欣奔，喜至家而速奔也。僮仆欢迎，稚子候门。稚，小也。○一段到此。三径就荒，松菊犹存。携幼入室，有酒盈樽。蒋诩幽居开三径，潜亦慕之。言久不行，已就荒芜也。○一段。有松、有菊、有幼、有室、有酒、有樽，所需裕如。引壶觞以自酌，眄庭柯以怡颜。倚南窗以寄傲，审容膝之易安。柯，树枝也。○一段。室中乐事。园日涉以成趣，门虽设而常关。策扶老以流憩，时矫首而遐观。田园之中，日日游涉，自成佳趣。流憩，周流而憩息也。矫，举也。○一段。园中之乐。云无心以出岫，就。鸟倦飞而知还。景同影。翳翳以将入，抚孤松而盘桓。山有穴曰岫。翳翳，渐阴也。盘桓，不进也。○一段。园中暮景。

归去来兮，请息交以绝游。世与我而相遗，复驾言兮焉烟。求？交游，指当路贵人。驾言，用《诗》"驾言出游"句。○一段。与世永绝。再言归去来者，既归矣又不绝交游，即不如不归之愈也。悦亲戚之情话，乐琴书以消忧。农人告余以春及，将有事于西畴。亲戚，指乡里故人。有事，谓耕作也。畴，田也。○一段。插入田事。或命巾车，或棹孤舟。既窈窕以寻壑，亦崎岖而经丘。巾车，有幕之车。窈窕，长深貌。壑，涧水也。谓行船以寻之也。崎岖，险也。驾车以涉之也。○一段。游行所历。木欣欣以向荣，泉涓涓而始流。羡万物之得时，感吾生之行休。欣欣，春色貌。涓涓，泉流貌。行休，谓昔行而今休也。○一段。触物兴感。

已矣乎！寓形宇内复几时，曷不委心任去留？胡为遑遑欲何之？寓，寄也。委，弃也。言何不委弃常俗之心，任性去留也。遑遑，如有求而不得之意。○一段收尽《归去来》一篇之旨。富贵非吾愿，帝乡不可期。帝乡，仙都也。○二句言不欲为官，亦不能为仙，唯能如下文所云，得日过日，快然自足也。怀良辰以孤往，或植杖而耘耔。登东皋以舒啸，临清流而

421

赋诗。聊乘化以归尽,乐夫天命复奚疑！东皋,营田之所。春事起东,故云东也。皋,田也。聊,且也。乘阴阳之化,以同归于尽。乐天知命,夫复何疑？○"乐夫天命"一句,乃《归去来辞》之根据。

汇评

[宋] 叶梦得：《归去来辞》云："云无心以出岫,鸟倦飞而知还。"此陶渊明出处大节,非胸中实有此境,不能为此言也。(《避暑录话》卷上)

[宋] 洪迈：昔大宋相公谓陶公《归去来》是南北文章之绝唱,五经之鼓吹。近时绘画《归去来》者,皆作大圣变,和其辞者,如即事遣兴小诗,皆不得正中者也。(《容斋随笔》卷三《和归去来》)

[宋] 陈知柔：陶渊明罢彭泽令,赋《归去来》,而自命曰辞。迨今人歌之,顿挫抑扬,自协声律。盖其词高甚,晋、宋而下,欲追蹑之不能。汉武帝《秋风词》,尽蹈袭《楚辞》,未甚敷畅。《归去来》则自出机杼,所谓无首无尾,无终无始,前非歌而后非辞,欲断而复续,将作而遽止,谓洞庭钧天而不淡,谓《霓裳羽衣》而不绮,此其所以超然乎先秦之世,而与之同轨者也。(《休斋诗话》)

[宋] 朱熹：欧阳公言两晋无文章,幸独有此篇耳。然其词义夷旷萧散,虽托楚声,而无其尤怨切蹙之病云。(《楚辞后语》卷四)

[宋] 汪藻：吾尝怪陶渊明作《归去来》,托兴超然,《庄》、《骚》不能过矣。(《浮溪集》卷一九《信州郑固道侍郎寓屋记》)

[金] 王若虚：凡为文有遥想而言之者,有追忆而言之者,各有定所,不可乱也。《归去来辞》将归而赋耳,既归之事,当想象而言之。今自问途而下,皆追录之语,其于畦径,无乃窒乎！"已矣乎"云者,所以总结而为断也,不宜更及耘耔啸咏之事。○《归去来辞》,本自一篇自然真率文字,后人模拟已自不宜,况可次其韵乎？次韵则牵合而不类矣。(《滹南遗老集》卷三四)

［明］ 孙鑛：风格亦本《楚骚》，但《骚》侈此约，《骚》华此实。其妙处乃在无一语非真境，而语却无一字不琢炼。总之成一种冲泊趣味，虽不是文章当行，要可称逸品。(引自《文选集评》卷一一)

［清］ 金圣叹：凡看古人长文，莫以其汪洋一篇便阁过。古人长文，皆积短文所成耳。即如此辞本不长，然皆是四句一段。试只逐段读之，便知其逐段各自入妙。古人自来无长文能妙者，长文之妙，正妙于中间逐段逐段纯作短文耳。(《天下才子必读书》卷六)

［清］ 方熊：洵佳作，流宕潆洄，其音和易；然生动之致，独得灵均、长卿之风，修辞者不及也。(引自陶澍集注《靖节先生集》卷五)

［清］ 谢有煇：靖节心无系恋，出处洒然。篇中言"息交绝游"，曰"自酌"，曰"孤往"，则不特不事王侯，不与要人相见已也。悠悠俗流，其不堪入目者多矣。通篇凡五易韵，耿介之中，和而不迫，得风人之遗致。(《古文赏音》卷一二)

［清］ 林云铭：此篇自首至尾，凡五易韵，为《骚》之变体。细味其中音节，《骚》哀而曲，此和而直。盖灵均于楚为宗亲，宜存一副思君热肠；元亮于晋为遗老，第留一双逃世冷眼。一则为箕、比，一则为夷、齐，所处不同故也。(《古文析义》卷一〇)

［清］ 吴楚材、吴调侯：公罢彭泽令，归赋此辞，高风逸调，晋、宋罕有其比。盖心无一累，万象俱空，田园足乐，真有实地受用处，非深于道者不能。(《古文观止》卷七)

［清］ 浦起龙：非其性之所近则去之，其性之所近则安之，识得乐天知命意思。(《古文眉诠》卷四二)

［清］ 余诚：开首以"田园"句絜全篇要领，而下面本此抒写，是顺提文法。结处以"乐夫"句作全篇结穴，而上面尽照此发挥，是倒装文法。然其笔力高超，故无痕迹可寻。(《重订古文释义新编》卷七)

［清］ 过珙：先生岂是一味吟风弄月与麈尾清谈者比，盖因晋祚将移之时，世道人心俱不可问，故托五斗折腰之说，解组归田。看篇中"羡万物之得时，感吾生之行休"二语，微意己见，辞义萧散，虽楚

声,而无怨尤局蹙之病。(《详订古文评注全集》卷六)

[清] 刘熙载:《离骚》不必学《三百篇》,《归去来辞》不必学《骚》,而皆有其独至处,固知真古自与摹古异也。(《艺概·赋概》)

[清] 李扶九:此文只写田园可乐,不露形迹,极有含蓄,真有道之言。(《古文笔法百篇》卷一四)

卷七　六朝唐文

桃花源记

陶渊明

解题　《晋书·隐逸传》:"刘骥之,字子骥,南阳人。……好游山泽,志存遁逸。尝采药至衡山,深入忘反。见有一涧水,水南有二石囷,一囷闭,一囷开,水深广不得过。欲还,失道,遇伐弓人,问径,仅得还家。或说囷中皆仙灵方药诸杂物,骥之欲更寻索,终不复知处也。"按:刘骥之事或为渊明构思《桃花源记》所本。陈寅恪《桃花源记旁证》以本篇为"寓意之文,亦纪实之文",谓"殆取桃花源事与刘骥之二事牵连混合为一"。苏轼《和桃源诗序》云:"世传桃源事,多过其实。考渊明所记,止言先世避秦乱来此,则渔人所见,似是其子孙,非秦人不死者也。又云杀鸡作食,岂有仙而杀者乎?"梁启超《陶渊明之文艺及其品格》称:"这篇记,可以说是唐以前第一篇小说,在文学史上算是极有价值的创作。"

晋太元中,<u>太元,孝武帝年号。</u>武陵人捕鱼为业;<u>武陵,属湖广常德府,旁有桃源县。</u>缘溪行,忘路之远近。<u>便奇。</u>忽逢桃花林。<u>妙在以无意得之。</u>夹岸数百步,中无杂树,芳草鲜美,落英缤<u>品平声。</u>纷。<u>缤纷,杂乱貌。○写出异境。</u>渔人甚异之,复前行,欲穷其林。<u>渔人亦不凡。</u>

林尽水源,便得一山。<u>亦是无意中得。</u>山有小口,仿佛若有光。<u>善于点景。</u>便舍船从口入。初极狭,才通人。<u>俗人至此便反矣。</u>复行数十步,豁然开朗。<u>别有一天。</u>土地平旷,屋舍俨然,有良田、美池、桑竹之属，阡陌交通，鸡犬相闻。其中往来种作，男女衣著，酌。悉如外人。叙山中人物。黄发垂髫，调。并怡然自乐。黄发，老人发白转黄也。髫，小儿垂发。○纯然古风。见渔人，乃大惊，问所从来，具答之。便要平声。还家，设酒杀鸡作食。村中闻有此人，咸来问讯。妙在渔人全无惊怪。自云先世避秦时乱，率妻子邑人，来此绝境，不复出焉，遂与外人间隔。到山来由。问今是何世，乃不知有汉，无论魏、晋。真是目空今古。此人一一为具言所闻，皆叹惋。叹惋者，悲外人屡遭世乱也。○叙两边问答简括。余人各复延至其家，皆出酒食。停数日，辞去。避世人多情如此。此中人语去声。云："不足为外人道也。"叮咛一句，逸韵悠然。

既出，得其船，便扶向路，处处志之。渔人亦大有心人。及郡下，诣太守说如此。诣，至也。太守即遣人随其往，寻向所志，遂迷不复得路。太守欲问津而不得。

南阳刘子骥，高尚士也。闻之，欣然规往，未果，寻病终。寻，俄也。○高士欲问津而不果。后遂无问津者。悠然而住。

汇评

［宋］ 唐庚：唐人有诗云："山僧不解数甲子，一叶落知天下秋。"及观陶元亮诗云："虽无纪历志，四时自成岁。"便觉唐人费力。如《桃花源记》言："乃不知有汉，无论魏、晋。"可见造语之简妙。盖晋人工造语，而渊明其尤也。（《唐子西文录》）

［宋］ 洪迈：予窃意桃源之事，以避秦为言。至云"无论魏、晋"，乃寓意于刘裕，托之于秦，借以为喻耳。近时胡宏仁仲一诗，屈折有奇

味。大略云:"靖节先生绝世人,奈何记伪不考真?先生高步窘末代,雅志不肯为秦民。故作斯文写幽意,要似寰海离风尘。"其说得之矣。(《容斋三笔》卷一〇《桃源行》)

[宋] 赵与旹:靖节所记桃花源,人谓桃花观即是其处,不知公盖寓言也。(引自陶澍集注《靖节先生集》卷六)

[清] 王符曾:此元亮先生粲花妙论,也认真不得。玩中间"避秦乱"等语,悲愤襟怀,不觉流露。(《古文小品咀华》卷三)

[清] 林云铭:其中皆见道之言,其曰"桃花夹岸",非所谓"三十六宫都是春"乎?其曰"山口仿佛有光",非所谓"性之初,见圆陀陀,光烁烁"乎?其曰"童叟怡然自乐",非所谓"游心于物之初,至美至乐"乎?其曰"不知有汉,无论魏、晋",非所谓"道无始无终无古无今"乎?其曰"不足为外人道",非所谓"如人饮水,冷暖自知"乎?始得之无心,终迷于有意,非所谓"赤水玄珠,象固得之,离朱不得"乎?(《古文析义》卷一〇)

[清] 吴楚材、吴调侯:桃源人要自与尘俗相去万里,不必问其为仙为隐。靖节当晋衰乱时,超然有高举之思,故作记以寓志,亦《归去来辞》之意也。(《古文观止》卷七)

[清] 李扶九:清洁高远,渺无尘氛,隐现空虚,全无半点沾滞,亦飘飘乎仙笔矣。(《古文笔法百篇》卷八)

[清] 唐文治:此文系真境耶?抑幻境耶?海市蜃楼,可望而不可即,惟聪明智慧人始能到此,不足为外人道也。陶公胸襟中有此境界,遂不觉成此绝妙文字。其隐约处,全在"此中人语云"二句及"后遂无问津者"句。(《国文经纬贯通大义》卷二)

五柳先生传

陶渊明

解题　《晋书·隐逸传》："陶潜，字元亮。……潜少怀高尚，博学善属文，颖脱不羁，任真自得，为乡邻所贵。尝著《五柳先生传》以自况，……时人谓之实录。"

先生不知何许人也，_{不以地传。}亦不详其姓字。_{不以名传。}宅边有五柳树，因以为号焉。_{取号大奇。}闲静少言，不慕荣利。_{一似无所嗜好者，却又好书嗜酒。}好读书，不求甚解；_{是为善于读书者。}每有会意，便欣然忘食。_{盖别有会心处。}性嗜酒，家贫不能常得。亲旧知其如此，或置酒而招之。造饮辄尽，期在必醉；_{是为深得酒趣者。}既醉而退，曾不吝情去留。_{适得本来面目。}环堵萧然，不蔽风日，短褐穿结，箪瓢屡空，晏如也。_{领得孔、颜乐处。}常著文章自娱，颇示己志。忘怀得失，以此自终。_{超然世外。}

赞曰：黔娄_{古高士。}有言："不戚戚于贫贱，不汲汲于富贵。"其言兹若人之俦乎？_{为若人之俦而言。}衔觞赋诗，以乐其志，无怀氏之民欤？葛天氏之民欤？_{想见太古风味。}

汇评

[清] 王符曾：不衫不履中极潇洒风流。(《古文小品咀华》卷三)
[清] 林云铭：昭明作陶公传，以此传叙入，则此传乃陶公实录也。看来此老胸中，浩浩落落，总无一点粘着。既好读书亦不知有章句，嗜饮酒亦不知有主客，毋论富贵贫贱，非得孔、颜乐处，岂易语此乎？赞末"无怀"、"葛天"二句，即夷齐、神农、虞夏之思，暗寓不仕宋意。然以当身，即是上古人物，无采薇忽没之叹，更觉高浑也。后人仿作甚多，总无一似。(《古文析义》卷一〇)
[清] 吴楚材、吴调侯：渊明以彭泽令辞归。后刘裕移晋祚，耻不复仕，号五柳先生。此传乃自述其生平之行也。潇洒淡逸，一片神行之文。(《古文观止》卷七)
[清] 浦起龙：于《客难》诸体后别开畦埒，超绝。(《古文眉诠》卷四二)
[清] 过珙：此传即先生自述，试把先生行履与此传相印证，其一种潇洒奇迈风度，宛然恰合。(《详订古文评注全集》卷六)
[清] 李扶九：不矜张，不露圭角，淡淡写去，身分自见，亦与其诗相似，非养深者不能。此在文中，乃逸品也。(《古文笔法百篇》卷一〇)

北山移文

孔稚珪

解题 张溥《汉魏六朝百三家集题辞注·孔詹事集》："(孔稚)珪宅营山水，草莱不剪，而弹文表奏，盛行朝廷。……汝南周颙结舍钟岭，后出为山阴令，秩满入京，复经此山（按指禹井山），珪代山移文绝之，昭明取入《选》中。比考孔、周二传，俱不载此事。岂调笑之言，无关纪录，如嵇康于山涛，徒有其书，交未尝绝也。……魏虏连侵，国疲征讨，表情通和。孔公之言，无非近仁者，大致救民息物而已。"

钟山之英，草堂之灵，驰烟驿路，勒移山庭。锺山，即北山也。其南有草堂寺。英、灵，皆言其神也。驿，传也。勒，刻也。谓山之英灵，驱驰烟雾，刻移文于山庭也。○起便点出"北山移文"四字大意。萧子显《齐书》云：孔稚珪，字德璋，会稽人也。锺山，在北郡，其先周彦伦隐于此。后应诏出为海盐令，秩满入京，复经此山。孔生乃借山灵之意移之，使不许再至，故云《北山移文》。

夫以耿介拔俗之标，潇洒出尘之想，志超尘俗。度铎。白雪以方洁，干青云而直上，度，比也。干，触也。○行极清高。吾方知之矣。此等隐者，吾正知为必不可得矣。若其亭亭物表，皎皎霞外，芥千金而不盼，屣万乘其如脱，亭亭，高耸貌。皎皎，洁白貌。芥，草也。盼，顾也。屣，草履。言视千金、万乘如草芥、脱屣也。闻凤吹于洛浦，周灵王太子晋，吹笙作凤鸣，游于伊、洛之间。值薪歌于延濑，赖。○苏门先生游于延濑，见一人采薪，谓之曰："子以此终乎？"采薪人曰："吾闻圣人无怀，以道德为心，何怪乎而为哀也!"遂为歌二章而去。固亦有焉。此等隐者,世亦有之。岂期终始参差,苍黄反复,泪翟子之悲,恸朱公之哭,参差,不一也。反复,不定也。翟,墨翟。朱,杨朱。墨子见素丝而泣之,为其可以黄、可以黑。杨子见歧路而哭之,为其可以南、可以北。士无一定之志,不能免二人之悲哭。乍回迹以心染,或先贞而后黩,乍,暂也。回,避也。暂避迹山林,而心犹染于俗也。黩,垢也。何其谬哉!谬,诳也。此等隐者,何其欺诳人世,一至此哉!○已上泛论夫隐者有此三等,尚未说到周颙。呜呼!尚生不存,仲氏既往,山阿寂寥,千载谁赏?尚生,尚子平也。仲氏,仲长统也。范晔《后汉书》曰,尚子平"隐居不仕,性尚中和,好通《老》《易》"。仲长统性俶傥,默语无常。"每州郡命召,辄称疾不就"。言无此二人,使山阿空虚,千载已来,无人赏乐。○承上起下,感慨情深。

世有周子,周颙,字彦伦,汝南人。○入题。俊俗之士;俊俗,俗中之俊士也。既文既博,亦玄亦史。玄,谓庄、老之道。史,谓文多质少。然而学遁东鲁,习隐南郭;东鲁,谓颜阖也。鲁君闻颜阖得道人也,使人以币先焉。颜阖对曰:"恐听谬而遗使者罪,不若审之。"使者反,审之,复来求之,则不得矣。南郭,谓南郭子綦也。隐几而坐,仰天嗒然,似丧其偶。言颙无本性,但学习此二人之隐遁也。窃吹草堂,滥巾北岳。窃,盗也。吹,借用吹竽之吹。齐宣王好竽,必三百齐吹。南郭先生不竽者,而次三百人之中,以吹竽食禄。齐王薨,后王曰:"寡人好竽,欲一一吹之。"南郭乃逃。滥,僭也。巾,隐者之服。北岳,即北山也。言颙盗居草堂,僭服幅巾。诱我松桂,欺我云壑。虽假容于江皋,乃缨情于好爵。皋,泽也。缨,系也。好爵,谓人爵也。○以上总写,以下分作两截写。

其始至也,颙始至北山时。将欲排巢父,甫。拉蹢。许由,傲百氏,蔑王侯,排,推也。拉,折也。巢父、许由,隐者之最也。百氏,百家诸子也。风情张去声。日,霜气横秋。或叹幽人长往,或怨王孙不游。张,大也。横，盖也。幽人、王孙，隐者之称。慕其长往故叹之，疾其不游故怨之。**谈空空于释部，核**勊。**玄玄于道流。**颙泛涉百家，长于佛理，著《三宗论》，兼善《老》《易》。空空，以空明空也。释部，佛经也。核，考也。玄玄，玄之又玄也。道流，谓老子也。**务光何足比，涓子不能俦。**务光，夏时人。汤得天下，已而让光，光不受而逃。涓子，齐人也，好饵术，隐于宕山。〇以上写颙初志如此。是前一截人。

及其鸣驺入谷，鹤书赴陇；鸣驺，载诏书车马也。鹤书，即诏书，在汉谓之尺一简，仿佛鹤头，故有其称。**形驰魄散，志变神动。尔乃眉轩席次，袂耸筵上，焚芰**芰。**制而裂荷衣，抗尘容而走俗状。**轩，举也。举眉，谓喜也。次，侧也。袂，衣袖也。袂耸，谓举臂也。芰制、荷衣，隐者之服。言制芰、荷以为衣，互文也。今皆焚裂之。抗，举也。走，骋也。**风云凄其带愤，石泉咽**烟入声。**而下怆，望林峦而有失，顾草木而如丧。**凄、怆、愤、咽，皆怨怒貌。言此等虽无情，见山人去，亦如有丧失而怨怒也。

至其纽金章，绾墨绶，跨属城之雄，冠去声。**百里之首，张英风于海甸，驰妙誉于浙右。**纽，系也。绾，贯也。金章，铜章也。铜章墨绶，县令之章饰也。跨，越也。管州之城为属城县，大率百里，言越众城而为县宰之称首也。英风、妙誉，皆美声也。海甸、浙右，所理邑近海，而在浙江之右也。**道帙长摈，法筵久埋。敲扑喧嚣犯其虑，牒诉倥**孔。**偬**总。**装其怀。**帙，书衣也。摈，弃也。法筵，讲席也。埋，藏也。敲扑，谓打人声也。牒，文牒也。诉，诉告也。倥偬，繁逼貌。言道书讲席，永弃埋而听讼也。**琴歌既断，酒赋无续。常绸缪于结课，每纷纶于折狱。**琴歌、酒赋，皆逸人之务，今已断绝无续也。绸缪，亲近也。结课，考第也。纷纶，众多貌。**笼张赵于往图，架卓鲁于前录。希踪三辅豪，驰声九州牧。**汉张敞、赵广汉俱为京兆尹，有名望。鲁恭、卓茂，咸善为令。笼、架，谓包举也。三辅，谓京兆尹、左冯翊、右扶风。希踪,希仿贤豪踪迹也。牧,九州牧长。驰声,谓皆得闻其声名也。○以上写颙继志如此。是后一截人。**使其高霞孤映,明月独举,青松落荫,白云谁侣?硐涧。户摧绝无与归,石径荒凉徒延伫。**言霞月徒举映,无人赏玩,松荫零落,白云无与为偶。硐,水硐也。摧绝,破坏也。荒凉,芜秽也。延伫,远望也。言不复更归,徒为延望也。**至于还飙标。入幕,写雾出楹,蕙帐空兮夜鹤怨,山人去兮晓猿惊。**飙,风也。写,吐也。楹,柱也。蕙,香草,山人茸以为帐。因山言之,故托猿、鹤以寄惊怨也。**昔闻投簪逸海岸,今见解兰缚尘缨。**投簪,谓疏广也。投,弃也。汉疏广弃官而归东海。幽人佩兰,故云解兰。缚,系也。尘缨,世事也。

于是南岳献嘲,爪平声。**北陇腾笑,列壑争讥,攒峰竦诮。慨游子之我欺,悲无人以赴吊。**南岳,谓南山也。嘲,调也。陇,亦山也。腾,起也。攒,蔟聚也。竦,上也。诮,讥也。言皆讥笑此山初容此人也。游子,谓颙也。吊,问也。言山为颙所欺,而无人来问也。**故其林惭无尽,涧愧不歇,秋桂遣风,春萝罢月,骋西山之逸议,驰东皋之素谒。**萝,女萝也,施于松柏。风月所以滋松桂之美,今既无人,故遣罢之。西山,谓首阳山。逸议,隐逸之议也。皋,泽也。素谒,谓以情素相告也。驰骋,宣布也。谓宣布于人使尽知之也。○以上言其遗羞山灵,所以丑之也。

今又促装下邑,浪栧异。**上京。虽情投于魏阙,或假步于山扃。**驷。○下邑,谓海盐也。浪,鼓也。栧,楫也。上京,建康也。言海盐秩满,催促行装,驾舟赴京,以迁官也。魏阙,朝廷也。扃,山门也。言颙情实在朝廷,而又欲假迹再游北山也。**岂可使芳杜厚颜,薜**备。**荔**例。**蒙耻,碧岭再辱,丹崖重滓,子。尘游躅**逐。**于蕙路,污渌**六。**池以洗耳。**芳、杜、薜、荔,皆香草。躅,踪迹也。渌,水清也。言岂可使芳草怀愧耻以相见,崖岭再被滓秽,更以俗尘点我蕙草之路,污浊我洗耳之池乎!**宜扃岫幌,**恍。**掩云关,敛轻雾,藏鸣湍,**脱平声。**截来辕于谷口,杜妄辔于郊端。**扃,闭也。岫幌,

433

山窗也。云关,谓以云为关键也。敛藏雾端,使无见闻也。来辕、妄辔,谓颙之车乘也。谷口、郊端,山之外也。恐其亲近,故截断杜绝之。**于是丛条瞋嗔。胆,叠颖怒魄,或飞柯以折轮,乍低枝而扫迹。请回俗士驾,为君谢逋客。**条,木枝也。颖,草穗也。言条穗瞋怒,而击折颙之车轮,扫去其迹也。俗士、逋客,谓颙也。谢,绝。逋,逃也。〇以上言其不许再至,所以绝之也。

汇评

[宋] 楼昉：建康蒋山是也,周颙所隐之地。此篇当看节奏纡徐、虚字转折处。然造语骈俪,下字新奇,所当详味。(《崇古文诀》卷七)

[金] 王若虚：孔德璋《北山移文》,立意甚新可喜,然其语亦有鄙恶处。(《滹南遗老集》卷三四)

[明] 张鼐：意极孤高,句多独创,转接递送,固属天成,点缀咏吟,尤有巧处。(《评选古文正宗》卷七)

[明] 孙鑛：六朝虽尚雕刻,然属对尚未尽工,下字尚未尽险。至此篇,则无不入髓。句必净,字必巧,真可谓精绝之甚,此唐文所祖。(引自于光华《评注昭明文选》)

[清] 林云铭：此以赋体为文者也。……中间写出周子趋名嗜利一段热肠,可贱可耻,能令天下处士借终南为捷径者无所施其面目。看来层层段落,却是一气呵成,但因其词华过于典赡,读者只赏心其语句,反不得篇中照应安顿之妙,故为之逐段分疏。凡读六朝唐初之文,若得此法,无不迎刃而解也。(《古文析义》卷一〇)

[清] 吴楚材、吴调侯：假山灵作檄,设想已奇。而篇中无语不新,有字必隽。层层敲入,愈入愈精。真觉泉石蒙羞,林壑增秽。读之令人赏心留盼,不能已也。(《古文观止》卷七)

[清] 浦起龙：牙尖口利,骨腾肉飞,刻镂尽态。伤厚之言,慎取一二。〇句句是山灵语。(《古文眉诠》卷四二)

[清] 过珙：语语为巧宦传神,不似山中人面目,直令隐居终南者真觉洞

愧林惭，顾影自丑。至其琢句追章，目见高骞孤特，又确是山灵品致，非凡俗能道。(《详订古文评注全集》卷六)

[清] 许梿：此六朝中极雕绘之作。炼格炼词，语语精辟。其妙处尤在数虚字旋转得法。当与徐孝穆《玉台新咏序》并为唐人轨范。(《六朝文絜》卷八)

钱钟书：按此文传诵，以风物刻划之工，佐人事讥嘲之切，山永之清音与滑稽之雅谑，相得而益彰。(《管锥编》第四册)

谏太宗十思疏

魏　征

解题　吴兢《贞观政要·君道第一》：" 贞观十年，太宗谓侍臣曰：'帝王之业，草创与守成孰难？'尚书左仆射房玄龄对曰：'天地草昧，群雄竞起，攻破乃降，战胜乃克。由此言之，草创为难。'魏征对曰：'帝王之起，必承衰乱。覆彼昏狡，百姓乐推，四海归命，天授人与，乃不为难。然既得之后，志趣骄逸，百姓欲静而徭役不休，百姓凋残而务侈不息，国之衰弊，恒由此起。以斯而言，守成则难。'……（贞观十一年）征又上疏曰：'臣闻求木之长者，必固其根本……。'太宗手诏答曰：'省频抗表，诚极忠款，言穷切至。披览忘倦，每达宵分。非公体国情深，启沃义重，岂能示以良图，匡其不及。……公之所陈，朕闻过矣。当置之几案，事等弦、韦。必望收彼桑榆，期之岁暮，不使康哉良哉，独美于往日，若鱼若水，遂爽于当今。迟复嘉谋，犯而无隐。朕将虚襟静志，敬伫德音。'"又，《隋唐嘉话》："太宗谓群臣曰：'始人皆言当今不可行帝王道，唯魏征劝我，今遂得功业如此，恨不得使封德彝等见之。'"

　　臣闻求木之长掌。者，必固其根本；欲流之远者，必浚其泉源；浚，深也。○二句起下一句。思国之安者，必积其德义。伏一"思"字，此句是一篇主意。源不深而望流之远，根不固而求木之长，德不厚而思国之安，又伏一"思"字。臣虽下愚，知其不可，而况于明哲乎！便作跌宕，文极有致。人君当神器之重，居域中之大，神器，帝位也。不念居安思危，又伏一"思"字。戒奢以俭，斯亦伐根以求木茂，塞源而欲流长也。反缴足上文。

凡昔元首，承天景命，元首，君也。景，明也。善始者实繁，克终者盖寡。上疏本意专为此。岂取之易、守之难乎？顿挫。盖在殷忧始。必竭诚以待下，既得志终。则纵情以傲物。人情大抵如此。竭诚则胡越为一体，傲物则骨肉为行路。虽董之以严刑，振之以威怒，董，督也。○正与德义相反。终苟免而不怀仁，貌恭而不心服。苟免，谓苟免刑罚。○畏威而不怀德，国何以安。怨不在大，可畏惟人。载舟覆舟，所宜深慎。民犹水也，水可载舟，亦可覆舟，可畏之甚也。○从上"居安思危"句，反复开谕逼出十思。

诚能见可欲则思知足以自戒，将有作则思知止以安人，念高危则思谦冲而自牧，牧，养也。《易》曰："谦谦君子，卑以自牧也。"惧满盈则思江海下百川，《老子》曰："江海所以为百谷王者，以其善下之。"则满而不溢。乐盘游则思三驱以为度，《易》曰："王用三驱。"谓天子不合围，开一面之网也。忧懈怠则思慎始而敬终，虑壅蔽则思虚心以纳下，惧谗邪则思正身以黜恶，恩所加则思无因喜以谬赏，罚所及则思无以怒而滥刑。以上十思，所谓"积其德义"者以此。总此十思，弘兹九德，思则十有九德。简能而任之，择善而从之。思尽于己，力因乎人。则智者尽其谋，勇者竭其力，仁者播其惠，信者效其忠。怀仁必服。文武并用，垂拱而治。何必劳神苦思，代百司之职役哉！善于用思，然后可以无思，妙。

汇评

[明] 归有光："十思"之论,遏人欲于将流,存天理于将灭,实古今帝王之龟鉴也。文字虽异于汉,又一代之风气矣。(引自于光华《古文分编集评》二集上卷二)

[清] 林云铭：此魏公贞观十一年之疏。以"思"字作骨,意谓人君敢于纵情傲物,不积德义以致失人心者,皆坐未之思耳。思曰睿,睿作圣,故有"十思"之目。若约言之,总一居安思危而已。十三年五月,复有《十渐不克终》之疏,非魏公不敢为此言,非太宗亦不能纳而用之。千古君臣,令人神往。文虽平实,当与三代谟、训并垂,原不待以奇幻见长也。(《古文析义》卷一〇)

[清] 吴楚材、吴调侯：通篇只重一"思"字,却要从德义上看出。世主何尝不劳神苦思,但所思不在德义,则反不如不用思者之为得也。魏公"十思"之论,剀切深厚,可与三代谟、诰并传。(《古文观止》卷七)

[清] 蔡世远：贞观致治,几如三代,全是一魏文贞,由其学问充,非徒胆识过人也。读《十思》一疏,与圣贤格致省克之功何殊？其对君正直凝定,亦大有浩然之气在。○《十思》以开其始,《十渐》以勖其终,魏元成其贤矣哉！(《古文雅正》卷六)

[清] 李扶九：以文论,总冒总收,有埋伏,有发挥,有线索,反正宕跌,不使直笔,排奡雄厚,不尚单行,最合时墨；以理论,忧盛危明,善始虑终,虽古大臣谟、诰,不过如此。(《古文笔法百篇》卷二)

[清] 高步瀛：郑公之文虽用偶句,而词旨剀切,气势雄骏,与六朝骈文俪黄妃白者迥然殊途。陆宣公献纳之文即出于此,后来欧、苏奏议皆用其体,应用之文以此为宜。(《唐宋文举要》甲编卷一《十渐不克终疏》评语)

卷七 六朝唐文

为徐敬业讨武曌檄

骆宾王

解题 唐段成式《酉阳杂俎》前集卷一："骆宾王为徐敬业作檄,极疏大周过恶,则天览及'蛾眉不肯让人,狐媚偏能惑主',微笑而已。至'一抔之土未干,六尺之孤安在',不悦曰:'宰相何得失如此人?'"宋王谠《唐语林》卷二谓此为"骆宾王年方弱冠"之作,"时徐敬业据扬州而反,宾王陷于贼庭,其时书檄皆宾王之词也"。

伪临朝武氏者,武则天,名曌。太宗时,召入为才人。高宗为太子,入侍,悦之。太宗崩,高宗即位,武氏为尼,引纳后宫,拜为昭仪。寻废王皇后,立武氏为皇后,政事皆决焉。高宗崩,中宗即位,武氏临朝,废中宗为庐陵王。**性非和顺**,本性不良。**地实寒微**。出身微贱。**昔充太宗下陈**,下陈,下列也。谓为才人。**曾以更衣入侍**。尝以更衣之便得幸。**洎乎晚节,秽乱春宫**。洎,及也。晚节,晚年也。秽乱,言其淫也。**潜隐先帝之私,阴图后房之嬖**。削发为尼,掩其为太宗才人之迹,以图高宗后宫之嬖幸。**入门见嫉,蛾眉不肯让人;掩袖工谗,狐媚偏能惑主**。入宫便怀嫉妒,而舒展蛾眉,不肯让人。巧于用谗,王皇后为其所害,是其狐媚之才,偏能惑高宗之听。**践元后于翚翟**。翟,翚翟,雉羽也。雉之交有时,守死而不犯分,妇德所宜。故后之车服,皆画翚翟之形。王皇后废,武氏践元后之位。**陷吾君于聚麀**。攸。○吾君,谓高宗也。聚,犹共也。兽之牝者曰麀。《曲礼》:"夫惟禽兽无礼,故父子聚麀。"**加以虺蜴**。虺蜴,毒虫也。**为心,豺狼成性**。**近狎邪僻,残**

439

害忠良；邪僻，指李义府、许敬宗等。忠良，指褚遂良、长孙无忌等。杀姊屠兄，弑君鸩朕去声。母。姊，韩国夫人。兄，惟良。君、母未闻。鸩，毒鸟。以其毛沥酒，饮之则杀人。人神之所同嫉，天地之所不容。犹复包藏祸心，窥窃神器。神器，帝位也。君之爱子，幽之于别宫；贼之宗盟，委之以重任。中宗，君之爱子，废为庐陵王，而幽之于别所。诸武用事，悉委之以重任。○以上数武氏之罪。呜呼！霍子孟之不作，朱虚侯之已亡。霍子孟，霍光也，辅幼主以存汉。朱虚侯，刘章也，诛诸吕以安刘。○二句隐然讥责朝臣。燕同燕。啄皇孙，知汉祚之将尽；汉成帝后赵飞燕，于后宫有子者皆杀之，故有"燕啄皇孙"之谣。龙漦时。帝后，识夏庭之遽衰。漦，龙所吐涎沫，龙之精气也。夏后藏龙漦于庭，传及殷、周，莫之发。厉王之末，发而观之，漦流于庭，入于王府。府之童女遭之，而生女，怪弃于市，因入于褒。周幽王伐褒，褒人献之，即褒姒也。幽王嬖之，遂至亡国。是周之衰乱，于夏庭而已伏之矣。○四句言唐不久将灭。

敬业皇唐旧臣，公侯冢子。敬业，唐大臣徐世勣之孙也。勣，赐姓李。奉先君之成业，荷本朝之厚恩。宋微子之兴悲，良有以也；微子过殷故墟，悲之，作《麦秀》之歌。一云箕子所作。袁君山之流涕，岂徒然哉！汉袁安，以外戚专权，言及国事每喑呜流涕。是用气愤风云，志安社稷。因天下之失望，顺宇内之推心，爰举义旗，以清妖孽。以上述兴师之故。南连百越，北尽三河，铁骑成群，玉轴相接。以言乎马，则铁骑万千以成群。以言乎车，则玉轴远近以相接。海陵红粟，仓储之积靡穷；粟多。江浦黄旗，匡复之功何远。兵众。班声动而北风起，剑气冲而南斗平。班马之声动，而凛然若北风起。悬剑之气冲，而焕然若南斗平。喑荫鸣去声。则山岳崩颓，叱咤嗟去声。则风云变色。喑鸣，怀怒气。叱咤，发怒声。以此制敌，何敌不摧！以此图功，何功不克！以上写兵威之盛。

公等或居汉地，异姓。或叶同协。周亲，同姓。或膺重寄于话言，分封于外。或受顾命于宣室。受托于朝。○二句合同异姓。言犹在耳，忠岂忘心！一抔哀。之土未乾，干。六尺之孤何托？一掬曰抔。土，指坟墓也。土未干，谓高宗葬未久也。六尺孤，指中宗言。倘能转祸为福，转武氏之祸而为福。送往事居，往，谓高宗。居，谓中宗。共立勤王之勋，事居。无废大君之命，送往。凡诸爵赏，同指山河。爵赏有功，共指山河以为信。若其眷恋穷城，徘徊歧路，谓进退不果，徘徊于两途之间。坐昧先几之兆，必贻后至之诛。禹致群臣于会稽，防风氏后至，禹戮之。○以上励共事之人。请看今日之域中，竟是谁家之天下！试观今日之域中，毕竟是谁家之天下。言将来必归唐也。○结语陗劲。

汇评

［清］ 林云铭：此篇铺叙处，段落分明，累如贯珠。初数武氏之罪，自为才人至垂帘，层层指出。因叹中外无仗义者，然后见此番起兵匡复，有谊不容辞处。随将兵威之盛，铺张一番，以鼓舞人心。复以大义动之，赏罚驱之。皆檄文不可少者。（《古文析义》卷一○）

［清］ 吴楚材、吴调侯：起写武氏之罪不容诛，次写起兵之事不可缓，末则示之以大义，动之以刑赏。雄文劲采，足以壮军声而作义勇，宜则天见檄而叹其才也。（《古文观止》卷一○）

［清］ 余诚：按《鉴》载，眉州刺史英公李敬业及弟敬猷、唐之奇、骆宾王、杜求仁、魏思温各坐事遭贬，皆会于扬州。各自以失职怨望，乃谋作乱，以匡复庐陵王为辞。是敬业、宾王本以失职怨望乃尔，非真有讨乱之心也。然此檄辞严义正，最为得体，而行文又复极有条理，自是千古不磨。（《重订古文释义新编》卷七）

［清］ 过珙：前半写贼媚奸雄处，字字足令彼心折；中幅为义旗设色，写得声光奕奕，山岳震动，觉儿女世界中得复睹丈夫梗概。（《详订

古文评注全集》卷六）

[清] 李扶九：凡檄文体，申明大义，历数其罪而讨之。四六体裁，词贵宏整。此文雄词伟论，炳耀日星，唐四杰中正大之作也。乃武氏读之，不惟不怒，且叹息其才，亦奇矣。(《古文笔法百篇》卷一六）

卷七 六朝唐文

滕王阁序

王 勃

解题 《唐摭言》卷五:"王勃著《滕王阁序》,时年十四。都督阎公不之信,勃虽在座,而阎公意属子婿孟学士者为之,已宿构矣。及以纸笔巡让宾客,勃不辞让。公大怒,拂衣而起,专令人伺其下笔。第一报云:'南昌故郡,洪都新府。'公曰:'亦是老生常谈。'又报云:'星分翼轸,地接衡庐。'公闻之,沈吟不言。又云:'落霞与孤鹜齐飞,秋水共长天一色。'公矍然而起曰:'此真天才,当垂不朽矣!'遂亟请宴所,极欢而罢。"《新唐书·王勃传》:"初,(王勃)道出钟陵,九月九日都督大宴滕王阁,宿命其婿作序以夸客,因出纸笔遍请客,莫敢当,至勃,沉然不辞。都督怒,起更衣,遣吏伺其文辄报。一再报,语益奇,乃矍然曰:'天才也!'请遂成文,极欢罢。"

南昌故郡,洪都新府。江西南昌府号为洪都。**星分翼轸,**翼、轸,二星,在楚之分野。**地接衡庐。**衡山峙立于西南,庐山近联于北境。**襟三江而带五湖,**三江,荆江在荆州,淞江在苏州,浙江在杭州。此据其上,如衣之襟焉。五湖,太湖在苏州,鄱阳湖在饶州,青草湖在岳州,丹阳湖在润州,洞庭湖在鄂州。此据其中,如带之束焉。**控蛮荆而引瓯越。**荆楚本南蛮之区,此则控扼之。闽越连东瓯之境,此则接引之。○首叙地形之雄。**物华天宝,**物之光华,乃天之宝。**龙光射牛斗之墟;**丰城有二剑,曰干将,曰莫邪。其龙文光彩,直上射牛斗。**人杰地灵,**人之英杰,由地之灵。**徐孺下陈蕃之榻。**徐穉,字孺子,洪州高士也。陈蕃为豫章太守,特设一榻以待之。○次序人物之异。**雄州雾列,**

雄州，谓大郡。如雾之浮列于上。○承"星分"四句。**俊彩星驰**。俊彩，谓人物，如星之奔驰于前。○承"物华"四句。**台隍枕**去声。**夷夏之交**，台，亭台。隍，城下。以首据物曰枕。夷，谓正南荆楚之地。夏，谓东南扬州之城。○再承"星分"四句。**宾主尽东南之美**。时宴于此阁之宾主，尽东南人物之美。○再承"物华"四句，随起下文。**都督阎公之雅望，棨戟遥临**；时阎伯屿为洪州牧，即都督也。棨戟，有衣之戟。遥远而临于洪州。○主。**宇文新州之懿范，襜**诣平声。**帷暂驻**。宇文钧，新除濮州牧，道经于此。襜帷，盖坐车马者，蔽前曰襜，在旁曰帷。○宾。**十旬休暇，胜友如云**；以宾主交欢日久言。**千里逢迎，高朋满座**。以宾朋来自远方言。**腾蛟起凤，孟学士之词宗；紫电清霜，王将军之武库**。蛟气之腾，光焰夺目；凤毛之起，文彩耀空。喻才华也。词宗，谓词章之宗。光辉之发，闪如紫电；浩气之凝，凛若清霜。喻节操也。武库，言无所不有。孟学士、王将军，是会中显客。**家君作宰，路出名区；童子何知，躬逢胜饯**。勃父名福畤，为交阯令。勃往省焉，道经洪州。童子，勃自称。○此段述宾主之美。

时维九月，序属三秋。潦水尽而寒潭清，烟光凝而暮山紫。只二句，已写尽九月之景。**俨骖騑于上路**，俨，望也。骖騑，马行不止也。行马于道路之上，谓宾客所来之途也。**访风景于崇阿**；崇阿，高陵也。采访风景于高陵，谓沿途揽胜也。**临帝子之长洲**，帝子，谓滕王也。建阁长洲之上。临，谓至其所也。**得仙人之旧馆**。仙人旧馆，称滕王阁也。得，谓登其上也。○此段叙到阁之由。**层峦耸翠，上出重霄**，阁之当山，但见层叠峰峦耸其翠色，上出于重重霄汉之上。**飞阁流丹，下临无地**。阁之映水，飞舞莫定，影若流丹，下临于江上无地之处。**鹤汀**厅**凫渚，穷岛屿**序。**之萦回**；汀，水际平地。渚，小洲也。海中山曰岛。山在水曰屿。鹤聚于汀，凫宿于渚，已穷尽水中岛屿萦曲回环之处。**桂殿兰宫，列冈峦之体势**。江神祠宇，以桂为殿庭，以兰为宫阙。前后分列，如冈峦之体势。○此段言阁在山水之间，乃近景也。**披绣闼，俯**

雕甍,萌。○披,开也。门屏曰闼,屋栋曰甍。山原旷其盈视,山、原之深旷者,足以极吾之所视。川泽盱呼。其骇瞩。盱。○盱,张目也。瞩,视之甚也。川泽如目之张,而有以骇吾之所瞩。闾阎扑地,钟鸣鼎食之家;闾阎,里中门也。扑地,谓排列于地也。鸣钟列鼎而食,尽大家也。舸歌。舰咸上声。迷津,青雀黄龙之轴。舸,大船。舰,战船。迷塞水津,皆彩画青雀、黄龙于船轴之上。虹销雨霁,彩彻云衢。虹气已销,雨开新霁,而光彩映彻于云衢之间。落霞与孤鹜。齐飞,秋水共长天一色。落霞自天而下,孤鹜自下而上,故曰齐飞。秋水碧而连天,长天空而映水,故曰一色。○警句。自使伯屿心服。渔舟唱晚,响穷彭蠡之滨;雁阵惊寒,声断衡阳之浦。彭蠡,鄱阳湖也。衡阳,衡山之南有回雁峰,雁不过此。渔唱不到彭蠡不穷,雁声不到衡阳不断,总言其极多耳。○此段言阁极山水之外,乃远景也。

遥吟俯畅,逸兴遄飞。遄,速也。爽籁籁。发而清风生,凡孔窍机括皆曰籁。秋晚之爽气,发于万籁之鸣,故清风飒飒而生。纤歌凝而白云遏。纤,细也。女乐之细歌,凝止于侍宴之侧,而白云为之遏留。睢园绿竹,气凌彭泽之樽;意其用《淇澳》绿竹事,以嘉有德。陶渊明为彭泽令,尝置酒召客。此美座中之有德而善饮者。邺水朱华,光照临川之笔。邺,曹魏所兴之地。曹植诗:"朱华冒绿池。"临川,今抚州。王羲之善书,尝为临川内史。此美座中之有文而善书者。四美具,良辰、美景、赏心、乐事。二难并。贤主、嘉宾。○此段叙宴会之人歌、饮、文词,无所不妙。穷睇眄。眄勉。于中天,睇,小视。眄,邪视。穷极观览于中天之际。○起"天高地迥"句。极娱游于暇日。极尽娱乐嬉游于闲暇之日。○起"兴尽悲来"句。天高地迥,觉宇宙之无穷;迥,寥远也。○二句收拾上文胜景。兴尽悲来,识盈虚之有数。二句引起下文命运。望长安于日下,指吴会于云间。望天子长安之处于日下,指苏州吴会之在于云间。地势极而南溟深,天柱高而北辰远。地缺东南,势极于南,而南溟最深。天倾西北,柱高于北,而北辰亦远。○四句起"关山"四句。关山难

445

越，谁悲失路之人？萍水相逢，尽是他乡之客。失路，喻不得志也。萍，浮生水上，随风漂流，故人称邂逅相遇曰萍水相逢。○四句言在会者多属他乡失志之人，能不感慨系之？下乃承此意细写之。怀帝阍而不见，奉宣室以何年？怀思君门，而不可得见。欲如贾谊奉宣室之问，不知又在何年。

呜呼！时运不齐，命途多舛。冯唐易老，冯唐，汉人，白首为郎。文帝辇过郎署，与论将帅，拜为车骑都尉。李广难封。汉李广，武帝时为右北平太守，匈奴号为飞虎将军。以数奇，不得封侯。屈贾谊于长沙，非无圣主；绛、灌屈贾谊，谪为长沙王太傅，非无汉文帝之圣主。窜梁鸿于海曲，岂乏明时？佞臣毁梁鸿，逐之于北海，岂无魏武帝之明时？○此段言怀才而际时者，皆失志如此。后之悲失路者，亦可因之以自慰。所赖君子安贫，达人知命。老当益壮，宁知白首之心；穷且益坚，不坠青云之志。酌贪泉而觉爽，处涸辙以犹欢。广州一水，谓之贪泉。饮此水者，廉士亦贪。吴隐之诗："试使夷齐饮，终当不易心。"身当困穷，如鱼处涸辙之内，而犹欢悦。北海虽赊，奢。扶摇可接；赊，远也。扶摇，风势也。《庄子》：北海有鱼，其名为鲲。化而为鹏。搏扶摇而上者九万里。东隅已逝，桑榆非晚。东隅，日出处。桑榆，谓晚也。汉光武劳冯异诏："始虽垂翅回溪，终能奋翼渑池。可谓失之东隅，收之桑榆。"孟尝高洁，空怀报国之心；孟尝，字伯周，汉顺帝时为合浦太守。性行高洁，不见升擢，故云空怀。阮籍猖狂，岂效穷途之哭？晋阮籍率意独驾，车迹所穷，辄痛哭而返，是猖狂也，吾辈岂可效之？○此段言士虽遭时命之穷，正当因之以自励。

勃，三尺微命，一介书生。方说到自己。无路请缨，等终军之弱冠；去声。○《曲礼》："二十曰弱冠。"南越与汉和亲，终军年二十余，自愿受长缨，必羁南越王而致之阙下。勃谓无路请缨于朝，比终军弱冠之年。有怀投笔，慕宗悫之长风。汉班超尝为人书记，意不屑，投笔有封侯万里之志。宋宗悫，叔父问所志,愿曰:"愿乘长风破万里浪。"后果为将军。勃谓有志于投笔,景慕宗悫破浪之长风。○自负不凡。**舍簪笏于百龄,奉晨昏于万里。**舍去簪笏于百年富贵之途,奉父晨昏定省之礼于万里之外。言往交阯省父。**非谢家之宝树,**谢玄为叔父安所器,曰:"子弟亦何预人事,而欲使其佳?"玄曰:"如芝兰玉树,欲使生于庭阶耳。"**接孟氏之芳邻。**孟母三迁,为子择邻。言己幸与诸贤相接。**他日趋庭,叨陪鲤对**;异日到交阯侍受父教,叨陪孔鲤趋庭之对。**今晨捧袂,喜托龙门。**汉李膺以声名自高,士有被其容接者,名为登龙门。勃谓今日捧袂而进,喜托姓名于阎公之门,亦若龙门也。**杨意不逢,抚凌云而自惜**;杨得意曾荐司马相如,后相如遂显。勃言不逢杨得意之荐,但诵相如凌云之赋,而自惜其不遇耳。**锺期既遇,奏流水以何惭?**伯牙鼓琴,志在流水。锺子期曰:"洋洋若江河。"勃谓既遇阎公之知音,即呈所为文,又何愧焉?○此段自叙以省父过此,得与宴会,不敢辞作序之意。

呜呼!胜地不常,盛筵难再。**兰亭已矣,**兰亭,王羲之宴集之地,今已往矣。**梓泽丘墟。**梓泽,石崇金谷园。今已荒废而为丘墟。**临别赠言,幸承恩于伟饯**;序系勃作,故曰临别赠言。既承阎公之恩于伟饯矣。**登高作赋,是所望于群公。**登高阁而作赋,勃诚不能,是有望于在会之群公也。○勃居末座,而僭作序,故以逊词作结。得体。**敢竭鄙诚,恭疏短引。**结作序。**一言均赋,四韵俱成**:勃先申一言,以均此意而赋之,而八句四韵俱成矣。○起作诗。

滕王高阁临江渚,阁耸而依江。佩玉鸣鸾罢歌舞。宴罢而佩玉、鸣鸾之歌舞亦罢。画栋朝飞南浦云,朝看画栋,俨若飞南浦之云。朱帘暮卷西山雨。暮收朱帘,宛若卷西山之雨。闲云潭影日悠悠,云映深潭,日悠悠而自在。物换星移几度秋。物象之改换,星宿之推移,此阁至今,凡几度秋!阁中帝子今何在?伤今思古。槛外长江空自流。伤其物是而人非也。

447

○序词藻丽，诗意淡远，非是诗不能称是序。

汇评

[清] 谢有煇：篇中脉络，本自井然；《析义》逐层拈出，直似别开生面。可见读书在自出心裁，难泥旧解耳。（《古文赏音》卷一二）

[清] 林云铭：或以为涉于赋体，且病其铺叙无伦，自叙太多，皆由于未尝细读故也。赋虽以描写景物为工，若空空一阁，别无景物，何贵登临，序中岂可遗却？但以用韵不用韵为辨，则非赋体可知矣。至所谓铺叙无伦，尤为可笑。余细读之，见其初以南昌名胜，从天引起地，从地引起人，又从人分出宾主，此起手铺叙之伦也。因就宾主句落下阎公，兼点字文，并许多佳客，与己为会之时，及所会之地，此入题铺叙之伦也。到阁之后，先写阁居山水之间，增山水之胜；开阁而眺，再写阁外所见之实景及当秋之奇景，此形容铺叙之伦也。逸兴既发，或闻风声，或聆歌声，或偕德星饮酒，或见文士临池，凡游宴中所当有而不能备有者，皆无不有，诚可为乐，此序事铺叙之伦也。游乐已极，由壮生悲，人情皆然，穷旅尤甚，以为在会诸客中，必有不能忘情于不遇，与己相等者，此感慨铺叙之伦也。末以时命自安、藏器待时之意，为在会不得志诸君子慰藉，再自叙同此沦落，而壮志不衰，今因省父途中得遇嘉会，虽平日之词章，见诎于君上，而得伸于知己，亦为可幸，此收束铺叙之伦也。复把盛衰不常之理，以感慨发作余波，并系以诗，寓吊古之意，此结尾铺叙之伦也。其中布置之巧，步步衔接，步步脱卸，皆有开阖相因之妙。伦父不知篇中脉络，且以"关山难越"以下，俱错认作自叹之词，所以有铺叙无伦、自叙太多之评耳。（《古文析义》卷一○）

[清] 吴楚材、吴调侯：唐高祖子元婴为洪州刺史，建此阁，后封滕王，故曰滕王阁。咸亨二年，阎伯屿为洪州牧，重修。九月九日，宴宾僚

卷七　六朝唐文

于阁。欲夸其婿吴子章才，令宿构序。时王勃省父，次马当，去南昌七百里。梦水神告曰："助风一帆。"达旦，遂抵南昌与宴。阎请众宾序，至勃，不辞。阎恚甚，密令吏得句即报。至"落霞"二句，叹曰："此天才也。"想其当日对客挥毫，珍词绣句层见叠出，洵是奇才。(《古文观止》卷七)

[清]　余诚：对众挥毫，珠玑络绎，固可想见旁若无人之概。而字句属对极工，词旨转折一气，结构浑成，竟似无缝天衣。纵使出自从容雕琢，亦不得不叹为神奇，况乃以仓猝立就，尤属绝无而仅有矣。○分阅之，首叙地，次叙人，次叙时，次叙阁中景、阁外景及当秋景，再次叙在阁之会，再次叙乐后生出感慨，再次为凡不遇者悲，再次为凡不遇者慰，再次自叙，再次叹盛衰不常，及以诗寓吊古意作结，段段各有实义。合读之，从地说到人，从宾主引入自己，从时叙出阁，从阁中而及阁外，从秋景而及在阁之会，从壮生出悲，而为他人慨，复从悲说转壮，而为他人慰，从自叙处困而不挫，而及以作序为快，从慨叹盛衰不常，而因以诗吊古为结，步步一气相生。且其间转折承接、脱卸收束、开合宾主、起伏照应，俱于实处自具虚神，读者当细为寻绎。(《重订古文释义新编》卷七)

[清]　过珙：此唐人所谓界划文字也。虽雕镂工致，备极人工天巧，然毕竟是赋体，不是序体，其擅长全在诗耳。(《详订古文评注全集》卷六)

[清]　朱心炯：王为初唐四杰，虽沿六朝骈体，而格调自醇。(《古文评注便览》卷一○)

[清]　李扶九：以文论，此四六体也，平仄要合，对仗要工，段落要明，次序要清，多用古典，词要藻丽，方有足观。以法论，首叙天文地理，次叙贤主嘉宾，次叙时令，次叙阁内阁外，似尽矣；乃忽拓开笔势，将古之失志者感慨一番，又将今之失志者规勉一番，方叙到自己，又自负一番，波澜壮阔，不是徒乎题目者。(《古文笔法百篇》卷一八)

与韩荆州书

李 白

解题 《新唐书·韩思復传(附朝宗传)》:"朝宗初历左拾遗。……帝传位太子,朝宗与将军庞承宗谏曰:'太子虽睿圣,宜且养成盛德。'帝不听。累迁荆州长史。……朝宗喜识拔后进,尝荐崔宗之、严武于朝,当时士咸归重之。"又,《李白集校注》卷一〇有《忆襄阳旧游赠马少府巨》诗云:"昔为大堤客,曾上山公楼。开窗碧嶂满,拂镜沧江流。高冠佩雄剑,长揖韩荆州。"同书附录魏颢《李翰林集序》有云:"(李白)与友自荆徂扬,路亡权窆,回棹方暑,亡友糜溃,白收其骨,江路而舟。又长揖韩荆州,荆州延饮,白误拜,韩让之,白曰:'酒以成礼。'荆州大悦。"

　　白闻天下谈士相聚而言曰:"生不用封万户侯,但愿一识韩荆州。"何令人之景慕一至于此!韩朝宗当玄宗时为荆州刺史,人皆景慕之。故太白上书以自荐。○欲赞韩荆州,却借天下谈士之言,排宕而出之,便与谀美者异。岂不以周公之风,躬吐握之事,周公一沐三握发,一饭三吐哺,起以待士。使海内豪俊,奔走而归之,一登龙门,则声价十倍!汉李膺以声名自高,士有被其容接者,谓之登龙门。所以龙蟠凤逸之士,皆欲收名定价于君侯。龙蟠凤逸,谓士之俊秀者。皆欲奉谒荆州,收美名,定声价也。○此段叙荆州平日能得士。君侯不以富贵而骄之,寒贱而忽之,则三千之中有毛遂,使白得颖脱而出,即其人焉。平原君食客三千。毛遂,平原君客也。颖,锥柄。平原君谓毛遂曰:"夫士之处世,譬若锥处囊中,其末立见。"毛遂曰："臣乃今日请处囊中耳。使遂早得处囊中，乃颖脱而出，非特其末见而已。"借毛遂落到自己。言己在群士中，为尤异者。起下自叙。

白，陇西布衣，流落楚、汉。十五好剑术，遍干诸侯。三十成文章，历抵卿相。干，犯也。抵，触也。虽长不满七尺，而心雄万夫。身虽小而志实大。皆王公大人许与气义。气义见许于王公大人。此畴曩心迹，安敢不尽于君侯哉！此平昔所怀，安敢不尽告于荆州？○此段叙自己平日能见重于诸侯、卿相。起下愿识荆州。

君侯制作侔神明，德行动天地，笔参造化，学究天人。颂荆州四句。幸愿开张心颜，不以长揖见拒。凡士人见公卿，长揖不拜。必若接之以高宴，纵之以清谈，请日试万言，倚马可待。桓温北征鲜卑，命袁宏倚马作露布文，手不辍笔，俄成七纸，绝妙。今天下以君侯为文章之司命，人物之权衡，司文章之命脉，察人物之重轻。一经品题，便作佳士。应上"一登龙门"二句。而今君侯何惜阶前盈尺之地，不使白扬眉吐气，激昂青云耶？言使己得见所长于荆州之前，犹致身于青云之上，故曰激昂青云。○此段正写己愿识荆州，却绝不作一分寒乞态，殊觉豪气逼人。

昔王子师东汉人。为豫州，未下车即辟阘。荀慈明，即荀爽。既下车又辟孔文举。即孔融。山涛晋人。作冀州，甄真。拔三十余人，或为侍中、尚书，先代所美。子师、山涛皆能接引后进，为先代人之所称美。○前人已有其事。而君侯亦一荐严协律，入为秘书郎；中间崔宗之、房习祖、黎昕、欣。许莹之徒，或以才名见知，或以清白见赏。白每观其衔恩抚躬，忠义奋发，荆州能接引后进，为当时人之所鼓舞。○荆州亦有其事。白以此感激，知君侯推赤心于诸贤之腹中，所以不归他人而愿委身国士。委，托也。国士，谓荆州，言其才德为当今第一人，所谓国士

451

无双也。倘急难有用，敢效微躯。亦当奋发其忠义，以报国士知遇之恩。○此段誉荆州有荐人之美，所以动其荐己之心。

且人非尧、舜，谁能尽善？白谟猷筹画，安能自矜？不敢强己所短。至于制作，积成卷轴，则欲尘秽视听，正欲献己所长。恐雕虫小技，不合大人。雕虫技，谓作诗赋之类。若赐观刍荛，请给纸笔，兼之书人，然后退扫闲轩，缮写呈上。既以文自荐，却又不即自献其文。先请给纸、笔、书人，何等身分！庶青萍、结绿，长价于薛、卞之门。青萍，剑名。结绿，玉名。薛烛善相剑，卞和善识玉。○仍拈"价"字作结，关应甚紧。幸推下流，大开奖饰，唯君侯图之。

汇评

［明］ 张鼐：白当王室多难之日，作为诗歌，不过豪侠使气，狂醉于花月间耳。及观此书，大都衔玉求售，自为己地，社稷苍生曾不系其心膂，其视杜少陵之忧国忧民，岂可同日语哉？然其文自佳。（《评选古文正宗》卷七）

［清］ 谢有煇：气岸雄伟，光焰万丈，想见其心雄万夫之概。（《古文赏音》卷一二）

［清］ 林云铭：文虽太白本色，然其落笔时，胸中有勃然不可遏之气，故语语皆占自己地步。髯苏称其气盖天下，能使高力士脱靴殿上，可以此书决之也。永王璘迫胁，致有夜郎之放。朱晦翁谓诗人没头脑至此。后世相沿，皆以为病。论世尚友，吾益服髯苏具眼矣。（《古文析义》卷一〇）

［清］ 吴楚材、吴调侯：本是欲以文章求知于荆州，却先将荆州人品极力抬高，以见国士之出不偶，知己之遇当急。至于自述处，文气骚逸，词调豪雄，到底不作寒酸求乞态。自是青莲本色。（《古文观

止》卷七）

［清］余诚：起首从景慕荆州平日能得士透出自荐意，作一篇之冒；次自序畴昔心迹，卖弄一番；再次称颂荆州本领品望，反复请试，以见待价而沽之意；然后两引古人，历举所拔，因以自愿委身，曲叙出所以自荐之故；末归到自陈著作上，冀其品题。通篇顿挫跌宕之奇，起伏照应之妙，非其笔力之豪迈，何从而得？至于语语自占地步，虽逊亦夸，昔人固尝有言及者矣。（《重订古文释义新编》卷七）

［清］过珙：人谓白一生负才使气，未免粗豪。然观其不敢为黄鹤楼诗，乃是天下第一虚心人；能识郭子仪于行伍，乃是天下第一有眼人。即如此书，虽有一段强项不服处，然毕竟眼中知有荆州，并未曾有目空天下之想。故必有李白之虚心只眼，然后可以为狂为放。人固可负才使气乎哉？（《详订古文评注全集》卷六）

［清］李扶九：此太白上书求荐也，而气骨棱棱，无一点含哀乞怜之象，自是豪迈本色。而一起排宕折出，最为出色。托之于闻，则称人处不为诡谀，而一气贯注，直摇五岳而凌沧洲矣。（《古文笔法百篇》卷一六）

春夜宴桃李园序

李　白

解题　《重订古文释义新编》卷七："桃李园,长安之名园也。春,桃李盛开,太白与诸兄弟夜宴于其中,相与赋诗,而为之序。"

夫天地者,万物之逆旅;逆旅,客舍也。光阴者,百代之过客。而浮生若梦,为欢几何？古人秉烛夜游,良有以也。古诗云:"昼短苦夜长,何不秉烛游。"○点"夜"字。况阳春召我以烟景,大块假我以文章。烟景,春景也。大块,天地也。触目春景,皆天地之文章。○点"春"字。会桃李之芳园,序天伦之乐事。时园中桃李盛开,太白与诸兄弟共宴于其中。○是设宴本意。群季俊秀,皆为惠连;群季,谓诸弟也。谢灵运之弟曰惠连。○美诸弟之才。吾人咏歌,独惭康乐。谢灵运封康乐侯。○谦自己之拙。幽赏未已,高谈转清。开琼筵以坐花,飞羽觞而醉月。二句,确是春夜宴桃李园。不有佳作,何伸雅怀？如诗不成,罚依金谷酒数。石崇宴客于金谷园,赋诗不成者,罚三觥。○末数语,写一觞一咏之乐,与世俗浪游者迥别。

汇评

[清]　王符曾：未脱六朝骈丽习气,然与堆砌者殊异。(《古文小品咀华》卷三)

［清］ 谢有煇：小小文字，豪气殆高千百丈。(《古文赏音》卷一二)

［清］ 林云铭：大意谓人生短景，行乐犹恐不及，况值佳辰，岂容错过？寄情诗酒，所以为行乐之具也。青莲全集，强半是此段襟怀。此副笔墨，若出他手，则锦心绣口，不可多得矣。(《古文析义》卷一〇)

［清］ 吴楚材、吴调侯：发端数语，已见潇洒风尘之外。而转落层次，语无泛设；幽怀逸趣，辞短韵长。读之增人许多情思。(《古文观止》卷七)

［清］ 余诚：通篇着意在一"夜"字。开首从天地光阴迅速及人生至暂说起，见及时行乐者不妨夜游。发论极其高旷，却已紧照题中"夜宴"意，是无时不可夜宴矣。下紧以"况"字转出"春"来，而春有烟景之召，大块之假，夜宴更何容已耶？于是叙地叙人叙宴之乐，而以诗酒作结。妙无一字不细贴，无一字不新隽，自是锦心绣口之文。(《重订古文释义新编》卷七)

［清］ 过琪：只起手二句便是天仙化人语，胸中有此旷达，何曰不堪？宴春夜桃李，特其寄焉耳。(《详订古文评注全集》卷六)

［清］ 朱心炯：数行中自有爽气，此天分高也。(《古文评注便览》卷一〇)

［清］ 李扶九：小小燕集，而一起却从天地万物说入，是何等胸怀！至阳春云"召我"，大块云"假我"，花曰"坐花"，月曰"醉月"，字句都仙矣。《辑注》云："古人作文最会认题，如此题有一'夜'字，便不是春宴桃李园矣。劈首逆从'夜'字生波，再折到春宴桃李园，真有海阔天空、高瞻远眺之概。"《快笔》云："为一'夜'字，劈从天地光阴发出如许异想，是其识见之超卓处。烟景而曰'召'，文章而曰'假'，是其下字奇特处。写景则曰'烟景'，写赏则曰'幽赏'，写醉则曰'醉月'，总不脱一'夜'字，是其体贴精细处。而且一句一转，一转一意，尺幅中具有排山倒海之势。短文之妙，无逾此篇。"(《古文笔法百篇》卷一四)

吊古战场文

李 华

解题 《新唐书·李华传》："华文辞绵丽，少宏杰气，颖士健爽自肆，时谓不及颖士，而华自疑过之。因作《吊古战场文》，极思研摧，已成，污为故书，杂置梵书之庋。它日，与颖士读之，称工，华问：'今谁可及？'颖士曰：'君加精思，便能至矣。'华愕然而服。"

浩浩乎平沙无垠，银。复炯。不见人，垠，崖际也。复，远也。言边塞之间，浩浩乎皆平沙无崖，又远不见人。河水萦带，群山纠纷。萦带，萦绕如带也。纠纷，杂乱也。言举目惟有山水也。黯兮惨悴，风悲日曛。黯，深惨色。曛，无光也。蓬断草枯，凛若霜晨。蓬草尽枯断，终日如霜落之晨。鸟飞不下，兽铤亡群。铤，疾走貌。○先将空场写出愁惨气象。亭长告余曰："此古战场也。常覆福。三军。往往鬼哭，天阴则闻。"述亭长言，倍加愁惨。"常覆三军"四字，是一篇之纲。伤心哉！秦欤？汉欤？将近代欤？总吊一笔，只用"伤心哉"三字便愁惨无极。

吾闻夫齐、魏徭戍，荆、韩召募。徭，役也。戍，守边卒也。召募，以财招兵也。万里奔走，连年暴仆。露。奔走既遥，暴露又久。沙草晨牧，河冰夜渡。晨则牧马，夜则渡河。地阔天长，不知归路。寄身锋刃，腽腊。臆谁诉？腽臆，意不泄也。○此是写三军初合未覆时，就秦、汉之先说起。秦、汉而还，多事四夷。中州耗斁，妒。无世无之。耗，损也。

歼，败也。○总言秦、汉以来，事战场之苦。古称戎、夏，不抗王师。自古天子以文教安天下。外戎、中夏，不敢抗拒王者之师，以王师用正也。文教失宣，武臣用奇。不用正而用奇。奇兵有异于仁义，王道迂阔而莫为。因此多杀伤之惨。呜呼噫嘻！

吾想夫北风振漠，胡兵伺便，漠，沙漠之地。伺，侦候也。北风振漠之时，边防易于疏虞，敌兵常伏，而伺察其便。主将骄敌，期门受战。期门，军卫之门。主将轻敌，遂临期门以受战。野竖旄旗，川回组练。组，组甲，漆甲成组文。练，练袍。皆战备也。法重心骇，威尊命贱。八字，尤极酸楚。利镞穿骨，惊沙入面。主客相搏，山川震眩，主客合围而相击，则金鼓互喧，山川亦为之震眩。声析江河，势崩雷电。析，分也。声之震也，足以分江河；势之崩也，不异于雷电。○此是写初战未覆时。至若穷阴凝闭，凛冽海隅，凛冽，寒气严也。积雪没胫，形去声。坚冰在须，鸷鸟休巢，征马踟蹰。池。踟，休巢，休于巢中不出也。踟蹰，行不进貌。言皆畏寒也。缯纩无温，堕指裂肤。缯，帛也。纩，绵也。当此苦寒，天假强胡，凭陵杀气，以相剪屠。加写苦寒，更自凄惨。径截辎重，横攻士卒。辎重，载衣物车。都尉新降，将军覆没。尸填巨港讲。之岸，血满长城之窟。坤入声。○窟，孔穴也。无贵无贱，同为枯骨。可胜升。言哉！此是写三军正覆时。鼓衰兮力尽，矢竭兮弦绝，白刃交兮宝刀折，两军蹙兮生死决。蹙，迫也。降矣哉？终身夷狄。战矣哉？骨暴沙砾。力。○砾，小石。○此重写三军欲覆未覆时。鸟无声兮山寂寂，夜正长兮风淅淅。昔。○淅淅，声肃也。魂魄结兮天沉沉，沉沉，昏暗也。鬼神聚兮云幂幂。密。○幂幂，阴惨也。日光寒兮草短，月色苦兮霜白。伤心惨目，有如是耶？此则写三军已覆之后也。

吾闻之：牧用赵卒，大破林胡，开地千里，遁逃匈奴。李牧，赵良将。〇叹赵。汉倾天下，财殚力痡。殚。任人而已，其在多乎？痡，病也。汉虽倾动天下，而财尽力病。因思守边之将在得人，不在多也。〇怨汉。周逐狁险。狁，允。北至太原，既城朔方，全师而还。旋。饮至策勋，和乐且闲，穆穆棣棣，君臣之间。狁狁，北狄也。朔方，北荒之地。饮至，归而告至于庙而饮也。穆穆，幽深和敬之貌。棣棣，威仪闲习之貌。〇叹周。秦起长城，竟海为关，荼毒生灵，万里朱殷。烟。〇殷，赤黑色。朱，血色。血色久则殷。〇怨秦。汉击匈奴，虽得阴山，枕骸遍野，功不补患。怨汉。〇看他叠叠只怨秦、汉，即近代，不言可知。

苍苍蒸民，苍苍，天也。蒸，众也。言天生众民。谁无父母？提携捧负，畏其不寿。谁无兄弟，如足如手？谁无夫妇，如宾如友？生也何恩？杀之何咎？死于战者有何罪。其存其没，家莫闻知。父母兄弟妻子，不得而知。人或有言，将信将疑。悁悁渊。心目，寝寐见之。悁悁，忧念也。布奠倾觞，哭望天涯。夷。〇布奠而哭望，不知其死所也。天地为愁，草木凄悲。吊祭不至，精魂何依？又从家中写出酸楚。必有凶年，人其流离。《老子》云："大军之后，必有凶年。"不但死者可伤，生者亦可虑也。呜呼噫嘻！时耶？命耶？从古如斯。总结秦、汉、近代。为之奈何？守狩。在四夷。虽有宣文教、施仁义以行王道，使戎、夏为一，而四夷各为天子守土，则无事于战矣。〇结出一篇主意。

汇评

[清] 金圣叹：人但惊其字句组练，不知其只是极写亭长口中"尝覆三军"一句。先写未覆时，次补写欲覆未覆时，次写已覆之后。(《天下才子必读书》卷末)

卷七　六朝唐文

［清］　谢有煇：夫虽盛世不能忘战，此事固所不免。但骄敌致败，世多以罪主将，而忘任人之失。文之极形惨痛，非但求工，正欲动人主恻隐耳。(《古文赏音》卷一二)

［清］　林云铭：文中初写战场景色，因吊历代，又从阵而战，从战而覆，从既覆而追想未覆之时，层层摹写，备极悲惨。再以周、赵、秦、汉错综互较一番，转入驱无罪之民而就死地，流毒无穷，结出正意，以为黩武之戒，可谓持论不刊。但古战场为朔北沙漠之地，人迹鲜到，当年交战，亦无有目击其事者。故文中初据亭长之说，再则曰"吾闻"，又曰"吾想"，末段又曰"吾闻"，如得之传闻意象间者。读之，不知是歌是哭，是笑是骂。(《古文析义》卷一三)

［清］　吴楚材、吴调侯：通篇只是极写亭长口中"常覆三军"一语。所以常覆三军，因多事四夷故也。遂将秦、汉至近代上下数千百年，反反复复写得愁惨悲哀，不堪再诵。(《古文观止》卷七)

［清］　浦起龙：战场所在多有，文则专吊边地，非泛及也。开元、天宝间，迭启外衅，藉以讽耳。与少陵《出塞》诗同旨。(《古文眉诠》卷五五)

［清］　余诚：开首辟空画出一幅古战场图，能于景中含情。因借亭长点题，而以"尝覆三军"引出吊意，起得甚好。"秦汉"、"近代"数语，领一篇之局。随撒开中国战争，而以"多事四夷"推出"尝覆三军"之故；随又撒开古昔盛时，而以"文教"数语推出"多事四夷"之故。语有本原，论极精确。于是由阵而战，由战而覆，就边地时势上摹写一番，以见其可吊。复从既覆后追交战时，就士卒意境中摹写一番，以见其可吊。词意俱极悲切。继乃以赵、汉、周、秦之事边，互较得失，而归重于用人。继又以民生至情之真挚，见驱无罪而死于战场之惨不可言，祸流无已。末以"守在四夷"作结，结出文教宜宣意。是于可吊中，更想象出可贺处来，极奇警，复极正大。观牧之历著《罪言》、《战论》等篇，自知此文之寄意深切矣。○此文之用韵者，通篇用韵，凡十有三转。(《重订古

459

文释义新编》卷七)

［清］　过珙：通篇大旨,在"多事四夷"一语。通篇归束,在"守在四夷"一语。盖守者,正仁义之用也,王道也,文教也。"武臣用奇"则有战,战则有民生流离之苦；文教苟宣则有守,守则有策勋饮至之乐。此是作文人意中主见。至描写战场之苦、阵亡之惨,虽极酷摹,仅是第二层好处。按唐人诗云："泽国山河人战图,生民何计乐樵苏。凭君莫话封侯事,一将功成万骨枯。"夫战胜功成,犹尚乃尔,况将没卒毙耶？得失不可不辨。(《详订古文评注全集》卷六)

［清］　李扶九：通篇主意在守不在战,守则以仁义,乃孔孟之旨也。但用赋体为文,段段用韵,感慨悲凉之中,自饶风韵,故为人人乐诵,且可为穷兵者炯戒,可为战场死者吐气,读者无不叹息,真古今至文也。(《古文笔法百篇》卷一五)

［清］　唐文治：所贵乎作文者,欲其感动人心耳。此文因痛近时争城争地,杀人众多,而托古战场以讽之。末段淋漓呜咽,虽善战者读之,亦当流涕。(《国文经纬贯通大义》卷二)

陋室铭

刘禹锡

解题　《历阳典录》:"陋室在(和)州治内,唐和州刺史刘禹锡建,有铭,柳公权书碑。"

山不在高,有仙则名;水不在深,有龙则灵。_{以山水引起陋室。}斯是陋室,唯吾德馨。_{有吾德之馨香,可以忘室之陋。}苔痕上阶绿,草色入帘青。_{室中景。}谈笑有鸿儒,往来无白丁。_{室中人。}可以调素琴,阅金经。无丝竹之乱耳,无案牍之劳形。_{室中事。}南阳诸葛庐,西蜀子云亭。_{孔明居南阳草庐,子云居西蜀,有玄亭。○引证陋室。}孔子云:"何陋之有?"_{应"德馨"结。}

汇评

[明]　李廷机:此铭首以山水四句唤起"陋室"二句。"苔痕"、"草色"二句,状陋室之趣;"谈笑"、"往来"二句,言交接于人者贵;"可以"四句,言所足于己者逸;"南阳"二句,言可以比南阳之庐、西蜀之亭,而不为陋也;引孔子云"何陋之有"一句,结断。何等天然,真绝世文字。(引自《详订古文评注全集》卷六)

[清]　王符曾:占得地步尽高,诸葛庐、子云亭,尤见刘郎逸韵。(《古文小品咀华》卷三)

[清]　谢有煇:陋室但作知足话头,终脱不得个"陋"字。以"德馨"为主,

则室以人重,陋而不陋矣。此文殆借室之陋以自形容其不凡也。虽不满百字,而具虎跳龙腾之致。(《古文赏音》卷一二)

[清] 林云铭:通篇总是"惟吾德馨"四字衍出,言有德之人,室藉以重,虽陋亦不陋也。起四句以山水喻人,次言室中之景、室中之客、室中之事,种种不俗。无他繁苦,即较之南阳草庐、西蜀玄亭,匪有让焉。盖以有德者处此,自有不同者在也。末引夫子"何陋"之言,隐藏"君子居之"四字在内。若全引,便著迹,读者皆不可不知。(《古文析义》卷一三)

[清] 吴楚材、吴调侯:陋室之可铭,在德之馨,不在室之陋也。惟有德者居之,则陋室之中触目皆成佳趣。末以"何陋"结之,饶有逸韵。(《古文观止》卷七)

[清] 余诚:起首四句,兴起室以德重意。"惟吾德馨"一语,道尽陋室增光处,最为简要。以下皆言吾德之能使陋室馨也,是故苔痕草色,无非吾德生意;谈笑往来,无非吾德应酬。调琴无丝竹乱耳,阅经无案牍劳形,愈不问而知为吾德举动矣。吾德之能使陋室馨者如是,虽以是室比诸葛草庐、子云玄亭,无多让焉。末引"何陋"作结,而诵法孔子,其德又何可量耶?室虽陋亦不陋矣。至其词调之清丽,结构之浑成,则文虽不满百字,自具大雅。(《重订古文释义新编》卷七)

[清] 过珙:句句将"陋"字翻案,末引孔子语作证据归束,最为有结构。(《详订古文评注全集》卷六)

[清] 李扶九:小小短章,无法不备。凡铭多自警,此却自得自夸,体格稍变。起以山水喻引,则来不突;末引古结,则去不尽。中间室中景、室中人、室中事,布置层次。末引"何陋"之言,隐藏"君子居之"四字在内,若全引便著迹,尤见其巧处。(《古文笔法百篇》卷三)

卷七　六朝唐文

阿房宫赋

杜　牧

解题　杜牧《樊川集》卷一三《上知己文章启》："宝历大起宫室，广声色，故作《阿房宫赋》。"按：阿房宫在咸阳，秦始皇三十五年以咸阳人多宫小而作。《史记·秦始皇本纪》："乃营作朝宫渭南上林苑中。先作前殿阿房，东西五百步，南北五十丈，上可以坐万人，下可以建五丈旗。周驰为阁道，自殿下直抵南山。表南山之颠以为阙。为复道，自阿房渡渭，属之咸阳，以象天极阁道绝汉抵营室也。阿房宫未成；成，欲更择令名名之。作宫阿房，故天下谓之阿房宫。"

六王毕，四海一，蜀山兀，阿房出。燕、赵、韩、魏、齐、楚灭，而海内一统；蜀山木尽，而阿房始成。○起四语，只十二字，便将始皇混一已后，纵心溢志写尽。真突兀可喜。覆压三百余里，广。隔离天日。仅与天、日相隔离。○高。骊山北构而西折，直走咸阳。骊山在北，咸阳在西。自骊山北结屋，曲折而至西，直赴咸阳殿为大宫。二川溶溶，流入宫墙。二川，渭川、樊川也。溶溶，安流也。○此段总写其大，下乃细写之。五步一楼，十步一阁；廊腰缦回，檐牙高啄。廊腰曲折，如缯缦之回环；檐牙尖耸，如禽鸟之高啄。各抱地势，钩心斗角。或楼或阁，各因地势而环抱其间。屋心聚处如钩，屋角相凑若斗。盘盘焉，囷囷屈平声。焉，蜂房水涡，窝。矗触。不知其几千万落。盘盘，周回也。囷囷，屈曲也。远望天井，如蜂之房。水溜天井中为涡，即瓦沟也。矗，高起貌。落，檐滴也。○此段写宫中楼阁之多。长桥卧波，未云

463

何龙？自阿房渡渭，属之咸阳，以象天极。有长桥卧水波上，疑是为龙。然龙必有云，今无云，知非龙。**复道行空，不霁何虹？**自殿下直抵南山之巅，架木为复道，若空中行。朱碧相照，疑其为虹。然虹必待霁，今不霁，知非虹。**高低冥迷，不知西东。**言长桥、复道，无从辨高低、西东也。○此段写桥梁道路之远。**歌台暖响，春光融融**；临台而歌，则响为之暖，如春光之融和。**舞殿冷袖，风雨凄凄。**舞罢闲散，则袖为之冷，如风雨之凄凉。**一日之内，一宫之间，而气候不齐。**言非一日暖、一日冷或一宫暖、一宫冷也，只一日一宫，其气候之变如此。○此段写宫殿歌舞之盛。

妃嫔贫。**媵**孕。**嫱**，戕。○自皇后而下，为妃、为嫔。又其次，则为媵、为嫱。○六国宫妃。**王子皇孙**，六国公族。**辞楼下殿**，辞六王之楼，下六王之殿。**辇**连上声。**来于秦**，驾人以行曰辇。**朝歌夜弦，为秦宫人。**早以声歌，夜以丝弦，转而为秦皇之宫人。○六句承上写歌舞。接下写美人。**明星荧荧，开妆镜也**；疑其星，言镜之多。**绿云扰扰，梳晓鬟**还。**也**；疑其云，言鬟之多。**渭流涨腻，弃脂水也**；言脂之多。**烟斜雾横，焚椒兰也**；言香之多。**雷霆乍惊，宫车过也；辘辘远听，杳不知其所之也。**辘辘，车声。言车之多。比上增一句，参差。**一肌一容，尽态极妍，缦立远视，而望幸焉。**缦，宽心也。天子车驾所至曰幸。**有不得见者，三十六年。**始皇在位三十六年。言终其身而不得一见也。○此段写宫中美人之多。**燕、赵之收藏，韩、魏之经营，齐、楚之精英，**收藏、经营、精英，指下金玉等言。○横写六国珍奇。**几世几年，取掠其人，倚叠如山。**六国历久，取掠于人，故多积如山。○竖写六国珍奇。**一旦不能有，输来其间。**六国一旦不能自保其所有，尽输于秦。**鼎铛**撑。**玉石，金块珠砾，**力。○铛，釜属。砾，小石。谓视鼎如铛、玉如石、金如块、珠如砾也。**弃掷逦**里。**迤，**以。○弃掷，言其多，不能尽度阁于几席也。逦迤，连接也，言弃掷不止一处也。**秦人视之，亦不甚惜**

言不惟秦皇，即秦民亦侈甚也。○此段写宫中珍奇之多。

嗟乎，一人之心，千万人之心也。秦爱纷奢，人亦念其家。人情不甚相远。奈何取之尽锱铢，用之如泥沙？使负栋之柱，多于南亩之农夫；架梁之椽，多于机上之工女；钉头磷磷，邻。多于在庾之粟粒；瓦缝参差凤。参差，多于周身之帛缕；直栏横槛，多于九土之城郭；管弦呕哑，哑，鸦。多于市人之言语。总上极写。使天下之人，不敢言而敢怒，独夫之心，日益骄固。独夫，指秦皇。○写秦止此。戍卒叫，陈涉乃戍卒，一呼而人响应。函谷举，汉高入函谷关。楚人一炬，项羽烧秦宫室。可怜焦土。一篇无数壮丽，只以四字了之。

呜呼！灭六国者，六国也，非秦也。断六国。族秦者，秦也，非天下也。断秦。嗟夫！使六国各爱其人，则足以拒秦。痛惜六国。秦复爱六国之人，则递三世，可至万世而为君，谁得而族灭也？秦止二世而亡。○痛惜秦。秦人不暇自哀，而后人哀之；后人哀之而不鉴之，亦使后人而复哀后人也！言尽而意无穷。

汇评

［明］ 归有光：凡作骂题文字，须于结束垂规戒意，方有余味。此虽小节，有不可略。如杜牧之《阿房宫赋》、苏老泉《六国论》，皆得此意。（《古文举例》）

［明］ 王世贞：杜牧《阿房》，虽乖大雅，就厥体中，要自峥嵘擅场。惜哉，其乱数语，议论益工，面目益远。（《艺苑卮言》卷四）

［清］ 金圣叹：穷奇极丽，至矣尽矣，却是一篇最清出文字。（《天下才子必读书》卷一二）

［清］ 谢有煇：以三百余里之地为宫，非始皇无此侈大手段，而此文之手眼更过之。盖秦皇欲极其侈心而未成，而此文则驰骤其才而有余也。正面穷其壮丽，侧面恣为敲击，使垂戒之意凛然，觉《子虚》、《上林》其命意反逊此一筹。(《古文赏音》卷一二)

［清］ 林云铭：此等题目，只要形容得壮丽无比。亏他起手单刀直入，便把阿房点出，不用闲话，遂趁笔写得如许高大。若徒然高大，何足为奇，乃其中之结构处，则有楼阁，其多已如彼；空阔处则有长桥复道，其雄又如此，抑何如其壮丽也！然宫中无可为乐，亦觉减价，乃稽其歌舞之人，皆合六国之殊色，接应不暇，则有可为乐矣。然使奇珍不列于前，亦非全美，乃稽其充牣之宝，皆兼六国之厚积，视犹粪土，则阿房之旷古无比也，岂不信哉？但其创作，非出鬼输神运，皆竭民之财力而为之。民心既失，岂能独乐，则天下之族秦，竟为秦灭六国之续，可为千古永鉴矣。蜀山费尽斩伐，末后只还他一片焦土，盛极而衰，理本如此。篇中十三易韵。末以感慨发垂戒意，千古仅作。(《古文析义》卷一三)

［清］ 吴楚材、吴调侯：前幅极写阿房之瑰丽，不是羡慕其奢华，正以见骄横敛怨之至，而民不堪命也，便伏有不爱六国之人意在。所以一炬之后，回视向来瑰丽，亦复何有？以下因尽情痛悼之，为隋广、叔宝等人炯戒，尤有关治体。不若《上林》《子虚》，徒逢君之过也。(《古文观止》卷七)

［清］ 余诚：开首直起，以下层层铺叙，赋体自应尔尔。其佳处全在造句新奇，措词流丽，运笔变换，故能使阿房始末与宫中情景，一一宛然在目。然不得"嗟乎"以下议论，亦仅以描写声调见长耳，有何义味？文妙将柱椽、钉头、瓦缝、栏槛、管弦等项，收拾前幅；而以"可怜焦土"了结之，大发感慨。末因垂戒后世，殊觉言有尽而意无穷矣。至波澜之壮阔，结构之精严，亦难多遘，宜乎昔人有"唐文至此大振"之褒也！(《重订古文释义新编》卷七)

［清］ 过珙：前半将宫殿楼阁、回廊复道、美女珍奇、千态万状逐一描写，

或壮丽,或纤折,或窈窕,阿房一齐都现。读至"楚人一炬,可怜焦土",其壮丽者、纤折者、窈窕者,阿房顷刻都尽。世上一切梦幻泡影、石火电光,如是如是。(《详订古文评注全集》卷六)

[清] 李扶九:以文论,一起突兀,一结无穷。中间细写层次,藻丽流动,是佳文也。以理论,前半极写其丽,正为后灭亡作地,而后半情极痛悼,乃为炯戒,尤有关治体,不似《上林》、《子虚》,徒逢君之恶也。以赋论,扬子云云"文人之赋丽以则",此其有焉。古来之赋,此为第一,所以家传户诵,至今犹新也。(《古文笔法百篇》卷一八)

原 道

韩 愈

解题 《淮南子》、《文心雕龙》首篇皆为《原道》,均探求道之本原。《新唐书·韩愈传》谓"愈深探本元,卓然树立,成一家言。其《原道》、《原性》、《师说》等数十篇,皆奥衍闳深,与孟轲、扬雄相表里而佐佑六经云"。按:永贞元年(805)十二月九日,韩愈在江陵作《上兵部李侍郎书》云:"谨献旧文一卷,扶树教道,有所明白。"《原道》疑即"旧文一卷"之一,约作于是年由阳山令移江陵法曹参军前。

博爱之谓仁,行而宜之之谓义,由是而之焉之谓道,足乎己无待于外之谓德。下二句,俱指仁义说。○起四语,具四法。仁与义为定名,道与德为虚位。所谓道德云者,仁义而已。故以仁义为定名,道德为虚位。道德之实非虚,而道德之位则虚也。故道有君子小人,如《易》言"君子道长,小人道消"之类。而德有凶有吉。如《易》言"恒其德,贞。妇人吉,夫子凶"之类。此所以谓之虚位也。老子之小仁义,《老子》:"大道废,有仁义。"非毁之也,其见者小也。见小,是老子病源。坐井而观天,曰"天小"者,非天小也。忙中著此数语,如落叶惊湍,大有致趣。彼以煦煦许。为仁,孑孑为义,其小之也则宜。煦煦,小惠貌。孑孑,孤立貌。老子错认仁义,故以为小。其所谓道,道其所道,非吾所谓道也;其所谓德,德其所德,非吾所谓德也。《老子》:"道可道,非常道。"又:"上德不德,是以有德。"老子不知有仁义,并错认道德。凡吾所谓道德云者,合仁与义言之也,天下之公言也；老子之所谓道德云者，去仁与义言之也，一人之私言也。老子平日谈道德，乃欲离却仁义，一味是虚无上去，曾不知道德自仁义中出，故据此辟之，已括尽全篇之意。

周道衰，孔子没，火于秦。秦李斯请史官非秦记皆烧之，非博士官所职，天下敢有收藏《诗》《书》、百家语者，悉诣守尉杂烧之。黄、老于汉，黄、老，黄帝、老子也。汉曹参始荐盖公能言黄、老，文帝宗之。自是相传学道众矣。佛于晋、魏、梁、隋之间。后汉明帝夜梦金人飞行殿庭。以问于朝，而传毅以佛对。帝遣使往天竺，得佛经及释迦像，自后佛法遍中夏焉。此特南举晋、梁，北举魏、隋也。其言道德仁义者，不入于杨，则入于墨，不入于老，则入于佛。杨、墨、佛、老虽并点，只重佛、老一边。入于彼，必出于此。入者主之，出者奴之；入者附之，出者污之。入于杨、墨、佛、老者，必出于圣人之学。主异端者，必以圣人为奴。附异端者，必以圣人为污也。○此处说人从异端。衍此六句，方顿挫。噫！后之人其欲闻仁义道德之说，孰从而听之？冷语收上。下又翻出佛、老两段作波澜。老者曰："孔子，吾师之弟子也。"佛者曰："孔子，吾师之弟子也。"老者、佛者，谓治老、佛之道者。如孟子所谓墨者是也。为孔子者，习闻其说，乐其诞而自小也，亦曰："吾师亦尝师之云尔。"为，治也。言治孔子之道者，喜佛、老之怪诞，而自以儒道为小，而愿附之。不惟举之于其口，而又笔之于其书。笔之于书，如《庄子·天运》篇："孔子见老子而语仁义。老子曰：'……仁义憯然乃愤吾心，乱莫大焉。……'孔子归，三日不谈"之类也。噫！后之人虽欲闻仁义道德之说，其孰从而求之？重上一段作小束，宕甚。甚矣！人之好怪也！不求其端，不讯其末，惟怪之欲闻。端，始也。末，终也。佛老之说甚怪，而人好之，故反足以胜吾道。○数语是文章之要领。

古之为民者四，今之为民者六；古之教者处其一，今之教者处其三。添了佛、老二种。农之家一，而食粟之家六；工之家一，而用器之家六；贾之家一，而资焉之家六。农、工、贾三句，紧顶上古、今四句，总言佛老之害。奈之何民不穷且盗也！有此句，下面许多功用，便少不得。

古之时，人之害多矣。害，指下文虫、蛇、禽、兽、饥、寒、颠、病等语。有圣人者立，然后教之以相生相养之道，见得天地间不可无圣人之道。有功于人，非佛老可及。为之君，为之师。《书》："天降下民，作之君，作之师。"驱其虫蛇禽兽，而处之中土。寒然后为之衣，饥然后为之食，木处而颠、土处而病也，然后为之宫室。为之工以赡其器用，为之贾以通其有无，为之医药以济其夭死，为之葬埋、祭祀以长其恩爱，为之礼以次其先后，为之乐以宣其湮囿，郁，为之政以率其怠倦，为之刑以锄其强梗。相欺也，为之符玺、斗斛、权衡以信之；相夺也，为之城郭、甲兵以守之。害至而为之备，患生而为之防。连用十七个"为之"字，起伏顿挫，如层峰叠岚，如惊波巨浪，自不觉其重复，盖句法善转换也。○说出圣人许多实功，正见佛老之谬全在下"清净寂灭"四字。今其言曰："圣人不死，大盗不止；剖斗折衡，而民不争。"其言指老氏之书。呜呼！其亦不思而已矣！如古之无圣人，人之类灭久矣。用反语束上文。圣人治天下，许多条理，一句可以唤醒。何也？无羽毛鳞介以居寒热也，无爪牙以争食也。言人不若禽兽之有羽、毛、鳞、介、爪、牙，必待圣人衣食之。若无圣人，岂能至今有人类乎？

是故君者，出令者也；臣者，行君之令而致之民者也；民者，出粟米麻丝、作器皿、通货财以事其上者也。君不出令，则失其所以为君；臣不行君之令而致之民，则失其所以为臣；民不出粟米麻丝、作器皿、通货财以事其上，则诛。提出君、臣、民三项，一正一反,以形佛、老之无父、无君。今其法曰:"必弃而君臣,去而父子,禁而相生相养之道。"其法,指佛、老之教。而,汝也。以求其所谓"清净""寂灭"者。老言清净,佛言寂灭,此佛、老之反于圣人处。呜呼!其亦幸而出于三代之后,不见黜于禹、汤、文、武、周公、孔子也;其亦不幸而不出于三代之前,不见正于禹、汤、文、武、周公、孔子也。著此感慨一段,味便深长,文便鼓宕。

帝之与王,其号虽殊,其所以为圣一也。夏葛而冬裘,渴饮而饥食,其事虽殊,其所以为智一也。今其言曰:"曷不为太古之无事?"此老、庄之语。是亦责冬之裘者曰:"曷不为葛之之易也?"责饥之食者曰:"曷不为饮之之易也?"突入譬喻,破其清净、无为之说。

传曰:"古之欲明明德于天下者,先治其国;欲治其国者,先齐其家;欲齐其家者,先修其身;欲修其身者,先正其心;欲正其心者,先诚其意。"然则古之所谓正心而诚意者,将以有为也。佛、老托于无为,《大学》功在"有为",二字尽折其谬。今也欲治其心,佛、老亦治心之学。而外天下国家,灭其天常,子焉而不父其父,臣焉而不君其君,民焉而不事其事。此佛、老之无为。孔子之作《春秋》也,诸侯用夷礼则夷之,进于中国则中国之。经曰:"夷狄之有君,不如诸夏之亡。"《诗》曰:"戎狄是膺,荆舒是惩。"今也举夷狄之法,而加之先王之教之上,几何其不胥而为夷也!极言佛、老之祸天下,所以深恶而痛绝之。

夫所谓先王之教者,何也?紧接。博爱之谓仁,行而宜之之谓义,由是而之焉之谓道,足乎己无待于外之谓德。其文,《诗》、《书》、《易》、《春秋》;其法,礼、乐、刑、政;其民,士、农、工、贾;其

471

位,君臣、父子、师友、宾主、昆弟、夫妇;其服,麻、丝;其居,宫、室;其食,粟米、果蔬、鱼肉。其为道易明,而其为教易行也。"夫所谓"至此一段,收拾前文,生发后文,绝妙章法。是故以之为己,则顺而祥;以之为人,则爱而公;以之为心,则和而平;以之为天下国家,无所处而不当。是故生则得其情,死则尽其常;郊焉而天神假,格。庙焉而人鬼飨。曰:"斯道也,何道也?"问语作态。曰:"斯吾所谓道也,非向所谓老与佛之道也。应"非吾所谓道"一段。是"原道"结穴。尧以是传之舜,舜以是传之禹,禹以是传之汤,汤以是传之文、武、周公,文、武、周公传之孔子,孔子传之孟轲;轲之死,不得其传焉。"轲之死"一句,承上极有力。一篇精神在此。荀与扬也,择焉而不精,语焉而不详。荀卿,名况,赵人。尝推儒、墨、道德之行事兴坏,序列著数万言而卒。汉扬雄,字子云,所撰有《法言》十三卷。○故云孟子之后不得其传。由周公而上,上而为君,故其事行;由周公而下,下而为臣,故其说长。"事行,谓得位以行道。说长,谓立言以明道也。○重下二句,是《原道》本意。然则如之何而可也?完矣,又一转。曰:"不塞不流,不止不行。佛、老之道,不塞不止。圣人之道,不流不行。人其人,僧、道俱令还俗。火其书,绝其惑人之说。庐其居,寺观改作民房。明先王之道以道同导。之,鳏寡孤独废疾者有养也。以无佛、老之害,故穷民皆得其所养。其亦庶乎其可也。"两"可"字呼应作结,言有尽而意无穷。

汇评

[宋] 程颐:韩愈亦近世豪杰之士,如《原道》中言语虽有病,然自孟子而后,能将许大见识寻求者,才见此人。至如断曰:"孟子醇乎醇。"又曰:"荀与扬,择焉而不精,语焉而不详。"若不是他见得,岂千余年后,便能断得如此分明也。(《二程语录》卷一)

卷七　六朝唐文

［宋］　张耒：愈知道欤？曰：愈未知也。愈之《原道》曰："博爱之谓仁，行而宜之之为义，由是而之焉之谓道。"果如此，则舍仁与义而非道也。"仁与义为定名，道与德为虚位。道有君子有小人，德有吉有凶。"若如此，道与德特未定，而仁与义皆道也。是愈于道本不知其何物，故其言纷纷异同而无所归，而独不知子思之言乎："天命之谓性，率性之谓道，修道之谓教。"……愈者择焉而不精，语焉而不详，而健于言者欤？（《张耒集》卷四一《韩愈论》）

［宋］　楼昉：辞严意正，攻击佛、老，有开阖纵舍，文字如引绳贯珠。（《崇古文诀》卷八）

［宋］　李塗：《原道》、《送文畅师序》等作，辟佛老，尊孔孟，正是韩文与六经相表里处，非止学其声响而已。（《文章精义》）

［宋］　黄震：自昔圣帝明王所以措生民于理，使其得自别于夷狄、禽兽者，备于《原道》之书矣。孔、孟没，异端炽，千有余年而后，得《原道》之书辞而辟之，昭昭矣！（《黄氏日钞》卷五九）

［元］　李冶：退之平生挺特，力以周孔之学为学，故著《原道》等篇觚排异端。至以谏迎佛骨，虽获戾一斥几万里而不悔，斯亦足以为大醇矣。（《敬斋古今黈》卷七）

［明］　王守仁：《原道》一篇中间，以数个"古"字、"今"字，一正一反，错综震荡，翻出许多议论波澜。其学力、笔力足以凌厉千古。（引自《评校音注古文辞类纂》卷二）

［明］　薛瑄：韩子《原道》篇中"欲治其心，而外天下国家"之语，深中异端之病。老、释二家，皆务洁其身清其心，弃绝伦理而不恤，正韩子所谓"欲治其心，而外天下国家"者也。（《薛文清公读书录》卷七）

［明］　归有光：《原道》一篇立言正大，发先儒所未发。《唐书》称其"奥舒闳深，与孟轲、扬雄相表里，而佐佑六经"，知言哉！至其为文，神鬼万状，出有入无，震荡天地，则自孔、孟后大文章也。（引自《评校音注古文辞类纂》卷二）

［明］　茅坤：辟佛、老是退之一生命脉，故此文是退之集中命根。其文源

473

远流洪,最难鉴定。兼之其笔下变化诡谲,足以眩人。……退之一生辟佛、老在此篇,然到底是说得老子而已,一字不入佛氏域。盖退之元不知佛氏之学,故《佛骨表》亦只以福田上立说。(《唐宋八大家文钞·韩文公文钞》卷九)

[清] 储欣:《原道》一书,综而举之,词少意该,盖三才之隐括。黄山谷每劝人读《原道》,譬之作室,厅堂甲第,无不具备。余谓王介甫《上仁宗书》,士大夫之厅堂甲第也;韩公《原道》,则帝王之左祖右社,前朝后市也。(《唐宋八大家类选》卷三)

[清] 吴楚材、吴调侯:孔孟没,大道废,异端炽,千有余年,而后得《原道》之书辞而辟之,理则布帛菽粟,气则山走海飞,发先儒所未发,为后学之阶梯,是大有功名教之文。(《古文观止》卷七)

[清] 沈德潜:吾道别于异教,在有为无为。以有为为教,合仁义而言道者也;以无为为教,去仁义而言道者也。先言老,次言佛,后或兼言老、佛之害,或分言老、佛之害,见俱属怪诞不经,为生民蠹。而尧、舜、禹、汤、文、武、周、孔相传之道,教以相生相养而除民之害者,诚有易明易行,而斯须不能离者也。本布帛菽粟之理,发日星河岳之文,振笔直书,忽擒忽纵,董之醇粹,运以贾之雄奇。为《孟子》七篇后第一篇大文字。(《唐宋八大家文读本》卷一)

[清] 浦起龙:原道,只原出"合仁与义而言"之道。起四句,作两提两顶看,便通身俱灵。仁义可施,施之天下国家,蕃而为日用,大而为伦纪者是也。彼老、佛者,废日用,离伦纪,由于外天下国家,而空治其心,故仁义无所施,尊道流者所必斥也。读者不揭出仁义,则漫无主张;作者不频频钩勒仁义,则古文意到法也。光明洞达,孟后一篇。(《古文眉诠》卷四六)

[清] 蔡世远:其词如贾长沙《治安策》,而更出之以变化;其论学术治术,则如董江都《贤良策》,而更写之以明畅。三代以下,能有几篇文字?……公自言"气盛,则言之短长与声之高下皆宜",熟读此篇自见。(《古文雅正》卷八)

[清] 刘大櫆：老苏称公文"如长江大河，浑灏流转，鱼鳖蛟龙，万怪惶恐"，惟此文足以当之。(引自《评校音注古文辞类纂》卷二)

[清] 方东树：唐承魏、晋、梁、隋之敝，自天子公卿皆不本儒术，士大夫之贤智者，惟佛、老之崇。韩子怀孟子之惧而作《原道》，盖犹之孟子之意也。(《仪卫轩文集》卷一)

[清] 林纾：读昌黎"五原"篇，语至平易。然而能必传者，有见道之能，复能以文述其所能者也。宋之道学家，如程、朱至矣，问有论道之文习诵于学者之口者耶？亦以质过于文。深于文者，遂不目之以文，但目之以道，道可喻于心，不能常宣之于口，故无传耳。昌黎于《原道》一篇，疏浚如导壅，发明如烛暗，理足于中，造语复衷之法律，俾学者循其途轨而进，即可因文以见道。黄山谷曰："文章必谨布置。每见后学，多告以《原道》命意曲折。"后以此概求古人法度，如老杜《赠韦见素》诗，布置最得正体。如官府甲第，厅堂房室，各有定处，不可乱也。须知文之不乱，恃其有法，始不乱也。昌黎生平好弄神通，独于"五原"篇，沈实朴老，使学者有途轨可寻。故《原道》一篇，反复伸明，必大畅其所蓄而后止。(《韩柳文研究法·韩文研究法》)

[清] 吴闿生：凡为文之道，庄言正论，难于出色争胜。独退之此文为例外，由其盛气驱迈磅礴而不可御也。(《古文范》卷三)

原 毁

韩 愈

解题 《论语·卫灵公》："吾之于人也，谁毁谁誉？"朱熹注："毁者，称人之恶而损其真。"唐皮日休《皮子文薮》卷三《原谤》："故尧有不慈之毁，舜有不孝之谤。"按：此篇亦在"旧文一卷"内，写作时间与《原道》同。

古之君子，其责己也重以周，其待人也轻以约。此孔子所谓"躬自厚而薄责于人"之意。○二语是一篇之柱。重以周，故不怠；轻以约，故人乐为善。申上文作两对，是双关起法。闻古之人有舜者，其为人也，仁义人也。求其所以为舜者，责于己曰："彼，人也；予，人也。彼能是，而我乃不能是！"早夜以思，去其不如舜者，就其如舜者。闻古之人有周公者，其为人也，多才与艺人也。求其所以为周公者，责于己曰："彼，人也；予，人也。彼能是，而我乃不能是！"早夜以思，去其不如周公者，就其如周公者。此二段语意，俱本《孟子》"舜何人，予何人"一段来。舜，大圣人也，后世无及焉；周公，大圣人也，后世无及焉。是人也，乃曰："不如舜，不如周公，吾之病也。"只转说。一说便见波澜。是不亦责于身者重以周乎？应一句。其于人也，曰："彼人也，能有是，是足为良人矣。能善是，是足为艺人矣。"从上段"能"字生出"善"字。取其一，不责其二；即其新，不究其旧。恐恐然惟惧其人之不得为善之利。顺势衍足上意。一善，易修也。一艺,易能也。其于人也,乃曰:"能有是,是亦足矣。"曰:"能善是,是亦足矣。"亦转说。一说又作波澜。不亦待于人者轻以约乎? 应一句。○已上写古之君子,作两扇,是宾。

今之君子则不然。一句折入。其责人也详,其待己也廉。详,故人难于为善;廉,故自取也少。亦作双关起法。己未有善,曰:"我善是,是亦足矣。"己未有能,曰:"我能是,是亦足矣。"外以欺于人,内以欺于心,未少有得而止矣。不亦待其身者已廉乎? 应一句。其于人也,曰:"彼虽能是,其人不足称也。彼虽善是,其用不足称也。"举其一,不计其十;究其旧,不图其新。恐恐然惟惧其人之有闻也。是不亦责于人者已详乎? 应一句。○已上写今之君子,作两扇,是主。亦只就"能"、"善"二字,翻弄成文,妙。夫是之谓不以众人待其身,而以圣人望于人,吾未见其尊己也。文极滔滔莽莽,有一泻千里之势。不意从此间忽作一小束,何等便捷! 是文章中深于开合之法者。

虽然,急转。为是者,有本有原,怠与忌之谓也。怠者不能修,而忌者畏人修。"怠"、"忌"二字,切中今人病痛。下文只说"忌者",而"怠者"自可知,惟"怠"故"忌"也。○方说到本题,此为毁之根也。吾尝试之矣。以作一顿,生下二比。尝试语于众曰:"某良士,某良士。"其应者,必其人之与也;不然,则其所疏远不与同其利者也;不然,则其畏也。不若是,总撒上三句。强者必怒于言,懦者必怒于色矣。"良士"一段,是主中之宾。又尝语于众曰:"某非良士,某非良士。"其不应者,必其人之与也;不然,则其所疏远不与同其利者也;不然,则其畏也。不若是,总撒上三句。强者必说悦。于言,懦者必说于色矣。"非良士"一段,是主中之主。○两意形出"忌"字,以原毁者之情,委婉曲折,词采若画。是故事修而谤兴,德高而毁来。呜呼! 士之处此世,而望名誉之光、道德之行，难已！《原毁》篇，到末才露出"毁"字。大都"详"与"廉"，毁之枝叶；"怠"与"忌"，毁之本根。不必说"毁"，而"毁"意自见。

　　将有作于上者，得吾说而存之，其国家可几而理欤！慨然有余思。

汇评

[宋]　楼昉：曲尽人情。（《崇古文诀》卷八）

[宋]　黄震：伤后世议论之不公，为国家者不可不察也。（《黄氏日钞》卷五九）

[宋]　谢枋得：此篇曲尽人情，巧处妙处在假托他人之言辞，模写世俗之情状。熟于此，必能作论。（《文章轨范》卷一）

[明]　茅坤：此篇八大比，秦汉来故无此调，昌黎公创之。然感慨古今之间，因而摹写人情，曲鬯骨里，文之至者。（《唐宋八大家文钞·韩文公文钞》卷九）

[清]　金圣叹：原毁，乃始于责己者，其责己则怠，怠则忌，忌则毁，故原之必于此焉始，并非宽套之论也。此文段段成扇，又宽转，又紧峭，又平易，又古劲，最是学不得到之笔，而不知者乃谓易学。（《天下才子必读书》卷七）

[清]　储欣：长排亦唐人常调，谓公创者，非也，公特气体高出耳。（《唐宋八大家类选》卷三）

[清]　张伯行：人心不古，责己薄，责人厚，侈己之长，掩人之善，往往然矣。昌黎此篇深有慨乎其言之也。（《唐宋八大家文钞》卷三）

[清]　何焯：毁人之根在忌，忌人之根又在自怠，节节搜出。（《义门读书记》卷三一）

[清]　林云铭：篇中揭出"怠"、"忌"两字，可谓推见至隐。末写出人情恶薄，曲尽其态。以公平日动而得谤，故有是作也。（《古文析义》卷

478

一一)

［清］ 方苞：通篇排比开合，其原出于荀子、韩非子。（引自《评校音注古文辞类纂》卷二）

［清］ 吴楚材、吴调侯：全用重周、轻约、详廉、息忌八字立说。然其中只以一"忌"字，原出毁者之情。局法亦奇。若他人作此，则不免露爪张牙，多作仇愤语矣。（《古文观止》卷七）

［清］ 沈德潜：此即后代对偶排比之祖也，于韩文中为降格，而宾主开合，荆川得之，已足雄视一代矣。（《唐宋八大家文读本》卷一）

［清］ 浦起龙：此文须细辨根苗。从根显苗，所谓原也。毁者其苗，怠与忌者其根。古之君子，不怠不忌；今之君子，则怠且忌。而怠又忌之根也，故入后特将"怠"意，预先下砭，然后单就忌心对勘，使毁态活跃而出。呜呼！俗坏于士论之互诋，而祸中于国论之失真。宋明党局，其左验矣。非细故也，结语毋急。（《古文眉诠》卷四六）

［清］ 刘大櫆：创调。（引自《评校音注古文辞类纂》卷二）

［清］ 姚范：后颇用《管子·九变》及《战国策·为齐献书赵王》文法。（《援鹑堂笔记》卷四二）

［清］ 曾国藩：言在上者须明斯世所以多忌多毁之由，而后可以知人。篇末说明作意。（《曾文正公全集·求阙斋读书录》卷八）

［清］ 张裕钊：通篇排比，下开明允，而其源则出于荀、韩。○退之此文最古，玩其气格，直是周人文字。（引自《评校音注古文辞类纂》卷二）

［清］ 李扶九：体则两扇，笔则曲折，意则刻露，波澜壮阔，词意和平。结归到君上，见其所关之大，不徒为一己原也。然篇中不明露己，泛泛说来，何等含蓄！（《古文笔法百篇》卷一）

［清］ 林纾：《原毁》则道人情之所以然，曲曲皆中时俗之弊。公当日不见直于贞元之朝，时相为赵憬、贾耽、卢迈，咸不以公为能，意必以毁之者。故婉转叙述毁者之所以被祸之故，未尝肆詈，而恶薄之

人情，揭诸篇端，一无所漏。所赠序与书多不平语，而此篇独沉吟反复，心伤世道，遂不期成为至文耳。(《韩柳文研究法·韩文研究法》)

[清] 唐文治：此文格局虽系两扇，实开四扇。"盖古之君子"一段中分两扇，"今之君子"一段中又分两扇也。"尝试语于众曰"两段为封锁法，用笔全在虚际，故能理实气空，且曲尽人情物理。要知此等文字，系从诸子中得来，不善学之，则局板而气滞矣。(《国文经纬贯通大义》卷一)

获麟解

韩愈

解题　《春秋·哀公下》："十有四年春,西狩获麟。"《左传·哀公》："十四年春,西狩于大野,叔孙氏之车子钮商获麟,以为不祥,以赐虞人。仲尼观之曰:'麟也。'然后取之。"李翱《李文公集》卷七《与陆傪书》:"韩愈非兹世之文,古之文也;非兹世之人,古之人也。其词与其意适,则孟轲既没,亦不见有过于斯者。当其下笔时,如他人疾书写之,诵其文,不是过也。其词乃能如此。尝书其一章,曰《获麟解》,其他可以类知也。"

　　麟之为灵,昭昭也。麟,麇身、牛尾、马蹄、一角,毛虫之长,王者之瑞也。○先立一句,"灵"字伏"德"字。咏于《诗》,书于《春秋》,杂出于传记百家之书,虽妇人小子皆知其为祥也。《诗·麟之趾》。《春秋》鲁哀公十三年"西狩获麟"。传记百家,谓史传所记及诸子百家也。虽妇人小子皆知其为祥瑞,正见其昭昭处。○一转。

　　然麟之为物,不畜于家,不恒有于天下。其为形也不类,非若马、牛、犬、豕、豺、狼、麋、鹿然。然则虽有麟,不可知其为麟也。知其为祥,不可知其为麟,所以为灵。○二转。角者,吾知其为牛;鬣猎者,吾知其为马;犬、豕、豺、狼、麋、鹿,吾知其为犬、豕、豺、狼、麋、鹿;惟麟也不可知。不可知,则其谓之不祥也亦宜。既不可知其为麟,则谓麟为不祥之物,亦无足怪。○三转,起下"圣人必知麟"。虽然,麟之出，必有圣人在乎位，麟为圣人出也。帝王之世，麟在郊薮。圣人者，必知麟。麟之果不为不祥也。麟必待有知麟之圣人而后出，麟固无有谓其不祥者。○四转。

又曰："麟之所以为麟者，以德不以形。"以德"句，正与"为灵昭昭"句相应。"德"字，即"灵"字之意。惟德故灵也。若麟之出不待圣人，则谓之不祥也亦宜。"若出非其时，则失其所以为麟矣，何祥之有？○五转。○上"不祥"，是天下不知麟也，非麟之咎也。此"不祥"，真麟之罪也，非天下之咎也。

汇评

[宋] 朱熹：东莱教人作文，当看《获麟解》，也是其间多曲折。(《朱子语类》卷一三九)

[宋] 吕祖谦：字少意多，文字立节，所以甚佳。其抑扬开合，只主"祥"字，反复作五段说。(《古文关键》卷上)

[宋] 黄震：大意谓麟祥物也，但出非其时，人不谓之祥。盖以自况，而不直说，遂成文法之妙。(《黄氏日钞》卷五九)

[宋] 谢枋得：此篇仅一百八十余字，有许多转换，往复变化，议论不穷。第一段说麟为灵物，"虽妇人小子皆知其为祥"；第二转说虽有麟，不知其为麟；第三转说马、牛、犬、豕、豺狼、麋鹿吾皆知之，惟麟不可知；第四转说麟既"不可知，则其谓之不祥也亦宜"；第五转说麟为圣人而出，"圣人者，必知麟"，既有圣人知之，则麟"果不为不祥也"；第六转说"麟之所以为麟者"，以其为仁兽为灵物，不必论其形；第七转说"若麟之出不待圣人"在位之时，则人"谓之不祥也亦宜"。能熟读此等文字，笔便圆活，便能生议论。(《文章轨范》卷五)

[明] 茅坤：文凡四转，而结思圆转如游龙，如辘轳，愈变化而愈劲厉，此

奇兵也。(《唐宋八大家文钞·韩文公文钞》卷一〇)

[清] 金圣叹：一篇只是一正一反，再一正，再一反。每段又自作曲折。(《天下才子必读书》卷七)

[清] 王符曾：截然四段，望之却似无限曲折在内，如帆随湘转，望衡九面。《获麟解》者，解《春秋》哀十四年"西狩获麟"之文也，三传言之备矣。此文但取《左氏传》中"以为不祥"四字，反复辩论也。外间读书不寻来历，竟似昌黎无端将祥与不祥纠缠不了矣。处处有"吁嗟麟兮"四字在言外，读者味之。(《古文小品咀华》卷三)

[清] 储欣：鲁哀十四年春，西狩于大野，叔孙氏之车子获麟，以为不祥。仲尼曰："麟也。"然后取之。昌黎按此作解，其于知不知之际，感慨实深。(《唐宋十大家全集录·昌黎先生全集录》卷一)〇"知"、"不知"字寓感慨。(《唐宋八大家类选》卷三)

[清] 何焯：此文自宋以后皆极称之。李习之亦书一通与人，极叹为佳。德与形，本只两意，蔚作四段。层叠曲折，转变万千。不是用"祥"、"不祥"两字转换，是以"知"、"不知"两字转换。(《义门读书记》卷三一)

[清] 吴楚材、吴调侯：此解与论龙、论马，皆退之自喻有为之言，非有所指实也。文仅一百八十余字，凡五转，如游龙，如辘轳，变化不穷，真奇文也。(《古文观止》卷七)

[清] 沈德潜：意重"不祥"边，见有德而非时者，俱近"不祥"，孔、孟以降，不胜数也。将尽忽转，将绝复生，极文章之诡幻。(《唐宋八大家文读本》卷一)

[清] 浦起龙：不曰《麟说》，而曰《获麟解》，大抵因"西狩获麟"之文触发。忽知忽不知，所慨在不知；忽祥忽不祥，自信乃在祥。掉笔灵，托意远。(《古文眉诠》卷四七)

[清] 余诚：本《左传》"不祥"二字立论，却由"祥"说入"不祥"，层层翻剥，抑扬开合，变化无端，故文虽不满二百字，而波澜真若万丈有余，真绝世奇文。〇文通篇凡四转，而每段中又各自为转，或再三

转,有转无竭,所以曲折顿宕,议论层出不穷。(《重订古文释义新编》卷七)

[清] 刘大櫆:尺水兴波,与江河比大,惟韩公能之。(引自《评校音注古文辞类纂》卷二)

[清] 林纾:《说马》及《获麟解》,皆韩子自方之辞也。《说马》语壮,言外尚有希求;解麟词悲,心中别无余望。两篇均重在"知"字,篇幅虽短,而伸缩蓄泄,实具长篇之势。……古有知马之伯乐,无知麟之伯乐。且马有群,伯乐不过于群中别为千里之马。麟无群,可以不待别而知为麟。至于不待别而知者而仍不知,则麟之遇蹇矣。此昌黎所由用以自方也。入手引《诗》、《书》、《春秋》、传记百家之书,皆知为祥,用别于千里马之徒赖一伯乐,似天下有普通共识之贤士,无可疑者。(《韩柳文研究法·韩文研究法》)

[清] 陈衍:后人谓柳文摹拟前人处,痕迹大显,惟昌黎则变化无方,绝无痕迹可寻,岂其然哉!柳文固有摹拟痕迹大显者,若昌黎《获麟解》之摹太史公,能绝无痕迹乎?《史记·老庄申韩列传》云:"孔子去,谓弟子曰:'鸟,吾知其能飞;鱼,吾知其能游;兽,吾知其能走。走者可以为罔,游者可以为纶,飞者可以为矰。至于龙,吾不能知其乘风云而上天。吾今日见老子,其犹龙耶!'"《获麟解》云:"角者吾知其为牛,鬣者吾知其为马,犬豕、豺狼、麋鹿,吾知其为犬豕、豺狼、麋鹿,惟麟也不可知。"此直是点金成铁。鸟能飞云云,注意在可罔、可纶、可矰,若徒说能识牛、马、犬、豕等,则直小儿语矣。且羊、鹿亦有角,何以必牛?豕亦有鬣,何以必马?更说不去,全篇毫无深意。不过谓罕见之物,庸人不识耳,此等文虽不作可也。(《石遗室论文》卷四)

杂说一

韩　愈

解题　《易·乾》："云从龙，风从虎，圣人作而万物睹。"孔颖达疏："龙是水畜，云是水气，故龙吟则景云出，是云从龙也。"

龙嘘气成云，云固弗灵于龙也。嘘气，虚口出气也。云为龙之所自有，故弗能灵于龙。○一节，言龙之灵。轻。下急转。然龙乘是气，茫洋穷乎玄间，薄博。日月，伏光景，影。感震电，神变化，水下土，汩骨。陵谷。云亦灵怪矣哉！茫洋云水之气，极乎穹苍，日月为之掩蔽，光影为之伏藏，雷电为之震动，其变化风雨，则水遍乎下土，陵谷为之汩没，云亦灵怪极矣。○二节，言云之灵。重。

云，龙之所能使为灵也。若龙之灵，则非云之所能使为灵也。三节，申言龙之灵。轻。下急转。然龙弗得云，无以神其灵矣，失其所凭依，信不可欤！四节，申言云之灵。重。异哉！其所凭依，乃其所自为也。云为龙之嘘气，故曰自为。○五节，言龙能为云，若无龙，则亦无云矣。轻。《易》曰："云从龙。"《易》："云从龙，风从虎，圣人作而万物睹。"既曰龙，云从之矣。六节，言龙必有云，若无云，则亦非龙矣。重。

汇评

[宋] 谢枋得：此篇主意，谓圣君不可无贤臣，贤臣不可无圣君，圣贤相逢，精聚神会，斯可成天下之大功。龙指圣君，云指贤臣。(《文章轨范》卷五)

[明] 茅坤：《杂说》四首，并变幻奇诡，不可端倪。(《唐宋八大家文钞·韩文公文钞》卷一〇)

[清] 王符曾：一转一意，一字一珠，文亦灵怪矣哉！(《古文小品咀华》卷三)

[清] 李光地：此条寄托至深，取类至广。精而言之，则如道义之生气，德行之发为事业文章皆是也；大而言之，则如君臣之遇合，朋友之应求，圣人之风兴起于百世之下皆是也。(引自《唐宋文醇》卷一)

[清] 储欣：有龙斯有云，犹有贤斯有位也。却将龙必得云说得闪烁尽变，而以"异哉"一转正结之。公于遇合之际，感慨深而自信笃如此。(《唐宋十大家全集录·昌黎先生全集录》卷一)〇一意数转，神变不测。(《唐宋八大家类选》卷三)

[清] 何焯：只两意反复。"然龙弗得云"至"信不可欤"，直接皆"所自为"，一览可尽矣。有此一层，乃反复驰骤。(《义门读书记》卷三一)

[清] 林云铭：此以龙喻君，以云喻臣，重在君能得臣上立论。……有圣主，必有贤臣。盖君择臣，臣亦择君也。文凡五转，亦如游龙夭矫，变化莫测。(《韩文起》卷八)

[清] 方苞：尺幅甚狭，而层叠纵宕，若崇山广壑，使观者不能穷其际。(引自《评校音注古文辞类纂》卷二)

[清] 吴楚材、吴调侯：此篇以龙喻圣君，云喻贤臣。言贤臣固不可无圣君，而圣君尤不可无贤臣。写得婉委曲折，作六节转换，一句一转，一转一意，若无而又有，若绝而又生，变变奇奇，可谓笔端有神。

[清] 沈德潜：龙是主，云是宾。〇层层转换。每下一转，令人骇绝。(《唐宋八大家文读本》卷一)

[清] 浦起龙：神注凭依，似有待于彼者，掉尾一语兜回，峻绝。(《古文眉诠》卷四七)

[清] 唐介轩：以龙喻圣君，云喻贤臣，忽分写，忽合写，凡六节转换，极弹丸脱手之妙。(《古文翼》卷六)

[清] 蔡铸：按此篇以"灵"字为骨。龙云相依，亦犹圣君贤王，相得益彰也。运笔之妙，如转辘轳。既云龙弗灵，又云龙不得云无以灵；既云龙依云，又云云从龙。语语矫变，令人心迷目眩。(《蔡氏古文评注补正全集》卷六)

[清] 张裕钊：纯从空际转运翔舞。○其神妙尤在中间奇宕处与转掾变化无迹可寻处。(引自《评校音注古文辞类纂》卷二)

[清] 李扶九：是篇以"灵"字为骨。前获麟，取之《春秋》，用反正法；此云龙，取之《易》，用开合法。而其矫如神龙，一也。(《古文笔法百篇》卷九)

钱基博：古人多以云、龙喻君臣，而韩愈《杂说》云、龙却别有解，龙喻英雄，云喻时势。"云，龙之所能使为灵。若龙之灵，则非云之所能使为灵"，喻英雄能造时势，而时势不能造英雄。无英雄，则无时势；无龙，则无云也。结穴于"其所凭依，乃其所自为也"，以策励英雄之自造时势。尺幅其甚狭，而议论极伟，波澜极阔，层波叠浪，浑灏流转，如大海汪洋之烟波无际。此所谓"缩须弥于芥子"也。(《韩愈志·韩愈籀读录》卷六)

杂说四

韩　愈

解题　《战国策·楚策四》："汗明曰：'君亦闻骥乎？夫骥之齿至矣，服盐车而上太行，蹄申膝折，尾湛胕溃，漉汁洒地，白汗交流，中坂迁延，负辕不能上。伯乐遭之，下车攀而哭之，解紵衣以幂之。骥于是俛而喷、仰而鸣，声达于天，若出金石声者，何也？彼见伯乐之知己也……。'"《五百家注音辨韩昌黎先生文集》（后简称《韩昌黎文集》）卷二《驽骥》谓："喟余独兴叹，才命不同谋。寄诗同心子，为我商声讴。"《全唐诗》卷三四九载欧阳詹《答韩十八驽骥吟》："故人舒其愤，昨示驽骥篇，驽取易售陈，骥以难知言。委曲感既深，咨嗟词亦殷。……伤哉昌黎韩，焉得不迍邅？"按：韩诗作于贞元十五年（799），盖叹己之不遇，与本文意旨略同。

　　世有伯乐，洛。然后有千里马。伯乐，秦穆公时人，姓孙，名阳，善相马。此以伯乐喻知己，以千里马喻贤士。○一叹。千里马常有，而伯乐不常有，二叹。故虽有名马，祇辱于奴隶人之手，骈辨平声。死于槽枥之间，不以千里称也。骈，并也。○三叹。

　　马之千里者，一食或尽粟一石，食嗣。马者不知其能千里而食也。是马也，虽有千里之能，食不饱，力不足，才美不外见，且欲与常马等不可得，拗一笔。安求其能千里也！四叹。○"千里"二字，凡七唱，感慨悲婉。

488

策之不以其道,食之不能尽其材,鸣之而不能通其意,执策而临之曰:"天下无马。"呜呼!其真无马邪?其真不知马也!五叹,总结。

汇评

[宋] 黄震:《马喻》言世未尝无逸俗之贤。(《黄氏日钞》卷五九)

[宋] 谢枋得:此篇主意,谓英雄豪杰必遇知己者,尊之以高爵,食之以厚禄,任之以重权;其才斯可以展布。(《文章轨范》卷五)

[清] 爱新觉罗·弘历:皋陶举治天下二大端,曰在知人,在安民;知人居其先焉。一部《论语》以知人终,先圣先师之明训如此。诚能知人,将治天下如运之掌矣。虽然,人固不易知,知人固不易。三复斯文,慄然冰渊,怒如调饥。(《唐宋文醇》卷一)

[清] 王符曾:满腔郁勃,出之以盘旋曲折。三首《宰相书》,一篇《进学解》,包括无遗。(《古文小品咀华》卷三)

[清] 储欣:一直说下,而归宿于"不知"。老泉论齐之治,不曰管仲,而曰鲍叔,以此也。嗟乎!山林草泽中所埋没将相之才者,可胜道哉!而"四举礼部仅一得,三选吏部卒无成"者,亦同斯慨息矣。(《唐宋十大家全集录·昌黎先生全集录》卷一)○淋漓顿挫,言之慨然。(《唐宋八大家类选》卷三)

[清] 张伯行:专为怀才不偶者长气。然士君子亦求其在我而已,何尤焉?(《唐宋八大家文钞》卷三)

[清] 何焯:此言士待知己者而伸,在上者无所辞其责。(《义门读书记》卷三一)

[清] 林云铭:此以千里马喻贤士,伯乐喻贤相也。有贤相,方可得贤士,故贤相之难得,甚于贤士。若无贤相,虽有贤士,或弃之而不用,或用之而畀以薄禄,不能尽其所长,犹之乎无贤士也。……末以时相不知贤士作结,无限感慨。(《韩文起》卷八)

［清］　吴楚材、吴调侯：此篇以马取喻，谓英雄豪杰必遇知己者，尊之以高爵，养之以厚禄，任之以重权，斯可展布其材。否则，英雄豪杰亦已埋没多矣。而但谓之天下无才，然耶？否耶？甚矣，知遇之难其人也。(《古文观止》卷七)

［清］　浦起龙：全注意伯乐对短驭者撼愤，只起句正说。通身是慨，气自骜然。(《古文眉诠》卷四七)

［清］　唐介轩：伯乐喻君，马喻臣，臣待君以展用。一篇之中，三致意焉。(《古文翼》卷六)

［清］　李扶九：此篇以千里马自喻，以伯乐喻知己，总言知己之难遇也。……文公之文，能大能小，能长能短，所谓狮子搏象用全力，搏兔亦用全力者。如此小品，亦见其生龙活虎之态。(《古文笔法百篇》卷九)

卷八

唐　文

师　说

韩　愈

解题　《柳河东集》卷三四《答韦中立论师道书》："今之世不闻有师,有则哗笑之,以为狂人。独韩愈奋不顾流俗,犯笑侮,收召后学,作《师说》,因抗颜而为师。"按：韩愈嘉"李氏子蟠""能行古道,作《师说》以贻之",本文当作于李蟠贞元十九年(803)进士及第前。

　　古之学者必有师。师者,所以传道、受业、解惑也。说得师道如此郑重。一篇大纲领,具见于此。人非生而知之者,孰能无惑？惑而不从师,其为惑也,终不解矣。紧承"解惑"说,下承"传道"说。

　　生乎吾前,其闻道也,固先乎吾,吾从而师之；生乎吾后,其闻道也,亦先乎吾,吾从而师之。吾师道也,夫庸知其年之先后生于吾乎？是故无贵无贱,无长无少,道之所存,师之所存也。道在即师在,是绝世议论。

　　嗟乎！师道之不传也久矣,欲人之无惑也难矣。忽作慨叹,若承若起，佳甚。古之圣人，其出人也远矣，犹且从师而问焉；今之众人，其下圣人也亦远矣，而耻学于师。是故圣益圣，古人。愚益愚。今人。圣人之所以为圣，愚人之所以为愚，其皆出于此乎？此是高一等说话，翻前面"人非生知"之说。

爱其子，择师而教之。于其身也，则耻师焉，惑矣！彼童子之师，授之书而习其句读逗。者也，非吾所谓传其道、解其惑者也。句读之不知，惑之不解，或师焉，或不否。焉，小学而大遗，吾未见其明也。童子句读之不知，则为之择师。其身惑之不解，则不择师。是学其小，而遗忘其大者，可谓不明也。○此就寻常话头，从容体出至情。其理明，其辞切。

巫医、乐师、百工之人，不耻相师。士大夫之族，曰师、曰弟子云者，则群聚而笑之。问之，则曰："彼与彼年相若也，道相似也。"有长有少矣。位卑则足羞，官盛则近谀。有贵有贱矣。呜呼！师道之不复，可知矣。可为长太息。巫医、乐师、百工之人，君子不齿，齿，列也。今其智乃反不能及，其可怪也欤！此与前论圣人且从师同意。前以至贵者形今人之不从师，此以至贱者形今人之不从师。反复剧论，意甚切至。

圣人无常师。孔子师郯谈。子、苌长。宏、师襄、老聃。耽。郯子之徒，省句。其贤不及孔子。孔子询官名于郯子，访乐于苌宏，学琴于师襄，问礼于老聃。孔子曰："三人行，则必有我师。"借孔子作证，取前圣人从师意。是故弟子不必不如师，师不必贤于弟子，闻道有先后，术业有专攻，如是而已。收前"吾师道"意，完足。

李氏子蟠，年十七，蟠，贞元十九年进士。好古文，六艺经传皆通习之,不拘于时,学于余。异于今人。余嘉其能行古道,不异于古人。作《师说》以贻之。

汇评

[宋] 吕祖谦:此篇最是结得段段有力。中间三段,自有三意说起,然大概意思相承,都不失本意。(《古文关键》卷上)

[宋] 黄震:前起后收,中排三节,皆以轻重相形:初以圣与愚相形,圣且从师,况愚乎?次以子与身相形,子且择师,况身乎?末以巫医、乐师、百工与士大夫相形,巫、乐、百工且从师,况士大夫乎?公之提诲后学,亦可谓深切著明矣,而文法则自然而成者也。(《黄氏日钞》卷五九)

[元] 陶宗仪:"说"则出自己意,横说竖说。其文详赡抑扬,无所不可,如韩公《师说》是也。(《辍耕录》卷九《文章宗旨》)

[明] 归有光:救首救尾,段段有力,是谓击蛇势也,《师说》似之。(《文章指南》礼集)

[明] 茅坤:昌黎当时抗师道以号召后辈,故为此以倡赤帜云。(《唐宋八大家文钞·韩文公文钞》卷一〇)

[清] 储欣:以眼前事指点化诲,使人易知,颇与《讳辩》一律。(《唐宋十大家全集录·昌黎先生全集录》卷一)

[清] 何焯:世得云:无贵无贱,见不当挟贵;无少无长,见不当挟长;圣人出人也远矣,犹且从师,见不当挟贤。后即此三柱而申之。(《义门读书记》卷三一)

[清] 林云铭:公以道自任,故以师自处。是篇以"耻"字作关纽,而以古今之不同,与"传道"、"受业"、"解惑"等字面,前后布置穿插。细玩当作六段:开手点出师道,人不可不从师,为古道之不易;第二段言以道为师,其长少贵贱,皆可勿论;第三段言古有师而今无师,所以有圣愚之别;第四段言有长少之见存,则昧于大小之数,

是爱己反不如爱子,不可谓之明;第五段言有贵贱之见存,夺于众笑之口,是士大夫之族反不如巫医、乐师、百工之人,不可谓之智;第六段言圣人之从师,欲合众长以取益,原不求其人之必胜于己,未尝引为耻,亦未尝阻于笑,方是古道。此一篇大意也。但其行文错综变化,反复引证,似无段落可寻。一气读之,只觉意味无穷。(《韩文起》卷一)

[清] 吴楚材、吴调侯:通篇只是"吾师道也"一句。言触处皆师,无论长幼贵贱,惟人自择。因借时人不肯从师,历引童子、巫医、孔子喻之。总是欲李氏子能自得师,不必谓公慨然以师道自任,而作此以倡后学也。(《古文观止》卷八)

[清] 浦起龙:韩子见道于文,起衰八代,思得吾与。借李氏子发所欲言,不敢以告年长而自贤者,而私以告十七岁人,思深哉!(《古文眉诠》卷四七)

[清] 蔡世远:师道立则善人多。汉世经学详明者,以师弟子相承故也;宋代理学昌明者,以师弟子相信故也。唐时知道者,独有一韩子,而当时少肯师者,即如张文昌、李习之、皇甫持正,韩子得意弟子也,然诸人集中亦鲜推尊为师者,况其他乎?以此知唐时气习最重,故韩子痛切言之。唐学不及汉、宋者,亦以此也。(《古文雅正》卷八)

[清] 刘大櫆:教子、百工、圣人,斗起三峰插天。(引自《评校音注古文辞类纂》卷二)

[清] 曾国藩:"传道",谓修己治人之道;"受业",谓古文六艺之业;"解惑",谓解此二者之惑。韩公一生学道好文,二者兼营,故往往并言之。末幅云"闻道有先后,术业有专攻",仍作双收。(《曾文正公全集·求阙斋读书录》卷八)

进学解

韩 愈

解题 《旧唐书·韩愈传》:"愈自以才高,累被摈黜,作《进学解》以自喻。执政览其文而怜之,以其有史才,改比部郎中、史馆修撰。"《白氏长庆集》卷三八《韩愈比部郎中史馆修撰制》:"太学博士韩愈:学术精博,文力雄健;立词措意,有班、马之风;求之一时,甚不易得。加以性方道直,介然有守,不交势利,自致名望。可使执简,列为史官,记事书法,必无所苟。仍迁郎位,用示褒升。"按:韩愈改比部郎中、史馆修撰在元和八年(813)三月,本文当作于此前不久。

国子先生_{元和七年,公复为国子博士。}晨入太学,招诸生立馆下,诲之曰:"业精于勤,荒于嬉;行_{去声。}成于思,毁于随。_{随,因循也。○陡然四句,起下"不明"、"不公"意。}方今圣贤相逢,_{圣君、贤臣。}治具毕张,_{需才分任。}拔去凶邪,登崇俊良。占_{去声。}小善者率以录,名一艺者无不庸。_{庸,用也。}爬梳罗剔抉,_{渊入声。○谓搜取人才。}刮垢磨光。_{谓造就人才。}盖有幸而获选,孰云多而不扬。_{"幸"字,最有含蓄。}诸生业患不能精,无患有司之不明;行患不能成,无患有司之不公。"_{此四句是一篇议论张本。}

言未既,有笑于列者曰:"先生欺余哉!弟子事先生,于兹有年矣。_{头。}先生口不绝吟于六艺之文,手不停披于百家之编;纪事者必提其要，举纲挈领。纂言者必钩其玄；极深研几。贪多务得，细大不捐；悉备。焚膏油以继晷，轨。恒兀兀以穷年。晷，日景也。兀兀，劳苦也。○恒久。先生之业，可谓勤矣。一段，言勤于己业。觝底。排异端，攘斥佛老；觝，触也。○辟邪说。补苴疽。罅虾去声。漏，张皇幽眇；苴所以藉履。《吕览》："衣弊不补，履决不苴。"罅，孔隙也。皇，大也。言儒术缺漏处，则补苴之；圣道隐微处，则张大之。○翼圣学。寻坠绪之茫茫，独旁搜而远绍；承"补苴"、"张皇"说。障百川而东之，回狂澜于既倒。承"觝排"、"攘斥"说。先生之于儒，可谓劳矣。二段，言劳于卫道。沉浸酴浓。郁，含英咀华。读书而涵泳其味。作为文章，其书满家。作文而悉本于古。上规姚姒，浑浑无涯，姚，虞姓。姒，夏姓也。扬子："虞夏之书浑浑尔。"周《诰》殷《盘》，佶吉。屈聱遨。牙，周《诰》、《大诰》、《康诰》、《酒诰》、《召诰》、《洛诰》是也。殷《盘》，《盘庚》上、中、下三篇是也。佶屈、聱牙，皆艰涩难读貌。《春秋》谨严，一字褒贬，谨而严毅。《左氏》浮夸，《左传》释经，浮虚夸大。《易》奇而法，《易》之变易甚奇，而正当之理可法。《诗》正而葩；帕平声。○诗之义理甚正，而藻丽之词实华。下逮《庄》、《骚》，《庄子》、《离骚》。太史所录，《史记》、《汉书》。子云、相如，扬雄，字子云。司马长卿，名相如。同工异曲。犹乐之同工，而异其曲调。○文章不本六经，虽生剿子云之篇，行剽相如之籍，辞非不美，总属无根之学，故公必"上规姚姒"，而始下逮百家也。先生之于文，可谓闳其中而肆其外矣。三段，言文章之著见。少始知学，勇于敢为；长通于方，左右具宜。先生之于为人，可谓成矣。四段，言为人之成立。○上三段论业精，此一段论行成，共为一腹。然而公不见信于人，私不见助于友，跋拔。前疐至。后，动辄得咎。《诗·豳风》："狼跋其胡，载疐其尾。"跋，躐也。胡，老狼颔下悬肉也。疐，跲也。狼进而躐其胡，则退而跲其尾，言进退不得自由也。暂为御史，遂窜南夷。贞元十九年，公为监察御史，谪阳山令。三年博士，冗冗。不见治。公元和元年六月为博士,四年六月迁都官史。冗,散也。处闲散之地,而无以自见其治才。命与仇谋,取败几时。命与仇敌为谋,数遭败坏。冬暖而儿号平声。寒,年丰而妻啼饥。头童齿豁,竟死何裨?悲。○山无草木曰童。豁,落也。裨,益也。不知虑此,反教人为?"尾。○勤业四段,从"能精"、"能成"二语发来,然而一转,正破"不公"、"不明"也。

先生曰:"吁!子来前!夫大木为㮣,萌。细木为桷,角。○㮣,梁也。桷,椽也。欂薄。栌,卢。侏儒,欂栌,短柱。侏儒,短椽。椳、威。闑、居、扂、簟。楔,屑。○椳,门枢也。闑,门中橜也。扂,户牡也。楔,门柣也。各得其宜,施以成室者,匠氏之工也。匠用木无论小大。○一喻。玉札、丹砂、赤箭、青芝,玉屑,一名玉札,生蓝田山谷。丹砂,砵砂也。赤箭,生陈仓及太山少室。青芝,出太山。四者,皆贵药。牛溲、马勃,败鼓之皮,牛溲,牛溺也。马勃,马屁菌也。败鼓皮,主虫毒。三者,皆贱药。俱收并蓄,待用无遗者,医师之良也。医用药无论贵贱。○二喻。登明选公,杂进巧拙,纡余为妍,作缓态者。卓荦落。为杰,行直道者。校短量长,惟器是适者,宰相之方也。宰相用人,无论智之巧拙、才之长短。○三结。昔者孟轲好辩,孔道以明,辙环天下,卒老于行;一引。荀卿守正,大论是弘,逃谗于楚,废死兰陵。荀卿,赵人。齐襄王时,为稷下祭酒,避谗适楚,春申君以为兰陵令。春申君死,而荀卿废。著书数万言而卒,因葬兰陵。○二引。是二儒者,吐辞为经,举足为法,绝类离伦,优入圣域,其遇于世何如也?冷语不尽。○三结。下转正文。今先生学虽勤而不由其统,言虽多而不要平声。其中,文虽奇而不济于用,行虽修而不显于众。四句解前四段意。○再转。犹且月费俸钱,岁縻廪粟,子不知耕,妇不知织,有以养家。乘马从去声。徒,安坐而食,有以自养。踵常途之役役,窥陈编以盗窃,役役,随俗而无异能。盗窃旧章,而无创解。

497

○再转。然而圣主不加诛，诛，责也。宰臣不见斥，非其幸欤！幸其遇世，愈于二儒。○再转。动而得谤，名亦随之。投闲置散，乃分之宜。此段解前"公不见信"一段意。言有司未有不公不明处。若夫商财贿之有亡，计班资之崇庳，卑。忘己量之所称，去声。指前人之瑕疵，财贿，谓禄也。班资，品秩也。庳，下也。前人，暗指执政。瑕疵，谓不公不明也。是所谓诘匠氏之不以杙亦。为楹，杙，橛也。楹，柱也。杙小楹大。而訾訾。医师以昌阳引年，欲进其豨苓也。"昌阳，即昌蒲，久服可以延年。豨苓，即猪苓，主渗泄。○掉尾抱前，最耐寻味。

汇评

[唐] 孙樵：譬玉川子《月蚀诗》、杨司成《华山赋》、韩吏部《进学解》、冯常侍《清河壁记》，莫不拔地倚天，句句欲活。读之如赤手捕长蛇，不施控骑驯生马，急不得暇，莫可捉搦。又似远人入太兴城，茫然自失。讵比十家县，足未及东郭，目已极西郭耶！（《孙樵集》卷二《与王霖秀才书》）

[宋] 叶梦得：古今文辞，变态已极，虽源流不免有所从来，终不肯屋下架屋。《进学解》即《答客难》也，《送穷文》即《逐贫赋》也，小有出入，便成一家。（《避暑录话》卷上）

[宋] 王十朋：韩退之《进学解》，盖扬子云《解嘲》、班孟坚《宾戏》之流也，然文词雄伟过班、扬远矣。（《梅溪先生文集》前集卷一九）

[宋] 楼昉：设为师弟子诘难之词以伸其己意，机轴自扬雄《解嘲》、班固《宾戏》来。（《崇古文诀》卷一〇）

[宋] 黄震：类赋体，逐段布置，各有韵。（《黄氏日钞》卷五九）

[明] 茅坤：此韩公正正之旗、堂堂之阵也。其主意专在宰相。盖大才小用，不能无憾，而以怨怼无聊之辞托之人，自咎自责之辞托之己，最得体。（《唐宋八大家文钞·韩文公文钞》卷一〇）

卷八　唐文

［清］　金圣叹：其雄奇高浑，似较《客难》、《宾戏》为过之。逐句逐段细细读。（《天下才子必读书》卷七）

［清］　储欣：其体自汉人来，其文则汉未有。自此文出，而《客难》、《解嘲》、《宾戏》接踵仿效者，于是乎绝矣。信乎其能超前断后也。（《唐宋十大家全集录·昌黎先生全集录》卷一）〇局调句字，色色匠心，雄深奥衍，固非《客难》、《解嘲》所能颉颃也。（《唐宋八大家类选》卷三）

［清］　何焯：有轻世肆志之意，然怨而不怒，亦无愧词。（《义门读书记》卷三一）

［清］　林云铭：首段以进学发端，中段句句是驳，末段句句是解，前呼后应，最为绵密。其格调虽本《客难》、《解嘲》、《答宾戏》诸篇，但诸篇都是自疏己长，此则把自家许多伎俩，许多抑郁，尽数借他人口中说出，而自家却以平心和气处之。看来无叹老嗟卑之迹，其实叹老嗟卑之心，无有甚于此者，乃《送穷》之变体也。至其文，语语作金石声，尤不易及。按本传，公作是篇，宰相见之奇其才，改比部郎中、史馆修撰。考元和六、七年，宰相为权德舆、李绛，皆有文名，自然针芥相投，爱才汲引，不比贞元中赵憬辈，见三书而漠无一报也。呜呼！文章知己，岂不以其气类哉！（《韩文起》卷二）

［清］　方苞：退之为此文，与作《毛颖传》同，此示其才无所不可，盖别调也。而茅鹿门以为正正之旗，堂堂之阵，是谓不知而强言。（引自《海峰先生精选八家文钞》）

［清］　吴楚材、吴调侯：公自贞元十八年至元和七年，屡为国子博士，官久不迁，乃作《进学解》以自喻。主意全在宰相，盖大才小用，不能无憾。而以怨怼无聊之词托之人，自咎自责之词托之己，最得体。（《古文观止》卷八）

［清］　沈德潜：首段发端，中段是驳，后段是解。胸中抑郁，反借他人说出，而己则心和气平以解之。宜当时宰相读之，旋生悔心，改公为史馆修撰也。〇多用韵语，扬子云《解嘲》已然。盖用韵语，则铿

499

锵作金石声也。(《唐宋八大家文读本》卷一)

[清] 浦起龙：语准分际，故能洁；衷见信守，故能坚。此体易入哗嚣，易堂深訾之。愚于《客难》后，持择止是。(《古文眉诠》卷四七)

[清] 蔡世远：此篇辞涉愤激，宋儒为己之学，定不如此。然公自叙其读书求道之苦心，不可没也。且如"寻坠绪之茫茫"数语，谁人能有此志向？"《春秋》谨严"数语，谁人能有此识解？勿论《七发》、《七哀》等不足比伦，即《宾戏》、《解嘲》等篇，亦相悬绝也。(《古文雅正》卷八)

[清] 曾国藩：仿东方朔《客难》、扬雄《解嘲》，气味之渊懿不及，而论道论文二段精实处过之。"《春秋》谨严，《左氏》浮夸，《易》奇而法，《诗》正而葩；下逮《庄》、《骚》，太史所录，子云、相如，同工异曲。"韩公于文用力绝勤，故言之切当有味如此。(《曾文正公全集·求阙斋读书录》卷八)

[清] 李扶九：昌黎文不以雕饰为工，此篇修词，亦具排山倒海之势，如杜陵为律，力大气雄，不为偶体所缚，非六朝人所敢望也。(《古文笔法百篇》卷一三)

[清] 林纾：昌黎所长在浓淡疏密相间，错而成文，骨力仍是散文。以自得之神髓，略施丹铅，风采遂焕然于外。大旨不外以已所能，借人口为之发泄，为之不平，极口肆詈，然后制为答词，引圣贤之不遇时为解。说到极谦退处，愈显得世道之乖、人情之妄，只有乐天安命而已。其骤也，若盲风溦雨；其夷也，若远水平沙。文不过一问一答，而啼笑横生，庄谐间作。文心之狡狯，叹观止矣。(《韩柳文研究法·韩文研究法》)

[清] 吴闿生：当子厚时，已有人疑退之不能为子云四赋，而子厚以为"退之特未作耳，决作之，加恢奇"。实则退之何尝不为，特用其实而避其名，取其意而变其体耳。(《古文范》卷三)

钱基博：《进学解》虽抒愤慨，亦道功力；圆亮出以俪体，骨力仍是散文。浓郁而不伤缛雕，沉浸而能为流转，参汉赋之句法，而运以当日之唐格。或谓"《进学解》仿东方朔《客难》、扬雄《解嘲》,气味之渊懿不及",只是皮相之谈。其实东方朔《客难》,以"彼一时也,此一时也"柱意;扬雄《解嘲》则结穴于"亦会其时之可为也"一语,皆以时势不同立论;而《进学解》则靠定自身发挥,此命意之不同也。《客难》瑰迈宏放,犹是《国策》纵横之余;《解嘲》铿锵鼓舞,则为汉京词赋之体;而《进学解》跌宕昭彰,乃开宋文爽朗之意,此文格之不同也。所同者,则此主客之体,自譬自解以抒愤郁耳。……其实荀子板重,笔无如此之疏宕;韩非峭廉,气无如此之卷舒。而韩愈只以孟子之排调,运《论语》之偶句;而沈郁顿挫,原本太史;开阖排宕,肇开老苏。(《韩愈志·韩集籀读录》)

圬者王承福传

韩 愈

解题 《史记·仲尼弟子列传》:"朽木不可雕也,粪土之墙不可圬也。"裴骃《集解》引王肃曰:"圬,墁也。"即涂墙、粉刷之意。据文中所述,王承福从军于"天宝之乱","持弓矢十三年",又"手镘衣食,余三十年"。安史之乱起于天宝十四载(755),以过四十三年计,已是贞元十四年(798),故此文当作于贞元后期。

圬_{同杇}。之为技,贱且劳者也。一抑。有业之,其色若自得者。听其言,约而尽。一扬。○陡然立论,领起一篇精神。问之,王其姓,承福其名,世为京兆长安农夫。天宝之乱,发人为兵,_{天宝十四年冬十一月,安禄山反,帝以郭子仪为朔方节度使讨之。出内府钱帛,于京师募兵十一万,旬日而集,皆市井子弟也。}持弓矢十三年,有官勋,弃之来归,丧其土田,手镘_{满平声}。衣食。_{镘,圬具也。○弃官勋而就佣工,使人不可测。}余三十年,舍于市之主人,而归其屋食之当_{去声}。焉。_{屋食,谓屋租也。当,谓所当之值。}视时屋食之贵贱,而上下其圬之佣以偿之。_{视屋租之贵贱,而增减其圬之工阶。偿,还也。}有余,则以与道路之废疾饿者焉。_{此段写承福去官归乡手镘衣食来由,画出高士风味。}

又曰:粟,稼而生者也;若布与帛,必蚕绩而后成者也;其他所以养生之具,皆待人力而后完也,吾皆赖之。然人不可遍为,宜乎各致其能以相生也。此言彼此各致其能。故君者,理我所以生者也,而百官者,承君之化者也。任有小大,惟其所能,若器皿焉。食焉而怠其事,必有天殃,一篇主意,特为提出。故吾不敢一日舍镘以嬉。以言小大不怠其事。夫镘易能,可力焉,又诚有功,取其直,同值。虽劳无愧,吾心安焉。夫力易强去上声。而有功也,心难强而有智也;用力者使于人,用心者使人,亦其宜也。吾特择其易为而无愧者取焉。此言难易自择其宜。嘻!吾操镘以入富贵之家有年矣。忽生感慨,无限烟波。有一至者焉,又往过之,则为墟矣;有再至、三至者焉,而往过之,则为墟矣。问之其邻,或曰:噫!刑戮也。或曰:身既死而其子孙不能有也。或曰:死而归之官也。此是王承福所自省验得力处,故言极痛快。吾以是观之,非所谓食焉怠其事而得天殃者邪?非强心以智而不足、不择其才之称去声。否而冒之者邪?非多行可愧、知其不可而强为之者邪?三层,就前所自见处翻案。将富贵难守、薄功而厚飨之者邪?抑丰悴有时、一去一来而不可常者邪?二层,又开一步感慨。吾之心悯焉,是故择其力之可能者行焉。言己志。乐富贵而悲贫贱,我岂异于人哉?反一句,束得有力。○此段写所以弃官业圬之故,是绝大议论。

又曰:功大者,其所以自奉也博。妻与子,皆养于我者也,吾能薄而功小,不有之可也。又吾所谓劳力者,若立吾家而力不足,则心又劳也。一身而二任焉,虽圣者不可为也。此段写自业自食有余之意,是绝大见识。○此"又曰"以下,又转一步,为自己折衷张本。

愈始闻而惑之,又从而思之,盖贤者也,盖所谓独善其身者也。一扬。然吾有讥焉,谓其自为去声。也过多,其为人也过少,其学杨、朱之道者邪？一抑。杨之道，不肯拔我一毛而利天下。而夫人以有家为劳心，不肯一动其心以畜其妻子，其肯劳其心以为人乎哉！似抑而实扬之。虽然，其贤于世之患不得之而患失之者，以济其生之欲、贪邪而亡道、以丧其身者，其亦远矣！昌黎作传，全在此数语上。○"愈始闻"一转，忽赞忽讥，波澜曲折。又其言有可以警余者，故余为之传，而自鉴焉。以自鉴结，意极含蓄。

汇评

[宋] 李塗：传体前叙事，后议论。独退之《圬者王承福传》，叙事议论相间，颇有太史公《伯夷传》之风。（《文章精义》）

[宋] 黄震：圬者王承福不敢一日怠其事，其得也；不肯一以妻子劳其心，其过也。舍镘入富贵之家，至一再过之，则为墟，可为世戒也。（《黄氏日钞》卷五九）

[明] 茅坤：以议论行叙事，然非韩文之佳者。（《唐宋八大家文钞·韩文公文钞》卷八）

[清] 金圣叹：逐段发出人生世间无数至理，却又不叫骂嬉笑之态。细细玩其句法。（《天下才子必读书》卷七）

[清] 储欣：人有以言传者，王承福也。详尽流利，熟之最利举业。议论本《孟子》，借圬者口中发出便奇。（《唐宋八大家类选》卷三）

[清] 谢有煇：承福之论，煞可感讽在位。有"学杨、朱之道"一抑，乃见正当，不独波澜也。（《古文赏音》卷八）

[清] 张伯行：世之贪冒富贵者，不度德量力，而苟焉居之，多行可愧，自谓无患，而不知殃祸之随其后也。……公见当时此等辈甚多，故借圬者目中口中写出盈虚消息道理，真如清夜钟声，令人警省。通篇抑扬错落，尽文字之趣。谓非韩文之佳，似未深知文者也。（《唐宋八大家文钞》卷二）

［清］　何焯：借题讽刺。"学杨、朱之道"一段，正行文变灭不测处。腐生则以为非昌黎不能衷之大道矣。(《义门读书记》卷三一)

［清］　吴楚材、吴调侯：前略叙一段，后略断数语，中间都是借他自家说话，点成无限烟波。机局绝高，而规世之意，已极切至。(《古文观止》卷八)

［清］　沈德潜：中间说得凛凛可畏，享富贵而无功者，宜奉以为箴铭。○此史家记言体也。(《唐宋八大家文读本》卷五)

［清］　浦起龙：通传皆是述言，述以规世之逸居而厚享者。中幅奇警。(《古文眉诠》卷五一)

［清］　蔡铸："王其姓，承福其名"，不必有其人也，不必有其事也。公疾当世之"食而怠其事者"，特借圬者口中以警之耳。凭空结撰，此文家无中生有法也。(《蔡氏古文评注补正全集》卷六)

［清］　唐文治：中间以"吾操镘以入贵富之家"一段作奇峰突起法，所谓风行水上，焕为文章，风定波息，与水相忘，盖篇中独到之处也。凡文必须有独到处，有关世道人心及劝善惩恶，然后可传，而此文借王承福口中叙出，尤为奇特。此文盖寓言体，大半叙本人之言，亦传中创格，构局者宜注意。(《国文经纬贯通大义》卷一)

讳　辩

韩　愈

解题　《新唐书·韩愈传》："（李贺）以父名晋肃，不肯举进士，愈为作《讳辩》，然卒亦不就举。"蔡启《蔡宽夫诗话》："唐人避家讳严甚。韩退之为李贺作《讳辩》，当时哄然非之。举子就试题目，有犯其家讳者，皆托题目不便，不敢就试而出。其严固可知。"洪迈《容斋随笔》卷一一："韩文公作《讳辩》，论之至切，不能解众惑也。《旧唐史》至谓韩公此文为'文章之纰缪者'，则一时横议可知矣。"按：李贺举进士入京，在元和五年（810）冬，本文当作于其时或稍晚时。

　　愈与李贺书，劝贺举进士。贺举进士有名，与贺争名者毁之，曰："贺父名晋肃，贺不举进士为是，劝之举者为非。"欲夺贺名，故毁之如此。听者不察也，和去声。而倡之，同然一辞。一时俗人为其所惑。皇甫湜定。曰："若不明白，子与贺且得罪。"言公若不辨明，必见咎于贺也。○此段叙公作辩之由。愈曰："然。"先用一"然"字接住。下方起。

　　律曰："二名不偏讳。"释之者曰："谓若言'征'不称'在'，言'在'不称'征'是也。"孔子母名"征在"，言"在"不称"征"，言"征"不称"在"。律曰："不讳嫌名。"释之者曰："谓若'禹'与'雨'、'丘'与'蓲'蓲，丘。之类是也。"谓其声音相近。今贺父名晋肃，贺举进士，上引律文，此入叙事。为犯二名律乎？为犯嫌名律乎？贺父名进肃，律尚不偏讳；今贺父名晋肃,律岂讳嫌者乎？○此二句设疑问之,不直说破不犯讳。妙。父名晋肃,子不得举进士。若父名仁,子不得为人乎？嫌名独生一脚作波澜。奇极。

夫讳始于何时？作法制以教天下者,非周公、孔子欤？周公作诗不讳,谓文王名昌,武王名发。若曰"克昌厥后",又曰"骏发尔私"。孔子不偏讳二名,若曰"宋不足征",又曰"某在斯"。《春秋》不讥不讳嫌名。若卫桓公名完。康王钊昭。之孙,实为昭王。康王名钊。曾参之父名晳,曾子不讳"昔"。若曰"昔者吾友"。○此言周公、孔子皆作讳礼之人,亦有所不讳者。然周公只是一句,孔子却是四句。盖《春秋》为孔子之书,曾子为孔子之徒也。"康王钊"句,又只在《春秋》句中,所谓文章虚实繁省之法也。周之时有骐期,汉之时有杜度,此其子宜如何讳？将讳其嫌,遂讳其姓乎？将不讳其嫌者乎？此又设疑问之,不说破。妙。汉讳武帝名"彻"为"通",谓彻侯为通侯、蒯彻为蒯通之类。不闻又讳车辙之"辙"为某字也。讳吕后名"雉"为"野鸡",吕后,汉高帝后。不闻又讳治天下之"治"为某字也。今上章及诏,不闻讳"浒"、虎。"势"、"秉"、"机"也。浒、势、秉、机,为近太祖、太宗、世祖、玄宗庙讳也。盖太祖名虎,太宗名世民,世祖名昞,玄宗名隆基。惟宦官宫妾,乃不敢言"谕"及"机",以为触犯。以"谕"为近代宗庙讳,以"机"为近玄宗庙讳。代宗讳豫,玄宗讳见上。○此段全是不讳嫌名事,乃用宦官宫妾讳嫌名承上,极有势。士君子立言行事,宜何所法守也？将要收归周、孔、曾参事,且问起"何所法守",句已含周、孔、曾参意。今考之于经,指上文《诗》与《春秋》。质之于律,指上文二律。稽之以国家之典,指上文"汉讳武帝"三段。贺举进士为可邪？为不可邪？到底是一疑案,不直说破。

凡事父母,得如曾参,可以无讥矣。作人得如周公、孔子,亦可以止矣。一转，忽作余文。以文为戏，以文为乐。今世之士，指倡和人。不务行曾参、周公、孔子之行，而讳亲之名则务胜于曾参、周公、孔子，亦见其惑也。二转。夫周公、孔子、曾参，卒不可胜。胜周公、孔子、曾参，乃比于宦官宫妾。三转。则是宦官宫妾之孝于其亲，贤于周公、孔子、曾参者邪？四转。○一齐收卷上文。不用辨析，愈转愈紧，愈不穷。

汇评

［宋］　石介：《讳辩》其旨，不独为贺也，有激于时尔。凡人怠于敦孝而亟于避讳，甚无取也。介于此知吏部之孝也。（《徂徕石先生文集》卷八）

［宋］　黄震：既举嫌名、二名之不讳，复举周公、孔子、曾参不讳，而宦官宫妾之所讳以相形，反复攻击，燎然明白。然谀暗成俗，至今讳者益甚，何哉？愚尝考讳之所始，乃周制：子孙奉祀庙中，不敢斥其父祖之名，而以谥易之，所谓"卒哭"乃讳也。今人少壮无恙，而多方回避其名以为讳，是敬所以渎之，而预死其人于生之日也。异哉！（《黄氏日钞》卷五九）

［宋］　谢枋得：一篇辨明，理强气直，意高辞严。最不可及者，有道理可以折服人矣，全不直说破，尽是设疑，佯为两可之辞，待智者自择。此别是一样文法。○此《辩》文法从《孟子》来。（《文章轨范》卷二）

［明］　归有光：有一等辨论文字全不直说破，尽是设疑，佯为两可之词，待知者自择。如韩退之《讳辩》是也。（《文章指南》智集）

［明］　茅坤：古今以来，如此文不可多得。此文反复奇险，令人眩掉，实自显快。前句律、经、典三段，后尾抱前辨难。只因三段中时有游兵点缀，便足迷人。（《唐宋八大家文钞·韩文公文钞》卷一○）

[清]　金圣叹：前幅，看其层叠扶疏而起；后幅，看其连环钩股而下。只是以文为戏，以文为乐。(《天下才子必读书》卷七)

[清]　储欣：事有举世回惑、沿流日甚者，必诙谐谈笑，使积迷之人，自欲喷饭，则释然解矣。如"父名仁，子不得为人"之类是也。若但正容庄语，公与贺且不免得罪。(《唐宋十大家全集录·昌黎先生全集录》卷一)

[清]　张伯行：争名者之毁，似不待辩而明，而昌黎亦必据律引经，稽之国典，证之圣贤。所谓狮子搏兔，亦用全力者也。(《唐宋八大家文钞》卷三)

[清]　何焯：此易辩之事，故不难于辩。论之长而美在深厚。(《义门读书记》卷三一)

[清]　林云铭：兹篇先按律，次引经，后据典，复以二圣一贤与宦官宫妾对看，可谓无坚不破。究竟在当日，无不訾其纰缪，甚哉，欲胜众口之难也！(《韩文起》卷二)

[清]　吴楚材、吴调侯：前分律、经、典三段，后尾抱前，婉鬯显快。反反复复，如大海回风，一波未平，一波复起。尽是设疑两可之辞，待智者自择，此别是一种文法。(《古文观止》卷八)

[清]　刘大櫆：结处反复辩难、曲盘瘦硬，已开半山门户。但韩公力大，气较浑融，半山便稍露筋节，第觉其削薄。(引自《评校音注古文辞类纂》卷二)

[清]　曾国藩：此种文为世所好，然太快利，非韩公上乘文字。(《曾文正公全集·求阙斋读书录》卷八)

[清]　张裕钊：辨析处理足而词辨，足以厌乎人人之心。(引自《评校音注古文辞类纂》卷二)

[清]　林纾：韩昌黎作《讳辩》，灵警机变，时出隽语，然而人犹以为矫激。非昌黎之辩穷也，时人以不举进士为李贺之孝，固人人自以为正。昌黎之言虽正，而辩亦不立。(《春觉斋论文·述旨》)

争臣论

韩 愈

解题 《旧唐书·阳城传》：" 阳城字亢宗，北平人也。……既而隐于中条山。……陕虢观察使李泌闻其名，亲诣其里访之，与语甚悦。泌为宰相，荐为著作郎，德宗令长安县尉杨宁赍束帛诣夏县所居而召之，城乃衣褐赴京，上章辞让。德宗遣中官持章服衣之而后召，赐帛五十匹。寻迁谏议大夫。初未至京，人皆想望风彩，曰：'阳城山人能自刻苦，不乐名利，今为谏官，必能以死奉职。'人咸畏惮之。及至，诸谏官纷纭言事，细碎无不闻达，天子益厌苦之；而城方与二弟及客日夜痛饮，人莫能窥其际，皆以虚名讥之。"《资治通鉴》卷二三五："前进士河南韩愈作《争臣论》以讥之，城亦不以屑意。……及陆贽等坐贬，上怒未解，中外惴恐，以为罪且不测，无敢救者，城闻而起曰：'不可令天子信用奸臣，杀无罪人。'即帅拾遗王仲舒、归登、右补阙熊执易、崔邠等守延英门，上疏论延龄奸佞，贽等无罪。上大怒，欲加城等罪，太子为之营救，上意乃解。令宰相谕谴之，于是金吾将军张万福闻谏官伏阁谏，趋往至延英门，大言贺曰：'朝廷有直臣，天下必太平矣。'遂遍拜城与仲舒等。已而连呼'太平万岁！太平万岁！'"按：阳城贞元四年为谏议大夫，"居于位五年"而韩愈作本文，时为贞元八年（792）也。"争"或作"诤"。

或问谏议大夫阳城于愈："可以为有道之士乎哉？"乎哉"二字，连下作疑词。○立此句为一篇纲领，下段段关应。学广而闻多，不求闻于人也。行古人之道,居于晋之鄙。鄙,边境也。晋之鄙人熏其德而善良者几千人。城好学,贫不能得书,乃求为集贤写书吏,窃官书读之,昼夜不出。六年已无所不通。及进士第,乃去隐中条山。远近慕其德行,多从之学。大臣闻而荐之,天子以为谏议大夫。城徙居陕州夏县。李泌为陕虢观察使,闻城名,泌入相,荐为著作郎。后德宗令长安尉杨宁,赍束帛,召为谏议大夫。人皆以为华,阳子不色喜。公力去陈言,如"荣"字变为"华"字,"无喜色"变为"不色喜",可见。居于位五年矣,视其德如在野。彼岂以富贵移易其心哉!"不以富贵易其贫贱之心,所以为有道之士也。

愈应之曰:"是《易》所谓恒其德贞而夫子凶者也。《易·恒卦》六五:"恒其德,贞妇人吉,夫子凶。"言以柔顺从人,而常久不易其德,可谓正矣。然乃妇人之道,非丈夫之宜也。恶得为有道之士乎哉?接口一句断往。在《易·蛊》古。之上九云:'不事王侯,高尚其事。'《易·蛊卦》上九。刚阳居上,在事之外,不臣事乎王侯,惟高尚吾之事而已。《蹇》之六二则曰:'王臣蹇蹇,匪躬之故。'蹇,难也。《蹇卦》六二。柔顺中正,正应在上,而在险中,是君在难中也。故不避艰险以求济之,是蹇而又蹇,非以其身之故也。夫亦以所居之时不一,而所蹈之德不同也。正解二句。若《蛊》之上九,居无用之地,而致匪躬之节;以《蹇》之《六二》,在王臣之位,而高不事之心,则冒进之患生,无用而匪躬者。旷官之刺兴。王臣而不事者。志不可则,而尤不终无也。《蛊》上九《象》曰:"不事王侯,志可则也。"《蹇》六二《象》曰:"王臣蹇蹇,终无尤也。"○反振一段。○上接口一句,用经断住,此又再引经反复。今阳子在位不为不久矣,闻天下之得失不为不熟矣,天子待之不为不加矣,在王臣之位。而未尝一言及于政。视政之得失,若越人视秦人之肥瘠,忽焉不加喜戚于其心。高不事之心。○百忙中,忽著一譬喻,与《原道》"坐井而观天"同法。问其官,则曰:'谏议也'；问其禄，则曰：'下大夫之秩也'；问其政，则曰：'我不知也。'又作三叠，申前意。有道之士，固如是乎哉？第一断。且吾闻之：更端再起。'有官守者，不得其职则去；有言责者，不得其言则去。'今阳子以为得其言乎哉？得其言而不言，与不得其言而不去，无一可者也。有言责则当言，言不行则当去。不言与不去，无一可者也。阳子将为禄仕乎？不消多语，只看"阳子将为禄仕乎"一转，当令阳子俯颈吐舌，不敢伸气。古之人有云：'仕不为贫，而有时乎为贫，谓禄仕者也。'宜乎辞尊而居卑，辞富而居贫，若抱关击柝者可也。盖孔子尝为委吏矣，尝为乘田矣，亦不敢旷其职，必曰'会计当而已矣'，必曰'牛羊遂而已矣'。看他添减《孟子》文字，成自己文字。若阳子之秩禄，不为卑且贫，章章明矣，而如此其可乎哉？"第二断。

或曰："否，非若此也。夫阳子恶讪上者，恶为人臣招桥。其君之过而以为名者。招，举也。故虽谏且议，使人不得而知焉。《书》曰：《周书·君陈篇》。'尔有嘉谟嘉猷，则入告尔后于内，尔乃顺之于外，曰："斯谟斯猷，惟我后之德"。'夫阳子之用心，亦若此者。"前面意思已说尽了，主意只在再设问处斡旋，一节深于一节。

愈应之曰："若阳子之用心如此，滋所谓惑者矣。接口一句断住。入则谏其君，出不使人知者，大臣宰相者之事，非阳子之所宜行也。夫阳子段段提起阳子说，不犯重，亦不冷淡。如千斛泉随地而出，有许多情趣在。本以布衣隐于蓬蒿之下，主上嘉其行谊，擢在此位。官以谏为名，诚宜有以奉其职，使四方后代知朝廷有直言骨鲠之臣，天子有不僭赏从谏如流之美。不僭赏，指擢居谏位言。庶岩穴之士，闻而慕之，束带结发，愿进于阙下而伸其辞说，致吾君于尧舜,熙鸿号于无穷也。熙,明也。鸿号,大名也。若《书》所谓,则大臣宰相之事,非阳子之所宜行也。复句,愈见醒透。且阳子之心将使君人者恶闻其过乎？是启之也。"是开君文过之端也。○又翻一笔作波澜,就缴上意。○第三断。

或曰："阳子之不求闻而人闻之,不求用而君用之,不得已而起,守其道而不变,何子过之深也？"议端全在"守其道而不变"处。

愈曰："自古圣人贤士皆非有求于闻、用也。接口一句断住。闵其时之不平,人之不乂,乂,治也。得其道,不敢独善其身,而必以兼济天下也。孜孜矻矻,坤入声。死而后已。孜孜,勤也。矻矻,劳也。故禹过家门不入,孔席不暇暖,而墨突不得黔。孔子坐席不及温,又游他国。墨翟灶突不及黑,即又他适。突,灶额。黔,黑也。彼二圣一贤者,岂不知自安佚之为乐哉？诚畏天命而悲人穷也。畏时之不平,悲人之不乂。○以圣贤皆无心求闻、用,折不求闻、用句。以得其道不敢独善,折守道不变句。仍引禹、孔、墨作证,行文步骤秩然。夫天授人以贤圣才能,岂使自有余而已？诚欲以补其不足者也。再作顿跌,逼出妙理。耳目之于身也,耳司闻而目司见。听其是非,视其险易,然后身得安焉。圣贤者,时人之耳目也。时人者,圣贤之身也。更端生一议论,尤见入情。当看圣贤时人一语,真名世之见、名世之言。且阳子之不贤,则将役于贤以奉其上矣。若果贤,则固畏天命而闵人穷也,恶得以自暇逸乎哉？"两路夹攻,愈击愈紧。○第四断。○每段皆用一"且"字,故为进步作波澜。

或曰："吾闻君子不欲加诸人,而恶讦以为直者。若吾子之论,直则直矣,无乃伤于德而费于辞乎？好尽言以招人过,国武子之所以见杀于齐也,吾子其亦闻乎?"《国语》柯陵之会,单襄公见国武子。其言尽。襄公曰:"立于淫乱之间,而好尽言以招人过,怨之本也。"鲁成公十八年,齐人杀武子。○前段攻击阳子,直是说得他无逃避处。此段假"或人"之辞以攻己,其言亦甚峻,文法最高。

愈曰:"君子居其位,则思死其官;未得位,则思修其辞以明其道。我将以明道也,非以为直而加人也。接口断住。且国武子不能得善人,而好尽言于乱国,是以见杀。《传》曰:'惟善人能受尽言。'谓其闻而能改之也。有此一句分疏,才有收拾。子告我曰:'阳子可以为有道之士也。'照"有道之士"一篇关键。今虽不能及已,阳子将不得为善人乎哉?"以善人能受尽言奖阳子,回互得好。令阳子闻之,亦心平气和,引过自责矣。○第五断。

汇评

[宋] 王禹偁:谓韩吏部不当责阳城不谏小事,不当与李绅争台参,以为不存远大者。吾曰:退之皆是也。夫"守道不如守官",《春秋》之义也。今不仕则已,仕则举其职而已矣。舜作漆器,谏者不止。君岂有明于舜乎? 事岂有小于漆器乎? 盖塞其渐也。(《小畜集》卷一八《答丁谓书》)

[宋] 欧阳修:昔韩退之作《争臣论》,以讥阳城不能极谏,卒以谏显。人皆谓城之不谏盖有待而然,退之不识其意而妄讥,修独以谓不然。当退之作论时,城为谏议大夫已五年,后又二年始庭论陆贽,及沮裴延龄作相欲裂其麻,才两事尔。当德宗时,可谓多事矣:授受失宜,叛将强臣罗列天下,又多猜忌,进任小人。于此之时,岂无一事可言,而须七年耶? 当时之事,岂无急于沮延龄、论陆贽两事也? 谓宜朝拜官而夕奏疏也。幸而城为谏官七年,适遇延龄、陆

赘事，一谏而罢，以塞其责；向使止五年六年而遂迁司业，是终无一言而去也，何所取哉！（《欧阳文忠公集·居士外集》卷一六《上范司谏书》）

[宋] 叶适：韩愈作《诤臣论》，年甚少，是时意盛，谓天下事当如是为之。及出入忧患，终不能有所为，去阳城远矣。城与元德秀，卷舒以己而不以人，唐人未有及者，近于东汉人矣。（《习学纪言序目》卷四三）

[宋] 楼昉：此篇是箴规攻击体，是反难文字之格，当以《范司谏书》相兼看。（《崇古文诀》卷八）

[宋] 黄震：以阳城之贤而作也。（《黄氏日钞》卷五九）

[宋] 谢枋得：前五段攻击阳子，直是说他无逃避处；末一段假或人之辞以攻己，其言甚峻，此文法最高。（《文章轨范》卷二）

[明] 茅坤：截然四问四答，而首尾关键如一线。（《唐宋八大家文钞·韩文公文钞》卷九）

[清] 金圣叹：反复辨驳之文，最贵是腴。腴者，理足故也。不腴，则是徒逞口说也。此文不必多看其反复辨驳处，须多看其腴处。（《天下才子必读书》卷七）

[清] 储欣：亢宗不谏，其心曲非当时士大夫所能窥。而此论则日星明、江河流矣。后来作者，争相仿效，踵绪日新，而卒亦无以尚之。（《唐宋十大家全集录·昌黎先生全集录》卷二）〇大意本《孟子》谓蚳鼃章，其理与辞醇乎醇也，亦如《孟子》。自后欧、曾、王转相仿效为之，议论益相胜矣。（《唐宋八大家类选》卷三）

[清] 谢有煇：昌黎严其辞于亢宗未谏之前，亢宗用其谏于延龄欲相之日，可谓两得矣。（《古文赏音》卷八）

[清] 张伯行：词义严正，令人无可置喙，末引传言，非为自家避尤也，正是欲阳子改过处。盖君子爱人以德，望之切，故不觉其言之长。（《唐宋八大家文钞》卷三）

[清] 何焯：将进阳子以圣贤之用心，而非徒诋评为名高，以故其言蔼如

也。(《义门读书记》卷三一)

[清] 林云铭：余以为古今谏官知大计者莫如城，盖国家治乱，无过任相一节，城一言而贽不死，延龄不相，天下不受小人之祸足矣，无俟乎多言也。是篇可以为谏官常法，而独不可以律城。然笔力纵横，大有益于举业，宜其家传而户诵也。(《韩文起》卷三)

[清] 吴楚材、吴调侯：阳城拜谏议大夫，闻得失熟，犹未肯言，故公作此论讥切之。是箴规攻击体，文亦擅世之奇，截然四问四答，而首尾关应如一线。时城居位五年矣。后三年，而能排击裴延龄。或谓城盖有待，抑公有以激之欤！(《古文观止》卷八)

[清] 浦起龙：以诘为讽，讽旷职也。起手一段已尽，后观其善转善拓。一驳之曰宜去，再驳之曰宜卑贫，复设为遁辞以破之，更代为文过而折之，然后引咎致望无穷焉。层出不竭，病苶与寠者，服之起馁。(《古文眉诠》卷四六)

[清] 过珙：此篇到底是讽阳子以必谏，不是讥阳子之不谏也。若说以不谏讥阳子，安见非好尽言以招人过哉！看其从宽处逼紧，更从逼紧处放宽，层层辨驳，始终只是耸动阳子。其后阳子果论裴延龄、陆贽两事，至欲裂其麻，安知非退之一击之力？(《详订古文评注全集》卷六)

[清] 姚鼐：此文风格，盖出于《左》、《国》。(引自《评校音注古文辞类纂》卷二)

[清] 李扶九：以格言四问四答，段落分明，前后照应。而每一段中，接口甚紧，而承笔则缓中又每用一"且"字为进步，疾徐和节。(《古文笔法百篇》卷四)

卷八　唐文

后十九日复上宰相书

韩　愈

解题　《韩昌黎文集》卷一六《上宰相书》："正月二十七日，前乡贡进士韩愈，谨伏光范门下，再拜献书相公阁下：……今有人生二十八年矣，名不著于农工商贾之版，其业则读书著文，歌颂尧舜之道，鸡鸣而起，孜孜焉亦不为利。……四举于礼部乃一得，三选于吏部卒无成，九品之位其可望，一亩之宫其可怀。遑遑乎四海无所归，恤恤乎饥不得食，寒不得衣，滨于死而益固。……小子不敢自幸，其尝所著文，辄采其可者若干首，录在异卷，冀辱赐观焉。"按：此为上宰相第一书，作于贞元十一年（795），未得答复，故有同年二月十六日上宰相第二书，即本文。时宰有赵憬、贾耽、卢迈等。

二月十六日，前乡贡进士韩愈，谨再拜言相公阁_始。下：

向上书及所著文后，待命凡十有九日，不得命。恐惧不敢逃遁，不知所为。乃复敢自纳于不测之诛，以求毕其说，而请命于左右。_{从前书叙起。}

愈闻之：蹈水火者之求免于人也，不惟其父兄子弟之慈爱，然后呼而望之也。将有介于其侧者，虽其所憎怨，苟不至乎欲其死者，则将大其声疾呼而望其仁之也。_{设喻一段，却作两层写。}彼介于其侧者，闻其声而见其事，不惟其父兄子弟之慈爱然后往而全

517

之也。虽有所憎怨,苟不至乎欲其死者,则将狂奔尽气,濡手足,焦毛发,救之而不辞也。看他复写上文,不换一字。若是者何哉？其势诚急,而其情诚可悲也。总上两段,势急是总前一段,情悲是总次一段。

愈之强学力行有年矣。愚不惟道之险夷,行且不息,以蹈于穷饿之水火,其既危且亟矣,大其声而疾呼矣,阁下其亦闻而见之矣。四句四"矣"字生姿。其将往而全之欤,抑将安而不救欤？有来言于阁下者曰："有观溺于水而爇说。于火者,有可救之道,而终莫之救也。"阁下且以为仁人乎哉？不然,若愈者,亦君子之所宜动心者也。两"将……欤"字,一"乎哉"字,跌出此句,最见精神。

或谓愈：子言则然矣,宰相则知子矣,如时不可何？"时"字正与上"势"字对看。言势虽急,而时不可也。下文三转,深辟其"时不可"之说。愈窃谓之不知言者,诚其材能不足当吾贤相之举耳。若所谓时者,固在上位者之为耳,非天之所为也。前五六年时,宰相荐闻,尚有自布衣蒙抽擢者,与今岂异时哉？布衣蒙抽擢,自是公自开后门。且今节度、观察使及防御、营田诸小使等,尚得自举判官,无间于已仕未仕者,况在宰相、吾君所尊敬者,而曰不可乎？一段即今比拟。古之进人者,或取于盗,或举于管库;《礼记》"管仲遇盗,取二人焉,上以为公臣。"赵文子"所举于晋国管库之士,七十有余家。"今布衣虽贱,犹足以方于此。一段援古自况。

情隘辞蹙,不知所裁,亦惟少垂怜焉。愈再拜。

卷八 唐文

汇评

[宋] 谢枋得：此书譬喻格从《孟子》来。（《文章轨范》卷一）

[明] 茅坤：所见似悲蹙，而文则宕逸可诵。（《唐宋八大家文钞·韩文公文钞》卷二）

[清] 金圣叹：气最条达，笔最曲折。他人条达者最难曲折，曲折者不复条达矣。（《天下才子必读书》卷七）

[清] 储欣：以至情相感而不动，宰相之庸恶陋劣，可谓甚矣。赵憬者，陆宣公引与共事，嫉陆之宠，以公所戢裴延龄奸事尽泄于裴，而逆为之备，固小人之尤；而贾、卢亦碌碌无可采也。以彼其人，望以"狂奔尽气，濡手足，焦毛发，救之而不辞"，子韩子失言哉！（《唐宋十大家全集录·昌黎先生全集录》卷一）○第二书只设一喻，第三书只引一客，往复自道，淋漓满志。（《唐宋八大家类选》卷三）

[清] 何焯：文势如奔湍激箭，所谓"情隘辞蹙"也。与第一书气貌迥异，故是神奇。（《义门读书记》卷三二）

[清] 林云铭：此单就前书中所云负才不遇处，以蹈水火为喻，写得异样穷迫，异样恳切，虽使石人闻之，亦当下泪。末复以居上位不宜推诿于时，在宰相尤可取必于君，而布衣不至有负于举三意，为异样耸动，异样劝勉，以坚其意。笔致跌宕缭绕，真千古无匹矣。（《韩文起》卷三）

[清] 吴楚材、吴调侯：前幅设喻，中幅入正文，后幅再起一议。总以"势"字、"时"字作主。到底曲折，无一直笔。所见似悲戚，而文则宕逸可诵。（《古文观止》卷八）

[清] 唐介轩：以喻意抒写正文，推陈出新，《左》、《国》之化境也。公曲尽其妙，集中每多设喻之文，出没变化，如神龙戏海，可望而不可即，斯作已见一斑。（《古文翼》卷六）

[清] 林纾：此为待命十九日后之第二书，时相为赵憬、贾耽、卢迈，皆庸

才,万无知公之理。故此书不与言道理,但与言饥寒,情词哀痛极矣。……人谓此书略不知耻,实则与俗人说话,故用俗语。通篇未尝提出"道"字,可见昌黎之用心矣。(《古文辞类纂选本》卷五)

卷八　唐文

后廿九日复上宰相书

韩　愈

解题　《韩昌黎文集》卷一六《答崔立之书》:"仆见险不能止,动不得时,颠顿狼狈,失其所操持;困不知变,以至辱于再三,君子小人之所悯笑,天下之所背而驰者也。……四举而后有成,亦未即得仕。闻吏部有以博学宏辞选者,人尤谓之才,且得美仕,就求其术。或出所试文章,亦礼部之类,私怪其故。然犹乐其名,因又诣州府求举。凡二试于吏部,一既得之,而又黜于中书;虽不得仕,人或谓之能焉。退因自取所试读之,乃类于俳优之辞。……因复求举,亦无幸焉。"按:此系上宰相第三书后离长安答友人崔立之劝勉所作。其时又有《马厌谷》诗抒未得志之幽怨:"马厌谷兮,士不厌糠籺。土被文绣兮,士无短褐。彼其得志兮不我虞,一朝失志兮其何如?"

三月十六日,前乡贡进士韩愈,谨再拜言相公阁_蛤。下:

愈闻周公之为辅相,其急于见贤也,方一食三吐其哺,_{步。}方一沐三握其发。周公戒伯禽曰:"我文王之子、武王之弟、今王之叔,我于天下亦不贱矣。然我一沐三握发,一饭三吐哺,起以待士,犹恐失天下之贤人。"○述周公急于见贤,是一篇主意。当是时,将当时劈空振起,为下"设使其时"一段作势,为后"岂尽"一段伏案。天下之贤才皆已举用,奸邪谗佞欺负之徒皆已除去,四海皆已无虞,九夷、八蛮之在荒服之外者皆已宾贡,_{荒服去王畿益远,以其荒野,故谓之荒服。要服外四面又各五百里也。《禹贡》:"五百}

521

里荒服。"天灾时变、昆虫草木之妖皆已销息,天下之所谓礼、乐、刑、政教化之具皆已修理,风俗皆已敦厚,动植之物、风雨霜露之所霑被者皆已得宜,休征嘉瑞、麟凤龟龙之属皆已备至,《礼运》:"麟、凤、龟、龙,谓之四灵"。○此段连用九个"皆已"字,化作七样句法。字有多少,句有长短,文有反顺,起伏顿挫,如惊涛怒波。读者但见其精神,不觉其重叠,此章法、句法也。而周公以圣人之才,凭叔父之亲,其所辅理承化之功又尽章章如是。一段就周公振势。其所求进见之士,岂复有贤于周公者哉?不惟不贤于周公而已,岂复有贤于时百执事者哉?岂复有所计议、能补于周公之化者哉?一段就贤士振势。○前下九"皆已"字,此下三"岂复"字,专为下文打照。然而周公求之如此其急,惟恐耳目有所不闻见,思虑有所未及,以负成王托周公之意,不得于天下之心。此一转最有力。以上论周公之待士,反复委曲。如周公之心,设使其时辅理承化之功未尽章章如是,而非圣人之才,而无叔父之亲,则将不暇食与沐矣,岂特吐哺握发为勤而止哉?又推周公之心,反写一笔。妙在虚字斡旋,将无作有,生烟波。维其如是,故于今颂成王之德,而称周公之功不衰。句已可住,而添"不衰"二字,奇隽。○正写一笔,收完前一幅文字。凡作无数转折,写周公方毕。

今阁下为辅相亦近耳。方入正文,竟作两对,运局甚奇。天下之贤才岂尽举用?奸邪谗佞欺负之徒岂尽除去?四海岂尽无虞?九夷、八蛮之在荒服之外者岂尽宾贡?天灾时变、昆虫草木之妖岂尽销息?天下之所谓礼、乐、刑、政教化之具岂尽修理?风俗岂尽敦厚?动植之物、风雨霜露之所霑被者岂尽得宜?休征嘉瑞、麟凤龟龙之属岂尽备至?此段连用九"岂尽"字,对上九"皆已"字,亦就当时振势一段。其所求进见之士,虽不足以希望盛德,至比于百执事,岂尽出其下哉？其所称说，岂尽无所补哉？又添两"岂尽"字，即上三"岂复有哉"变文耳，亦就贤士振势一段。今虽不能如周公吐哺握发，亦宜引而进之，察其所以而去就之，不宜默默而已也。至此方尽言攻击。○说阁下毕，下始入自复上书意。

　　愈之待命，四十余日矣。书再上，而志不得通。足三及门，而阍昏。人辞焉。阍人，守门隶。惟其昏愚，不知逃遁，故复有周公之说焉。挽周公一句。阁下其亦察之。以前是论相之道，以后是论士之情。古之士三月不仕则相吊，故出疆必载质。然所以重于自进者，以其于周不可则去之鲁，于鲁不可则去之齐，于齐不可则去之宋，之郑，之秦，之楚也。犹言故不必复上书也。今天下一君，四海一国，舍乎此则夷狄矣，去父母之邦矣。书安得不复上？故士之行道者，不得于朝，则山林而已矣。山林者，士之所独善自养，而不忧天下者之所能安也。如有忧天下之心，则不能矣。书安得不复上？○此段以古道自处，节节占地步，文章绝妙。故愈每自进而不知愧焉，书亟器。上，足数朔。及门，而不知止焉。上用四"矣"字，其势急。此用二"焉"字，其势缓。如摆布阵势，操纵如法。文章家所谓虚字上斡旋也。其两"不知"字，归结自身上，与上"不知逃遁"相应。最妙。宁独如此而已，惴惴焉惟不得出大贤之门下是惧。又一转生姿，以大贤之门，打照周公。亦惟少垂察焉。

　　渎冒威尊，惶恐无已。愈再拜。

汇评

　　[宋]　楼昉：以周公与当时之事反复对说，而求士之缓急居然可见。虽

是退之切于求进,然理亦如此。(《崇古文诀》卷一〇)

[宋] 黄震:昌黎三上光范书,世多讥其自鬻。然生为大丈夫,正蕲为天下国家用,孔子尝历聘列国,孟子亦尝游说诸侯矣。如公,才气千古一人,亦同流俗困于科举而不得少见于世,故直摅其抱负以自达于进退人才者,虽颇失之少年锐气,而实皆发于直情径行。始则晓以古者成就人才之道,次则动以一己饥寒之迫,终则警以天下未治及不能知周公礼士之勤。光范门虽尊,公直与之肝膈无间。然则公之抱负者为何如,而可讥其自鬻哉! 终南捷径,少室索价,阳退阴进,不由真情,此则不鬻之鬻,乃公罪人耳。(《黄氏日钞》卷五九)

[明] 茅坤:议论正大胜前篇,当看虚字斡旋处。(《唐宋八大家文钞·韩文公文钞》卷二)

[清] 金圣叹:意所欲言而不便得言者,忽然托笔周公,便乃无所不言。故通篇虽有两大幅,而只是周公一大幅也。后写复上宰相之万万不获已,又是古今绝妙。(《天下才子必读书》卷七)

[清] 储欣:第一书引经以告之,再则陈情以感之。经之所不能悟,情之所不能动,此书直击之而已。义正词严,气盛而法立。(《唐宋十大家全集录·昌黎先生全集录》卷二)○创调也。读之勃勃有生气。虽被人用滥,而光怪自如。(《唐宋八大家类选》卷八)

[清] 何焯:就前书自进而不逆意,更显责焉。末段言其不唯无望于浮沉皆载,方且驱自进而归山林,岂不重失天下士之心也!(《义门读书记》卷三二)

[清] 林云铭:此又因两次上书,不能邀其一盼,单就宰相当急于求士上立言。又谓士不得志,别无所往,山林独善,非行道者之所能安,欲其加察而荐己也。(《韩文起》卷三)

[清] 吴楚材、吴调侯:通篇将周公与时相两两作对照。只用一、二虚字,斡旋成文。直言无讳,而不犯嫌忌。末述再三上书之故,曲曲回护自己。气杰神旺,骨劲格高,足称绝唱。(《古文观止》卷八)

与于襄阳书

韩 愈

解题 《旧唐书·于頔传》:"于頔字允元,河南人也。……贞元十四年,为襄州刺史,充山南东道节度观察。"韩愈元和元年(806)有《上襄阳于相公书》:"今愈虽愚且贱,其从事于文,实专且久;则其赞王公之能,而称大君子之美,不为僭越也。伏惟详察。愈恐惧再拜。"本文作于贞元十八年(802),时韩愈为国子监四门博士。

七月三日,将仕郎守国子四门博士韩愈,谨奉书尚书阁下:贞元十四年九月,以工部尚书于頔为山南东道节度使。公书称守国子四门博士,则当在十六年秋也。

士之能享大名、显当世者,莫不有先达之士、负天下之望者为之前焉。言下之人必如此。一扇。士之能垂休光、照后世者,亦莫不有后进之士、负天下之望者为之后焉。言上之人必如此。一扇。莫为之前,虽美而不彰;翻前扇。莫为之后,虽盛而不传。翻后扇。是二人者,未始不相须也。后先有待。然而千百载乃一相遇焉。上下难逢。岂上之人无可援、下之人无可推欤平声。欤?援,犹引也。推,求而进之也。何其相须之殷而相遇之疏也?上下之间,是必有故。其故在下之人负其能不肯谄其上,下不肯援。上之人负其位不肯顾其下。上不肯推。故高材多戚戚之穷,不能享大名、显当世。盛位无赫赫之光。不能垂休光、照后世。是二人者之所为皆过也。负能负位,各有其咎。○一句断定。未尝干之,不可谓上无其人;非无可援。未尝求之,不可谓下无其人。非无可推。○自起至此,只是相须殷而相遇疏一句话,却作许多曲折。愈之诵此言久矣,未尝敢以闻于人。言己平日诵此言已熟,终未尝轻以告人。○承上起下。

侧闻阁下方入襄阳。抱不世之才,特立而独行,道方而事实,卷舒不随乎时,文武唯其所用,岂愈所谓其人哉?上有其人。抑未闻后进之士,有遇知于左右、获礼于门下者,莫为之后。岂求之而未得邪?将志存乎立功,而事专乎报主,虽遇其人,未暇礼邪?何其宜闻而久不闻也?问得委婉,疑得讽刺。

愈虽不材,方入自己。其自处不敢后于恒人。以其人自处。阁下将求之而未得欤?古人有言:"请自隗韦。始。"《国策》:燕昭王收破燕后即位,卑身厚币以招贤者,将欲报仇,往见郭隗先生。对曰:"今王欲致士,先从隗始。隗且见事,况贤于隗者乎?岂远千里哉!"○横插一句,有情更有力。愈今者惟朝夕刍米仆赁任。之资是急,不过费阁下一朝之享而足也。应求之未得。如曰:"吾志存乎立功,而事专乎报主。虽遇其人,未暇礼焉。"则非愈之所敢知也。应吾志未暇。○后半截议论,皆是设为疑词以自道达,首尾回顾,联络精神。世之龊龊错。者既不足以语去声。之,龊龊,急促局狭貌。磊落奇伟之人又不能听焉,则信乎命之穷也!一结悲凉慷慨,淋漓尽致。谨献旧所为文一十八首,如赐览观,亦足知其志之所存。可即文以见志。愈恐惧再拜。

汇评

[宋] 司马光：子瞻论韩子，以在隐约而平宽为哲人之细事，以为君子之于人，必于其小焉观之。光谓韩子以三书抵宰相求官，《与于襄阳书》谓先达、后进之士，玄为前后以相推援，如市贾然，以求"朝夕刍米仆赁之资"，又好悦人以铭志而受其金。观其文，知其志，其汲汲于富贵，戚戚于贫贱如此，彼又乌知颜子之所为哉！（《温国文正司马公文集》卷六八《颜乐亭颂》）

[宋] 谢枋得：文婉曲有味。（《文章轨范》卷一）

[明] 茅坤：前半瑰玮游泳，后半婉恋凄切。（《唐宋八大家文钞·韩文公文钞》卷三）

[清] 储欣：《与于襄阳书》以"垂休光照后世"歆动于公，而"负其能"云云，亦复善自解释。究之公缘此书，微为后儒所讥；而于襄阳之名，则与公俱不朽矣。朝有大贤，俾以"朝夕刍米仆赁"为急而乞怜于人，宰相之罪也。（《唐宋八大家类选》卷八）

[清] 谢有煇：交浅言深，直以此书为介绍，非高论必无以动听。其盛推于公，亦为自占地步。鹿门嫌其以家累乞哀，然玩前后文意，恐亦不止为"刍米仆赁之资"作也。（《古文赏音》卷八）

[清] 林云铭：玩"刍米仆赁之资是急"等句，乃寒毡处穷乏时，求于頔之顾恤，即《答李翱书》所谓"日求于人，以度时月"之说，非如上宰相诸书，望其荐拔也。但丐贷之言，最易涉于猥鄙。是书以先达后进相资为用二意平提，占却许多地步。因侧入襄阳负天下之望，必应得士，耸动一番。随引郭隗自请之语，明己得入襄阳之门，可为收罗国士之阶，则自荐不嫌于卖弄。末以不听所请，反收上文，不曰"负其位不肯顾其下"，乃曰"志存乎立功，事专乎报主"。徒自叹命之穷，则失望亦不流于轻薄。看来无限漾回曲折，只成得一片文字，可谓善于丐贷者矣。惟是于頔为襄阳大都督，欲专汉南，骄蹇不法，卒以入朝，坐其子敏杀人，失位自囚，死谥为厉。

则"垂休光,照后世",恐非后进之士所能为之传也。以公之贤,乃不择人而求恤如此,岂非贫之能累人哉!可叹也已。(《韩文起》卷四)

[清] 吴楚材、吴调侯:前半幅只是泛论,下半幅方入正文。前半凡作六转,笔如弄丸,无一字一意板实。后半又作九转,极其凄怆,堪为动色。通篇措词立意不亢不卑,文情绝妙。(《古文观止》卷八)

[清] 余诚:玩"朝夕刍米"一语,不过是仕途穷窘,聊为求助,然妙能自占地步,故为立言有体。前半两两双行,后半层层缴应,以五个"其人"绾结成文,章法亦极超异。○抑扬顿挫,婉转曲折,凄切之中,自饶高骞之致。(《重订古文释义新编》卷七)

与陈给事书

韩　愈

解题　《柳河东集》卷八《唐故秘书少监陈公行状》:"公姓陈氏,自颍川来,隶京兆万年胄贵里,讳京。既冠,字曰庆复。举进士,为太子正字、咸阳尉、太常博士、左补阙、尚书膳部考功员外郎、司封郎中、给事中、秘书少监,自考功以来,凡四命为集贤学士。……公有文章若干卷,深茂古老,慕司马相如、扬雄之辞,而其诂训多《尚书》、《尔雅》之说,纪事朴实,不苟悦于人,世得以传其稿。"按:书当作于贞元十九年(803)三月陈京迁给事中之后,书中不署职只称己名,当为罢博士后为求荐引而作。

愈再拜:愈之获见于阁蛤。下有年矣。始者亦尝辱一言之誉。叙相见。贫贱也,衣食于奔走,倒句法。不得朝夕继见。叙不相见。其后阁下位益尊,伺候于门墙者日益进。夫位益尊,则贱者日隔;伺候于门墙者日益进,则爱博而情不专。忽开二扇,一扇陈给事。○陈给事,名京,字庆复。大历元年中进士第,贞元十九年,将禘,京奏禘祭必尊太祖,正昭穆,帝嘉之。自考功员外,迁给事中。愈也道不加修,而文日益有名。夫道不加修,则贤者不与;文日益有名,则同进者忌。一扇自己。始之以日隔之疏,加之以不专之望,以不与者之心,而听忌者之说,由是阁下之庭无愈之迹矣。总上两扇,叙所以不相见之故。

去年春,亦尝一进谒于左右矣。温乎其容,若加其新也;属祝。乎其言，若闵其穷也。属，连续也。退而喜也，以告于人。重起二扇，一扇再叙相见。其后如东京取妻子，东京，洛阳也。又不得朝夕继见。及其还也，亦尝一进谒于左右矣。邈乎其容，若不察其愚也；悄乎其言，若不接其情也。悄，静也。退而惧也，不敢复进。一扇，再叙不相见。

今则释然悟、翻然悔曰：其邈也，乃所以怒其来之不继也；其悄也，乃所以示其意也。单就不相见中，翻出陈给事意思来，奇绝、妙绝。不敏之诛，诛，责也。无所逃避。不敢遂进，辄自疏其所以，并献近所为《复志赋》以下十首为一卷，卷有标轴。《送孟郊序》一首，生纸写，不加装饰，皆有揩丘皆切。字、注字处，急于自解而谢，不能竢俟。更写，唐人有生纸、熟纸。生纸非有丧故不用。公用生纸，急于自解，不暇择耳。揩，涂抹也。阁下取其意，而略其礼可也。愈恐惧再拜。

汇评

［明］ 茅坤：洗刷工而调句佳，甚有益于初进者。(《唐宋八大家文钞·韩文公文钞》卷三)

［清］ 储欣：层次法度，昌黎本色。其申合数层，累累如贯珠，最得《国策》妙处。(《唐宋八大家类选》卷三)

［清］ 谢有辉：以宛转之辞，发近情之论。任尔猜嫌，自当冰释。一路对说到底，在韩文为变调。(《古文赏音》卷八)

［清］ 林云铭：独怪公见给事有素，又曾荷其吹嘘，何至后此绝无一字相通。且两年之间，两番进晤，换出两样面目乎？大约交道恶薄，始合终离，总为升沉异路，其当久不得见而忽见也，欲卖弄其置身之荣，故特装出故人之恋；及其既见未久而再求见也，欲杜绝其干泽之望，故预示以陌路之情，此古今仕途常态。……人止赏其结构

之工，而不知其握笔时泪落如雨耳，悲哉！（《韩文起》卷三）

[清] 吴楚材、吴调侯：通篇以"见"字作主，上半篇从"见"说到"不见"，下半篇从"不见"说到"要见"。一路顿挫跌宕，波澜层叠，姿态横生，笔笔入妙也。（《古文观止》卷八）

[清] 浦起龙：希阔见疏之由，多因忌者日进。前段抉透其因，后段证明其状，是形影互藏之格。此书之上，所谓疏其所以"自解而谢"也。伧子平疏两番见不见，直不顾文理之通不通矣。公有《释言》一篇，与此同旨。（《古文眉诠》卷四七）

[清] 曾国藩："衣食于奔走"，造句奇。（《曾文正公全集·求阙斋读书录》卷八）

[清] 蔡铸：此等文字，何曾是有意必作如此章法。只是起手一行，偶然写得见与不见，后遂因岚寻穴，不自觉笔笔入妙也。作文固以心空为第一矣。（《蔡氏古文评注补正全集》卷六）

应科目时与人书

韩 愈

解题 《韩昌黎文集校注·外集》上卷《上考功崔虞部书》:"且执事始考文之明日,浮嚣之徒已相与称曰:'某得矣,某得矣。'问其所从来,必言其有自。一日之间,九变其说。凡进士之应此选者,三十有二人;其所不言者,数人而已,而愈在焉。及执事既上名之后,三人之中,其二人者,固所传闻矣。华实兼者也,果竟得之,而又升焉。其一人者,则莫之闻矣;实与华违,行与时乖,果竟退之。"《韩昌黎文集》卷一六《答崔立之书》:"凡二试于吏部,一既得之,而又黜于中书。"按唐制,进士出身者须参加吏部分科考试方授职。愈为贞元八年进士,分别于贞元九、十、十一年"三选于吏部",却"卒无成"。由《上考功崔虞部书》可知,九年这次已录取上名,而为中书所黜落。本文即作于贞元九年(793)。题一作《应科目时与韦舍人书》,"韦舍人"事迹不详。

月、日,愈再拜。一云"应博学宏词前进士韩愈谨再拜上书舍人阁下"。

天池之滨,大江之濆,焚。○天池,谓南海也。《庄子》:"南冥者,天池也。"滨,水际。濆,水涯。曰有怪物焉,怪物,龙之别名。盖非常鳞凡介之品汇匹俦也。汇,类也。○总领一句。下一连六转。其得水,变化风雨,上下于天不难也。得水,一转。其不及水,盖寻常尺寸之间耳。无高山、大陵、旷途、绝险为之关隔也,顿宕。然其穷涸,不能自致乎水，为猕_宾。獭之笑者，盖十八九矣。猕，小獭也。○不及水，二转。如有力者哀其穷而运转之，盖一举手、一投足之劳也。顿宕。然是物也，负其异于众也，且曰："烂死于沙泥，吾宁乐之。若俛_{同俯。}首帖耳，摇尾而乞怜者，非我之志也。"气骨矫矫，明明托物自喻。○不肯乞怜，三转。是以有力者遇之，熟视之若无睹也。其死其生，固不可知也。有力者不知，四转。

今又有有力者当其前矣，聊试仰首一鸣号焉，庸讵知有力者不哀其穷而忘一举手、一投足之劳，而转之清波乎？仰首鸣号，五转。句句抱前，句句刺心。其哀之，命也；其不哀之，命也；知其在命，而且鸣号之者，亦命也。作三叠，总结。六转。

愈今者实有类于是。一篇皆是譬喻，只一句归结自己，甚妙。是以忘其疏愚之罪，而有是说焉。阁下其亦怜察之。

汇评

[宋] 谢枋得：一篇皆是譬喻，只一句"愈今者实类于是"收拾，此文法最妙。（《文章轨范》卷一）

[明] 茅坤：空中楼阁，其自拟处奇，而其文亦奇。（《唐宋八大家文钞·韩文公文钞》卷三）

[清] 金圣叹：亦无头，亦无尾，竟斗然写一怪物。一气直注而下，而其文愈曲。细分之，中间却有无数曲折，而其势愈直。此真奇笔怪墨也。（《天下才子必读书》卷七）

[清] 王符曾：风云吐于行间，珠玉生于字里。此种文，良由寝食《国策》得来。（《古文小品咀华》卷三）

[清] 储欣：即此亦可谓怪于文矣。老苏《木假山记》灵变颇似。（《唐宋

十大家全集录·昌黎先生全集录》卷二)○曲折犹龙,自公而后,眉山老苏最熟此法门矣。(《唐宋八大家类选》卷八)

[清] 谢有煇:公诸所上书,虽不免降心以求人,而自命总不凡。(《古文赏音》卷八)

[清] 何焯:应科目是已举进士及第,人非布衣隐逸仕进无阶者比,故谓己在"池之滨","江之渍",但未及水耳。……难于致词,则托物为喻,此诗人比兴之道也。(《义门读书记》卷三三)

[清] 林云铭:一篇譬喻到底,末只点出自己一句。人以为布局之奇,而不知《应科目时与人书》分明衔玉求售,与钻营嘱托相去几何?不得不自占地步。若不借喻,恐涉夸诩。况篇中所谓"摇尾乞怜",骂尽前此应举之徒,营求卑屈,如狗之依人;所谓"熟视无睹",骂尽前此主试诸公,黑白混淆,如盲之辨色矣,岂不以轻薄取罪乎!按:公应科目,四举而后成进士,卞和之璞,被刖数献,其心甚苦,且恐落笔必有许多干碍,故出于此,非以譬喻见奇也。(《韩文起》卷三)

[清] 吴楚材、吴调侯:此贞元九年宏词试也。无端突起譬喻,不必有其事,不必有其理,却作无数曲折,无数峰峦,奇极,妙极。(《古文观止》卷八)

[清] 唐介轩:突起奇峰,无数层折,却以一语收转。笔端飘忽,有尺幅千寻之势。(《古文翼》卷六)

[清] 曾国藩:其意态诙诡瑰玮,盖本诸《滑稽传》。干泽文字,如是乃为轩昂,他篇皆不能自振。(《曾文正公全集·求阙斋读书录》卷八)

[清] 唐文治:纯用譬喻,至末点睛,如天马行空,不可羁勒。文字之奇,无逾于此矣。(《国文经纬贯通大义》卷六)

卷八　唐文

送孟东野序

韩　愈

解题　《韩昌黎文集》卷一七《与陈给事书》："《送孟郊序》一首,生纸写,不加装饰,皆有揩字、注字处,急于自解而谢,不能俟更写,阁下取其意,而略其礼可也。"同书卷二九《贞曜先生墓志》："先生讳郊,字东野。……年几五十,始以尊夫人之命来集京师,从进士试,既得,即去。间四年,又命来选,为溧阳尉,迎侍溧上。"按：孟郊为贞元十二年进士,"间四年"即贞元十七年为溧阳尉,十八年赴任。此序为送孟郊赴任而写,当作于贞元十八年(802)。

大凡物不得其平则鸣。起句,是一篇大旨。草木之无声,风挠之鸣。草木,一。水之无声,风荡之鸣。水,二。其跃也或激之,其趋也或梗之,梗,塞也。其沸也或炙之。水独加三句。错综入妙。金石之无声,或击之鸣。金石,三。人之于言也亦然,说到人。有不得已者而后言,其谓同歌。也有思,其哭也有怀。凡出乎口而为声者,其皆有弗平者乎！一锁,应起句,笔宕甚。○人言,四。

乐也者,郁于中而泄于外者也,突然说乐。择其善鸣者而假之鸣。生出"善"字与"假"字,为下面议论张本。金、石、丝、竹、匏、土、革、木金,钟。石,磬。丝,琴、瑟。竹,箫、管。匏,笙。土,埙。革,鼓。木,祝敔也。八者,物之善鸣者也。乐,五。维天之于时也亦然,突然说天时。择其善鸣者而假之鸣。是故以鸟鸣春，以雷鸣夏，以虫鸣秋，以风鸣冬。四时之相推敚，同夺。其必有不得其平者乎！天时，六。○乐与天时两段，俱是陪客。

其于人也亦然。收转人上，下畅发之。人声之精者为言，文辞之于言，又其精也，尤择其善鸣者而假之鸣。上文已再言择其善鸣者而假之鸣矣，则此又言人声之精者为言，而文辞又其精者，故尤择其善鸣者而假之鸣。"又"字、"尤"字，正是关键血脉、首尾相应处。其在唐、虞，咎繇、陶、禹，其善鸣者也，而假以鸣。咎陶、禹，一。夔弗能以文辞鸣，又自假于《韶》以鸣。后夔作《韶》乐，以鸣唐、虞之治。○夔，二。夏之时，五子以其歌鸣。太康盘游无度，厥弟五人咸怨，述大禹之戒以作歌。○五子，三。伊尹鸣殷，伊尹，四。周公鸣周。周公，五。凡载于《诗》、《书》六艺，皆鸣之善者也。略结。周之衰，孔子之徒鸣之，其声大而远。传曰："天将以夫子为木铎。"其弗信矣乎？孔子之徒，六。其末也，庄周以其荒唐之辞鸣。庄周，楚人，著书名《庄子》。荒，大。唐，空也。○庄周，七。楚，大国也，其亡也，以屈原鸣。屈原，楚之同姓，忧愁幽思而作《离骚》。○屈原，八。臧孙辰、即鲁大夫臧文仲。孟轲、荀卿，以道鸣者也。臧孙辰、孟轲、荀卿，九。杨朱、墨翟、管夷吾、晏婴、老聃、姓李，名耳，字伯阳。著书名《老子》。申不害、以黄老刑名之学相韩昭侯。著书二篇，名《申子》。韩非、韩诸公子，与李斯俱师荀卿。善刑名法律之学，著书五十六篇，名《韩非子》。慎、到、韩大夫。申、韩称之。有书四十六篇。田骈、齐人，好谈论，时称"谈天口"。邹衍、临淄人，著书十万余言，名重列国，燕昭师事之。尸佼、搅。○鲁人，卫商鞅师之。著书二十篇，号《尸子》。孙武、齐人，著《兵法》十三篇。张仪、苏秦之属，皆以其术鸣。杨朱十四人，十。○此十人，或邪说，或功利，或清净寂灭，或刑名惨刻，或尚杀伐之计，或专纵横之谋，皆非吾道，故公称一"术"字，大有分晓。秦之兴,李斯鸣之。李斯秦相,专言咸令。○李斯,十一。汉之时,司马迁、即太史公,作《史记》。相如、姓司马,蜀人。有赋、檄、封禅等文。扬雄,字子云,有诸赋与《太玄》《法言》等书。最其善鸣者也。二司马、扬雄,十二。其下魏、晋氏,鸣者不及于古,然亦未尝绝也。就其善者,其声清以浮,其节数同速。以急,其辞淫以哀,其志弛以肆,其为言也,乱杂而无章。即其所谓善鸣者,亦且如此,所以为不及于古。将天丑其德莫之顾邪?何为乎不鸣其善鸣者也?魏、晋,十三。○将入题,又顿此一段,先写出感慨之致。

唐之有天下,以下始说唐人。陈子昂、字伯玉,号海内文宗。○一。苏源明、京兆武功人,工文辞。有名。○二。元结、字次山,所著有《元子》十篇。○三。李白、四。杜甫、五。李观,字元宾,公之友。○六。皆以其所能鸣。此六子,皆当时先达之人。其存而在下者,孟郊东野始以其诗鸣。七。○从许多物、许多人,奇奇怪怪,繁繁杂杂说来,无非要显出孟郊以诗鸣。文之变幻至此。其高出魏、晋,不懈而及于古,若无懈笔,可追唐、虞三代文辞。其他浸淫乎汉氏矣。其他美处,纯乎其为汉氏。○三句。总收前文。从吾游者,李翱、张籍其尤也。李翱有集,张籍善乐府。○李翱八。张籍九。又添二人于后,妙。三子者之鸣信善矣。结出"善鸣"二字。抑不知天将和其声,而使鸣国家之盛邪?抑将穷饿其身,思愁其心肠,而使自鸣其不幸邪?两句叹咏有味。括尽前面圣贤君子之鸣。三子者之命,则悬乎天矣。其在上也,鸣国家之盛。奚以喜?其在下也,自鸣其不幸。奚以悲?二语甚占地步。东野之役于江南也,时东野为溧阳尉。○单结东野。有若不释然者,结出不平。故吾道其命于天者以解之。应前四"天"字收。

汇评

[宋] 洪迈：韩文公《送孟东野序》云："物不得其平则鸣。"然其文云："在唐、虞时，咎陶、禹，其善鸣者，而假之以鸣。夔假于《韶》以鸣。""伊尹鸣殷，周公鸣周。"又云："天将和其声，而使鸣国家之盛。"然则非所谓"不得其平"也。(《容斋随笔》卷三)

[宋] 楼昉：曲尽文字变态之妙。(《崇古文诀》卷九)

[宋] 李涂：退之《送孟东野序》，一"鸣"字发出许多议论，自《周礼》"梓人为笋簴"来。(《文章精义》)

[宋] 黄震：自"物不得其平则鸣"一语，由物而至人之所言，又至"天之于时"，又至"人言之精者为文"，历序唐、虞、三代、秦、汉以及于唐。节节申之鸣之说，然后归之东野以诗鸣终之。曰："不知天将和其声，以鸣国家之盛耶？抑将穷饿其身，思愁其心肠，而使自鸣其不幸也？"归宿有味，而所以劝止东野之不平者有矣。师友之义，于斯乎在。而世徒以文观之，岂惟不知公，抑不知文者耶！(《黄氏日钞》卷五九)

[宋] 谢枋得：此篇凡六百二十余字，"鸣"字三十九，读者不觉其繁，何也？句法变化凡二十九样，有顿挫，有升降，有起伏，有抑扬，如层峰叠峦，如惊涛怒浪，无一句懈怠，无一字尘埃，愈读愈可喜。(《文章轨范》卷七)

[明] 茅坤：一"鸣"字成文，乃独倡机轴，命世笔力也。前此唯《汉书》叙萧何追韩信，用数十"亡"字。此篇将牵合入天成，乃是笔力神巧，与《毛颖传》同，而雄迈过之。(《唐宋八大家文钞·韩文公文钞》卷七)

[清] 金圣叹：拉杂散漫，不作起，不作落，不作主，不作宾，只用一"鸣"字跳跃到底。如龙之变化屈伸于天，更不能以逐鳞逐爪观之。(《天下才子必读书》卷七)

[清] 储欣：历叙古来著作，而以孟郊东野之诗继之。闪铄变化，诡怪惶

惑，其妙处公自言之矣，"言之短长与声之高下皆宜"是也。气盛则宜，后人有如许气，才许摹仿他四十个"鸣"字。(《唐宋十大家全集录·昌黎先生全集录》卷三)〇直是论说古今诗文，写得如许灵变。通篇数十"鸣"字，如回风舞雪。后人仿之，辄纤俗可憎。其灵蠢异也。(《唐宋八大家类选》卷一〇)

[清] 何焯：旁见侧出，突兀峥嵘。"鸣"字句法虽学《考工》，然波澜要似《庄子》。(《义门读书记》卷三二)

[清] 林云铭：俗眼错认"不平"二字为不得用扼腕，何啻千里？独不思篇中言皋陶、言禹、言夔、言伊尹、言周公，皆称其鸣之善。其不平处岂亦为不得用而然乎？即末段说入东野身上，亦以鸣国家之盛，与自鸣不幸两意双敲。原未尝料定东野一生，必不得用到底也，安得以"不平"二字为疑？(《韩文起》卷三)

[清] 吴楚材、吴调侯：此文得之悲歌慷慨者为多。谓凡形之声者，皆不得已。于不得已中，又有善不善。所谓善者，又有幸不幸之分。只是从一"鸣"中，发出许多议论。句法变换，凡二十九样。如龙之变化，屈伸于天，更不能逐鳞逐爪观之。(《古文观止》卷八)

[清] 浦起龙：东野官下僚，韩子标表其诗辞，直跻之古作者，以此导其先路。不为质语游扬，正是绝色游扬也。以一"鸣"字作骨，以一"善"字作低昂；其手法变化在"鸣"字，其线索抽牵却在"善"字。(《古文眉诠》卷四九)

[清] 余诚：凭空结撰，除"其存而在下"及"东野之役于江南"一二语外，未尝粘定东野。究之言物、言人、言乐、言天时、言历代、言本朝善鸣者，及言李、言张，无非为东野发议。自首至尾，不肯使一直笔。顿挫抑扬，离合缓急，无法不备，而又变化诡谲，不可端倪，那得不横绝古今！(《重订古文释义新编》卷七)

[清] 曾国藩：天择物之善者而假之鸣，其为鸣盛与鸣不幸，惟天之所命耳。文之立意止此。征引太繁，颇伤冗蔓。(《曾文正公全集·求阙斋读书录》卷八)

[清] 蔡铸：文以"鸣"字为骨，先以"不平则鸣"句提纲，通篇言物之鸣及古人之鸣、今人之鸣，总不出"不平则鸣"之意。文成法立，奇而不诡于正。(《蔡氏古文评注补正全集》卷六)

[清] 林纾：最岸异，然可谓之格奇而调变，不能谓为有道理之文。举禹、咎陶、伊尹、周公、孔子、孟轲、荀卿与虫鸟同声，今人断无此等文胆，而昌黎公然出之自在游行者，段落分得清楚，则人与物所据之界限，自然不紊。若不变其调，亦积叠如累棋，未有不至于颠坠者。人但见以"鸣"字驱驾全篇，不知中间只人物分疏而已。入手是说物，由物遂转及人，由人而寓感于物。因思天不能鸣，亦假气假物以鸣，犹之人耳，故由天复归到人之本位。(《韩柳文研究法·韩文研究法》)○此篇为昌黎集中之创格，举天地人物，尽以"鸣"字括之，至孔子之徒亦指为善鸣，则真有胆力矣。文无他妙巧，但以气行，然须观其脱卸处、笋接处，觅得关头，则读此便大有把握。(《古文辞类纂选本》卷六)

送李愿归盘谷序

韩　愈

解题　《韩昌黎文集》卷一九附唐人《跋盘谷序后》："陇西李愿,隐者也,不干誉以求达,每韬光而自晦。迹寄人世,心游□□,……信古今一时也。昌黎韩愈,知名之士,高愿之贤,故叙而送之于□县。"《欧阳文忠公集·集古录跋尾》卷八《唐韩愈盘谷诗序》："右《送李愿归盘谷序》,韩愈撰。盘谷在孟州济源县。正元中,县令刻石于其侧。令姓崔,其名浃,今已磨灭。其后书云:'昌黎韩愈,知名士也。'当时退之官尚未显,其道未为当世所宗师,故但云知名士也。然当时送愿者为不少,而独刻此序,盖其文章已重于时也。"欧题下注"贞元中",当为贞元十七年(801)。时韩愈闲居洛阳,送隐士李愿归洛阳北盘谷而作。又,同时名李愿者有两人,一隐,一为西平王晟子。自宋以来,多以所送者为隐士也。

太行杭。之阳有盘谷。太行,山名。○起得奇崛。盘谷之间,泉甘而土肥,草木藂同丛。茂,居民鲜少。或曰："谓其环两山之间,故曰盘。"或曰："是谷也,宅幽而势阻,隐者之所盘旋。"两"或曰",跌宕起"盘"字义。虽似闲情,只呼出"隐者"一句为主。友人李愿居之。李愿,西平忠武王晟之子。归隐盘谷,号盘谷子。○只六字,题已尽了。下全凭愿之言行文。

愿之言曰："人之称大丈夫者,我知之矣。此句是提纲,直缩到"我则行之"。利泽施于人,名声昭于时。叙功名。坐于庙朝,进退百官,而佐天子出令。其在外，则树旗旄，罗弓矢，树，立也。罗，列也。武夫前呵，从者塞途，供给之人，各执其物，夹道而疾驰。喜有赏，怒有刑。叙威令。才畯同俊。满前，道古今而誉盛德，入耳而不烦。叙门客。曲眉丰颊，清声而便平声。体，秀外而惠中，外貌秀美，中心聪敏。飘轻裾，翳长袖，裾，衣后。翳，曳也。○叙近侍。粉白黛代。绿者，黛，画眉墨。列屋而闲居，妒宠而负恃，争妍而取怜。叙姬妾。大丈夫之遇知于天子，用力于当世者之所为也。极写世上有此一辈大丈夫。吾非恶此而逃之，是有命焉，不可幸而致也。著此句，逗起下段。

"穷居而野处，升高而望远，坐茂树以终日，濯清泉以自洁。叙居处之幽。采于山，美可茹。汝。○茹，食也。钓于水，鲜可食。叙饮食之便。起居无时，惟适之安。叙晨昏之逸。与其有誉于前，孰若无毁于其后；与其有乐于身，孰若无忧于其心。横插隐士自得语，妙。车服不维，刀锯不加，刑赏不相及。理乱不知，黜陟不闻。朝政不相关。大丈夫不遇于时者之所为也，极写世上又有此一辈大丈夫。我则行之。结出本意。与上"不可幸致"句，紧照。

"伺候于公卿之门，奔走于形势之途，足将进而趑咨。趄，疽。○趑趄，欲行不行之貌。口将言而嗫念入声。嚅，如。○嗫嚅，欲言不言之貌。处污秽而不羞，触刑辟闢。而诛戮，侥倖于万一，老死而后止者，此是不安于隐，求进不得者之所为。其于为人贤不肖何如也？"此其人，视前两样人物，孰贤孰不肖，其等第当何如？○只以一句收尽一篇意，最有含蓄。

昌黎韩愈，闻其言而壮之，断其为高隐一辈大丈夫。与之酒而为之歌曰："盘之中，维子之宫。盘之土，可以稼。叶故。盘之泉，可濯可沿。沿，循行也。盘之阻，谁争子所？阻，曲折也。窈而深，廓其有容；叶营。缭而曲，如往而复。四句承"盘之阻"来，窈深缭曲，极力形容，其妙可想。嗟盘之乐兮，乐且无央。央，尽也。○"乐"字，承上起下。虎豹远迹兮，蛟龙遁藏。鬼神守护兮，呵禁不祥。饮且食兮寿而康，无不足兮奚所望？平声。膏去声。吾车兮秣吾马，以脂涂辖曰膏。以粟饭马曰秣。从子于盘兮，终吾生以徜徉常。徉。"羊。○徜徉，自得之貌。送李却说到自亦欲往，何等兴会！

汇评

[宋] 苏轼：欧阳文忠公尝谓："晋无文章，惟陶渊明《归去来》一篇而已。"余亦谓唐无文章，惟韩退之《送李愿归盘谷》一篇而已。平生愿效此作一篇，每执笔辄罢，因自笑曰："不若且放教退之独步。"（《东坡题跋》卷一《跋退之送李愿序》）

[宋] 王直方：东坡云："韩退之尝自谓不逮子厚，至《送李愿归盘谷序》一篇，独不减子厚。"（《王直方诗话》）

[宋] 楼昉：一节是形容得意人，一节是形容闲居人，一节是形容奔走伺候人，却结在"人贤不肖何如也"一句上。终篇全举李愿说话，自说只数语，其实非李愿言。此又别是一格式。（《崇古文诀》卷九）

[明] 茅坤：通篇全举李愿说话，自说只数语，此又别具一格。而其造语形容处，则又铸六代之长技矣。（《唐宋八大家文钞·韩文公文钞》卷七）

[元] 方回：韩昌黎《送李愿归盘谷序》下一段，所谓"穷居而闲处，升高而望远……起居无时，惟适之安"，此能极言闲适之味矣。诗家之所必有，而不容无者也。（《瀛奎律髓》卷二六）

[清] 金圣叹：前只数语写盘谷，后只一歌咏盘谷。至于李之归此谷，只用李自己两段说话。自言欲为第一段人不得，故甘为第二段人。

543

便见归盘谷者，乃是世上第一豪华无比人，非朽烂不堪人也。（《天下才子必读书》卷七）

[清] 储欣：结构意趣，夫人知之，所难尤在设辞。欧阳、苏到此等处未免带俗，所以自笑曰：不若且放教退之独步。（《唐宋十大家全集录·昌黎先生全集录》卷三）○公作此文，才三十四岁，公尝云："辞不备，不可谓成文。"看此文，于李愿口中描写三种人，各极情状，如化工之付物。信乎，其辞之备也！（《唐宋八大家类选》卷三）

[清] 何焯：其中稍有六朝余习者，少作故也。化议为序，"归"字、"送"字浑然融释其中，创变一体。（《义门读书记》卷三二）

[清] 汪份：金前川表丈嫌其不脱六朝词语，诚为有见。此盖公少作也。然其气骨自高，迥非六朝人可及。（引自《古文辞约编》）

[清] 林云铭：此篇只闲闲写出盘谷之地可隐，落下李愿居之，即借愿之言，滔滔汩汩，弄成一篇大文，若不知李愿为何许人者。人止羡其造格之奇，而不知良工之心，于此有独苦也。（《韩文起》卷六）

[清] 吴楚材、吴调侯：一节是形容得意人，一节是形容闲居人，一节是形容奔走伺候人，都结在"人贤不肖何如也"一句上。全举李愿自己说话，自说只前数语写盘谷，后一歌咏盘谷，别是一格。（《古文观止》卷八）

[清] 浦起龙：公固志在当世者。然栖栖旅游，仍岁蹇遇，刍米仆赁之资不可得，尝有求田伊颍之思。序是其时作，《考异》注年才三十四是也。故曰："闻其言而壮之。"○全幅述言，两头赞盘谷。（《古文眉诠》卷四八）

[清] 蔡世远：不下断制，只述其言，独辟一格，又无溢美之嫌，公之为文，变化分寸，无所不有也。前段可作郭令公像赞，中段可作陶靖节像赞，末段可作诸追逐势利全无廉耻者像赞。（《古文雅正》卷八）

[清] 余诚：前以盘谷之可隐起，后以盘谷之可乐结。中间虽有一篇滔滔滚滚大文，其实皆是复述愿言，除"壮之"二字外，绝未尝置一

卷八　唐文

语。既不叙愿为何如人，亦不叙愿为何故归，几于笔尖不肯着纸。须知是愿为以罪去职，归就故居。此等题目，实难着笔，故不得不尔也。读者正须于造格上想见良工苦心处，宜坡仙让为退之独步。(《重订古文释义新编》卷七)

[清]　刘大櫆：极力形容得志之小人与不得志之小人，两边夹写，而隐居之高乃见。行文浑浑，藏蓄不露。东坡欲效作一篇而不能，且放教退之独步，其倾倒于此文者至矣。○兼用偶俪之体，而非偶俪之文，可比哲匠之妙用也。(引自《古文辞约编》)

[清]　曾国藩：别出奇径，跌宕自喜。(《曾文正公全集·求阙斋读书录》卷八)

[清]　蔡铸：此篇以"愿之言曰"句为提照，以"昌黎韩愈闻其言"句缴应，而以"壮之"二字作断。全篇不序愿之行事一句，凭空结撰，灵妙异常。(《蔡氏古文评注补正全集》卷六)

[清]　李扶九：以格论，两大比格也；以文论，通篇游虚，不实写一笔，愿之言非真有其言也，亦作者设想耳。故不惟中间入口气处是虚，即首尾无一实写其人，闲闲写景处，亦是虚也。变化奇离，集中另是一格。昌黎之文无雷同如此。(《古文笔法百篇》卷一二)

[清]　林纾：文无他巧妙，只分三大段：一写贵人之豪恣，一切富贵举动，结之以命，言命则非德非才可知。冷隽之笔，令人欲笑。次言隐居之乐，委之于不遇，不遇即无命者也。写愿亦自方耳。其下则骂詈不堪，此是应有之陪笔。歌辞虽逊于子厚，然亦铿锵动听。(《古文辞类纂选本》卷六)

[清]　唐文治：首段序地理，次段"愿之言曰"，三段"穷居而野处"，四段"伺候于公卿之门"，均为硬接法。首段"友人李愿居之"，为突入法；次段"不可幸而致也"，为推开法；三段"我则行之"，为摄入法；四段"其为人贤不肖何如也"，为比较法。可知作文不独布局变化，凡每段之起落处皆应变化；不独段落当变化，即句法亦皆当变化。此篇之法，最便初学。(《国文经纬贯通大义》卷二)

545

送董邵南序

韩 愈

解题 一本题《送董邵南游河北序》。《韩昌黎文集》卷二《嗟哉董生行》："寿州属县有安丰,唐贞元时,县人董生邵南隐居行义于其中。刺史不能荐,天子不闻名声,爵禄不及门,门外惟有吏,日来征租更索钱。嗟哉董生朝出耕,夜归读古人书,尽日不得息。或山而樵,或水而渔。入厨具甘旨,上堂问起居。父母不戚戚,妻子不咨咨,嗟哉董生孝且慈。"按：此诗在董生未应举时(贞元十五年)作。从董邵南"举进士,连不得志于有司",欲往河北投藩镇来看,本序约作于贞元末。

燕赵古称多感慨悲歌之士。燕,今北京。赵,今真定。俱当时河北地。感慨悲歌,乃豪杰之士也。○兀然而起,以士风立论,奇。董生举进士,连不得志于有司,怀抱利器,郁郁适兹土,邵南举进士,屡次不得志,去游河北。时河北诸镇,不禀命朝廷,每自辟士,故邵南欲往。兹土,指河北。吾知其必有合也。董生亦豪杰,自与燕赵之士意气相投合。○"吾知其",妙。董生勉乎哉！此段勉董生行,是正写。宾。

夫以子之不遇时,苟慕义强_{羌上声}仁者,皆爱惜焉,皆爱惜董生,而愿引荐焉。○"慕"字、"强"字,对下"性"字。矧燕、赵之士出乎其性者哉！况燕、赵之士,仁义性成,故吾知其必有合。○将上文再作一曲折掉转,应篇首燕、赵多感慨意。然吾尝闻风俗与化移易,吾恶知其今不异于古所云邪？怜才出乎天性，风俗固然。然当时河北藩镇，多习乱不臣。其风俗或与治化相移易，而今日之燕、赵，未必不异于昔日之所称也。○"吾恶知其"，妙。**聊以吾子之行卜之也。**风俗之异与不异，我不敢悬断，聊以董生之合与不合卜之也。**董生勉乎哉！**此段勉董生行。是反写。主。

吾因之有所感矣。上一正一反，俱送董生，此下特论燕、赵。为去声。**我吊望诸君之墓，**乐毅去燕之赵，赵封于观津，号望诸君。此燕、赵之古人也。**而观于其市，复有昔时屠狗者乎？**荆轲至燕，爱燕之屠狗者高渐离，日饮燕市，酒酣，歌于市中。乃感慨不得志之士也。**为我谢曰："明天子在上，可以出而仕矣！"**送董生，却劝燕、赵之士来仕。则董生之不当往，已在言外。

汇评

[宋] 李塗：文章有短而转折多气长者，韩退之《送董邵南序》、王介甫《读孟尝君传》是也。（《文章精义》）

[元] 程端礼：字数不多，文法妙似《史记》。（《昌黎文式》卷四）

[明] 茅坤：文仅百余字，而感慨古今，若与燕、赵豪俊之士，相为叱咤呜咽其间。一涕一笑，其味不穷。昌黎序文当属第一首。（《唐宋八大家文钞·韩文公文钞》卷七）

[清] 金圣叹：送董邵南往燕、赵，却反托董邵南谕燕、赵归朝廷。命意既自沉痛，用笔又极顿折。看他只是百数十余字，凡作几反几复。（《天下才子必读书》卷七）

[清] 王符曾：起句极似许可河北，妙在暗下"古称"二字，便只是赞叹几百年以前燕、赵之士，与田悦、朱滔辈了无关涉也。中言安知今不异于古所云，竟是当面讥刺矣。但笔意隐跃，使人不觉。昌黎伯口齿之妙，真堪独步千古。○转折顿挫，意态淋漓，篇愈短意愈长，字愈少味愈多。文与可自品画竹，所谓数尺而有千寻之势者

也。(《古文小品咀华》卷三)

［清］ 储欣：河北自安、史以后，习于僭乱。公《送董邵南》因称古燕、赵之士之美，而今恐不同，"风俗与化移易"，所以讥切其不臣。末复道上威德，以警动而招徕之，其旨微矣。古今二意是关键，"吾知"、"吾恶知"是俯仰呼应处，深意顿挫。字字司马论赞风神。(《唐宋八大家类选》卷三)

［清］ 谢有煇：公尝作《董生行》云……夫既称其隐居行义，又称其孝慈，疑未必有干用之意。即使得用，岂其从乱以为父母累？意者公欲用董生以讽河北之归顺乎？(《古文赏音》卷八)

［清］ 何焯：无限曲折，忠厚之至，视《争臣论》德加进矣。(《义门读书记》卷三二)

［清］ 林云铭：董生，寿州安丰人，贫，能读书，有孝行。贞元间，公就食江南时与交，有《嗟哉董生行》诗。河北诸道，赵属成德军，燕属幽州营。其往河北，无非愤己不得志，欲求合于不奉朝命之藩镇。送之者断无言其当往之理，若明言其不当往，则又多此一送也。细思此等题目，如何落笔？乃韩公开口不言今日之河北，止言昔日之燕、赵，并不言燕、赵有爵位之人，止言燕、赵不得志之士，谓董生到彼，自与此等意气投合，若不知此行有干用之意者然。次段复言"感慨悲歌之士"仁义出乎天性，同调相怜，决其必合。是明明以"仁义"二字，硬坐在董生身上，何等劝勉！三段暗指藩镇拒命，风俗渐改，恐非昔日之燕、赵，未必有感慨悲歌其人者，在董生之合不合处决之。则董生此行，自不可少。末段令吊古人而劝今人来仕，正欲其知自处意。通篇以"风俗与化移易"句为上下过脉，而以"古"、"今"二字呼应，曲尽吞吐之妙。(《韩文起》卷三)

［清］ 吴楚材、吴调侯：董生愤己不得志，将往河北，求用于诸藩镇，故公作此送之。始言董生之往必有合，中言恐未必合，终讽诸镇之归顺及董生不必往。文仅百十余字，而有无限开阖，无限变化，无限含蓄。短章圣手。(《古文观止》卷八)

[清] 沈德潜：呜咽驰骤，既爱才，亦忧国。(《唐宋八大家文读本》卷四)
[清] 浦起龙：激昂向义，反从燕、赵想出。善悟者尤叹起予也。(《古文眉诠》卷四九)
[清] 余诚：河北诸镇久不奉命朝廷，自非可往求用之地。然既作序以送之，此意殊难明言。文妙将董生求用之意绝不提，止言其与燕、赵不得志之士当必有合。而原其必合之故，则以燕、赵之士仁义出于性生，但恐习俗移人，以致今异于古，然正可以董生之合不合卜之。末忽嘱以吊古劝今，虽亦是送词，而微讽以不必往矣。通篇大略如此，而言外实借燕、赵之士讥诸镇之不臣，故用"古""今"二字作呼应，以曲致其吞吐，卒复寓招徕之意，足见公之为文，一字不苟，却又妙在笔曲折浑涵。茅鹿门称为"昌黎序中第一"，信非诬也。(《重订古文释义新编》卷七)
[清] 刘大櫆：微情妙旨寄之笔墨之外。昌黎平生作文不欲托《史记》篱下，独此篇为近。(《海峰先生精选八家文钞》)
[清] 朱宗洛：本是送他往，却要止他往。故"合"一层易说，"不合"一层难说。文语语作吞吐之笔，曰"吾闻"，曰"乌知"，曰"聊以"，于放活处隐约其意，立言最妙。其末一段，忽作开宕，与"不合"意初看若了不相涉，其实用借笔以提醒之，一曰"为我"，再曰"为我"，嘱董生正以止董生也。想其用笔之妙，真有烟云缭绕之胜。凡文之短者，越要曲折，盖曲则有情，而意味倍觉深长也。(《古文一隅》卷中)
[清] 曾国藩：沉郁往复，去肤存液。(《曾文正公全集·求阙斋读书录》卷八)
[清] 刘熙载：文莫贵于精能变化。昌黎《送董邵南游河北序》可谓变化之至；柳州《送薛存义序》可谓精能之至。(《艺概·文概》)
[清] 李扶九：劈首突起一句，下文不接，最为奇横。中间一正一反，文意委婉。末结出"明天子在上"五字，懔然责诸镇之不臣，而讽董生以不必往。寥寥短章，一起一结，笔亦不平如此。此韩文之所

以"如潮"也。(《古文笔法百篇》卷六)

[清] 唐文治：文仅数行,而曲折有四,奇情壮志,都寓其中,绝不外露。其讽董生之不当远游耶？抑愤世嫉俗而故为反言以喻之耶？皆令人自行理会。惟能味于无味者,始能知之。(《国文经纬贯通大义》卷八)

[清] 吴闿生：朱子云："此篇言燕、赵之士仁义出乎其性,乃故反其词,以深讥其不臣而习乱之意,故其卒章又为道上威德以警动而招徕之,其旨微矣。"案：朱子此说,最能见文章深处,千古不传之秘在此。送序后出,在文章中为别体,其文皆友朋相赠之言,而必有种种情态络纬其间,以唤起兴味。韩公最为绝诣,后人莫能望也。(《古文范》卷三)

送杨少尹序

韩　愈

解题　题一作《送杨巨源少尹序》。《唐才子传》卷三："杨巨源，字景山，蒲中人。贞元五年刘大真下第二人及第。初为张宏靖从事，拜虞部员外郎，后迁太常博士，国子祭酒。太和中，为河中少尹，入拜礼部郎中。"按：此序作于长庆间，时韩愈为吏部侍郎。

　　昔疏广、受二子，以年老一朝辞位而去。汉疏广，东海兰陵人，仕至太子太傅。兄子受，仕至太子少傅。在位五年，广谓受曰："知足不辱，知止不殆。……宦成名立，如此不去，惧有后悔。"乃上疏乞骸骨，上许之。于时公卿设供张，祖道都门外，车数百两。去声。○供张，谓供具张设也。祭道神曰祖。祖道，谓饯行也。两，一车也。一车两轮，故谓之两。道路观者，多叹息泣下，共言其贤。汉史既传其事，而后世工画者又图其迹，至今照人耳目，赫赫若前日事。叙二疏事引起。

　　国子司业杨君巨源，入题。方以能《诗》训后进，此句补杨君在官时事。一旦以年满七十，亦白丞相去归其乡。叙杨君事毕，以下发议论。世常说古今人不相及，今杨与二疏，其意岂异也？随手先作一总。

　　予忝在公卿后，时公为吏部侍郎。遇病不能出。一篇情景，全在托病上写出。不知杨侯去时，城门外送者几人、车几两、马几匹，道边观者亦有叹息知其为贤与否，而太史氏又能张大其事，为传继二疏踪迹否，不落莫否。司业去位，国史亦书。但不张大其事，虽书亦落莫也。见今世无工画者，而画与不画，固不论也。上文图迹，原属后世事，所以付之不论。○此段从二疏合到杨侯。然吾闻杨侯之去，丞相有爱而惜之者，白以为其都少尹，不绝其禄。白之于朝命，为其邑少尹，不绝其俸禄。又为歌诗以劝之，京师之长于诗者，亦属祝。而和之。又不知当时二疏之去，有是事否。此段从杨侯合到二疏。古今人同不同未可知也。随手再作一总，应前"古今人不相及"。

中世士大夫以官为家，罢则无所于归。反衬杨侯。杨侯始冠，去声。举于其乡，歌《鹿鸣》而来也。宾句。今之归，主句。指其树曰："某树，吾先人之所种也。某水某丘，吾童子时所钓游也。"点出归乡风趣。乡人莫不加敬，诫子孙以杨侯不去其乡为法。法其不以官为家，罢后有所归。古之所谓乡先生，没而可祭于社者，古人临文不讳。其在斯人欤？其在斯人欤？感叹不尽。

汇评

[明] 唐顺之：前后照应，而错综变化不可言。此等文字，苏、曾、王集内无之。（引自《唐宋八大家文钞·韩文公文钞》卷六）

[明] 茅坤：以二疏美少尹，而专于虚景簸弄，故出没变化不可捉摸。（《唐宋八大家文钞·韩文公文钞》卷六）

[清] 储欣：只杨与二疏不异二句便了，凭空撰出"不知杨侯去时"一段，又转出"不知二疏"云云，奇幻极矣。要写杨与二疏之同，反从未知其同不同，以极写其同。此种文心，最有补于后学。了语翻不

了语,最奇。(《唐宋八大家类选》卷三)
- [清] 张伯行:羡杨少尹能全引退之义,却将二疏来相形,言其事迹之同不同未可知,而清风高节则无不同也。文法错综尽态,意在言外,令人悠然想见。(《唐宋八大家文钞》卷二)
- [清] 何焯:反复咏叹,言婉思深。(《义门读书记》卷三二)
- [清] 林云铭:看来无一可著笔处,昌黎偏寻出汉朝绝好的故事来,与他辞位增秩及歌诗数事,有同有不同处,彼此相形,作了许多曲折。末复把中世绝不好的事,作反衬语,逼出他归乡之贤,便觉件件出色。皆从无可著笔处著笔也。(《韩文起》卷六)
- [清] 吴楚材、吴调侯:巨源之去,未必可方二疏。公欲张大之,将来形容,又不可明言,特前说二疏所有,或少尹所无,后说少尹所有,或二疏所无。则巨源之美不可掩,而己亦不至失言。末托慨世之词,写出杨侯归乡,可敬可爱,情景宛然。(《古文观止》卷八)
- [清] 沈德潜:前说二疏所有,或少尹所无;后说少尹所有,或二疏所无。婉转回环,无中生有。○看破韩文胜人处只是翻空,若沾沾粘滞实说,乃后人应酬文字。而近代以此为得体,可怪也。(《唐宋八大家文读本》卷四)
- [清] 浦起龙:不是古今互映弄虚花伎俩,公盖感少尹之去,慨迟暮贪荣者。举朝一辙,显谏不可,借疏显杨,喧寂异趣,而藏用于"遇病"一语,则良工心苦也。《香山乐府·不致仕篇》云:"年高须告老,名遂合退身。少时共嗤笑,晚岁多因循。贤哉汉二疏,彼独是何人。寂寞东门路,无人继去尘。"是此文注脚。(《古文眉诠》卷四八)
- [清] 刘大櫆:驰骤跌荡,生动飞扬,曲尽行文之妙。(引自《评校音注古文辞类纂》卷三一)
- [清] 唐介轩:先叙二疏,次叙杨侯,随总按一笔作领。次将二疏串合杨侯,次从杨侯打转二疏,随总锁一句作应。末结到归其乡上。全于虚处摹拟,空中簸弄,而起伏照应,针线极细。此又集中独创之

境也。(《古文翼》卷六)

[清] 曾国藩：唱叹抑扬，与《送王秀才序》略相类。欧公多似此种。(《曾文正公全集·求阙斋读书录》卷八)

[清] 蔡铸：序之妙处，在借二疏以形容巨源不同而同，同而不同。全在空中簸弄，尤妙在借病作波，顿觉溪山重叠，烟雨迷离。(《蔡氏古文评注补正全集》卷六)

[清] 吴汝纶：二疏以与许伯不平去位，孟坚为传最为含蓄。少尹之去，亦必有不可于意者，故比附二疏为清远之文，蹊径非复孟坚所到。(引自《评校音注古文辞类纂》卷三一)

[清] 李扶九：妙在一起引事来陪，以下同不同两两相形，不惟文有律，亦且有情。至相形处，妙不说煞，全从"遇病不能出"句生来。古人行文，纯用虚托，不肯用一实写，乃自占地步，不滥夸人处，不徒善作波澜已也。(《古文笔法百篇》卷一二)

[清] 林纾：入手引二疏，用意特平平。即七十辞官，亦是恒事，庸手虽说得兴会，决难出色。文将二疏事并入巨源身上，在空中摩荡。以"杨侯去时"与二疏去时两两比较，似无甚高下。却说到丞相爱惜，"不绝其禄，又为歌诗劝行"，此事似为二疏所无。大类管夫人画竹石，丛竹在前，一石独历落而远。此序事之前后际，部署大有工夫。末段述其还乡以后追想前尘。此秘归震川最为得之。(《韩柳文研究法·韩文研究法》)

送石处士序

韩 愈

解题　《新唐书·石洪传》:"石洪者,字濬川,其先姓乌石兰,后独以石为氏。有至行,举明经,为黄州录事参军,罢归东都,十余年隐居不出,公卿数荐皆不答。(乌)重胤镇河阳,求贤者以自重,或荐洪。重胤曰:'彼无求于人,其肯为我来邪?'乃具书币邀辟,洪亦谓重胤知己,故欣然戒行。"《韩昌黎文集》卷二五《集贤院校理石君墓志铭》:"故相国郑公余庆留守东都,上言洪可付史笔。……河阳节度乌大夫重胤间以币先走庐下,故为河阳得。佐河阳军,吏治民宽,考功奏从事考,君独于天下为第一。"又《韩昌黎文集》卷四《送石处士赴河阳幕》:"长把种树书,人云避世士。忽骑将军马,自号报恩子。风云入壮怀,泉石别幽耳。钜鹿师欲老,常山险犹恃。岂惟彼相忧,固是吾徒耻!去去事方急,酒行可以起。"按:此诗与本序均作于元和五年(810)夏六七月间,俱见讽意。葛立方《韵语阳秋》卷一一云:"乌重胤之节度河阳也,求贤者以为之属,乃得石洪处士为参谋。韩退之送之序,又为诗曰'长把种树书……'。盖吏非吏,隐非隐,故于洪有讥焉。"

　　河阳军节度、御史大夫乌公为节度之三月,元和五年四月,诏用乌公重胤,为河阳军节度使、御史大夫,治孟州。其曰"节度之三月",则是岁六、七月间也。求士于从事之贤者。有荐石先生者。石先生,名洪,字浚川,洛阳人。罢黄州录事参军,退居于洛,十年不仕。公曰:"先生何如?"因此一问,下便借从事之荐词,以代己之颂美。所谓避实行虚,文之生路也。曰:"先生居嵩、邙、瀍、涧、谷之间,嵩、邙,山名。瀍、谷,水名。皆在洛阳之境。冬一裘,夏一葛;食,朝夕饭一盂、蔬一盘。人与之钱,则辞;请与出游,未尝以事免;劝之仕,不应;坐一室,左右图书。一路短句错落。与之语道理,辨古今事当否,论人高下,事后当成败,若河决下流而东注,若驷马驾轻车、就熟路,而王良、造父为之先后也,王良、造父,皆古善御者。若烛照数计而龟卜也。"与之语道理"管到"龟卜也"止。中间用三个"若"字,有三意,文法变化不同。大夫曰:"先生有以自老,无求于人,其肯为某来邪?"因此再问,下又借从事之言安顿石处士。从事曰:"大夫文武忠孝,求士为国,不私于家。方今寇聚于恒,师环其疆,元和四年三月,成德军节度王士真卒,其子承宗叛。十二月,诏吐突承璀,率诸道兵讨之。《地理志》:镇州恒山郡,本恒州。天宝元年更名镇。成德军所治也。农不耕收,财粟殚亡。吾所处地,归输之涂,粮运辐辏之区。治法征谋,宜有所出。急需贤才以济。先生仁且勇,仁则易于感动,勇则敢于有为。若以义请而强委重焉,其何说之辞?"此段句句为石生占地步。于是撰书词,具马币,卜日以授使者,求先生之庐而请焉。写大夫求士郑重。

先生不告于妻子,不谋于朋友,冠带出见客,拜受书礼于门内。此与"劝之仕不应"相反,然其出处之意,已见于从事之言,所以"不告"、"不谋",较有意味。宵则沐浴,戒行李,载书册,问道所由,告行于常所来往。晨则毕至张上东门外,张,供张也。如今筵会铺张设席之类。○只此一句,又生出下半篇文字。酒三行,且起,酒三行后,且将起别。○得此一句,落下便有势。有执爵而言者曰:"大夫真能以义取人,先生真能以道自任,决去就。为先生别。"第一祝,并赞二人。又酌而祝曰:上只执爵而言。此乃酬而祝也。"凡去就出处何常？惟义之归。照上"劝之仕不应"。遂以为先生寿。"第二祝,独寿处士。又酬而祝曰:"使大夫恒无变其初,无务富其家而饥其师,无甘受佞人而外敬正士,无昧于谄言,惟先生是听,以能有成功,保天子之宠命。"第三祝,规大夫。又祝曰:不再酬也。"使先生无图利于大夫,而私便其身图。"第四祝,规先生。○四祝词。一段紧一段。先生起拜祝辞曰:"敢不敬早夜以求从祝规!"须有此一答,上四祝便有收拾。于是东都之人士咸知大夫与先生果能相与以有成也。一篇之意,归结此一句上。何等笔力! 遂各为歌诗六韵,遣愈为之序云。

汇评

- [宋] 楼昉：看前面"大夫"、"从事"四转反复,又看后面四转视辞,有无限曲折变态,愈转愈佳。中间一联用三句譬喻,意联属而语不重叠。后山作《参寥序》,用此格。(《崇古文诀》卷一一)
- [宋] 谢枋得："与之语道理,辨古今事当否,论人高下,事后当成败,若河决下流而东注,若驷马驾轻车、就熟路,而王良、造父为之先后也。"此一章譬喻,文法最奇。韩文公作文,千变万化,不可捉摸,如雷电鬼神,使人不可测。(《文章轨范》卷一)
- [元] 程端礼：《送石处士序》文字顿挫起伏,奇伟不凡。(《昌黎文式》卷四)
- [明] 茅坤：以议论行叙事,当是韩之变调,然予独不甚喜此文。(《唐宋八大家文钞·韩文公文钞》卷六)
- [清] 金圣叹：一篇纯用传体为序,序之变也。(《天下才子必读书》卷七)
- [清] 储欣：直为两下规切之词,而言之者无罪,闻之者足以戒。此法易袭,当思其袭不得者何在。(《唐宋十大家全集录·昌黎先生全集录》卷四）○不是以议论行叙事，正是以叙事行议论耳。此法自韩而创，然大较由《史》、《汉》出，而公尤变动不测，参差历落，气盛则言之短长与声之高下皆宜。（《唐宋八大家类选》卷一〇）

[清] 谢有煇：处士之贤，前以从事荐词见，后以出处之决，拜祝辞之敏见。然规处士，亦规乌公也。（《古文赏音》卷八）

[清] 何焯：无限议论都化在叙事中。此篇命意，盖因处士之行，望重胤尽力转输，使朝廷克成讨王承宗之功，不可复若卢从史之阴与之通。而位置有体，藏讽谕于不觉。（《义门读书记》卷三二）

[清] 林云铭：若论作文之法，要说处士贤，又要说节度贤；要说目前相得，又要说异日建功。若系俗笔敷衍，便成滥套。看他特地寻出一个从事，一个祖饯之人，层层说来，段落句法，无不错落古奥。乃知推陈出新，总在练局，此文家秘密诀也。（《韩文起》卷六）

[清] 吴楚材、吴调侯：纯以议论行序事，序之变也。看前面大夫从事，四转反复。又看后面四转祝词，有无限曲折变态，愈转愈佳。（《古文观止》卷八）

[清] 浦起龙：初看此文，自所述居洛品概至先生"其肯来邪"一大片，绝不作仕宦想；其后书币一到，便尔匆遽出门，几成两撅话、两样人，心甚疑之。及细审之，所述居洛时口中明具一勒一起，以语道理三行，打通仁勇气脉，伏根郁勃，已在前也。乃叹读书不疑者，不解者也。（《古文眉诠》卷四九）

[清] 曾国藩：唐时处士，声势足以倾一世。韩公颇不满于石、温二生，观《寄卢仝》诗可见。此文前含讥讽，后寓箴规，皆不著痕迹，极狡狯之能。（《曾文正公全集·求阙斋读书录》卷八）

[清] 李扶九：此与《送李愿序》同一避实击虚法。然彼首尾逐露自己，如神龙在天，尚有一二可见，而此则通篇问答、祝词，托无数人口中，皆从作文者撰出，令人无从摹索。托空手段，一至于此。（《古文笔法百篇》卷一二）

[清] 林纾：石洪、温造二序，人同事同，而行人制局，乃大不同。石洪本

无可纪,着眼全在乌公,文末祝词,恒患其为藩镇之祸。此昌黎托石生以示讽也。文至严重,句斟字酌,一字不肯苟下。送温生序,有石生为媒介,著手稍易,但序乌公之多得士,与前作已稍别,不至相犯。说乌公攘夺其友,不能无介于怀。又言致私怨于尽取,极意写己之不悦。然乌公见之,则大悦矣。此文字之狡狯动人处。文中"自居守河南尹"以下数行,笔笔活著。熟读之,可悟文字之波澜。(《韩柳文研究法·韩文研究法》)

送温处士赴河阳军序

韩 愈

解题　《旧唐书·温造传》:"造字简舆,河内人。……幼嗜学,不喜试吏,自负节概,少所降志,隐居王屋,以鱼钓逍遥为事。"据《新唐书·温大雅传》载:大雅,并州祁人。四世孙佶,佶子造。造隐王屋山,人号其居曰处士墅。寿州刺史张建封闻其名,书币招礼,造欣然往从之。时李希烈反,攻陷城邑,天下兵镇阴相撼逐主帅自立。德宗患之,以刘济方纳忠于朝,密诏建封择纵横士往说济,建封强署造节度参谋,使幽州。造与济语未讫,济俯伏流涕,愿效死节。造还,建封以闻,诏驰驲入奏。天子爱其才,将用为谏官,以语泄乃止。复去隐东都,乌重胤奏置幕府。《韩昌黎文集》卷五《寄卢仝》:"水北山人得名声,去年去作幕下士。水南山人又继往,鞍马仆从塞闾里。""水北山人"谓石洪,"水南山人"谓温造。按:温造被乌重胤奏置幕府,离石洪被乌"罗而致之幕下","未数月也"。《送石处士序》作于元和五年(810)六月,则本文约作于当年下半年。

伯乐一过冀北之野,而马群遂空。伯乐,姓张,名杨,古之善相马者。○凭空作奇语起,下一难一解。夫冀北马多天下,伯乐虽善知马,安能空其群邪? 解之者曰:吾所谓空,非无马也,无良马也。伯乐知马,遇其良,辄取之,群无留良焉。苟无良,虽谓无马,不为虚语矣。已上以譬喻起。不独为送温,并送石亦连及。伯乐譬乌公,冀北譬东都,马譬处士,良马譬温、石,凡四段。

卷八　唐文

东都，固士大夫之冀北也。一语，即从喻处渡下。恃才能深藏而不市者，洛之北涯曰石生，连石。其南涯曰温生。出温。大夫乌公以铁钺镇河阳之三月，以石生为才，以礼为罗，罗而致之幕莫下。幕，帷幕也。在旁曰帷，在上曰幕。军旅无常居，曰幕府。○连石。未数月也，以温生为才，于是以石生为媒，以礼为罗，又罗而致之幕下。出温生，自见所以连石之故。○"为罗"、"为媒"，字法新奇。东都虽信多才士，朝取一人焉，拔其尤；暮取一人焉，拔其尤。所谓遇其良辄取之。自居守、河南尹以及百司之执事，与吾辈二县之大夫，居守，谓东都留守。二县，谓东都郭下二邑，洛阳、河南也。政有所不通，事有所可疑，奚所谘而处焉？写空群，一。士大夫之去位而巷处者，谁与嬉游？写空群，二。小子后生，于何考德而问业焉？写空群，三。缙绅之东西行过是都者，无所礼于其庐。写空群，四。○美处士在去后感慨中见之。妙。若是而称曰：大夫乌公一镇河阳，而东都处士之庐无人焉，岂不可也？以乌公为士之伯乐，应首句意。

夫南面而听平声。天下，其所托重而恃力者惟相与将耳。陪一相。相为天子得人于朝廷，陪。将为天子得文武士于幕下，正。求内外无治，不可得也。此段推开一步，以归美乌公，文气始足。愈縻于兹，縻，系也。时公为河南令。不能自引去，资二生以待老。今皆为有力者夺之，其何能无介然于怀邪？本以致颂，反更生怨，绝妙文情。生既至，拜公于军门，其为吾以前所称，为天下贺；应，"求内外无治"句。以后所称，为吾致私怨于尽取也。应"何能无介然"句。留守相公首为四韵诗歌其事，愈因推其意而序之。

汇评

[宋] 谢枋得：文有气力，有光焰，顿挫豪宕，读之快人意，可以发人才思。(《文章轨范》卷一)

[明] 茅坤：以乌公得士为文，而温生之贤自见。(《唐宋八大家文钞·韩文公文钞》卷六)

[清] 金圣叹：前凭空以冀北马空起，中凭空撰出无数人嗟怨，后又凭空结以自己嗟怨，俱是凭空文字。(《天下才子必读书》卷七)

[清] 王符曾：通篇只赞叹乌公而温生之贤自见。若呆从温生着笔，定当减色多多许。只一起句便落定全局，目无全牛，皆因胸有成竹也。尤妙在认清是送第二个处士赴河阳军，所以笔笔是送温造文字，移不得石洪篇去。(《古文小品咀华》卷三)

[清] 储欣：不数月连拔两生，发端一句最着意，最担斤两。此处得手，已后更不费力。(《唐宋八大家类选》卷三)

[清] 谢有煇：石生、温生，同为乌公从事，昌黎同一送行之作，却幻出如许议论。无一字可移入石生，不独文字之变化也。(《古文赏音》卷八)

[清] 何焯：空际结撰。(《义门读书记》卷三三)

[清] 林云铭：忽作幸语，忽作怨语，所谓时事之艰，佐军之要，与夫节度处士之贤，一概搁起，不道一字，的是后次再举之文，他篇移用不得。人以为奇肆，其实乃一定之法也。但叙得淋漓跌宕，使人自见其奇肆耳。读者当玩其练句之妙。(《韩文起》卷六)

[清] 吴楚材、吴调侯：全篇无一语实说温生之贤，而温生已处处跃露。"若是而称曰"数语，是结前半篇。"其为吾以前所称"，是结后半篇。然"致私怨于尽取"句，直挽到篇首"空"字，收尽通章。(《古文观止》卷八)

[清] 浦起龙：一幕下，连番聘士；一东都，连番送人。从此得窍，便生出且贺且怨神理灌注全篇。贺平而怨奇，贺直而怨拗。以此推温，

以此颂乌，一火烧，一镬热。(《古文眉诠》卷四九)

[清] 朱宗洛：行文须知避实击虚之法。如题是"送温处士"，便当赞美温生，然必实讲温生之贤若何，便是呆笔。作者已有送石生文，便从彼联络下来，想出"空"、"群"二字，全用吞吐之笔，令读者于言外得温生之贤，而乌公能得士意，亦于笔端带出。此所谓避实击虚法也。抑又有难者，东都才士尚不止此两人，"空"、"群"二字说来极难稳妥。文妙在喻意中先作一折，次作一解，曰"苟无良，虽谓无马，不为虚语"。此文家补圆语气之法也。故于正写处，只轻轻着"东都虽信多才士"句，下面文章遂处处安稳。其出奇处，尤在"愈縻于兹"一段，盖正颂乌公，反作私怨语，此正深于颂也。其结处，亦周匝，亦空灵。(《古文一隅》卷中)

[清] 唐介轩：拈一"空"字引喻，通幅俱从此发论。以石生作陪，却无一笔可移入石生。应推绝调。(《古文翼》卷六)

[清] 李扶九：看来文公为文专用虚托之笔、曲折之笔，不用一实笔、直笔也。如颂温生，宜言温生之才，乃在乌公及河南尹等上写之；颂乌公之美，宜直言其美，而反以怨词出之。至以宾陪主，宾中生宾，有正意，有余意，来去分明，人已写到。令人读之无不起舞，直以文为戏者也，莫可及矣。(《古文笔法百篇》卷六)

祭十二郎文

韩愈

解题 韩愈《韩昌黎文集》卷三五《韩滂墓志铭》:"滂,韩氏子。其先仕魏,号安定桓王。滂父老成,厚谨以文,为韩氏良子弟,未仕而死。有二子,滂其季也。其祖讳介,为人孝友,一命率府军佐以卒。二子:百川、老成。老成为伯父起居舍人会后。起居有德行言词,为世轨式。"同书卷二三《祭郑夫人文》:"呜呼!天祸我家,降集百殃。我生不辰,三岁而孤。蒙幼未知,鞠我者兄;在死而生,实维嫂恩。"李汉《昌黎先生集序》:"先生生于大历戊申,幼孤,随兄播迁韶岭;兄卒,鞠于嫂氏,辛勤来归。"

年、月、日,或作贞元十九年五月二十六日。季父愈闻汝丧之七日,乃能衔哀致诚,使建中远具时羞之奠,告汝十二郎之灵:七日乃能者,以所报月、日不同,欲审其实,故迟迟若此。建中,人名。十二郎,名老成,公兄韩介之子、韩会之继子也。

呜呼!吾少孤,大历五年,公父仲卿卒,公时三岁。○从自说起。及长,不省所怙,《小雅》:"无父何怙!"惟兄嫂是依。兄韩会,嫂郑夫人,即十二郎父母。公于郎,虽叔侄,犹兄弟。其情谊尽在此。中年,兄殁南方,吾与汝俱幼,大历十二年五月,起居舍人韩会,坐宰相元载党与,贬为韶州刺史,寻卒于官。公时年十一,从至贬所。○始入十二郎,只"俱幼"二字,已不胜酸楚。从嫂归葬河阳。既又与汝就食江南,建中二年,中原多故,公避地江左,家于宣

564

州。零丁孤苦,未尝一日相离也。一段叙幼时相依。吾上有三兄,皆不幸早世,承先人后者,在孙惟汝,在子惟吾,两世一身,形单影只。写尽零丁孤苦。嫂尝抚汝指吾而言曰:"韩氏两世,惟此而已!"引嫂言,尤悲惨不堪。汝时尤小,当不复记忆;上说俱幼,此又略分。吾时虽能记忆,亦未知其言之悲也。虽略分,又不甚分,妙,妙。○一段,叙叔侄二人关系韩氏甚重。

吾年十九,始来京城。贞元二年,公自宣州游京师。○与郎别。其后四年,而归视汝。与郎会。又四年,吾往河阳省坟墓,与郎别。遇汝从嫂丧来葬。与郎会。又二年,吾佐董丞相于汴州,贞元十三年,董晋帅汴州。○与郎别。汝来省吾,与郎会。止一岁,请归取其孥。孥,妻子也。○与郎别。明年,丞相薨,吾去汴州,汝不果来。与郎不复会。是年,吾佐戎徐州,是岁张建封辟公为徐州节度推官。○与郎别。使取汝者始行,吾又罢去,汝又不果来。十六年五月,张建封卒,公西归洛阳。○与郎不复会。吾念汝从于东,东亦客也,不可以久,图久远者,莫如西归,将成家而致汝。图与郎长会。呜呼!孰谓汝遽去吾而殁乎!与郎永别不会。○自"吾年十九"以下,追忆其离合之不常,卒不可合而遽死。意只是平平,读之自不觉酸楚。吾与汝俱少年,以为虽暂相别,终当久相与处,故舍汝而旅食京师,以求斗斛之禄。承写相离之故。诚知其如此,虽万乘之公相,吾不以一日辍汝而就也!真言肠断。

去年,孟东野往,吾书与汝曰:"吾年未四十,而视茫茫,而发苍苍,而齿牙动摇。念诸父与诸兄,皆康强而早世,如吾之衰者,其能久存乎?吾不可去,汝不肯来,恐旦暮死,而汝抱无涯之戚也。"倒跌起下。孰谓少者殁而长者存,强者夭而病者全乎?呜呼!

其信然邪？其梦邪？其传之非其真邪？承上发出一段疑信惝怳光景。下分承一段疑，一段信。信也，吾兄之盛德而夭其嗣乎？汝之纯明而不克蒙其泽乎？少者强者而夭殁，长者衰者而存全乎？未可以为信也！一段从信转到疑。梦也，传之非其真也，东野之书，耿兰家人名。之报，何为而在吾侧也？呜呼！其信然矣！吾兄之盛德而夭其嗣矣！汝之纯明宜业其家者，不克蒙其泽矣！一段从疑转到信。所谓天者诚难测，而神者诚难明矣！所谓理者不可推，而寿者不可知矣！言其不应死而死，卒归咎于天与神、与理，哀伤之至也。虽然，吾自今年来，苍苍者或化而为白矣，动摇者或脱而落矣，毛血日益衰，志气日益微，几何不从汝而死也！此言己亦不可必，回顾前寄孟东野书上意。死而有知，其几何离？其无知，悲不几时，而不悲者无穷期矣。言有知，不久与郎复会。若无知，悲日无多。而不悲者，终古无尽时。盖以生知悲，死不知悲也。○达生之言。可括蒙庄一部。汝之子始十岁，谓湘也。吾之子始五岁，谓昶也。少而强者不可保，如此孩提者，又可冀其成立邪？呜呼哀哉！呜呼哀哉！忽然于郎前写自家不保，忽然又于郎后写二子不保，文情绝妙。

汝去年书云："比得软脚病，往往而剧。"极。○剧，甚也。吾曰："是疾也，江南之人常常有之。"未始以为忧也。呜呼！其竟以此而殒其生乎？抑别有疾而致斯乎？此段伏下"汝病吾不知时"句。汝之书，六月十七日也；上言病。下言殁。一句接，无痕。东野云，汝殁以六月二日；耿兰之报无月日。盖东野之使者，不知问家人以月日；如耿兰之报，不知当言月日；言耿兰之报，所以无月日者，由其不知报告之体，当具月日以报也。东野与吾书，乃问使者，使者妄称以应之耳。其然乎？其不然乎？此段伏下"汝殁吾不知日"句。

今吾使建中祭汝，吊汝之孤与汝之乳母。彼有食可守以待终丧，则待终丧而取以来；如不能守以终丧，则遂取以来。其余奴婢，并令守汝丧。吾力能改葬，终葬汝于先人之兆，然后惟其所愿。此告之欲处置其身后，以慰死者之心。意到笔随，不觉其词之刺刺也。

呜呼！自此以下，一往恸哭而尽。汝病吾不知时，汝殁吾不知日，生不能相养以共居，殁不能抚汝以尽哀，敛不凭其棺，窆贬去声。不临其穴，窆，下棺也。吾行负神明，而使汝夭，不孝不慈，而不得与汝相养以生、相守以死，一在天之涯，一在地之角，生而影不与吾形相依，死而魂不与吾梦相接，吾实为之，其又何尤！彼苍者天，曷其有极。更不能分句，何况分段、分字。直是一恸而尽。自今以往，吾其无意于人世矣！宕一句，起下。当求数顷之田于伊、颍之上，伊、颍，二水名。以待余年。教吾子与汝子，幸其成；长吾女与汝女，待其嫁。如此而已。教子、嫁女，又慰死者之心，自是天理人情中体贴出来。呜呼！言有穷而情不可终，汝其知也邪？其不知也邪？总结，更复惝恍。呜呼哀哉！尚飨！

汇评

[宋] 楼昉：文字反复曲折，悲痛凄惋，道出肺腑中事，而薰然慈良之意见于言外。（《崇古文诀》卷八）

[宋] 费衮：退之《祭十二郎文》一篇，大率皆用助语。其最妙处，自"其信然耶"以下，至"几何不从汝而死也"一段，仅三十句，凡句尾连用"耶"字者三，连用"乎"字者三，连用"也"字者四，连用"矣"字者七，几于句句用助辞矣。而反复出没，如怒涛惊湍，变化不测，非妙于文章者，安能及此！（《梁溪漫志》卷六）

[宋] 赵与峕：读诸葛孔明《出师表》而不堕泪者，其人必不忠；读李令伯《陈情表》而不堕泪者，其人必不孝；读韩退之《祭十二郎文》而不堕泪者，其人必不友。青城山隐士安子顺世通云。（《宾退录》卷九）

[明] 茅坤：通篇情意刺骨，无限凄切，祭文中千年绝调。（《唐宋八大家文钞·韩文公文钞》卷一六）

[清] 金圣叹：情辞痛恻，何必又说？须要看其通篇凡作无数文法，忽然烟波窅纱，忽然山径盘纡。论情事，只是一直说话，却偏有如许多文法者。由其平日戛戛乎难，汩汩乎来，实自有其素也。（《天下才子必读书》卷七）

[清] 储欣：有泣，有呼，有踊，有絮语，有放声长号。此文而外，惟柳河东《太夫人墓表》同其惨裂。（《唐宋十大家全集录·昌黎先生全集录》卷四）

[清] 张伯行：昌黎曾为其嫂服三年丧，君子以为知礼，况"韩氏两世"之语，于心极不忘乎！固宜此篇之情辞深切，动人凄恻也。（《唐宋八大家文钞》卷三）

[清] 何焯：杜拾遗志其姑《万年县君墓志》曰："铭而不韵，盖情至无文。"公似用其例。（《义门读书记》卷三三）

[清] 林云铭：祭文中出以情至之语，以兹为最。盖以其一身承世代之单传，可哀一；年少且强而早逝，可哀二；子女俱幼，无以为自立计，可哀三；就死者论之，已不堪道如此，而韩公以不料其死而遽死，可哀四；相依日久，以求禄远离不能送终，可哀五；报者年月不符，不知是何病亡，何日殁，可哀六。在祭者处此，更难为情矣。故自首至尾，句句俱以自己插入伴讲：始相依，继相离，琐琐叙过；复以己衰当死，少而强者不当死，作一疑一信波澜；然后以不知何病，不知何日，慨叹一番；末归罪于己，不当求禄远离，而以教嫁子女作结。安死者之心，亦把自己子女，平平叙入。总见自生至死，无不一体关情，悱恻无极，所以为绝世奇文。（《韩文起》卷七）

［清］ 吴楚材、吴调侯：情之至者，自然流为至文。读此等文，须想其一面哭一面写，字字是血，字字是泪。未尝有意为文，而文无不工。祭文中千年绝调。(《古文观止》卷八)

［清］ 沈德潜：直举胸臆，情至文生，是祭文变体，亦是祭文绝调。○祭文诔辞，六朝以来，无不用韵者，此以散体行之，故曰变体。(《唐宋八大家文读本》卷六)

［清］ 浦起龙：语言文字出性情之地，才真才至。后人漫以此体施之他用之祭文，便为失之。盖至亲无文，固不可夷于泛应也。(《古文眉诠》卷五一)

［清］ 余诚：自始至终，处处俱以自己伴讲。写叔姪之关切，无一语不从至性中流出，几令人不能辨其是文是哭，是墨是血。而其波澜之纵横变化，结构之严紧浑成，亦属千古绝调。(《重订古文释义新编》卷七)

［清］ 过珙：想提笔作此文，定自夹哭夹写，乃是逐段连接语，不是一气贯注语。看其中幅，连接几个"乎"字，一句作一顿，恸极后人，又真有如此一番恍惚猜疑光景。又接连几个"矣"字，一句作一顿，恸极后人，又真有如此一番捶胸顿足光景。写生前离合，是追述处要哭；写死后惨切，是处置处要哭。至今犹疑满纸血泪，不敢多读。(《详订古文评注全集》卷七)

［清］ 沈闓：自始至终，次第接落，不待结构已极紧凑；伤离痛死，不须描摹已极惨怛。盖由一字一句，皆从肺腑流出故也。(《韩文论述》卷三)

［清］ 刘大櫆：退之文无俗韵，独此篇有之。盖本系称述家人骨肉，俗情俗事，故不能免俗耳。正如妇人之哭，数长说短，虽令丈夫闻之，有忸怩不宁者，然原其出于真实，亦不以为笑谈也。(《海峰先生精选八家文钞》)

［清］ 林纾：昌黎《祭嫂氏郑夫人文》，哀惋极矣。且述元兄命，为嫂服期。期者，古之母服也。唐制：长年之嫂，遇提孩之叔，敏劳鞠养，

情若所生，其死者，服小功。昌黎盖因朝制而加厚焉。文不假雕饰，而备极沉痛，然尚能为韵语。至《祭十二郎文》，至病彻心，不能为辞，则变调为散体，饱述其哀，只用家常语，节节追维，皆足痛哭。文作于贞元十九年，公又在不得意中。十二月，贬阳山之命下，以家难之剧，猝生于不得意之时，虽以昌黎圣手，亦万不能处处作韵语，故直起直落。文中所谓"吾兄之盛德，而夭其嗣"，兄指韩会也。以下或叙事，或叙悲，错错杂杂，说来俱成文理。吾亦不能绳以文字之法，分为段落，但觉一片哀音，听之皆应节奏。（《韩柳文研究法·韩文研究法》）

[清] 唐文治：历叙生前离合之因，复计死后儿女之事，絮絮道家常，读之泪雨落不能掩。昔人谓韩子长于阳刚之文，此独非阴柔之至者乎？盖贤者无所不能，而至情至性，更不可磨灭也。（《国文经纬贯通大义》卷三）

卷八　唐文

祭鳄鱼文

韩　愈

解题　《韩昌黎文集》卷三九《潮州刺史谢上表》:"臣所领州,在广府极东界上,去广府虽云才二千里,然来往动皆经月。过海口,下恶水,涛泷壮猛,难计程期,飓风鳄鱼,患祸不测。"《新唐书·韩愈传》:"初,愈至潮,问民疾苦,皆曰:'恶溪有鳄鱼,食民畜产且尽,民以是穷。'数日,愈自往视,令其属秦济以一羊一豕投溪水而祝之。是夕暴风震电起溪中,数日水尽涸,西徙六十里。自是潮无鳄鱼患。"按:韩愈至潮州在元和十四年(819),祭文当作于是年。

　　维年月日,潮州刺史韩愈,使军事衙推秦济,以羊一、猪一投恶溪之潭水,以与鳄谞。鱼食,而告之初,公至潮,问民疾苦,皆曰恶溪有鳄鱼,食民产且尽。数日,公令其属秦济,以一羊、一豚投溪水而祝之。曰:

　　昔先王既有天下,列山泽,罔同网。绳擉错。刃,以除虫蛇恶物为民害者,驱而出之四海之外。列,遮道也。擉,刺也。○正议发端,便不可犯。及后王德薄,不能远有,则江、汉之间,尚皆弃之以与蛮、夷、楚、越,况潮,岭海之间,去京师万里哉!鳄鱼之涵淹卵育于此,亦固其所。潮在岭外、海内,较江、汉更远,毋怪为鳄鱼所据。涵淹,潜伏也。卵育,生息也。○先归咎后王,故意放宽一步。妙。今天子嗣唐位,神圣慈武,四海之外,六合之内,皆抚而有之,能远有矣。况禹迹所掩,扬州之近地，刺史、县令之所治，出贡赋以供天地宗庙百神之祀之壤者哉！捨，止也。潮于古为扬州之境，以四海、六合言之，则潮地又甚近也。○二十四字作一句读。鳄鱼其不可与刺史杂处此土也！此句是一篇纲领。前将天子立大议论，此下专在与刺史争土上发议。

刺史受天子命，守此土，治此民，而鳄鱼睅音缓。然不安溪潭，据处食民、畜、休去声。熊、豕、鹿、麑，以肥其身，以种其子孙，与刺史亢拒，争为长掌。雄。睅，目出貌。据处，谓据其地而处之也。食民、畜，谓食人与六畜也。刺史欲安民，而鳄鱼为害若此，是与亢拒争雄矣。刺史虽驽弱，亦安肯为鳄鱼低首下心，伈伈心上声。睍睍，贤上声。为民吏羞，以偷活于此邪？伈伈，恐惧貌。睍睍，小目貌。且承天子命以来为吏，固其势不得不与鳄鱼辨。凛以天子，凛以天子命吏，词严义正，是一篇讨贼檄文。

鳄鱼有知，其听刺史言：总喝一句，起下文。潮之州，大海在其南，鲸、鹏之大，虾、蟹之细，无不容归，以生以食，鳄鱼朝发而夕至也。为鳄鱼寻去路。今与鳄鱼约，尽三日，其率丑类南徙于海，以避天子之命吏。三日不能，至五日；五日不能，至七日；为鳄鱼限日期。七日不能，是终不肯徙也，是不有刺史、听从其言也。不然，则是鳄鱼冥顽不灵，刺史虽有言，不闻不知也。层叠而下，犀利无前。夫傲天子之命吏，不听其言，不徙以避之，与冥顽不灵而为民物害者，皆可杀。闪电轰雷，一齐俱发。刺史则选材技吏民，操强弓毒矢，以与鳄鱼从事，必尽杀乃止。其无悔！是夕有暴风震雷，起湫水中。数日，水尽涸，西徙六十里，自是潮州无鳄鱼患。

汇评

[宋] 楼昉：辞严义正，真可以感动鳄鱼。（《崇古文诀》卷九）

[明] 茅坤：词严义正，看之便足动鬼神。（《唐宋八大家文钞·韩文公文钞》卷一六）

[清] 储欣：《周书·大诰》之遗。羊豕以食之，礼也；导之归海，仁也；不听则强弓毒矢随其后，义也。享其礼，感其仁，畏其义，安得不服！（《唐宋十大家全集录·昌黎先生全集录》卷七）

[清] 何焯：浩然之气，悚慑百灵，诚能动物，非其刚猛之谓。此文曲折次第，曲尽情理，所以近于六经。（《义门读书记》卷三三）

[清] 吴楚材、吴调侯：全篇只是不许鳄鱼杂处此土，处处提出"天子"二字、"刺史"二字压服他。如问罪之师，正正堂堂之阵，能令反侧子心寒胆栗。（《古文观止》卷八）

[清] 沈德潜：从天子说到刺史，如高屋之建瓴水，一路逼接而来，到后段运以雷霆斧钺之笔，凛不可犯。（《唐宋八大家文读本》卷六）

[清] 浦起龙：此传檄之体。架格略如《国语·晋文请隧篇》，而纵处辞约，擒处辞峻，革异类者，令贵肃也。（《古文眉诠》卷五一）

[清] 蔡世远：公至末年，道气益壮厉，文益雄擅，读此可见。公守潮州，潮人思仰之甚，故凡山水皆以公姓为号。此以见振古人物，小用之则小效，诚心实政，自足感人。山水易名，流风百世，伟哉！（《古文雅正》卷八）

[清] 余诚：开首提先王作案，笼起全篇大旨，随接入后王，以宽其既往，放松一笔，跌宕取势。以下盛称唐家天子德威，切指刺史治民责任，总见鳄鱼不可杂处此土。其言刺史处，语语亦归到天子。义最严重，势最堂皇。入后乃言及鳄，至末并言及杀。次第位置，结构精种，直令一片精诚流溢楮墨间。任是强悍不驯之物，应无不闻而屈服也。观鳄鱼远徙，知此文为功于民生者不小。（《重订古文释义新编》卷八）

[清] 朱宗洛：文势一路追逼而下，末一段如万弩齐发，一时措手不及，光景真觉异样奇观。读者叹其末段之惊艳，须知其布势之妙却在前半。作者只要驱逐他去耳，然不写他罪案，安得心肯？"据处食民畜"云云，是其罪案也，却妙在前半先着"先王"身上下一伏笔，则正写处便有根。至其一路布势，由宽而紧，尤当熟玩。先放宽之，是既往不追之意也。次即提出天子，重抬潮州，然后逗出不可"杂处此土"意。下紧接此句，发出所以不可之故，以数其罪，就刺史身上，见得必不肯放他处此，语意又逼紧一层矣。却又为他区处，宽其徙期，此于紧中放宽之法也。如是而不徙，则已往之罪可恕，目前之恶难宽。然后顿出"杀"字，末又加一"尽"字以愒之，见刺史奉天子命以杀之也，真属仁至义尽之言。尝论名家之文，多以趣胜，为其抑扬曲折，味余于言故也。大家之文多以意胜，为其于题之前后，题之夹缝，题之正位，及题之所以然，无一不到故也。至以理胜，则文之圣也。盖理足则意趣自宽，朴实坚固，不可移易，其文自不可埋没耳。（《古文一隅》卷中）

[清] 唐介轩：说先王，说天子，说刺史，说命吏，语语正大光明，腌诚恺切。鳄鱼虽物类，能勿感动移徙邪？（《古文翼》卷六）

[清] 曾国藩：文气似《谕巴蜀檄》。彼以雄深，此则矫健。○长句耸拔。（《曾文正公全集·求阙斋读书录》卷八）

[清] 李扶九：全篇只是不许鳄鱼杂处此土，反复说来，正见驱之为此。昌黎尝言："气盛，则言之长短与声之高下皆宜。"读此益信。（《古文笔法百篇》卷七）

[清] 林纾：向与及门高生论《鳄鱼文》，最有工夫在能用两"况"字。"况潮，岭海之间，去京师万里哉！"是为鳄鱼出脱，归罪后王之弃地，故不管鳄鱼之涵淹卵育。"况禹迹所掩，扬州之近地"，以牛女分野，潮阳亦属扬州。且天子有命，刺史有责，其势万不足以容鳄鱼。两"况"字，一纵一收，却用得十分有力。篇中凡五提"天子之命"，颇极郑重。然在当时读之，自见其忠；自后人观之，不免有呆

气。试问鳄鱼一无知嗜杀之介虫,岂知文章?又岂知有天子之命?且鳄非海中之物,半陆半水,在斐州恒居苇荡之间,断无能驱入海之理。(《韩柳文研究法·韩文研究法》)

柳子厚墓志铭

韩　愈

解题　刘禹锡《刘宾客文集》卷二三《唐故尚书礼部员外郎柳君集纪》："子厚之丧，昌黎韩退之志其墓，且以书来吊曰：'哀哉，若人之不淑！吾尝评其文，雄深雅健，似司马子长，崔、蔡不足多也。'安定皇甫湜于文章少所推让，亦以退之之言为然。凡子厚名氏与仕与年暨行己之大方，有退之之志若祭文在。"韩愈《祭柳子厚文》："嗟嗟子厚，今也则亡；临绝之音，一何琅琅。遍告诸友，以寄厥子；不鄙谓余，亦托以死。"又《刘宾客文集·外集》卷一〇《祭柳员外文》云："退之承命，改牧宜阳，……勒石垂后，属于伊人。"据此可见，本篇乃元和十五年（820）韩愈到袁州刺史任所后由刘禹锡处得知宗元之付托而作。

子厚，讳宗元。七世祖庆，为拓跋魏_{北魏姓拓跋}侍中，封济阴公。曾伯祖奭，为唐宰相，与褚遂良、韩瑗_愿。俱得罪武后，死高宗朝。皇考_父讳镇，以事母弃太常博士，求为县令江南。其后以不能媚权贵，失御史。权贵人死，乃复拜侍御史。号为刚直，所与游，皆当世名人。_{叙其前人节概，所以形子厚之附叔文，是公微意。}

子厚少精敏，无不通达。逮其父时，虽少年，已自成人，能取进士第，崭然。然见头角，众谓柳氏有子矣。_{崭，尖锐貌。}其后以博学宏词授集贤殿正字。俊杰廉悍，_{四字，为柳文写照。}议论证据今

卷八　唐文

古，出入经史百子，踔同卓。厉风发，率常屈其座人，名声大振，一时皆慕与之交。诸公要人，争欲令出我门下，交口荐誉之。子厚为诸公要人所争致，初非求附之也。全为附王叔文一节出脱。

贞元十九年，由蓝田尉拜监察御史。顺宗即位，拜礼部员外郎。遇用事者得罪，例出为刺史。未至，又例贬州司马。王叔文、韦执谊用事，拜宗元礼部员外郎，且将大用。宪宗即位，贬叔文渝州司户参军。宗元坐王叔文党，贬邵州刺史，未至，道贬永州司马。○志其被贬，不露叔文辈姓名，甚婉曲。居闲，益自刻苦，务记览，为词章，泛滥停蓄，为深博无涯涘，词上声。而自肆于山水间。宗元既窜斥，地又荒疠，因自放山泽间。其湮厄感郁，一寓诸文，放《离骚》数十篇，读者咸悲恻。

元和中，尝例召至京师，又偕出为刺史，而子厚得柳州。伏为刘禹锡请播州一节。既至，叹曰："是岂不足为政邪？"因其土俗，为设教禁，州人顺赖。其俗以男女质至。钱，约不时赎，子本相侔，则没为奴婢。子厚与设方计，悉令赎归。其尤贫力不能者，令书其佣，足相当，则使归其质。观察使下其法于他州，比一岁，免而归者且千人。柳州之政，详见《罗池庙碑》。独书赎子一节，撮其有德于民之大者。衡、湘以南为进士者，皆以子厚为师。其经承子厚口讲指画为文词者，悉有法度可观。前叙其自为词章，此叙其教人为文词。公推重子厚，特在文章。

其召至京师而复为刺史也，遥接。中山刘梦得禹锡亦在遣中，当诣播州。子厚泣曰："播州非人所居，而梦得亲在堂，吾不忍梦得之穷，无辞以白其大人，且万无母子俱往理。"请于朝，将拜疏，愿以柳易播，虽重得罪，死不恨。遇有以梦得事白上者，梦

577

得于是改刺连州。子厚所至,皆有树立。其处中山,尤其行之卓异者。呜呼!士穷乃见节义。今夫平居里巷相慕悦,酒食游戏相征逐,诩诩强笑语以相取下,握手出肺肝相示,指天日涕泣,誓生死不相背负,真若可信;一旦临小利害,仅如毛发比,反眼若不相识;落陷阱,不一引手救,反挤之,又下石焉者,皆是也。此宜禽兽夷狄所不忍为,而其人自视以为得计,闻子厚之风,亦可以少愧矣。此段因事发议,全学伯夷、屈原传。

子厚前时少年,勇于为人,不自贵重说出子厚病根。顾藉,谓功业可立就,故坐废退。既退,又无相知有气力得位者推挽,故卒死于穷裔,异。材不为世用,道不行于时也。只数语总叙子厚生平,且悲且惜。使子厚在台省时,自持其身,已能如司马、刺史时,亦自不斥;斥时,有人力能举之,且必复用不穷。反振起下意。然子厚斥不久,穷不极,虽有出于人,其文学辞章,必不能自力以致必传于后如今,无疑也。就"斥"、"穷"二字,一转。极为子厚喜幸。虽使子厚得所愿,为将相于一时,以彼易此,孰得孰失,必有能辨之者。又一转,语带规讽,意亟含蓄。

子厚以元和十四年十一月八日卒,年四十七。以十五年七月十日归葬万年先人墓侧。子厚有子男二人,长曰周六,始四岁;季曰周七,子厚卒乃生。女子二人,皆幼。其得归葬也,费皆出观察使河东裴君行立。行立有节概,重然诺,与子厚结交,子厚亦为之尽,竟赖其力。葬子厚于万年之墓者,舅弟卢遵。遵,涿人,性谨慎,学问不厌。自子厚之斥,遵从而家焉,逮其死不去。既往葬子厚,又将经纪其家,庶几有始终者。附书裴、卢二人,与前"士穷见节义"一段对照。

铭曰：是惟子厚之室，既固既安，以利其嗣人。

汇评

[宋] 张端义：作文之法，先观时节，次看人品，又当玩味其立意。如退之作《柳子厚墓铭》，自"士穷而见节义"三四十言，皆自道胸中事。（《贵耳集》卷上）

[宋] 李塗：退之志樊绍述，其文似樊绍述；志子厚，其文似子厚。春蚕作茧，见物即成性，极巧。（《文章精义》）

[明] 茅坤：昌黎称许子厚处，尺寸斤两，不放一步。（《唐宋八大家文钞·韩文公文钞》卷一五）

[清] 储欣：有抑扬隐显不失实之道，有朋友交游无限爱惜之情，有相推以文墨之意，即令先生自第所作《墓志》，亦当压卷此篇。（《唐宋十大家全集录·昌黎先生全集录》卷六）○昌黎墓志第一，亦古今墓志第一。以韩志柳，如太史公传李将军，为之不遗余力矣。（《唐宋八大家类选》卷一三）

[清] 何焯：公此文亦在远贬之后作，故尤淋漓感慨。（《义门读书记》卷三三）

[清] 林云铭：若篇首不叙姓氏，却于取进士第后，点出柳氏有子；不叙里居，却于归葬时，点出万年先人墓侧，而姓氏里居自见，其作法皆与他篇不同。至中段，忽把世俗交情感慨一番，又把文章必传欣幸一番，在志铭尤无此格。……总之，公与子厚，文章声气，一时无两；所作祭文、志铭、庙碑三篇，皆绝顶出色，不可以常格论也。（《韩文起》卷七）

[清] 吴楚材、吴调侯：子厚不克持身处，公亦不能为之讳，故措词隐跃，使人自领。只就文章一节，断其必传，下笔自有轻重。（《古文观止》卷八）

[清] 浦起龙：论子厚者，可以两言尽之：曰文章震世，曰轻躁被斥。此

志激荡低徊,都不出此两意。无笔不伸,无笔不扣。(《古文眉诠》卷五〇)

[清] 蔡世远:末段激昂旋折,尽情极致,子厚可以瞑目矣。中叙朋友一节,尤能使浇薄侥负一种人,缩首流汗,其有关于世道人心者甚大,故登斯选。公生平最笃于朋友者,故人存没,多为荐拔经纪,故末段叙裴、卢二君,特为称赞。(《古文雅正》卷八)

[清] 过珙:于叙事中夹入议论,曲折淋漓,绝类史公《伯夷》、《屈原》二传。(《详订古文评注全集》卷七)

[清] 唐介轩:铭之义,虽称美不称恶,然须瑜不掩瑕,乃为征实。吏部与柳州相契最深,叙其一生文章第一,次写其政绩、交情,亦极出色。至被黜之故,隐现笔端,正不必曲为之讳,古人之直道乃尔。(《古文翼》卷六)

[清] 唐文治:子厚"前时少年勇于为人"一段,以议论法行之,亦系奇峰突起。有此一段概其生平,精神团结,故铭辞即不甚注意,此亦文体之当知者。(《国文经纬贯通大义》卷一)

[清] 吴闿生:韩、柳至交,此文以全力发明子厚之文学风义。其酣恣淋漓、顿挫盘郁处,乃韩公真实本领,而视所为墓铭以雕琢奇诡胜者,反为别调。盖至性至情之所发,而文字之变格也。金石文字,当以严重简奥为宜。此文偶出变格,固无不可。(《古文范》卷三)

卷九

唐宋文

驳复仇议

柳宗元

解题 《新唐书·孝友传》:"武后时,下邽人徐元庆父爽为县尉赵师韫所杀,元庆变姓名为驿家保。久之,师韫以御史舍亭下,元庆手杀之,自囚诣官。后欲赦死,左拾遗陈子昂议曰:'先王立礼以进人,明罚以齐政……臣谓宜正国之典,置之以刑,然后旌闾墓可也。'时韪其言。后礼部员外郎柳宗元驳曰:'礼之大本,以防乱也。……请下臣议,附于令,有断斯狱者,不宜以前议从事。'"

臣伏见天后_{唐武后。}时,有同州下邽_{圭。}人徐元庆者,父爽为县尉赵师韫所杀,卒能手刃父仇,束身归罪。_{后师韫为御史,元庆变姓名,于驿家佣力。久之,师韫以御史舍亭下。元庆手刃之,自囚诣官。}当时谏臣陈子昂建议诛之而旌其闾,且请"编之于令,永为国典"。_{时议者以元庆孝烈,欲舍其罪。子昂建议,以为国法专杀者死,元庆宜正国法,然旌其闾墓,以褒其孝义可也。议者以子昂为是。○叙述其事作案。}臣窃独过之。_{总驳一句。}

臣闻礼之大本,以防乱也,若曰无为贼虐,凡为子者杀无赦;

子不当仇而仇者,死。刑之大本,亦以防乱也,若曰无为贼虐,凡为治者杀无赦。吏不当杀而杀者,死。○以礼、刑大本上说起,是议论大根源处。其本则合,其用则异,旌与诛莫得而并焉。一句点醒,破其首鼠两端之说。诛其可旌,兹谓滥,黩刑甚矣;旌其可诛,兹谓僭,坏礼甚矣。《左传》:"善为国者,赏不僭,刑亦不滥。"○互发以足上句意。果以是示于天下,传于后代,趋义者不知所向,违害者不知所立,以是为典可乎?以上泛言旌、诛并用之非。

盖圣人之制,穷理以定赏罚,本情以正褒贬,统于一而已矣。此言圣人旌、诛不并用。"穷理"、"本情"四字,甚细。向使刺谳年上声。其诚伪,考正其曲直,原始而求其端,则刑、礼之用,判然离矣。刺,讯也。议罪曰谳。诚伪,以情言;曲直,以理言。○承上正转一笔,起下二段议论。何者?若元庆之父,不陷于公罪,师韫之诛,独以其私怨,奋其吏气,虐于非辜,州牧不知罪,刑官不知问,上下蒙冒,吁豫。号豪。不闻;吁,呼也。而元庆能以戴天为大耻,枕戈为得礼,《礼记》:"父之仇,不与共戴天。"又曰:"居父母之仇,寝苫枕戈,不仕,弗与共天下也。"处心积虑,以冲仇人之胸,介然自克,即死无憾,是守礼而行义也。执事者宜有惭色,将谢之不暇,而又何诛焉?一段写旌之不宜诛。其或元庆之父,不免于罪,师韫之诛,不愆于法,是非死于吏也,是死于法也。法其可仇乎?仇天子之法,而戕奉法之吏,是悖骜傲。而凌上也。执而诛之,所以正邦典,而又何旌焉?一段写诛之不宜旌。○二段透发"旌与诛莫得而并"之意。

且其议曰:"人必有子,子必有亲,亲亲相仇,其乱谁救?"述子昂原议。是惑于礼也甚矣。礼之所谓仇者,盖其冤抑沉痛,而号无告也;非谓抵罪触法,陷于大戮。而曰"彼杀之,我乃杀之",不议曲直,暴寡胁弱而已。其非经背圣,不亦甚哉! 此段申明"仇"字之义,正驳子昂言仇之失。

《周礼》:"调人,调人,官名。掌司万人之仇。""凡杀人而义者,令勿仇,仇之则死。""有反杀者,邦国交仇之。"《周礼》,见《地官》。又安得亲亲相仇也?《春秋公羊传》曰:"父不受诛,子复仇可也。父受诛,子复仇,此推刃之道,复仇不除害。"《公羊传》,见定公四年。不受诛,谓罪不当诛也。一来一往曰推刃。不除害,谓取仇身而已,不得兼其子也。今若取此以断两下相杀,则合于礼矣。两下相杀,谓师韫杀元庆之父,元庆又杀师韫。○引《周礼》、《公羊》以明杀人不义与不受诛者,皆可复仇。论有根据。一篇主意,具见于此。且夫不忘仇,孝也;不爱死,义也。元庆能不越于礼,服孝死义,是必达理而闻道者也。夫达理闻道之人,岂其以王法为敌仇者哉?议者反以为戮,黩刑坏礼,其不可以为典,明矣。收段就元庆立论,所以重与之。而深抑当时之议诛者,是通篇结案。

请下臣议,附于令,有断斯狱者,不宜以前议从事。谨议。

汇评

[明] 唐顺之:此等文字极严,无一字懒散。○理精而文正,《左氏》、《国语》之亚也。(引自《唐宋八大家文钞·柳柳州文钞》卷八)

[清] 储欣:精明之识,廉利之辞。……此先生永、柳前作,风骨已欲匹韩。(《唐宋十大家全集录·河东全集录》卷一)○决狱平允,文字光焰最长。辨甚正甚雄,视前议如摧枯拉朽。胎息《左》、《国》,亦参之《穀梁》以厉其气。(《唐宋八大家类选》卷三)

[清] 谢有煇:先驳子昂建议之失,后为元庆原情平反,最当。(《古文赏音》卷九)

［清］ 吴楚材、吴调侯：看叙起"手刃父仇,束身归罪"八字,便见得宜旌不宜诛。中段是论理,故作两平之言。后段是论事,故作侧重之语。引经据典,无一字游移,乃成铁案。(《古文观止》卷九)

［清］ 浦起龙：元庆之事往矣。此因检阅成例,见陈拾遗议并用诛旌而驳之。以旌诛不并施立论柱,以宜旌不宜诛归论旨。韩状深浑,柳议严肃。(《古文眉诠》卷五二)

［清］ 过珙：只"旌诛莫得而并"一句,便已驳倒。以下设为两段议论,深明旌诛所以不可并处,更明白痛快。萧、曹恐亦无此卓识。(《详订古文评注全集》卷七)

［清］ 唐介轩：拈"礼"、"刑"二字作骨,见旌诛不并用。笔力斩截,铁案如山。(《古文翼》卷六)

［清］ 唐文治：子厚固深于《穀梁》学者,剖析爽利,莫撄其锋,凡老吏断狱词,以为公牍文字,均当以此为法。○治天下之道,明是非而已,是非茫昧而人心于是乎亡,旌与诛并用,使民惑于是非矣。此文深有功于世道。(《国文经纬贯通大义》卷二)

桐叶封弟辨

柳宗元

解题　《吕氏春秋·重言篇》："成王与唐虞燕居，援桐叶以为珪，而授唐叔虞曰：'余以此封女。'叔虞喜，以告周公。周公以请曰：'天子其封虞耶？'成王曰：'余一人与虞戏也。'周公对曰：'臣闻之，天子无戏言。天子言则史书之，工诵之，士称之。'于是遂封叔虞于晋。"《史记·晋世家》："唐叔虞者，周武王子而成王弟。……武王崩，成王立，唐有乱，周公诛灭唐。成王与叔虞戏，削桐叶为珪以与叔虞，曰：'以此封若。'史佚因请择日立叔虞。成王曰：'吾与之戏耳。'史佚曰：'天子无戏言，言则史书之，礼成之，乐歌之。'于是遂封叔虞于唐。"又，平步青《霞外攟屑》卷七上："姜鸤云：封唐叔事，《吕览·重言篇》以为周公，《说苑·君道篇》采之，褚先生补《史记·梁孝王世家》从之，若《晋世家》则以为史佚。庸按：柳州本以《史记》为主，特借《吕览》为文之波澜，翻空出奇耳。结尾反点，又故作疑词，使人忘其匠巧。昌黎《对禹问》以《孟子》'天与贤'语作翻笔，不知通篇实从此作丹头点化来，同一法也。"

　　古之传者有言，成王以桐叶与小弱弟，戏曰："以封汝。"周公入贺。王曰："戏也。"周公曰："天子不可戏。"乃封小弱弟于唐。《史记·晋世家》："成王与叔虞戏，削桐叶为珪以与叔虞曰：'以此封若。'史佚因请择日立之。成王曰：'吾与之戏耳。'史佚曰：'天子无戏言。'于是遂封叔虞于唐。"若曰"周公入贺"，史不之见，特于刘向《说苑》云云。

吾意不然。一句抹倒。王之弟当封邪，周公宜以时言于王，不待其戏而贺以成之也；一层。不当封邪，周公乃成其不中去声。之戏，以地以人与小弱弟者为之主，其得为圣乎？二层。且周公以王之言不可苟焉而已，必从而成之邪？设有不幸，王以桐叶戏妇、寺，亦将举而从之乎？三层。凡王者之德，在行之何若。设未得其当，去声。虽十易之不为病；要去声。于其当，不可使易也，而况以其戏乎！若戏而必行之，是周公教王遂过也。此段方是正断。严切不留余漏。下乃就周公身上另起，再作断。

吾意周公辅成王，宜以道，从容优乐，要归之大中而已，应"要于其当"句。必不逢其失而为之辞。一层。又不当束缚之，驰骤之，使若牛马然，急则败矣。言不能从容优乐，若制牛马然，束缚之使不得行，驰骤之使之必行，迫之太甚，则败坏矣。○二层。且家人父子尚不能以此自克，况号为君臣者邪？言父子之间，尚不能以束缚、驰骤之事相胜，何况君臣？○三层。是直小丈夫缺缺缺。者之事，非周公所宜用，故不可信。《老子》："其政察察，其民缺缺。"缺缺，小智貌。○正结一段。

或曰：封唐叔，史佚成之。史佚，周武王时太史尹佚也。○结束有不尽意，不指定史佚，妙。

汇评

[宋] 吕祖谦：此篇文字，一段好如一段。大抵做文字，须留好意思在后，令人读一段好一段。（《古文关键》卷上）

[宋] 黄震：《封弟辨》谓不当因其戏而成之，甚当。（《黄氏日钞》卷六〇）

［宋］ 谢枋得：七节转换，义理明莹，意味悠长。字字经思，句句着意，无一字懈怠，亦子厚之文很意者。（《文章轨范》卷二）

［明］ 归有光：凡作辨史文字，前面虽把正理难得他无逃避处，末当放宽一步，不可十分执诘，盖以作史者当时必有所据。如柳子厚《桐叶封弟辨》可以为式。（《文章指南》智集）

［明］ 唐顺之：此篇与《守原议》、《封建论》三篇，所谓大篇短章，各极其妙。（引自《唐宋八大家文钞·柳柳州文钞》卷八）

［明］ 茅坤：此等文并严谨，移易一字不得。（《唐宋八大家文钞·柳柳州文钞》卷八）

［清］ 金圣叹：裁幅甚短，而为义弘深，斟酌不尽。不惟文字顿挫入妙，惟处人伦之至道，亦全于此。（《天下才子必读书》卷七）

［清］ 王符曾：理足机圆，神清气浑。结处忽作一掉，更觉通体皆灵。（《古文小品咀华》卷三）

［清］ 孙琮：一篇短幅文字，读之却有无限锋芒。妙在前幅连设三层翻驳，后幅连下四五层断案，于是前幅遂有层波叠浪之势，后幅亦有重冈复岭之奇。（《山晓阁选唐大家柳柳州全集》卷四）

［清］ 储欣：奇正相生。○史佚明载《史记》，翻实为虚，作余波疑案，最属文字妙处。（《唐宋八大家类选》卷三）

［清］ 谢有煇：驳断周公无是举动处，真截犀斩蛟之手。然愚复为之益一语曰：此必小弱弟有可以为主之道耳。不然，人与地所关非浅，即使史佚成之，周公独可听其成而莫之止耶？（《古文赏音》卷九）

［清］ 张伯行：一折一意，皆是绝顶识见，辩驳得倒。但末段谓"不当束缚之"云云，议论太松。（《唐宋八大家文钞》卷四）

［清］ 林云铭：题目既是个辨，就当还他一个辨体。此篇先以"当封"、"不当封"二意夹击，见其必不因戏行封，次复就戏上设言，戏非其人，何以处之，则戏不可为真也明矣。然后把"天子不可戏"五字，痛加翻驳。以王者之行，止求至当，不妨更易，而周公当日辅导正理，不但无代君掩饰其过之事，亦无钳制其君若牛马之法，则以为

天子不可戏,有戏而必为之词者,非周公所宜行又明矣。篇中计五驳,文凡七转,笔笔锋刃,无坚不破,是辩体中第一篇文字。(《古文析义》卷一三)

[清] 吴楚材、吴调侯:前辐连设数层翻驳,后辐连下数层断案,俱以理胜,非尚口舌便便也。读之反复重叠愈不厌,如眺层峦,但见苍翠。(《古文观止》卷九)

[清] 沈德潜:一层进一层,一语紧一语。笔端有锋,无坚不破。(《唐宋八大家文读本》卷七)

[清] 余诚:此文之层层辩驳,一层紧一层,一层好一层,尽人所知也。然尤须知:次段"周公宜以时言于王",是从"贺"字对面看出;三段"以地以人"是从"小弱"着眼;四段"妇寺",又是从"弟"字上想出;五段"王者之德"数语,又是从"戏"上想出;"辅成王"段,又是紧从"周公"看出。且段段皆着意周公,总妙在能于首段中字字勘出破绽,又能于破绽处发出正理,所以奇警惊人。可见精卓文字,只不过将题目勘得透彻耳!(《重订古文释义新编》卷八)

[清] 过珙:辨难文要难得倒,犹争讼者要争得倒。观其节节转换,节节翻驳,读上节不料其有下节,读下节不料其又有下节,意味悠长,令人读一段好一段。(《详订古文评注全集》卷七)

[清] 朱宗洛:凡文章必须于接落过脉处见精神。如此文首段叙事,次段翻驳,末段断案,其段落次序易明。余最爱其中间"王者之德"一段,接上生下,令文势停蓄,而血脉流贯,此最文章有气度、有力量处。(《古文一隅》卷中)

[清] 张裕钊:子厚此文可与《韩非》颉颃。(引自《古文辞约编》)

[清] 李刚己:掊击辨难之文以《韩非子》为最精,子厚亦长于此体。如此文暨《守原议》与韩退之《论史官书》诸篇,皆能究极事理,穷尽笔势,有当者立碎之概。(《古文辞约编》)

箕子碑

柳宗元

解题　《史记·殷本纪》："纣愈淫乱不止，微子数谏不听，乃与太师、少师谋，遂去。比干曰：'为人臣者，不得不以死争。'乃强谏纣。纣怒曰：'吾闻圣人心有七窍。'剖比干，观其心。箕子惧，乃佯狂为奴，纣又囚之。殷之太师、少师乃持其祭乐器奔周。周武王于是遂率诸侯伐纣。"按：箕子名胥余，纣之诸父，官太师，封于箕。纣王暴虐，箕子谏而不听，为纣王所囚，周武王灭商后乃获释。

凡大人之道有三：一曰正蒙难，去声。二曰法授圣，三曰化及民。蒙，犯也。正蒙难者，以正犯难也。○总提三柱立论。殷有仁人曰箕子，实具兹道，以立于世。故孔子述六经之旨，尤殷勤焉。谓下《易》、《书》、《诗》所载是也。○出箕子。

当纣之时，大道悖乱，天威之动不能戒，圣人之言无所用。《书》："今天动威。"○总起。进死以并命，诚仁矣，无益吾祀，故不为；阁过比干。委身以存祀，诚仁矣，与预。亡吾国，故不忍。阁过微子。具是二道，有行之者矣。将正写箕子，先入此段，斡旋多少。是用保其明哲，与之俯仰，晦是谟范，辱于囚奴，昏而无邪，隤颓。而不息。故在《易》曰："箕子之明夷。"正蒙难也。《诗》："既明且哲，以保其身。"《书》："囚奴正士。"正士，谓箕子也。《易·明夷卦》六五："箕子之明夷。"夷，伤也。

言六五以宗臣居暗地,近暗君,而能正其志,箕子之《象》也。○应前"一曰"。及天命既改,生人以正,乃出大法,用为圣师,周人得以序彝伦而立大典。故在《书》曰:"以箕子归,作《洪范》。"法授圣也。大法,谓《洪范》。洪,大也。范,法也。《书》:"天乃锡禹《洪范》九畴,彝伦攸叙。"《汉·志》曰:"禹治洪水,锡《洛书》,法而陈之,《洪范》是也。"《史记》:武王克殷,访问箕子以天道,箕子以《洪范》陈之。盖《洪范》发之于禹,箕子推衍增益,以成篇欤。○应前"二曰"。及封朝鲜,推道训俗,惟德无陋,惟人无远,用广殷祀,俾夷为华,化及民也。朝鲜,东夷地。《汉书·地理志》:箕子去之朝鲜,教其民以礼义、田蚕,民犯禁八条,其民终不相盗,无门户之闭,妇人贞信不淫僻,其教民饮食以笾豆为可贵。此仁贤之化也。○应前"三曰"。率是大道,藂同"丛"。于厥躬,天地变化,我得其正,其大人欤?应前"大人"第一句。○首提作柱,以次分应,似正意,却是客也。下一段写出箕子意中事,是作者大旨。

於虖!同"呜呼"。当其周时未至,殷祀未殄,比干已死,微子已去,向使纣恶未稔钰。而自毙,武庚念乱以图存,国无其人,谁与兴理?是固人事之或然者也。然则先生隐忍而为此,其有志于斯乎?忽然别起波浪,语极淋漓感慨,使人失声长恸。

唐某年,作庙汲郡,岁时致祀。汲郡,纣故都,今为河南卫辉府。嘉先生独列于《易·象》,作是颂云。颂不载。

汇评

[宋]　黄震:《箕子碑》:"进死以并命,诚仁矣,无益吾祀,故不为;委身以存祀,诚仁矣,与亡吾国,故不忍。""及天命既改,生人以正,乃出大法,用为圣师。""天地变化,我得其正,其大人欤?於虖!⋯⋯向使纣恶未稔而自毙,武庚念乱以图存,国无其人,谁与兴理?是

固人事之或然者也。然则先生隐忍而为此,其有志于斯乎?"愚谓子厚发明箕子之道善矣,但恐不当于三人分重轻。(《黄氏日钞》卷六〇)

[宋] 谢枋得:此等文章天地间有数不可多见,惟杜牧之绝句诗一首似之,题项羽乌江庙云:"胜败兵家不可期,包羞忍耻是男儿。江东子弟多豪俊,卷土重来未可知。"(《文章轨范》卷六)

[明] 张鼐:善作文者,儿戏事说出大体,败局中看出胜着,乃妙。如《桐叶封弟辨》、《箕子碑阴》皆是从无说有,从虚说实,乃见过人处。(《评选古文正宗》卷九)

[明] 茅坤:子厚文字多模前人体式,唯"当其时"一段自出新意,此古人心思未及者也。(引自《百家评注文章轨范》卷六)

[清] 王符曾:拈出妙解,于想当然得之,故堪光景常新。(按:此评本文末幅。)(《古文小品咀华》卷三)

[清] 储欣:末段亦书生事后揣测之谈,当日不顾行遁,何暇计及?文亦方板,未入作家。(《唐宋十大家全集录·河东全集录》卷一)

[清] 林云铭:欲撰此等文,又抛不下"作《洪范》"、"封朝鲜"二事。细思篇中,最难安顿。看他提出大人来为客,先把"正蒙难"一道,带出"法授圣"、"化及民"二道,立个冒头。随点出仁人来为主,因撇开比干拼命、微子存祀二道,认他脚跟。然后把他毕生事业段段分应大人之道讫,即从其不为微子、比干处,推出他当日用心,全在殷将亡未亡时希冀万一,则仁人之苦衷毕现。其布置甚费斡旋。(《古文析义》卷一三)

[清] 吴楚材、吴调侯:前立三柱,真如天外三峰,卓然峭峙。"於虖"以下,忽然换笔,一往更有深情。(《古文观止》卷九)

[清] 沈德潜:整洁峻削,近东汉人。开天明道者为圣人。聚箕子阐《洪范》天人感应之理,捷于影响,切于布帛菽粟,固圣人也。乃因亡国之臣而忽之。又,其时周家父子兄弟圣人聚于一堂,故自古及今,无以圣人目箕子者。以柳子之特识,而只称曰"大人",然则圣

人殆有幸不幸耶！愚作《箕子论》，畅言之，识其大略于此。（《唐宋八大家文读本》卷七）

[清] 唐介轩：前半立三柱子，以下分应，语语征实。后幅发出"圣师"一段，忠君爱国之念，暗合到"仁"字，极淋漓酣适。（《古文翼》卷六）

[清] 李扶九：《快笔》云：《箕子碑》全文真如海外三峰，卓然峭峙。末忽换笔，变作天风海涛，但以先立三柱，后应三段，在前人为创格，在后人觉陈腐，故不全录。而林西仲则讥其不善读古。余则正喜其劈立三柱，后应之，将箕子一生事业写尽。末一段虽推心置腹，不过想当然作波澜耳，何得去正诠而取旁意乎？（《古文笔法百篇》卷六）

卷九　唐宋文

捕蛇者说

柳宗元

解题　《柳河东集》卷一六《捕蛇者说》题注："公谪永州时作。唐都长安，零陵相去三千五百里，见唐赋所及者远也。是时唐之赋可谓毒矣。"

　　永州之野产异蛇，黑质而白章，_{黑体白文。}触草木尽死，以啮人，无御之者。_{异蛇最毒。}然得而腊_{昔。}之以为饵，可以已大风、挛踠、_{渊上声。}瘘、漏。疠，_{赖。}去死肌，杀三虫。_{腊，干肉也。饵，药饵也。已，止也。挛踠，曲脚不能伸也。瘘，颈肿。疠，恶创。死肌，如痈疽之腐烂者。三虫，三尸之虫也。○毒蛇偏为要药。}其始，太医以王命聚之，岁赋其二，_{两次。}募有能捕之者，当其租入，永之人争奔走焉。_{叙捕蛇事。}

　　有蒋氏者，专其利三世矣。_{入题。}问之，则曰："吾祖死于是，吾父死于是，今吾嗣为之十二年，几死者数_{朔。}矣。"言之，貌若甚戚者。_{摹"泰山妇"伏结处。}余悲之，且曰："若毒之乎？余将告于莅事者，更若役，复若赋，则何如？"_{若，汝也。言改汝捕蛇之役，复汝输租之赋，以免其死。}蒋氏大戚，汪然出涕曰："君将哀而生之乎？则吾斯役之不幸，未若复吾赋不幸之甚也。_{犯死捕蛇，乃以为幸。更役复赋，反以为不幸。此岂人之情哉？必有甚不得已者耳。}向吾不为斯役，则久已病矣。_{提一句，起下文。直贯至"捕蛇独存"句。}自吾氏三世居是乡，积于今六十岁矣，而乡邻之生日蹙，殚其地之出，竭其庐之入，_{赋敛之苦。}

号呼而转徙,饥渴而顿踣,同仆。○迫于赋敛而徙。触风雨,犯寒暑,呼嘘毒疠,利。往往而死者相藉谢。也。疠,疫气。藉,枕藉也。○劳于迁徙而死。○写得惨毒。是一幅流民图。曩与吾祖居者,今其室十无一焉;与吾父居者,今其室十无二三焉;与吾居十二年者,今其室十无四五焉。应前"三世"。非死则徙尔,而吾以捕蛇独存。二句收上转下,有力。悍吏之来吾乡,叫嚣乎东西,隳灰。突乎南北,哗然而骇者,虽鸡狗不得宁焉。追呼之扰,所不忍言。吾恂恂而起,视其缶,而吾蛇尚存,则弛始。然而卧。蛇存放心。谨食嗣。之,时而献焉。小心养食,俟其时之所需,而献上焉。退而甘食其土之有,以尽吾齿。退而甘食其土地之所产,以尽其天年。○摹拟自得光景,真情真语,大有笔趣。盖一岁之犯死者二焉,其余则熙熙而乐,岂若吾乡邻之旦旦有是哉!言吾犯蛇毒而死者,一岁只有两次。非若吾乡邻遭悍吏之毒,无日不犯死也。今虽死乎此,比吾乡邻之死则已后矣,又安敢毒邪?"今吾虽终死于斯役,比吾乡邻被重赋而死者,已在后矣,安敢怨其为毒而不为此?○此段正明"斯役之不幸,未若复吾赋不幸之甚"二句。情态曲尽,而一段无聊之意,溢于言表。

余闻而愈悲。孔子曰:"苛政猛于虎也。"吾尝疑乎是,今以蒋氏观之,犹信。《檀弓》:"孔子过泰山侧,有妇人哭于墓而哀。夫子式而听之,使子路问之曰:'子之哭也,一似重有忧者。'而曰:'然。昔者吾舅死于虎,吾夫又死焉,今吾子又死焉。'夫子曰:'何为不去也。'曰:'无苛政。'夫子曰:'小子识之,苛政猛于虎也。'"呜呼!孰知赋敛之毒,有甚是蛇者乎!一句结出。故为之说,以俟夫观人风者得焉。

汇评

[宋] 吕祖谦:感慨讥讽体。(《古文关键》卷上)

[宋] 楼昉：犯死捕蛇，乃以为幸；更役复赋，反以为不幸，此岂人之情也哉？必有甚不得已者耳！此文抑扬起伏，宛转斡旋，含无限悲伤凄惋之态。若转以上闻，所谓言之者无罪，闻之者足以戒。（《崇古文诀》卷一二）

[明] 茅坤：本孔子"苛政猛于虎"者之言而建此文。（《唐宋八大家文钞·柳柳州文钞》卷九）

[清] 孙琮：中间写悍吏之催科，赋役之烦扰，十室九空，一字十泪，中谷哀猿，莫尽其惨。然都就蒋氏口中说出，子厚只代述得一遍。以叙事起，入蒋氏语，出一"悲"字，后以"闻而愈悲"自相叫应，结乃明言著说之旨。一片悯时深思、忧民至意，拂拂从纸上浮出，莫作小文字观。（《山晓阁选唐大家柳柳州全集》卷四）

[清] 储欣：仁人之言。余按：唐赋法本轻于宋、元，永州又非财赋地，为国家所取给，然其困如此，况以近世之赋，处财赋之邦，酷毒当何如耶？读此能不黯然！（《唐宋八大家类选》卷三）

[清] 林云铭：此篇借题发意，总言赋敛之害，民穷而徙，徙而死，渐归于尽。凄咽之音，不忍多读。其言三世六十岁者，盖自元和追计六十年以前，乃天宝六、七年间，正当盛时，催科无扰。嗣安史乱后，历肃、代、德、顺四宗，皆在六十年之内。其下语俱有斟酌，煞是奇文。（《古文析义》卷一三）

[清] 吴楚材、吴调侯：此小文耳，却有许大议论。必先得孔子"苛政猛于虎"一句，然后有一篇之意。前后起伏抑扬，含无限悲伤凄惋之态。若转以上闻，所谓言之者无罪，闻之者足以为戒，真有用之文。（《古文观止》卷九）

[清] 沈德潜：前极言捕蛇之害，后说赋敛之毒，反以捕蛇之乐形出。作文须如此顿跌。"悍吏之来吾乡"一段，后东坡亦尝以虎狼比之，有察吏安民之责者所宜时究心也。（《唐宋八大家文读本》卷七）

[清] 浦起龙：感蒋氏事，本《家语》"苛政猛于虎"一言作题目，都将蛇与赋两两对勘，层层对剔，抉得"猛于"二字，十二分悲痛。若各开描

写,则缓懈不刺耳矣。(《古文眉诠》卷五四)

[清] 余诚:"永州"三段,是言蛇之毒。"予悲"三段,是言赋敛之毒甚是蛇。言蛇之毒处,说得十分惨;则言赋敛之毒甚是蛇处,更惨不可言。文妙在将蛇之毒,及赋敛之毒甚是蛇,俱从捕蛇者口中说出。末只引孔子语作证,用"孰知"句点眼。在作者口中,绝无多语。立言之巧,亦即结构之精。末说到"俟观人风者得焉",足见此说关系不小。(《重订古文释义新编》卷八)

[清] 过琪:此本借捕蛇以论苛政,故前面设为之辞,与捕蛇者应答,惊奇诡谲,令人肌栗战恐。后却明引"苛政猛于虎"事作证,催科无情,其害往往如此。凄咽之音,不堪朗读。(《详订古文评注全集》卷七)

[清] 朱宗洛:作者意中,先有"苛政猛于虎"句,因借捕蛇立说,想出一"毒"字,为通篇发论之根。或从捕蛇之毒,形出供赋之尤毒。或极言供赋之毒,见得捕蛇之毒尚不至是。至说到捕蛇虽毒,形以供赋之毒亦不敢以为毒,则用意更深更惨。至其抑扬唱叹,曲折低徊,情致正复缠绵也。中间两段,将供赋捕蛇,或对勘,或互说,颠倒顺逆,用笔固极变化,而题意亦透发无余矣。至其前后伏笔,及呼应收束,亦一字不苟。"毒"字为通篇眼目,起处"则曰"以下,已透出"毒"字意矣,却只将"貌若甚戚者"句虚虚按住,而于自己口中说出,此其用笔之变也。以下随作一跌,转处着"大戚"字、"汪然出涕"字,此从自己目中看出"毒"字。中二段,又从捕蛇者口中形出"毒"字,此其用笔之又变也。前云"余悲之",后云"余闻而愈悲",只增一二字,而前后呼应深浅令阅者心目了然,此又其笔之以不变为变也。(《古文一隅》卷中)

卷九　唐宋文

种树郭橐驼传

柳宗元

解题　王应麟《困学纪闻》卷一〇："《淮南子》曰：'春贷秋赋，民皆欣；春赋秋贷，众皆怨。得失同，喜怒为别，其时异也。为鱼得者，非挈而入渊；为猿赐者，非负而缘木，纵之其所而已。'亦见《文子》。此柳子《种树传》之意。"

郭橐驼，不知始何名，病偻，_楼。隆然伏行，有类橐驼者，故乡人号之"驼"。驼闻之，曰："甚善，名我固当。"因舍其名，亦自谓"橐驼"云。_{偻，伛疾也。隆然，高起貌。橐驼，即骆驼。○以上先将橐驼命名写作一笑。}其乡曰丰乐乡，在长安西。_{何为书其乡？只为欲写其在长安，长安人争迎也。}驼业种树，凡长安豪家富人为观游_{种树行乐。}及卖果者，_{种树谋生。}皆争迎取养。_{去声。○争相迎取驼于家而养之。}视驼所种树，或迁徙，无不活，_{无不活，双承种与迁。}且硕茂，蚤实以蕃。_{其树大而盛，其实蚤而多。○活外又添写此一句。}他植者虽窥伺效慕，莫能如也。_{又反衬一句，伏后文。}

有问之，对曰："橐驼_{自谓橐驼。}非能使木寿且孳也，_{折一笔。}能顺木之天，以致共性焉尔。_{一篇之意，已尽于此。}凡植木之性，_{承其"性"字。}其本欲舒，其培欲平，其土欲故，其筑欲密，_{此四"欲"字，本性欲也。}既然已，勿动勿虑，去不复顾。其莳_侍也若子，其置也若弃,则其天者全而其性得矣。莳,种也。○此段是畅讲"无不活"三字理。故吾不害其长而已,非有能硕茂之也;不抑耗其实而已,非有能蚤而蕃之也。耗,损也。○此段又反复"硕"、"茂"、"蚤"、"蕃"四字理。○以上只浅浅就植木上说道理,从《孟子》养气工夫体贴出来。他植者则不然,一句提转,上言无心之得,下言有心之失。根拳而土易,拳,曲也。易,更也。其培之也,若不过焉则不及。苟有能反是者,则又爱之太殷,忧之太勤,旦视而暮抚,已去而复顾,甚者爪其肤以验其生枯,摇其本以观其疏密,而木之性日以离矣。虽曰爱之,其实害之;虽曰忧之,其实仇之。故不我若也。吾又何能为哉!"此段明他植者"莫能如"一句理。○以上论种树毕。以下入正意,发出议论。

问者曰:"以子之道,移之官理可乎?"驼曰:"我知种树而已,官理非吾业也。然吾居乡,见长人者好烦其令,若甚怜焉,而卒以祸。总提一句,下就"他植者则不然"一段摹出。旦暮吏来而呼曰:'官命促尔耕,勖尔植,督尔获,蚤缫而绪,蚤织而缕,缫,绎茧为丝也。缕,布缕也。字而幼孩,遂而鸡豚。'字,养也。遂,长也。鸣鼓而聚之,击木而召之。吾小人辍飧饔以劳去声。吏者,且不得暇,又何以蕃吾生而安吾性邪?故病且怠。若是,则与吾业者其亦有类乎?"写出俗吏情弊、民间疾苦,读之令人凄然。

问者嘻曰:"不亦善夫!吾问养树,得养人术。"传其事,以为官戒也。一篇精神命脉,直注末句结出。语极冷峭。

汇评

[宋] 黄震:《郭橐驼传》戒烦苛之扰。(《黄氏日钞》卷六〇)

卷九　唐宋文

[明]　茅坤：守官者当深体此文。(《唐宋八大家文钞·柳柳州文钞》卷五)

[清]　金圣叹：纯是上圣至理，而以寓言出之，颇疑昌黎未必有此。(《天下才子必读书》卷七)

[清]　储欣："顺木之天"，其义类甚广，为学养生，无不可通。然柳氏自为长人者而发，后世并促耕督获之呼，亦无暇及矣。叫嚣隳突，鸡犬不宁，如《捕蛇说》所云，则无间日夜也，悲夫！(《唐宋八大家类选》卷十三)

[清]　张伯行：子厚之体物精矣，取喻当矣。为官者当与民休息，而不可生事以扰民。虽曰爱之，适以害之，是可叹也。(《唐宋八大家文钞》卷四)

[清]　林云铭：前段以种植之善不善分提，后段单论官理之不善，但云以他植者为戒，不说以橐驼为法，盖知古治必不易复。省一事，斯民间省一扰，即汉诏以不烦为循吏之意，非谓居官可以不事事也。细玩方知其妙。(《古文析义》卷一三)

[清]　吴楚材、吴调侯：前写橐驼种树之法，琐琐述来，涉笔成趣。纯是上圣至理，不得看为山家种树方。末入"官理"一段，发出绝大议论，以规讽世道。守官者当深体此文。(《古文观止》卷九)

[清]　沈德潜：此为勤民而不得其道者言。若戕虐其民，如"根拳土易"一流，固不待言也。柳子主意，盖在盖公治齐一边。〇"问养树，得养人术"，古帝王所以询于刍荛也。〇古人立私传，每于史法不得立传，而其人不可埋没者，别立传以表章之。若柳子《郭橐驼》、《宋清》诸传，同于庄生之寓言，无庸例视。(《唐宋八大家文读本》卷九)

[清]　孙琮：前幅写橐驼命名，写橐驼种树，写橐驼与人问答种树之法，琐琐述来，纯是涉笔成趣。读至后幅，陡然接入"官理"一段，变成绝大议论。于是读者读其前文，竟是一篇游戏小文章；读其后文，又是一篇治人大文章。前后改观，咄咄奇事。(《山晓阁选唐大家

柳柳州全集》卷四）

[清] 浦起龙：特为良吏作官箴。诩诩讲惠政，不持大体，病往往类此。重在"既然"、"反是"两转笔也。叙事不多，通过橐驼言，并官理亦不作传者语，脱甚。（《古文眉诠》卷五四）

[清] 过琪：借种树以喻居官，与《捕蛇说》同一机轴。（《详订古文评注全集》卷七）

[清] 朱宗洛：尝谓大家之文，多以意胜，而意又要善达。其所以善达者，非以词纠缠敷衍之谓也，盖一意耳。或借粗以明精，如此文"养树"云云是也；或借彼以证此，如以"他植者"来陪衬是也；或去浅以取深，如"既然已"，及"苟有能反是者"与"甚者"云云是也；或反与正相足，如中间"其本欲舒"数句正说，而后又用"非有能"以反缴是也。至一段中或先用虚提，中用申说，后用实缴；或两段中一正一反，一逆一顺，错间相生；或一篇中前虚后实，前宾后主，前提后应。变化伸缩，则题意自达，不犯纠缠敷衍之病矣。处处朴老简峭，在柳集中应推为第一。（《古文一隅》卷中）

[清] 黄仁黼：养树养人本是一理，《中庸·哀公问政章》已有"敏政"、"敏树"之喻，柳州此篇，不过借为官戒。而其论政之旨，多发前人所未发，于世道人心有裨益。（《古文笔法百篇》卷九）

[清] 林纾：此文较《王承福传》稍直致，无伸缩吐茹之功。文所谓全性得天者，似《庄子》语。其讥操切之吏，尚属有心民事者，不过讲具文耳。读者须观其造句古朴坚实处。（《古文辞类纂选本》卷七）

梓人传

柳宗元

解题 《周礼·冬官·考工记》:"梓人为筍虡。"郑玄注:"乐器所县,横曰筍,植曰虡。"则筍虡为乐器之悬架也。又:"梓人为饮器。"又:"梓人为侯。"《仪礼·乡射礼》:"乃张侯下纲,不及地武。"郑玄注:"侯谓所射布也。"可知梓人为古时造乐器悬架、饮器与箭靶之木工,本文指建筑工匠。王应麟《困学纪闻》卷一〇:"迂斋云:'《梓人传》规模,从《吕氏春秋》来。'愚按吕氏《分职篇》云:'使众能,与众贤,功名大立于世。不予佐之者,而予其主,其主使之也。譬之若为宫室,必任巧匠,奚故?曰:匠不巧,则宫室不善。夫国,重物也。其不善也,岂特宫室哉!巧匠为宫室,为圆必以规,为方必以矩,为平直必以准绳。功已就,不知规矩绳墨,而赏匠巧也。巧匠之宫室已成,不知巧匠,而皆曰善,此某君某王之宫室也。'柳子立意本于此。"

裴封叔之第,在光德里。裴封叔,名瑾,子厚之妹夫。有梓人款其门,愿佣隟同隙。宇而处焉。梓人,即木匠。款,叩也。隟宇,空屋也。佣,役于主人以代租也。所职寻引、规矩、绳墨,家不居砻斫之器。寻,八尺。引,十丈。寻引,所以度长短。砻,砺石。斫,刀锯斧斤之属。○出语便作意凝注。问其能,曰:"吾善度铎。材,视栋宇之制,高深、圆方、短长之宜,吾指使而群工役焉。舍我,众莫能就一宇。故食嗣。于官府,吾受禄三倍;作于私家,吾收其直大半焉。"此以言语代叙事。他日,入其室,其床阙足而不能理,曰:"将求他工。"余甚笑之,谓其无能

601

而贪禄嗜货者。故作一折。

其后，京兆尹将饰官署，余往过焉。委粹。群材，会众工。委,蓄也。○写梓人一。或执斧斤，或执刀锯，皆环立向之。梓人左持引，右执杖，而中处焉。写梓人二。量栋宇之任，视木之能，举挥其杖曰："斧！"彼执斧者奔而右；顾而指曰："锯！"彼执锯者趋而左。写梓人三。俄而斤者斫，刀者削，皆视其色，俟其言，莫敢自断者。写梓人四。其不胜升。任者，怒而退之，亦莫敢愠焉。写梓人五。画宫于堵，盈尺而曲尽其制，计其毫厘而构大厦，无进退焉。写梓人六。既成，书于上栋《易》："上栋下宇。"曰"某年某月某日某建"，则其姓字也。凡执用之工不在列。写梓人七。余圜圜。视大骇，然后知其术之工大矣。圜,惊视也。○句句包含下意，摹写甚工致，"既成"数句，尤极含蓄，为下文张本。

继而叹曰：转笔。彼将舍其手艺，照"不居砻斫之器"。专其心智，照"所职寻引、规矩、绳墨"。而能知体要者欤？"体要"二字，是一篇之纲。吾闻劳心者役人，劳力者役于人。彼其劳心者欤？能者用而智者谋，彼其智者欤？又就"专其心智"句，写作二层。是足为佐天子相天下法矣！物莫近乎此也。物,事也。○连下三"者欤"字赞美，方转入正意，如黄河之流，九折而入海，何等委曲！以下将梓人一一翻案。彼为天下者本于人。其执役者，为徒隶，为乡师、里胥；其上为下士，又其上为中士、为上士；又其上为大夫、为卿、为公。离而为六职，判而为百役。此以王都内言。外薄博。四海，薄,迫也。有方伯、连率。同帅。○《礼·王制》："千里之外，设方伯。"又："十国以为连，连有帅。"郡有守，邑有宰，皆有佐政。其下有胥吏，又其下皆有啬夫、版尹，以就役焉，汉制，乡小者，置啬夫一人。版尹，掌户版者。○此以王都外言。犹众工之各有执技以食力也。犹众工一。彼佐天子相天下者，举而加焉，指而使焉，条其纲纪而盈缩焉，齐其法制而整顿焉，犹梓人之有规矩、绳墨以定制也。犹梓人二。择天下之士，使称其职；居天下之人，使安其业。视都知野，视野知国，视国知天下，其远迩细大，可手据其图而究焉，犹梓人画宫于堵而绩于成也。犹梓人三。能者进而由之，使无所德；不能者退而休之，亦莫敢愠。不衒眩。能，不矜名，不亲小劳，不侵众官，日与天下之英才讨论其大经，犹梓人之善运众工而不伐艺也。犹梓人四。夫然后相道得而万国理矣。单承一句，侧出第五段，句法变化。相道既得，万国既理，天下举首而望曰："吾相之功也。"后之人循迹而慕曰："彼相之才也。"士或谈殷、周之理者，曰伊、傅、周、召，其百执事之勤劳而不得纪焉，犹梓人自名其功而执用者不列也。犹梓人五。○以上阐相道之合梓人处，凡五段。文势层叠，措词有法。大哉相乎！通是道者，所谓相而已矣。一赞作总结，即宕起"不知体要"一段。其不知体要者反此。以恪勤为公，以簿书为尊，衒能矜名，亲小劳，侵众官，窃取六职百役之事，听听垠。于府庭，而遗其大者、远者焉，所谓不通是道者也。听听，犹龂龂，辨争貌。犹梓人而不知绳墨之曲直、规矩之方圆、寻引之短长，姑夺众工之斧斤刀锯以佐其艺，又不能备其工，以至败绩、用而无所成也。不亦谬欤？此就上五"犹梓人"意，反写一段。文字已毕，下另发议。

或曰："彼主为室者，傥或发其私智，牵制梓人之虑，夺其世守而道谋是用，虽不能成功，岂其罪邪？亦在任之而已。"《诗》："如彼筑室于道谋，是用不溃于成。"言筑室而与行道之人谋之，人人得为异论，不能有成也。○此以主为室者，喻人君之任相当专一意。余曰：不然。夫绳墨诚陈，规矩诚设，高者不可抑而下也，狭者不可张而广也。由我则固，不由我则圮。痛。彼将乐去固而就圮也，则卷其术，默其智，悠尔而去，不屈吾道，是诚良梓人耳。其或嗜其货利，忍而不能舍也，丧其制量，屈而不能守也，栋桡闸。屋坏，则曰："非我罪也。"可乎哉？可乎哉？此又从梓人上喻为相者，以合则留，不合则去，不可贬道，亦不可嗜利意。

余谓梓人之道类于相，故书而藏之。喻意正意，总结一句。梓人，盖古之审曲面势者，今谓之"都料匠"云。审曲面势，出《考工记》。言审察五材曲直、方面形势之宜也。余所遇者，杨氏，潜，其名。住法亦奇。

汇评

[宋] 吕祖谦：抑扬好，一节应一节。严序事实。(《古文关键》卷上)

[宋] 楼昉：规模从《吕氏春秋》来。但他人不曾读，故不能用，且不知子厚来处耳。(《崇古文诀》卷一二)

[宋] 黄震：《梓人传》喻为相者之道也，文字宏阔。(《黄氏日钞》卷六〇)

[明] 唐顺之：此文体方，不如《圬者传》圆转，然亦文之佳者。(引自《唐宋八大家文钞·柳柳州文钞》卷五)

[明] 茅坤：序次摹写，井井入彀。(《唐宋八大家文钞·柳柳州文钞》卷五)

[清] 金圣叹：前幅细写梓人，后幅细合相道。段段、句句、字字精炼，无一懈字、懈句、懈段。(《天下才子必读书》卷七)

[清] 孙琮：此传分两大幅看：前半幅详写梓人，后半幅详写相道。前半幅写梓人，处处隐伏下半幅；后半幅写相道，处处回抱上半幅。

末幅另发一议,补出不合则去,于义更无遗漏。(《山晓阁选唐大家柳柳州全集》卷四)

[清] 储欣:分明一篇大臣论,借梓人以发其端,由宾入主,非触而长之之谓也。王弇洲乃云:"形容梓人处已妙,只一语结束可也,喋喋不已,复而易厌。"如弇洲言,是认柳公为梓人立传,而触类相臣,失厥指矣。(《唐宋十大家全集录·河东全集录》卷三)○胸中实实见得相道如此,借梓人发出,叙梓人处极重,后自省力。(《唐宋八大家类选》卷一三)

[清] 张伯行:相臣之道,备于此篇。末段更补出以道事君,不可则止意,是古今绝大议论。(《唐宋八大家文钞》卷四)

[清] 林云铭:相臣贵知大体,而大体在于识时务,善用人。天下之治乱安危,即相臣所以为能否,非可以才艺见长也。陈平不对决狱,丙吉不问杀人,虽未必能尽为相之道,第其言颇得不亲小劳、不侵众官之意,实千古相臣龟鉴。是篇借梓人能知体要,痛发其道于相业,段段回应,井井曲尽。文中亦有规矩绳墨者,史称其善于文。且以是篇与《郭橐驼传》,均赞其文之有理,洵不易之评矣。(《古文析义》卷一三)

[清] 吴楚材、吴调侯:前细写梓人,句句暗伏相道。后细写相道,句句回抱梓人。末又补出人主任相、为相自处两意。次序摹写,意思满畅。(《古文观止》卷九)

[清] 沈德潜:结构精严,无一懈笔。○题用譬喻,不须说出正义,令人言外思之,此则六艺中比体也。先喻后正,而透发正义处,层层回抱前文。文各有体,不得以太尽议之。(《唐宋八大家文读本》卷九)

[清] 过珙:写梓人,却写得体尊望重,运筹如意,便不是单写梓人。入后通于相道之大,句句就梓人回抱说。乃知写梓人,早已写相,故特地写个体尊望重也。(《详订古文评注全集》卷七)

[清] 李扶九:一梓人耳,看出宰相之道来。小中见大,识解高卓,笔力劲健,无怪韩、柳并称也。(《古文笔法百篇》卷九)

愚溪诗序

柳宗元

解题 《柳河东集》卷三三《与杨诲之书》："方筑愚溪东南为室,耕野田,圃堂下,以咏至理,吾有足乐也。"按:此书作于元和五年(810),则本文当亦作于是年也。《柳河东集》卷四三有《旦携谢山人至愚池》、《溪居》、《夏初雨后寻愚溪》等诗。

灌水之阳,有溪焉,东流入于潇水。灌、潇二水,在永州府城外。或曰:"冉氏尝居也,故姓是溪为冉溪。"或曰:"可以染也,名之以其能,故谓之染溪。"题前先借影二层。余以愚触罪,谪潇水上,爱是溪,入二三里,得其尤绝者家焉。宪宗朝,宗元坐王叔文党,贬永州司马。○提"愚"字作主。古有愚公谷,齐桓公出猎,入山谷中,见一老。问曰:"是为何谷?"对曰:"为愚公之谷。"桓公曰:"何故?"对曰:"以臣名之。"○引古作陪。今余家是溪,而名莫能定,土之居者犹龂龂银。然,龂龂,辨争貌。应上两"或曰"。不可以不更平声。也,故更之为愚溪。叙出名溪之故。

愚溪之上,买小丘,为愚丘。又就"愚"字生发。○二愚。自愚丘东北行六十步,得泉焉,又买居之,为愚泉。三愚。愚泉凡六穴,皆出山下平地,盖上出也。合流屈曲而南,为愚沟。四愚。遂负土累石,塞其隘,为愚池。五愚。愚池之东为愚堂,六愚。其南为愚亭,七愚。池之中为愚岛。八愚。嘉木异石错置,皆山水之奇者，以余故，咸以愚辱焉。总结"愚"字一笔。○叙出八愚，亦极错落，指点如画。

夫水，智者乐敩。也。今是溪独见辱于愚，何哉？盖其流甚下，不可以灌溉，概。○一。又峻急，多坻池。石，大舟不可入也；小沚曰坻。○二。幽邃岁。浅狭，蛟龙不屑，不能兴云雨。三。无以利世，而适类于余，然则虽辱而愚之，可也。此段明溪之所以为愚。

宁武子"邦无道则愚"，智而为愚者也；颜子"终日不违如愚"，睿胃。而为愚者也。皆不得为真愚。今余遭有道，而违于理，悖于事，故凡为愚者莫我若也。是为真愚。夫然，则天下莫能争是溪，余得专而名焉。此段明己之所以名溪。

溪虽莫利于世，而善鉴万类，清莹秀澈，锵鸣金石，能使愚者喜笑眷慕，乐而不能去也。与上"其流甚下"一段，抑扬对照。余虽不合于俗，亦颇以文墨自慰，漱瘦。涤万物，牢笼百态，而无所避之。与上违理、悖事一段，抑扬对照。以愚辞歌愚溪，则茫然而不违，昏然而同归，超鸿上声。蒙，混希夷，寂寥而莫我知也。鸿蒙，元气也。一云海上气。《老子》："听之不闻，名曰希；视之不见，名曰夷。"○将己之愚、溪之愚，写作一团，无从分别，奇绝，妙绝。于是作《八愚诗》，记于溪石上。仍收转"八愚"作结。

汇评

[宋] 楼昉：只一个"愚"字旁引曲取，横说竖说，更无穷已。宛转纡徐，含意深远，自不愚而入于愚，自愚而终于不愚，屡变而不可诘，此

607

文字妙处。(《崇古文诀》卷一二)

[明] 茅坤：子厚集中最佳处。古来无此调，陡然创为之，指次如画。(《唐宋八大家文钞·柳柳州文钞》卷五)

[清] 孙琮：此篇若只就愚溪上发挥，意味易尽。妙在前幅先将冉溪、染溪二段虚影于前，又将许多愚丘、愚泉、愚沟、愚池增置于后，便令文字有波澜。后幅借愚溪自抑一段，复指愚溪自扬一段，便令文字有曲折。通篇序诗，俱从愚溪上借端发挥，妙绝。(《山晓阁选唐大家柳柳州全集》卷二)

[清] 储欣：序次固先生擅场，后议论操纵并入妙。"漱涤万物，牢笼百态"，足以蔽先生之文，非此篇已也。(《唐宋十大家全集录·河东全集录》卷四)○行变化于整齐之中，结构精绝。(《唐宋八大家类选》卷一○)

[清] 张伯行：独辟幽境，文与趣会。王摩诘诗中有画，对之可当卧游。(《唐宋八大家文钞》卷四)

[清] 何焯：词意殊怨愤不逊，然不露一迹。(《义门读书记》卷三六)

[清] 林云铭：本是一篇诗序，正因胸中许多郁抑，忽寻出一个"愚"字，自嘲不已，无故将所居山水尽数拖入浑水中，一齐嘲杀，而且以是溪当得是嘲，己所当嘲，人莫能与，反复推驳，令其无处再寻出路。然后以溪不失其为溪者代溪解嘲，又以己不失其为己者自为解嘲，转入作诗处，觉溪与己同归化境。其转换变化，匪夷所思。(《古文析义》卷一三)

[清] 吴楚材、吴调侯：通篇就一"愚"字点次成文。借愚溪自写照，愚溪之风景宛然，自己之行事亦宛然。前后关合照应，异趣沓来，描写最为出色。(《古文观止》卷九)

[清] 沈德潜：以愚辱溪，柳子肮脏语也。后"善鉴万类"，隐言其识；"清莹秀澈"，隐言其情；"锵鸣金石"，隐言其文，又何等自负！写景而两面俱到，古人用意，往往如此。(《唐宋八大家文读本》卷八)

[清] 过珙：不过借一"愚"字发泄胸中之郁抑，故将山水亭堂咸以愚辱

焉。词委曲而意深长矣。(《详订古文评注全集》卷七)

[清] 爱新觉罗·弘历：水之不能泽物者,古人被之以恶名。宗元以溪水不可溉田负舟而名之曰"愚",亦有本焉。其亦以慨己济世之愿不遂也。(《唐宋文醇》卷一五)

[清] 唐介轩：通篇"愚"字其二十七见,错综变化,光怪陆离,而极自贬屈中,却又极占地步,固自隽绝。(《古文翼》卷六)

[清] 李扶九：通篇就一"愚"字点染成文,写景历历在目,趣极；而末后仍露身分,景中人,人中景,是二是一,妙极。(《古文笔法百篇》卷二)

古文观止（解题汇评本）

永州韦使君新堂记

柳宗元

解题 韦使君，永州刺史。《柳河东集》卷三六《上岭南郑相公献所著文启》云："伏见与当州韦使君书，猥赐存问，惊怍悼惧，交动于中。循念竟日，若无容措。"此作于元和七年（812），本文当亦作于此时。《柳河东集》卷三八有《代韦永州谢上表》，卷四三有《韦使君黄溪祈雨见召从行至祠下口号》。

将为穹谷、嵁_谦。岩、渊池于郊邑之中，则必辇_{连上声}。山石，沟涧壑，陵绝险阻，疲极人力，乃可以有为也。劈空翻起。然而求天作地生之状，咸无得焉。又翻。逸其人，因其地，全其天，昔之所难，今于是乎在。落入。○发端忽作数折，全用虚字衬成，笔法奇幻。

永州实惟九疑之麓。六。○九疑，山名，有九溪，皆相似，故名。麓，山足也。其始度铎。土者，环山为城。《书》："惟荒度土功。"○此句追原城中所以有自然泉石之故。有石焉，翳于奥草；有泉焉，伏于土涂。蛇虺_毁。之所蟠，狸鼠之所游，茂树恶木，嘉葩_{帕平声}。毒卉，毁。乱杂而争植，号为秽墟。翳，蔽也。奥，深也。虺，蛇属。葩，花貌。卉，草之总名。○写得荒芜不堪，以起下开辟之功。

韦公_{永州刺史}。之来既逾月，理甚无事。欲写韦公之开辟新堂，先

610

著"理甚无事"四字,妙。望其地,且异之。六字,写出理甚无事人闲心妙眼。始命芟衫。其芜,无。行其涂,积之丘如,蠲涓。之浏流。如。既焚既酾,诗。奇势迭出,除草曰芟。积,聚其草也。丘如,草高貌。蠲,除其秽也。浏如,水清貌。焚,烧其所积之草也。酾,疏其已清之流也。○此记始事。清浊辨质,美恶异位。非秽墟矣。视其植,则清秀敷舒;茂树嘉葩。视其蓄,则溶漾纡余。蓄,水聚处。溶,安流也。漾,水摇动貌。纡,曲也。余,绕也。○有泉。怪石森然,周于四隅,或列或跪,或立或仆,窍穴逶威。邃,岁。堆阜突怒。逶,曲也。邃,深也。○有石。○此记毕工。乃作栋宇,以为观游。凡其物类,无不合形辅势,效伎于堂庑武。之下。此记新堂。外之连山高原,林麓之崖,间厕隐显;迩延野绿,远混天碧,咸会于谯樵。门之内。谯门,城门上楼,以望敌者。新堂在郊邑中,故云谯门之内。○此记堂外。○叙荒芜处,便是个荒芜境界。叙修洁处,便似个修洁场所。可谓文中有画。

已,乃延客入观,继以宴娱。鱼。或赞且贺曰:"见公之作,知公之志。推进一步。公之因土而得胜,岂不欲因俗以成化?公之择恶而取美,岂不欲除残而佑仁?公之蠲浊而流清,岂不欲废贪而立廉?公之居高以望远,岂不欲家抚而户晓?赞贺语,说出新堂关系政教,所见者大。夫然,则是堂也,宕开一笔。以作一束。岂独草木、土石、水泉之适欤?山原、林麓之观欤?将使继公之理者,视其细,知其大也。"结出斯堂之不朽。

宗元请志诸石,措诸壁,编以为二千石楷法。刺史称二千石。楷,式也。《儒行》:"今世行之,后世以为楷。"

古文观止(解题汇评本)

汇评

[清] 储欣：视其细，知其大，后人所摹。然此记胜概自在前半。(《唐宋十大家全集录·河东全集录》卷四)○前叙述，后议论，开后人多少法门。(《唐宋八大家类选》卷一〇)

[清] 林云铭：此记与诸游记不同，诸游记皆以探奇寻幽得之，而此则得之州治之中、郊邑之内者也。故先以郊邑之难得唤起，次以永州本有而埋没，韦公除治而出头，历叙一番，俱属正格。但既为永州刺史作此，自不得不以政治点染在内。旧本病其稍落俗调，然细思不如此洗发，直无可住手处，非苦心此道者不知也。(《古文析义》卷一三)

[清] 吴楚材、吴调侯：只要表章韦使君开辟新堂之功，先说一段名胜之难得，又说一段旧址之荒秽，以起韦公于政理之暇新之，所以为有功。末特开一议，见新堂煞甚关系，是记中所不可少。(《古文观止》卷九)

[清] 爱新觉罗·弘历：人或良才美质，自天畀之。而不学不问，好恶无节于内，知诱于外，以至灭天理而穷人欲，于是有悖逆诈伪之心，有淫佚慝乱之事，以之终身而不变。人曰天之生是使然也，奚知其质美才良，克念即可作圣耶？其与佳景、瑰观、清泉、美石之汨于荒区蛮域恶木毒莽之中，与为终古者奚异？宗元为上官作记，故以治人之道言之。善读之，知修身焉。(《唐宋文醇》卷一六)

[清] 李扶九：劈首翻起，最为出色，有悬岩万仞之陡峻。……中间写景似乎太多，殊句句为末段埋伏，自非泛设。末段发出正论，见非山水适情，乃治政经济也。尤巧者赞贺，托之或人口中，在己不为谄谀；且名曰赞贺，实是规讽，亦不取庾使君。夫作一小堂，不过为观游耳，而云可为后法，亦小中见大之文。自来大家皆如此。(《古文笔法百篇》卷六)

钴鉧潭西小丘记

柳宗元

解题 本文为"永州八记"第三篇，作于元和四年(809)。宋范成大《骖鸾录》云："渡潇水即至愚溪。……溪上愚亭，以祠子厚。路旁有钴鉧潭。钴鉧，熨斗也，潭状似之。其地如大小石渠、石硐之类，询之，皆芜没筸竹中，无能的知其处者。"

得西山后八日，寻山口西北道二百步，又得钴古。鉧母。潭。西二十五步，当湍而浚者为鱼梁。西山，在永州城西潇江之浒。钴鉧潭，在西山之西。湍，波流潆回之貌。浚，深也。鱼梁，堰石障水而空其中以通鱼之往来者。梁之上有丘焉，点"丘"字。生竹树。含下"嘉木"、"美竹"。其石之突怒偃蹇，负土而出，争为奇状者，殆不可数。上声。〇含下"奇石"。其嵚钦。然相累而下者，若牛马之饮于溪；其冲然角列而上者，若熊罴之登于山。嵚，高耸也。冲，向也、突也。〇单承石之奇状，描写一笔。

丘之小不能一亩，可以笼而有之。笼，包举也。〇又点"小"字。问其主，曰："唐氏之弃地，货而不售。"酬。〇以物售与人曰货。问其价，曰："止四百。"余怜而售之。李深源、元克己时同游，皆大喜，出自意外。叙买丘。即更取器用，铲刈秽草，伐去恶木，烈火而焚之。嘉木立，美竹露，奇石显。叙开辟。由其中以望，则山之高，云之浮，溪之流，鸟兽之遨游，举熙熙然回巧献技，以效兹丘之下。叙玩赏。枕席而卧,则清泠之状与目谋,瀯瀯荥。之声与耳谋,瀯瀯,水回貌。悠然而虚者与神谋,渊然而静者与心谋。叙玩赏中,生出静机。不匝旬入声。旬而得异地者二,匝,周也。十日曰旬。○此句应起"八日"、"又得"字。虽古好事之士,或未能至焉。收住。下忽从小丘发出感慨,寄意更远。

噫!以兹丘之胜,致之沣、镐、鄠、杜,沣、镐、鄠、杜,俱属右扶风,汉上林苑地。则贵游之士争买者,日增千金而愈不可得。今弃是州也,农夫渔父过而陋之,价四百,连岁不能售。而我与深源、克己独喜得之,是其果有遭乎!书于石,所以贺兹丘之遭也。感慨不尽。

汇评

[明] 茅坤:公之好奇,如贪夫之笼百货,而其文亦变幻百出。(《唐宋八大家文钞·柳柳州文钞》卷七)

[清] 孙琮:此篇平平写来,最有步骤。一段先叙小丘,次叙买丘,又次叙辟芜刈秽,又次叙游赏此丘,末后从小丘上发出一段感慨,不搀越一笔,不倒用一笔,妙,妙!(《山晓阁选唐大家柳柳州全集》卷三)

[清] 储欣:天然幽旷。(《唐宋十大家全集录·河东全集录》卷四)○寓意至远,令人殊难为怀。(《唐宋八大家类选》卷一〇)

[清] 林云铭:子厚游记,篇篇入妙,不必复道。此作把丘中之石,及既售得之后,色色写得生活,尤为难得。末段以"贺兹丘之遭",借题感慨,全说在自己身上。盖子厚向以文名重京师,诸公要人,皆欲令出我门下,犹致兹丘于沣、镐、鄠、杜之间也。今谪是州,为世大僇,庸夫皆得诋诃,频年不调,亦何异为农夫渔父所陋,无以售于

卷九　唐宋文

人乎？乃今兹丘有遭，而己独无遭，贺丘所以自吊，亦犹《起废之答》无"蹑足涎颡"之望也。呜乎！英雄失路至此，亦不免气短矣。读者当于言外求之。(《古文析义》卷一三)

[清]　吴楚材、吴调侯：前幅平平写来，意只寻常。而立名造语，自有别趣。至末从小丘上发出一段感慨，为兹丘致贺。贺兹丘，所以自吊也。(《古文观止》卷九)

[清]　沈德潜：结处忽发感喟，反复曲折。此神来之候也。记中又开一体。(《唐宋八大家文读本》卷九)

[清]　浦起龙：潭丘两记，合为一联，俱买得者。迁客无憀，感慨寄意。(《古文眉诠》卷五三)

[清]　过琪：于眼前境幻出奇趣，于奇趣中生出静机。使兹丘不遇柳州，特顽土耳。今此文常在，则此丘不朽。曰可贺，则诚可贺也。(《详订古文评注全集》卷七)

[清]　刘大櫆：前写小丘之胜，后写弃掷之感，转折独见幽冷。(引自《评校音注古文辞类纂》卷五二)

[清]　朱宗洛：凡前后呼应之笔，皆文章血脉贯通处。然要周匝，又要流动；要自然，又要变化，此文后一段可法。有两篇联络法，如此文起处是也；有取势归源法，如此文先言竹树及石之奇，而以"笼而有之"句勒住是也；有有意无意默默生根法，如此文中下一"怜"字，为末段伏感慨之根，下一"喜"字，为结处"贺"字作张本也。(《古文一隅》卷中)

[清]　唐介轩：前叙小丘所由来，后从小丘寓慨，遥情深致，不可思议。(《古文翼》卷六)

[清]　林纾：此等托物而感遇，侯雪苑、魏叔子皆摹仿之矣。以山水之状态，会诸耳目心神，自是悟道有得之言。究之名心未净，终以遭遇为言。丰、镐、鄠、杜，朝廷也；贵游之士，执政也；争买者，置之门下也；言弃者，谪居也。《西山记》既云与灏气俱，与造物游，何等心胸！乃此文以小丘逢己，获四百之贱价为遭，则自贬亦甚矣。

终竟不如韩、欧立言之得体。然其笔力之峭厉,体物之工妙,万非庸手所及。(《古文辞类纂选本》卷九)

[清] 陈衍:"嵚然相累"四句,状潭处向上向下之石,工妙绝伦,殆即从《无羊》诗"或降于阿,或饮于池"名句悟出。后"清泠之状"四句,与此相映带,用《考工记》"进与马谋,退与人谋"句法,可谓食古能化。(《石遗室论文》卷二)

小石城山记

柳宗元

解题 本文为"永州八记"第八篇,作于元和七年(812)。《嘉庆重修一统志》卷三七一永州府:"石城山在零陵县西。其石如林,中空外方,如城。城外怪石累累,无径可通,从石上走入,则烟云草树,景物万状。小石城山在零陵县西。……《县志》:此山与石城山相似而差小,故名。"

　　自西山道口径北,逾黄茅岭而下,有二道。故写二道。其一西出,寻之无所得;阁起一道。其一少北而东,不过四十丈,土断而川分,有积石横当其垠。垠。其上为睥睨、睥睨。梁㰩俪。之形,垠,崖也。睥睨,城上女垣也。梁㰩,屋栋也。山以小石城名者以此。其旁出堡坞,堡坞,乌上声。有若门焉。窥之正黑,堡,小城也。坞,水障也。投以小石,洞然有水声,其响之激越,良久乃已。此不是写水,只极写"窥之正黑"四字。环之可上,望甚远,其旁可以窥深,其上可以望远。无土壤而生嘉树美箭,益奇而坚,其疏数偃仰,类智者所施设也。"无土壤"三字,妙。"类智者所施设"一句,生下"有无"一段。

　　噫!吾疑造物者之有无久矣。宕笔。及是,愈以为诚有。疑其有。又怪其不为之于中州,而列是夷狄,更千百年不得一售其伎,是固劳而无用。神者傥不宜如是,则其果无乎?疑其无。或

617

曰："以慰夫贤而辱于此者。"或曰："其气之灵，不为伟人，而独为是物。故楚之南少人而多石。"借两"或曰"，错落自说胸中愤懑，随笔蓬勃。是二者，余未信之。不说煞，妙。

汇评

[明] 茅坤：借石之瑰玮以吐胸中之气。（《唐宋八大家文钞·柳柳州文钞》卷七）

[清] 王符曾：才人失路，寂寞无聊之况，开口便见。（《古文小品咀华》卷三）

[清] 孙琮：前幅一段，径叙小石城。妙在后幅从石城上忽信一段造物有神，忽疑一段造物无神，忽捏一段留此石以娱贤，忽捏一段不钟灵于人而钟灵于石，诙谐变幻，一吐胸中郁勃。（《山晓阁选唐大家柳柳州全集》卷三）

[清] 谢有煇：徜徉纵恣之作，实皆牢骚不平之气。（《古文赏音》卷九）

[清] 林云铭：柳州诸记多描写景态之奇与游赏之趣。此篇正略叙数语，便把智者设施一句生出造物有无两意疑案。盖子厚迁谪之后，而楚之南实无一人可以语者，故借题发挥，用寄其以贤而辱于此之慨，不可一例论也。（《古文析义》卷一三）

[清] 吴楚材、吴调侯：借石之瑰玮以吐胸中之气。柳州诸记，奇趣逸情，引人以深。而此篇议论，尤为崛出。（《古文观止》卷九）

[清] 沈德潜：洸洋恣肆之文，善学《庄子》，故是借题写意。○此西山北出一支，不与上七篇连属。（《唐宋八大家文读本》卷九）

[清] 浦起龙：状物设疑，都从"城"字生出。古人构意为文，无泛设者，泛设便可移掇。寓感于谐，不作煞语，故超。（《古文眉诠》卷五三）

[清] 过琪：明明写二道，却阁置一道不提。只说一道，而一道又疑其有，疑其无，写得小石城分明海外三山相似。后借境舒胸，更磊落

多奇。一结忽作玩世语,将毋不恭。(《详订古文评注全集》卷七)

[清] 陈衍:《小石城山记》虽短篇,跌宕可诵。……东坡《石钟山记》学之,后半即《封建论》笔意。(《石遗室论文》卷二)

贺进士王参元失火书

柳宗元

解题 黄震《黄氏日钞》卷六〇:"《王参元书》云:'家有积货,士之好廉名者,皆畏忌,不敢道足下之善。'尝考李商隐《樊南四六》,有《代王茂元遗表》云:'与季弟参元俱以词场就贡,久而不调。'茂元,栖曜之子也。商隐志王仲元云:'第五兄参元教之学。'"按:王栖曜,濮州濮阳人,在平定安禄山及李希烈的叛乱中,立有战功。贞元初,拜左龙武大将军,出为鄜坊节度使。新旧《唐书》均有传。

得杨八书,知足下遇火灾,家无余储。储,积蓄也。仆始闻而骇,中而疑,终乃大喜,盖将吊而更耕。以贺也。因骇、疑而将吊,因大喜而更以贺。道远言略,犹未能究知其状,若果荡焉泯焉而悉无有,乃吾所以尤贺者也。再足一句。〇以上总提作柱,下文分疏。

足下勤奉养,乐朝夕,惟恬安无事是望也。今乃有焚炀样。赫烈之虞,以震骇左右,而脂膏滫修上声。瀡虽上声。之具,或以不给,滫瀡,米泔也。《礼·内则》:"滫瀡以滑之,脂膏以膏之。"谓调和饮食也。吾是以始而骇也。承写一段骇。

凡人之言皆曰:盈虚倚伏,去来之不可常。《老子》:"祸兮福所倚,福兮祸所伏。"或将大有为也,乃始厄困震悸,于是有水火之孽,有群小之愠,《诗》:"忧心悄悄,愠于群小。"劳苦变动,而后能光明,古之人皆然。斯道辽阔诞漫,虽圣人不能以是必信,是故中而疑也。承写一段疑。

以足下读古人书,为文章,善小学,其为多能若是,而进不能出群士之上,以取显贵者,盖无他焉,无有他故。京城人多言足下家有积货,士之好廉名者,皆畏忌不敢道足下之善,独自得之,心蓄之,衔忍而不出诸口,以公道之难明,而世之多嫌也。好廉名者,所以不敢道。一出口,则嗤嗤鸱。者以为得重赂。嗤嗤,笑貌。○虽道亦必见笑于人。

仆自贞元十五年见足下之文章,蓄之者盖六、七年未尝言。是仆私一身而负公道久矣,非特负足下也。己亦避忌世嫌,有负公道。及为御史尚书郎,自以幸为天子近臣,得奋其舌,思以发明足下之郁塞,然时称道于行杭。列,犹有顾视而窃笑者,即欲一明公道,究不免于嗤嗤者之窃笑。仆良恨修己之不亮,素誉之不立,而为世嫌之所加,常与孟几道言而痛之。孟简,字几道。○公道难明,古今重叹。借以抒发,不胜世变之感。

乃今幸为天火之所涤荡,凡众之疑虑,举为灰埃。哀。黔其庐,赭者。其垣,黔,黑也。赭,赤也。以示其无有。而足下之才能,乃可以显白而不污,其实出矣,是祝融、回禄之相吾子也。祝融、回禄,皆火神。相,助也。○奇语,快语。则仆与几道十年之相知,不若兹火一夕之为足下誉也。奇极,快极。宥而彰之,人皆宽宥,而可以彰明其美。使夫蓄于心者,咸得开其喙,诲。发策决科者,授子而不栗。喙,口也。发策决科,谓明经取士,必为问难疑义书之于策,以试诸士,定为甲乙之

621

科。粟,惧也。**虽欲如向之蓄缩受侮,其可得乎?** 蓄缩,谓畏忌世嫌。受侮,谓被人窃笑。**于兹吾有望于子**,庶几能出群士之上,以取显贵。**是以终乃大喜也。** 承写一段喜。大喜是主,故此段独详。

  古者列国有灾,同位者皆相吊。许不吊灾,君子恶之。《左传·昭公十八年》:宋、卫、陈、郑灾。陈不救火,许不吊灾,君子是以知陈、许之亡也。**今吾之所陈若是**,指第三段。**有以异乎古**,原不是灾。**故将吊而更以贺也。** 承写一段吊且贺。**颜、曾之养,其为乐也大矣,又何阙焉?** 想参元亲在,故前云"勤奉养,乐朝夕"。末慰之言,正照上"养"字,"乐"字。

汇评

[明] 茅坤:深识之言,逼古之文。(《唐宋八大家文钞·柳柳州文钞》卷四)

[清] 孙琮:此篇提柱分应,一段写骇,一段写疑,一段写吊且贺。虽分四段,其写骇写疑,写吊写贺,是客意;写喜一段,是正意。盖失火而贺,此是奇文;失火而反表白参元之材,又是奇事。从奇处立论,便见超越,固知写喜一段是一篇正文也。(《山晓阁选唐大家柳柳州全集》卷一)

[清] 储欣:间架文甚活变,东坡先生目为怪怪奇奇,有以也。(《唐宋十大家全集录·河东全集录》卷五)○语奇理正。读此与昌黎《送齐皞序》,知唐以通榜取士,而当时主司犹顾惜名节如此,亦近今所难。(《唐宋八大家类选》卷八)

[清] 张伯行:行文亦有诙谐之气,而奇思隽语出于意外,可以摆脱庸庸之想。参元以积货而累真材,子厚以避谤而掩人善,当时风俗如此,却不可解。(《唐宋八大家文钞》卷四)

[清] 林云铭:荐引士类,惟在至公。贫者未必皆贤,富者未必皆不肖,

然亦贵自处于廉,言方见信。而世之夤缘幸进者,非货赂不能,则瓜李之嫌,又不容不避矣。是书以闻失火,改吊为贺,立论固奇,其实就俗眼言,确乎不易。若文之纵横转换,抑扬尽致,令惧祸者破涕为笑,则其奇处耳!(《古文析义》卷一三)

[清] 吴楚材、吴调侯:闻失火而贺,大是奇事。然所以贺之之故,自创一段议论,自辟一番实理,绝非泛泛也。取径幽奇险仄,快语惊人,可以破涕为笑。(《古文观止》卷九)

[清] 过珙:失火而贺最是奇情恣笔,然说到"终乃大喜"一段,真有深识,真有至理。骇者固不足骇,而疑者终无可疑矣。不火不足以表参元,不火之尽不足以大表参元。两断分晰,奇特尤甚。(《详订古文评注全集》卷七)

[清] 唐介轩:范宣子忧贫,叔向贺之;王进士失火,柳州亦贺之,同一奇思异想。前总提三柱子,以后三段分应,笔曲而语辣,自成为柳子之文。(《古文翼》卷六)

[清] 林纾:唐时朝士,居显要者,多矫激而避嫌,于昌黎《送齐皞下第叙》中,已见之矣。柳州《贺王参元失火书》,正是此意。书意似怪特,然唯有唐之矫激,始有此怪特之书。失火有何可贺?贺在一火之后,可以荡涤行贿冒进之名。书中始骇、中疑、终喜,分三段抒写,似奇而实平,似怨而实愤。第三段写公道难明、世人多嫌意,否塞令人怆喟无已。(《韩柳文研究法·柳文研究法》)

待漏院记

王禹偁

解题 李肇《唐国史补》卷中："旧百官早朝，必立马于望仙、建福门外，宰相于光宅车坊以避风雨。元和初，始制待漏院。"王禹偁《小畜集》卷二五《谢除右拾遗直史馆启》："位列谏垣，职兼史氏，虽听已行之命，难逃非据之言。……方在端忧之际，忽惊非次之恩。芝函乍降于人寰，棘寺骤归于谏署。职兼馆殿，地极清华。"按：本文中有"棘寺小吏王禹偁为文"句，"棘寺小吏"为大理评事别称。"棘寺骤归于谏署"，指次年即端拱元年（988）正月王禹偁由大理评事升任右拾遗（谏官），则此记作于雍熙四年（987）冬。

天道不言，而品物亨、岁功成者，何谓也？四时之吏，五行之佐，宣其气矣。圣人不言，而百姓亲、万邦宁者，何谓也？三公论道，六卿分职，张其教矣。天道、圣人对起，立论阔大。是知君逸于上，臣劳于下，法乎天也。三句收上二段。古之善相天下者，自咎、皋、夔至房、魏，可数上声。也。咎陶、后夔，舜臣。房玄龄、魏征，唐相。是不独有其德，亦皆务于勤耳。先提一"勤"字，引起待漏意。况夙兴夜寐，以事一人，卿大夫犹然，况宰相乎！侧重宰相当勤。

朝廷自国初因旧制，设宰相待漏院于丹凤门之右，丹凤门，即朱雀门。凡宰相来朝，至此待玉漏，及晨而后趋朝。○点待漏院。示勤政也。

卷九　唐宋文

紧接上"勤"字。乃若北阙向曙，树。东方未明，相君启行，煌煌火城。相君至止，哕哕诲。鸾声。金门未辟，玉漏犹滴。撤彻。盖下车，于焉以息。忽作韵语描写宰相入院之景，妙甚。待漏之际，相君其有思乎！轻轻带出一"思"字，生出下文二大段文字。

其或兆民未安，思所泰之；四夷未附，思所来之；兵革未息，何以弭米。之；田畴多芜，何以辟之；贤人在野，我将进之；佞人立朝，我将斥之；六气不和，六气，阴、阳、风、雨、晦、明。灾眚生上声。荐至，愿避位以禳之；五刑未措，欺诈日生，请修德以厘离。之。厘，理也。忧心忡忡，待旦而入。九门既启，四聪甚迩。四聪，四方之听也。《虞书》："达四聪。"言广四方之听，以决天下之壅蔽也。相君言焉，时君纳焉。皇风于是乎清夷，苍生以之而富庶。若然，则总百官，食万钱，非幸也，宜也。此段写贤相勤政之思。先用两个"思"字，又转用两个"何以"字、"我将"字，何等可师、可法。

其或私仇未复，思所逐之；旧恩未报，思所荣之；子女玉帛，何以致之；车马玩器，何以取之；奸人附势，我将陟之；直士抗言，我将黜之；三时告灾，上有忧色，构巧词以悦之；群吏弄法，君闻怨言，进谄容以媚之。私心慆慆，滔。〇慆，慢也。假寐而坐。不脱衣冠而寐曰假寐。九门既开，重瞳屡回。相君言焉，时君惑焉。政柄于是乎隳灰。哉，帝位以之而危矣。若然，则死下狱，投远方，非不幸也，亦宜也。此段写奸相乱政之思，与上贤相一样大费经营，可鄙可恨。

是知一国之政，万人之命，悬于宰相，可不慎欤？总收上二段。复有无毁无誉，旅进旅退，旅，众也。言与众进退。窃位而苟禄，备员而全身者,亦无所取焉。贤相不世出,奸相亦不恒有,此等庸相却多,点出尤足示戒。

棘寺小吏王禹偁称。为文,棘寺,周官所谓外朝之左棘,卿大夫之位也。请志院壁,用规于执政者。是作记本意。

汇评

[宋] 楼昉:句句见待漏意。是时五代气习未除,未免稍俳,然词严气正,可以想见其人,亦自得体。(《崇古文诀》卷一六)

[金] 王若虚:王元之《待漏院记》,文殊不典。人所以喜之者,特取其规讽之意耳。(《滹南遗老集》卷三七)

[明] 归有光:文章有正说一段议论,复换数字,反说一段,与其相对。读者但见其精神,不见其重复,此文法之巧处。……王元之《待漏院记》可以参看。(《古文举例》)

[清] 谢有煇:待漏院之设,本是优崇宰辅,然顾名思义,则勤政的是本旨。就"思"字写出贤奸之状,令人猛醒。与温公《谏院题名记》同意。(《古文赏音》卷一二)

[清] 林云铭:细玩词意,似过于平正无波。但名为记,却语语是箴,故自言规于执政,其体制不得不如此耳。(《古文析义》卷一四)

[清] 吴楚材、吴调侯:将千古贤相、奸相心事,曲曲描出。辞气严正,可法,可鉴。尤妙在先借"勤"字立说,后将"慎"字作收。盖为相者,一出于勤慎,则所思自有善而无恶。末又说出一种苟禄全身之庸相,其害正与奸相等,尤足以为后世戒。虽名为记,极似箴体。(《古文观止》卷九)

[清] 浦起龙:非骈非散,似箴似铭。文格犹沿五代,而紧切"待"字落想。词无鲠避,正色毅然。(《古文眉诠》卷七三)

[清] 余诚:院曰待漏,本欲相君勤政,故开首以天道、圣人并起,归重臣

劳。随历数古相之皆务于勤,而又撇开卿大夫,重跌宰相,以转入题。然试思待漏时之勤,勤何在乎?亦惟在思而已矣。夫思之善者,有功而获宠;思之不善者,有害而获谴。可见非不勤之过,是不慎之过也。故极言宰相关系之重,而以"慎"字作收。故知此"慎"字,正是所谓规处。……篇末自署其官以及姓名,亦见敬谨之意,而"用规"一语,尤觉一片婆心,千载如揭。宜昔人称为垂世立教之文。(《古文释义》卷八)

[清] 过珙:通篇出力,只写一"勤"字。"勤"字下得好,正与"待漏""待"字恰恰相当。相君有思,亦是待漏时所必有之想。写得森严可畏,有体有裁,宜与温公《谏院题名记》并重。(《详订古文评注全集》卷八)

[清] 李扶九:以脉络用意言,前以"勤"字引出待漏院,又以"待"字想出"思"字,从"思"字生出贤、奸两种,末以"慎"字束,意在为相者当勤慎也。以体言,虽云是记,实可为古今宰相箴。(《古文笔法百篇》卷一)

黄冈竹楼记

王禹偁

解题 《宋史·王禹偁传》:"王禹偁,字元之,济州钜野人。……咸平初,预修《太祖实录》,直书其事,时宰相张齐贤、李沆不协,意禹偁议论轻重其间。出知黄州,尝作《三黜赋》以见志。其卒章云:'屈于身而不屈于道兮,虽百谪而何亏!'"本文即王禹偁于咸平二年(999)贬黄州时作。朱弁《曲洧旧闻》卷八:"王元之在黄州日,作《竹楼》与《无愠斋记》,其略云:'后人公退之余,召高僧道士烹茶炼药则可矣。若易吾斋为厩库厨传,则非吾徒也。'信可始至,访其斋则已为马厩矣,求其记则庖人亦取其石压羊肉。信可叹曰:'元之岂前知耶,抑其言遂为谶耶?'于是楼斋皆如旧,而命以其记龛之于壁。"

黄冈之地多竹,_{黄冈,县名,今属湖广黄州府。}大者如椽,竹工破之,刳楛。去其节,用代陶瓦,比屋皆然,以其价廉而工省也。_{从竹说起。}

子城西北隅,雉堞圮毁。毁,蓁莽荒秽,_{雉堞,城上女垣也。}因作小楼二间,与月波楼通。_{月波楼,在府城上,亦王禹偁建。○次说因竹作楼。}远吞山光,平挹江濑,_{濑。}幽阒辽夐倾入声。辽夐,_{同迥。}不可具状。_{濑,水流沙上也。阒,寂静也。夐,远也。○写山川之景。}夏宜急雨,有瀑仆。布声;_{飞泉悬水曰瀑布。}冬宜密雪,有碎玉声;宜鼓琴,琴调和畅;宜咏诗,诗韵清绝;宜围棋,子声丁丁_{争。}然;宜投壶,矢声铮铮_{撑。}

然。皆竹楼之所助也。上二句,写天时之景。下四句,写人事之景。连下六"宜"字,又下一"助"字,正见有声韵者,与竹相应而倍佳。文致隽绝。

公退之暇,被批。鹤氅敞。衣,羽衣。戴华阳巾,道冠。手执《周易》一卷,焚香默坐,消遣世虑。江山之外,第见风帆沙鸟,烟云竹树而已。待其酒力醒,茶烟歇,送夕阳,迎素月,亦谪居之胜概也。时禹偁谪贬黄州郡。○上写竹楼之景,令读者心开目朗。此写登楼之胜,则遥情独往,翩翩欲仙矣。

彼齐云、落星,高则高矣;齐云,楼名,五代韩浦建。落星,亦楼名。井幹、丽谯,华则华矣。汉武帝立井幹楼,高二十丈。丽谯楼,曹韩建。止于贮妓女、藏歌舞,非骚人之事,吾所不取。骚,忧也。屈原作《离骚》,言遭忧也。今谓诗人为骚人。○又借四楼反照竹楼,以我幽冷,傲彼繁华。襟怀何等洒落!

吾闻竹工云:"竹之为瓦,仅十稔,任。若重覆之,得二十稔。"谷熟日稔。古人谓一年为一稔,取谷一熟也。○应前竹工一段,起下"明年何处"之意。噫!吾以至道宋太宗年号。乙未岁,自翰林出滁除。上;贬滁州。丙申,移广陵;迁扬州。丁酉,又入西掖;中书省曰西掖。戊戌岁除日,有齐安之命;黄州郡名齐安。己亥闰三月,到郡。四年之间,奔走不暇,未知明年又在何处,岂惧竹楼之易朽乎?细叙数年履历,如闲云野鹤,去留无定。读之可为怆然。后之人与我同志,嗣而葺之,庶斯楼之不朽也。以修葺望之后人,极系恋,又极旷达。

汇评

[清] 王符曾:竹楼,韵事;竹楼记,韵文也,必极力摆脱俗想方佳。此作

妙在用"消遣世虑"四字摆脱一切,纸上亦觉幽阒辽夐,不可具状也。确是楼,确是竹楼,确是默坐竹楼。令人读之如在画图。(《古文小品咀华》卷四)

[清] 谢有煇：以潇洒出尘之笔,写潇洒出尘之心胸,恰与斯题相称。(《古文赏音》卷一一)

[清] 林云铭：以竹瓦起,以竹瓦结,中间撰出六"宜",俱在竹瓦声音相应上描写,皆非寻常意想所及。至叙登楼对景清致,飘飘出尘,可以上追柳州得意诸作。(《古文析义》卷一四)

[清] 吴楚材、吴调侯：冷淡萧疏,无意于安排措置,而自得之于景象之外。可以上追柳州得意诸记。起结摇曳生情,更觉蕴藉。(《古文观止》卷九)

[清] 余诚：此记作于咸平二年八月十五日,大抵是借竹楼以写其谪居之意也。通体俱切定竹楼,抒写胜概。玩"亦谪居"句,则竹楼之景尽属谪居之乐矣。"吾以至道"数语,分明有由乐转入悲意,却妙在笔能含蓄不露。末以"斯楼不朽"结,到底还他个记体。○"远吞"二段景中有人,"公退"一段是人中有景。读者亦须辨之。(《重订古文释义新编》卷八)

[清] 过琪：冷淡萧疏,无意于安排,摄道而自得之于景象之外,只觉飘飘欲仙。(《详订古文评注全集》卷八)

书洛阳名园记后

李格非

解题 《宋史·李格非传》:"李格非字文叔,济南人。其幼时,俊警异甚。有司方以诗赋取士,格非独用意经学,著《礼记说》至数十万言,遂登进士第。……入补太学录,再转博士,以文章受知于苏轼。尝著《洛阳名园记》,谓'洛阳之盛衰,天下治乱之候也。'其后洛阳陷于金,人以为知言。"

洛阳处天下之中,挟殽、黾𥱼。之阻,当秦、陇之襟喉,而赵、魏之走集,盖四方必争之地也。点洛阳。天下当无事则已,有事则洛阳必先受兵。予故尝曰:"洛阳之盛衰,天下治乱之候也。"盛衰不过洛阳,而治乱关于天下。

唐贞观、太宗年号。开元明皇年号。之间,公卿贵戚开馆列第于东都者,号千有余邸。底。○点名园。及其乱离,继以五季五代。之酷,其池塘竹树,兵车蹂躏,废而为丘墟;高亭大榭,谢。烟火焚燎,化而为灰烬,与唐共灭而俱亡,无余处矣。予故尝曰:"园囿之兴废,洛阳盛衰之候也。"兴废不过园囿,而盛衰关于洛阳。

且天下之治乱,候于洛阳之盛衰而知;洛阳之盛衰,候于园囿之兴废而得。将"候"字倒用,甚生活。则《名园记》之作,予岂徒然

哉？<u>将上二段一总，写出作记意。</u>

　　呜呼！公卿大夫方进于朝，放乎一己之私，自为之，而忘天下之治忽，欲退享此，得乎？唐之末路是已。<u>感叹歔欷以收之。</u>

汇评

[宋]　楼昉：园囿何关于世道轻重？所以然者，兴废可以占盛衰，可以占治乱。盛衰不过洛阳，而治乱关于天下。斯文之作，为洛阳，非为园囿；为天下，非为洛阳也。文字不过二百字，而其中该括无限盛衰治乱之变。意有含蓄，事存鉴戒，读之令人感叹。（《崇古文诀》卷三二）

[宋]　谢枋得：名园特游观之末，今张大其事，恢广其意，谓园囿之兴废乃洛阳兴衰之候，洛阳之盛衰乃天下治乱之候，是至小之物，关系至大。有学有识，方能为此文。（《文章轨范》卷六）

[清]　金圣叹：幺么小题，发出如许大论。大儒眼中，固无细事；大儒胸中，固无小计；大儒手中，固无琐笔：定当如此。（《天下才子必读书》卷八）

[清]　林云铭：此既作《名园记》之后，又自叙所以作记之意。先辈评其小题大做，不必复赘，但说得如许浑成，见得此记之作大有关系。末发出感慨正旨，止用"唐之末路"四字，一结便住。不言垂戒，而垂戒之意自在言外，笔法高绝。（《古文析义》卷一四）

[清]　吴楚材、吴调侯：名园特游观之末耳，今张大其事，恢广其意，其兴废可以占盛衰，可以占治乱。至小之物，关系至大。有学有识，方有此文。（《古文观止》卷九）

[清]　浦起龙：洛阳于唐为东都，于宋为西京。冠盖之所会，流风之所渐，诸公衮衮，反是不思，大率然矣。前尘后影，有心人语，先见如

著。(《古文眉诠》卷七四)

[清] 过珙：即名园之兴废推到天下之治乱，是小题大做法。(《详订古文评注全集》卷一〇)

严先生祠堂记

范仲淹

解题　《后汉书·严光传》:"严光字子陵,一名遵,会稽余姚人也。少有高名,与光武同游学。及光武即位,光乃变名姓,隐身不见。帝思其贤,乃令以物色访之。后齐国上言:'有一男子,披羊裘,钓泽中。'帝疑其光,乃备安车玄𫄸,遣使聘之,三反而后至。舍于北军,给床褥,太官朝夕进膳。……车驾即日幸其馆,光卧不起。帝即其卧所,抚光腹曰:'咄咄子陵,不可相助为理邪?'光又眠,不应。良久,乃张目熟视,曰:'昔唐尧著德,巢父洗耳,士故有志,何至相迫乎?'帝曰:'子陵,我竟不能下汝邪?'于是升舆叹息而去。复引光入论,道旧故,相对累日。帝从容问光曰:'朕何如昔时?'对曰:'陛下差增于往。'因共偃卧,光以足加帝腹上。明日,太史奏客星犯御座甚急。帝笑曰:'朕故人严子陵共卧耳。'除为谏议大夫,不屈,乃耕于富春山,后人名其钓处为严陵濑焉。建武十七年,复特征,不至。年八十,终于家。帝伤惜之,诏下郡县赐钱百万、谷千斛。"

先生,光武之故人也。_{先生、光武并点出。}相尚以道。_{总赞一句,就平日言。}及帝握《赤符》,_{光武至鄗,儒生强华奉《赤伏符》奏上,遂即帝位。}乘六龙,_{《易》曰:"时乘六龙以御天。"}得圣人之时,臣妾亿兆,天下孰加焉?惟先生以节高之。_{从光武侧到先生。}既而动星象,_{帝与光共卧,光以足加帝腹,明日太史奏客星犯帝座甚急。帝笑曰:"朕与故人严子陵共卧耳。"}归江湖,_{帝除光为谏议大夫,不屈。去耕钓于富春山中。}得圣人之清,泥涂轩冕，天下孰加焉？惟光武以礼下之。_{从先生打转光武。○"以节高之"、"以礼下之"，正见先生与光武始终相尚以道处。}

在《蛊》之上九，众方有为，而独"不事王侯，高尚其事"，_{《易·蛊卦》上九爻曰："不事王侯，高尚其事。"蛊，坏极而有事也。处蛊之世，众皆有为，而上九独在事外，惟高尚其事而已。}先生以之。_{引经证先生。}在《屯》之初九，阳德方亨，而能"以贵下贱，大得民也"，_{《易·屯卦》初九象曰："以贵下贱，大得民也。"屯，难也。屯难之初，德足亨屯，而乃能以贵下贱，民心无不归之也。}光武以之。_{引经证光武。}盖先生之心，出乎日月之上；_{高。}光武之量，包乎天地之外。_{大。}微先生不能成光武之大，微光武岂能遂先生之高哉？_{互言之以终相尚之意。}而使贪夫廉，懦夫立，是大有功于名教也。_{只用"而使"二字过文，独归到先生，见当立祠意，妙。}

仲淹来守是邦，始构堂而奠焉。_{祠堂在严州桐庐县。}乃复为其后者四家，以奉祠事。_{复者，免其赋役也。}又从而歌曰：云山苍苍，江水泱泱。先生之风，山高水长。_{风，犹《孟子》"故闻伯夷之风者"之"风"，正与上"贪夫廉，懦夫立"六字相关应。山高水长，言与山水并垂千古。○以歌结，有余韵。}

汇评

[宋] 洪迈：范文正公守桐庐，始于钓台建严先生祠堂，自为记，用《屯》之初九、《蛊》之上九，极论汉光武之大、先生之高，财二百字。其歌词云："云山苍苍，江水泱泱。先生之德，山高水长。"既成，以示南丰李泰伯。泰伯读之，三叹味不已，起而言曰："公之文一出，必将名世，某妄意辄易一字，以成盛美。"公瞿然握手扣之，答曰："'云山'、'江水'之语，于义甚大，于词甚溥，而'德'字承之，乃似

趑趄,拟换作'风'字,如何?"公凝坐颔首,殆欲下拜。(《容斋五笔》卷五)

[宋] 朱熹:胡文定父子,最不轻下人,独服文正公《祠堂记》。(引自《古文赏音》卷一一)

[宋] 楼昉:字少词严,笔力老健。(《崇古文诀》卷一六)

[宋] 谢枋得:字少意多,文简理详,有关世教,非徒文也。○范文正公作此记,李太伯在坐间,曰:"公此文一出名世,只一字未安。"公曰:"何字?"曰:"'先生之德',不如以'风'字代'德'字。"公欣然改之。盖太伯因记中有"贪夫廉,懦夫立"六字,遂思"闻伯夷、柳下惠之风"一段,因得之字也。(《文章轨范》卷六)

[清] 金圣叹:一起一结,中间整整相对。有发挥,有证佐,有咏叹,有交互,此今日制义之所自出也。(《天下才子必读书》卷八)

[清] 王符曾:中间对偶处仍流走,有节节相生之妙。先生立朝,风度端凝,而为文亦如之。先生文章,湛深经术,而为人亦如之。字句都担斤两。(《古文小品咀华》卷四)

[清] 林云铭:文正此记,首言其相尚,继言其相成,末言其有功名教,总以"道"字作线,持论不刊,千古杰作。(《古文析义》卷一四)

[清] 吴楚材、吴调侯:题严先生,却将光武两两相形,竟作一篇对偶文字。至末乃归到先生,最有体格。且以歌作结,能使通篇生动,不失之板。妙甚。(《古文观止》卷九)

[清] 余诚:细玩通体神味,虽以光武对讲而意实侧重先生。宾主原是分明,勿泥于对讲之迹,而失其神味之轻重处也。至笔力之雄健而生动,结构之精严而自然,更觉直追秦、汉。(《重订古文释义新编》卷八)

[清] 过珙:题目只是严先生,却以光武对讲,正为先生占地步。字少意多,笔力老健。昔人题钓台诗云:"卓哉严子陵,可惜汉光武。子陵有钓台,光武无寸土。"寄慨特远。(《详订古文评注全集》卷八)

[清] 唐介轩:子陵是主,光武是宾,文却对举互发,不分轩轾。只于一

起一落,侧笔见意,而终之以歌,品格绝高。(《古文翼》卷八)

［清］ 李扶九:有起有结,有平有侧,有夹缝。予尤爱其起句,以"先生"特安于"光武"之上,平中已寓侧矣。而每比俱先主人,极得尊题之法。金圣叹曰:"题目是严先生,却以光武对讲,说得光武大,愈显得先生高。此水长船高法。"(《古文笔法百篇》卷一)

［清］ 毛庆蕃:人之立身也,不必其有事功也,而有事功者莫之逮也,则严先生是也;人之立政也,不必其急于事功也,而急于事功者莫之逮也,则范希文《严先生祠堂记》是也。是何也? 曰:风也。君子之德,风也,李泰伯其知之矣。(《古文学余》卷三一)

岳阳楼记

范仲淹

解题 王辟之《渑水燕谈录》卷六:"庆历中,滕子京谪守巴陵,治最为天下第一。政成,重修岳阳楼,属范文正公为记,词极清丽。苏子美书石,邵𫗧篆额,亦皆一时精笔。世谓之'四绝'云。"《宋史·滕宗谅传》:"滕宗谅字子京,河南人。与范仲淹同年举进士。……仲淹荐以自代,擢天章阁待制,徙庆州。……御史梁坚劾奏宗谅前在泾州费公钱十六万贯,及遣中使检视,乃始至部日,以故事犒赉诸部属羌,又间以馈遗游士故人。宗谅恐连逮者众,因焚其籍以灭姓名。仲淹时参知政事,力救之,止降一官,知虢州。御使中丞王拱辰论奏不已,复徙岳州。"《全宋文》卷三九六有滕宗谅致范仲淹的《求记书》:"六月十五日,尚书祠部员外郎、天章阁待制、知岳州军州事滕宗谅谨驰介致书,恭投邠府四路经略安抚资政谏议节下:窃以为天下郡国,非有山水环异者不为胜,山水非有楼观登览者不为显,楼观非有文字称记者不为久,文字非出于雄才巨卿者不成著。……巴陵西,跨城闉,揭飞观,署之曰'岳阳楼',不知俶落于何人。……去秋以罪得兹郡,……乃分命僚属,于韩、柳、刘、白、二张、二杜逮诸大人集中摘出登临寄咏,或古或律,歌咏并赋七十八首,暨本朝大笔如太师吕公、侍郎丁公、尚书夏公之作,榜于梁栋间。又明年春,鸠材僝工,稍增其旧制。古今诸公于篇咏外,率无文字称纪。……恭维执事文章器业,凛凛然为天下之时望,又雅意在山水之好。……冀戎务鲜退,经略暇日,少吐金石之论,发挥此景之美,庶溦芳润于异时,知我朝高位辅臣有能淡味而远托思于湖山数千里外,不其胜与!谨以《洞庭秋晚图》一本随书赘献,涉毫之际,或有所助。干冒清严,伏惟惶灼。"

庆历<small>仁宗年号。</small>四年春,滕子京<small>名宗谅。</small>谪守巴陵郡。<small>巴陵,即岳州。宋曰岳阳。</small>越明年,政通人和,百废具兴。<small>提句,最不可少。</small>乃重修岳阳楼,增其旧制,刻唐贤、今人诗赋于其上,属<small>祝。</small>予作文以记之。<small>述作记之由。</small>

予观夫巴陵胜状,在洞庭一湖。<small>洞庭湖,在府城西南。○先总点一句。</small>衔远山,吞长江,浩浩汤汤,<small>商。</small>横无际涯;朝晖夕阴,气象万千。<small>四字,包许多景致。</small>此则岳阳楼之大观也。前人之述备矣。<small>述,指上诗、赋言。○只用虚笔轻轻提过。</small>然则北通巫峡,南极潇湘,<small>巫峡,山名,在四川夔州。潇、湘,二水名,在九江之间。</small>迁客骚人,多会于此,<small>迁客,迁谪之客也。骚人,即诗人。</small>览物之情,得无异乎?<small>"览物之情"一句,起下二段文字。</small>

若夫霪雨霏霏,连月不开,阴风怒号,浊浪排空,日星隐曜,山岳潜形,商旅不行,樯倾楫<small>同楫。</small>摧,<small>薄博。</small>暮冥冥,虎啸猿啼。登斯楼也,则有去国怀乡,忧谗畏讥,满目萧然,感极而悲者矣。<small>一段写迁客、骚人之悲,是览物之情而忧者。</small>

至若春和景明,波澜不惊,上下天光,一碧万顷,沙鸥翔集,锦鳞游泳,岸芷<small>纸。</small>汀兰,郁郁青青。<small>精。</small>而或长烟一空,皓月千里,浮光耀金,静影沉璧,渔歌互答,此乐何极!登斯楼也,则有心旷神怡,宠辱皆忘,把酒临风,其喜洋洋者矣。<small>一段写迁客、骚人之</small>

639

喜,是览物之情而乐者。

　　嗟夫！予尝求古仁人之心,或异二者之为。何哉？上写悲、喜二段,只是欲起"古仁人"一段正意。不以物喜,不以己悲。居庙堂之高,进。则忧其民；处江湖之远,退。则忧其君。是进亦忧,退亦忧。然则何时而乐耶？从悲、喜引出忧、乐,明古之仁人忧多乐少。与人情之随感而忧乐顿殊者不同。其必曰"先天下之忧而忧,后天下之乐而乐"欤！先生少有大志。尝自诵曰："士当先天下之忧而忧,后天下之乐而乐。"此其志也,今于此发之。○忧乐俱在天下,正见其不以物喜、不以己悲意。噫！微斯人,吾谁与归！斯人,指古仁人。结句一往情深。

汇评

［宋］　陈师道：范文正公为《岳阳楼记》,用对语说时景,世以为奇。尹师鲁读之曰："传奇体尔。"《传奇》,唐裴铏所著小说也。(《后山诗话》)

［宋］　楼昉：首尾布置与中间状物之妙,不可及矣。然最妙处在临了断遣一转语,乃知此老胸襟宇量直与岳阳、洞庭同其广大。(《崇古文诀》卷一六)

［清］　金圣叹：中间悲喜二大段,只是借来翻出后文忧乐耳。不然,便是赋体矣。○一肚皮圣贤心地、圣贤学问,发而为才子文章。(《天下才子必读书》卷八)

［清］　王符曾：不屑屑记述,而独发高论。忧君爱国,宰相之文。(《古文小品咀华》卷四)

［清］　谢有煇：记为游览而作,却推出如许大道理,只缘公自写其志耳。(《古文赏音》卷一一)

［清］　林云铭：题是记岳阳楼,他手少不得先说此楼如何倾坏,如何狭

小,再叙增修之劳,再写楼外佳景,以为滕公此举大有益于登临耳。文正却把这些话头点过,便尽情搁起,单就迁客骚人登楼异情处,转入古仁人用心,遂将平日胸中致君泽民先忧后乐大本领一齐揭出。盖滕公以司谏谪守巴陵,居庙堂之高者,忽处江湖之远,其忧谗畏讥之念、宠辱之怀,抚景感触,不能自遣,情所必至。若知念及君民之当忧,自有不暇于为物喜为己悲者。篇首提出"谪守"二字,本是此意。妙在借他方之迁客骚人,闲闲点缀,不即不离,谓之为子京说法可也,谓之自述其怀抱可也,即谓之遍告天下后世君子俱宜如此存心亦无不可也。嘻,此其所以为文正公之文欤!(《古文析义》卷一四)

[清] 吴楚材、吴调侯:岳阳楼大观,已被前人写尽,先生更不赘述,止将登楼者览物之情写出。悲、喜二意,只是翻出后文忧、乐一段正论。以圣贤忧国忧民心地,发而为文章,非先生其孰能之!(《古文观止》卷九)

[清] 浦起龙:先忧后乐两言,先生生平所持诵也。缘情设景,借题引合,想见万物一体胸襟。(《古文眉诠》卷七三)

[清] 余诚:通体俱在"谪守"上着笔,确是子京重修岳阳楼记,一字不肯苟下。圣贤经济,才子文章,于此可兼得之矣。(《重订古文释义新编》卷八)

[清] 过珙:首尾布置与中间状物之妙不可及矣。尤妙在入后忧乐一段,见得惟贤者而后有真忧,亦惟贤者而后有真乐。乐不以忧而废,忧不以乐而忘。此虽文正自负之词,而期望子京,隐然言外。必如是始得斯文本旨。(《详订古文评注全集》卷八)

[清] 唐介轩:撇过岳阳之景,专为览物之情,引起"忧"、"乐"二意,又从"忧"、"乐"写出绝大本领。从来名公作记,未有若此篇之正大堂皇者,可想见文正一生节概。(《古文翼》卷八)

[清] 黄仁黼:文正此记,前半为岳阳写景绘情,经营惨淡,已到十分。而其中或悲或喜,处处隐对子京,即处处从谪守着想。故末以

"忧"、"乐"二字易"悲"、"喜"二字，归到仁人身上，见得境虽变，心不与之俱变，心所存，道即与之俱存。出忧其民，处忧其君，仁人之心自有其所以异者在也。通幅不矜才，不使气，使自己胸襟显得磊磊落落，正大而光明，非其存于中者大而能若是乎？（《古文笔法百篇》卷七）

[清] 唐文治：首段以"览物之情，得无异乎"，开出忧乐二意；中间一段忧，一段乐；末段以"先天下之忧而忧，后天下之乐而乐"作封锁。浩然正大之气，隐跃行间，而才锋绝不外露，格局自然警严，望而知为端人正士之文。虽不能至，心向往之矣。"先天下之忧"二句，实隐用孟子"乐以天下，忧以天下"之意，而造语则更深一层，此可悟袭古变化之法。（《国文经纬贯通大义》卷一）

[清] 高步瀛：此文坊本多选之，其中二段写情景处，殊失古泽，故或以为俳。然先天下而忧，后天下而乐，实为千古名言，故姚选不取，而《杂钞》录入也。（《唐宋文举要》甲编卷六）

谏院题名记

司马光

解题　《宋史·真宗纪》:"(天禧元年二月)置谏官、御史各六员,每月一员奏事,有急务,听非时入对。"《仁宗纪》:"(嘉祐六年)六月丙子,以司马光知谏院。"按:司马光是年迁起居舍人,同知谏院。嘉祐八年(1063)撰写本文。

古者谏无官,自公、卿、大夫至于工、商,无不得谏者。<small>突然而起,高题一层。</small>汉兴以来始置官。夫以天下之政,四海之众,得失利病,萃于一官使言之,其为任亦重矣。<small>非古之无不得谏者比。谏官何等关系。</small>居是官者,当志其大,舍其细,先其急,后其缓,专利国家,而不为身谋。彼汲汲于名者,犹汲汲于利也,其间相去何远哉!<small>谏官本无利,然最易犯名。必须名利并戒,方是不为身谋。二语极精细。</small>

天禧<small>真宗年号。</small>初,真宗诏置谏官六员,责其职事。<small>先记谏院。</small>庆历<small>仁宗年号。</small>中,钱君始书其名于版。<small>次记题名。</small>光恐久而漫灭,嘉祐<small>仁宗年号。</small>八年,刻著于石。<small>次记易版为石。</small>后之人将历指其名而议之曰:某也忠,某也诈,某也直,某也曲。呜呼!可不惧<small>同惧。</small>哉?<small>结出题名之意,言下凛然。</small>

古文观止(解题汇评本)

汇评

[宋] 楼昉：首尾二百来字，而包括无余。识治体，明职守，笔力高简如此，可以想见其人。(《崇古文诀》卷一七)

[清] 王符曾：必有一种台阁气象，而后其文乃贵；必有一副干净肚肠，而后其文乃洁；必有一管严冷笔伏，而后其文乃遒；必有一段不朽议论，而后其文乃精。兼四美者，其斯文乎！前从古者起，末用后人结。想囊贤作文，便欲与天地日月并寿，决不苟作。(《古文小品咀华》卷四)

[清] 谢有煇：读公此记，乃知有不能掩于天下后世之清议者在，为利为名，俱堪猛省。关系世教之文。(《古文赏音》卷一一)

[清] 林云铭：书谏官之名于石，本以示荣，记中却以示戒，非大儒不能为此言。通篇皆责备语，无一句闲话，看来似过于朴直。然其不可及处，正不外此。公有《传家集》八十卷，语多此类，余每诵读，未尝不正襟起敬。(《古文析义》卷一四)

[清] 吴楚材、吴调侯：文仅百余字，而曲折万状，包括无遗。尤妙在末后一结。后世以题名为荣，此独以题名为惧。立论不磨，文之有关世道者。(《古文观止》卷九)

[清] 余诚：开首从谏无官说到置官，次极言谏官任重，再次极言谏官当纯心忠职，三段俱在谏上讲。末段方在谏院题名上讲。层层次次，发出无限谠论，究止一百六十余字，其可谓言简义赅。至于笔挟秋霜，尤令人起敬起畏。(《重订古文释义新编》卷八)

[清] 李扶九：一起之高远突兀，一结之深情警惕，已不可及；而题前三层，题后咏叹，所谓节短音长，文约势宽者也。可为短篇法程。至题名，人皆以为荣，公独以惧惕之。此等卓识，乃作史法也。(《古文笔法百篇》卷六)

卷九　唐宋文

义田记

钱公辅

解题　《欧阳文忠公集·居士集》卷二〇《资政殿学士户部侍郎文正范公神道碑铭》："公为人外和内刚,乐善泛爱,丧其母时尚贫,终身非宾客食不重肉。临财好施,意豁如也。及退而视其私,妻子仅给衣食。"《宋史·范仲淹传》："好施予,置义庄里中,以赡族人。泛爱乐善,士多出其门下,虽里巷之人,皆能道其名字。死之日,四方闻者,皆为叹息。为政尚忠厚,所至有恩,邠、庆二州之民与属羌,皆画像立生祠事之。及其卒也,羌酋数百人,哭之如父,斋三日而去。"

　　范文正公,_{名仲淹,字希文。}苏人也。平生好施与,择其亲而贫、疏而贤者,咸施之。_{三句,是一篇之总。}方贵显时,置负郭常稔_饪之田千亩,号曰"义田",以养济群族之人。_{点"义田"。}日有食,岁有衣,嫁娶凶葬皆有赡。择族之长而贤者主其计,而时共出纳焉。_{此中大有经济。}日食,人一升;岁衣,人一缣;嫁女者五十千,再嫁者三十千;娶妇者三十千,再娶者十五千;葬者如再嫁之数,葬幼者十千。族之聚者九十口,岁入给稻八百斛,以其所入,给其所聚,沛然有余而无穷。_{此叙分给之法。屏丙。}而家居俟代者与焉,仕而居官者罢莫给。_{又加一语,分给之法始备。}此其大较也。_{一句顿住。}

　　初,公之未贵显也,尝有志于是矣,而力未逮者二十年。_{言公}

早有此志。既而为西帅,及参大政,于是始有禄赐之入,而终其志。庆历二年,公出为陕西路安抚经略招讨使。三年,入为参知政事。○言公得遂其志。公既殁,后世子孙修其业,承其志,如公之存也。其子纯祐、纯仁、纯礼、纯粹,皆贤。祐、仁,尤行仁义。○言子孙能继公之志。公虽位充禄厚,而贫终其身。殁之日,身无以为敛,子无以为丧。惟以施贫活族之义,遗其子而已。收完前文。下一段引古,一段叹今,总是借客形主之法。

昔晏平仲敝车羸马,桓子曰:"是隐君之赐也。"晏子曰:"自臣之贵,父之族,无不乘车者;母之族,无不足于衣食者;妻之族,无冻馁者;齐国之士,待臣而举火者三百余人。如此,而为隐君之赐乎?彰君之赐乎?"于是齐侯以晏子之觞,而觞桓子。罚以酒。○引古。予尝爱晏子好仁,齐侯知贤,而桓子服义也。受觞不辞,是服义。○并美三人。又爱晏子之仁有等级,而言有次第也。先父族,次母族,次妻族,而后及其疏远之贤。孟子曰:"亲亲而仁民,仁民而爱物。"晏子为近之。专美晏子。今观文正公之义田,贤于平仲。其规模远举,又疑过之。结到文正公。

呜呼!世之都三公位,享万钟禄,其邸第之雄、车舆之饰、声色之多、妻孥之富,止乎一己而已,而族之人不得其门者,岂少也哉?况于施贤乎!其下为卿,为大夫,为士,廪稍去声。之充、气禀曰稍。奉养之厚,止乎一己而已,而族之人,操壶同觚。瓢为沟中瘠者,又岂少哉?况于它同他。人乎!叹今。是皆公之罪人也。骂世人之不义,正以赞公之义。

公之忠义满朝廷,事业满边隅,功名满天下,后世必有史官书之者,予可无录也。他人作记,必以此于起手处张大之,今只于结尾略带,高绝。独高其义,因以遗其世云。

汇评

[清] 吴楚材、吴调侯：常见世之贵显者,徒自肥而已,视亲族不异路人。如公之义,不独难以望之晚近,即求之千古以上,亦不可多得。作是记者,非特以之高公之义,亦以望后世之相感而效公也。(《古文观止》卷九)

袁州州学记

李觏

解题 《宋史·祖无择传》:"祖无择,字择之,上蔡人。进士高第。……出知袁州。自庆历诏天下立学,十年间,其敝徒文具,无命教之实。无择首建学官,置生徒,郡国弦诵之风,由此始盛。"

皇帝仁宗。二十有三年,制诏州县立学。惟时守令有哲有愚。有屈伛。力殚虑,祗顺德意;屈,尽也。祗,敬也。○此等或亦间有。有假官借师,苟具文书。官,以治民言。师,以教士言。假借云者,谓徒有官师之名,而无其实,惟苟且具奉诏文书,以上闻而已。○此等比比皆是。或连数城,亡诵弦声。倡而不和,教尼眂。不行。尼,沮也。○一段先叙祖君未来以前。

三十有二年,范阳祖君无择知袁州。始至,进诸生,知学宫阙状,阙,废坏也。大惧人材放失,儒效阔疏,亡以称去声。上意旨。写得阔大。通判颖川陈君侁,莘。闻而是之,议以克合。先书祖君,次书陈君。相旧夫子庙狭隘不足改为,提过。乃营治之东。厥土燥刚,厥位面阳,厥材孔良。记地之吉,与材之美。殿堂门庑,武。黝忧上声。垩恶。丹漆,举以法。黝,微青黑色。垩,白土地。○记制作之佳。故生师有舍,庖廪有次。百尔器备,并手偕作。记学中次第兴理。工善吏勤,晨夜展力,越明年成。记用力勤而成工速。○详记立学毕。

舍同释。菜且有日。释,陈设也。菜,蘋蘩之属。立学之初,释菜以告先圣先师也。盱呀。江李觏谂深去声。于众曰:谂,告也。惟四代之学,考诸经可见已。作学记,自当从虞、夏、商、周说起。今只以一句道破,高绝。秦以山西鏖奥平声。六国,尽死杀人曰鏖。欲帝万世,刘氏汉高。一呼而关门不守,武夫健将卖降恐后,何耶?《诗》、《书》之道废,人惟见利而不闻义焉耳。引古废学之祸。孝武汉武。乘丰富,世祖光武。出戎行,杭。皆孳孳学术。俗化之厚,延于灵、献。灵帝、献帝。草茅危言者,折首而不悔。谓窦武、陈蕃、李膺、杜密、郭泰、范滂、张俭、王章等。功烈震主者,闻命而释兵。群雄相视,不敢去臣位,尚数十年。谓曹操等。教道之结人心如此。引古兴学之效。今代遭圣神,尔袁得圣君,俾尔由庠序践古人之迹。谓建学。天下治,则谭礼乐以陶吾民;教之于无事之先。一有不幸,尤当仗大节,为臣死忠,为子死孝。使人有所赖,且有所法,报之于有事之日。是惟朝家教学之意。应前"称上意旨"句作收。若其弄笔墨以徼骄。利达而已,岂徒二三子之羞,抑亦为国者之忧。又反收一笔,为之慨然。

汇评

[宋]　楼昉:议论关涉,笔力老健。(《崇古文诀》卷三一)

[宋]　谢枋得:本朝大儒作学记多矣,三百年来,人独喜诵《袁州学记》,非曰笔端有气力,有光焰,超然不群,其立论高远宏大,不离乎人心天理,宜乎读者乐而忘倦也。叶水心有云:"为文不足关世教,虽工无益也。"可与知者道。(《文章轨范》卷六)

[清]　金圣叹:学记多,自来无过此篇者。因其初动笔,便欲学秦石刻,遂使通篇俱古劲简峭,不复认其为宋人笔墨也。(《天下才子必读书》卷一五)

［清］　林云铭：笔力矫矫，落句如铁，绝无宋人萎苶之习。惟是作学记，苦离不得先王教化套头。……此却把四代之学，轻轻提过，便倒入秦、汉得失发议，以撇开笔法，作叙入文字，不脱不粘，真化俗为雅妙手。末归本忠孝大节，是圣贤垂训真谛。儒生自励实者，国家养士正旨，令虚谈性命辈无处生活。且以天下治乱分提，不顾时忌，用反语作结，咄然而止，俱开人不敢开之口，其胆其识，高踞绝顶。先辈评其关系世教，信哉！(《古文析义》卷一四)

［清］　吴楚材、吴调侯：作学记，如填入先王教化话头，便落俗套。是作开口将四代之学轻轻点过，只举秦、汉衰亡故事，学校之有关于国家，立论最为警切。至末"不幸"一转，不顾时忌，尤见胆识。读竟，令人忠孝之心，油然而生。真关系世教之文。(《古文观止》卷九)

［清］　蔡世远：欧、曾、王学记，叙三代之学甚详，此独点明一笔，从忠孝大节发明。朱子谓其从大处起议论者也。而词旨严炼，锋锷迫人，有振衣千仞之概。比欧、曾、王应突过之。(《古文雅正》卷一〇)

［清］　唐介轩：铺叙处简而不漏，结束亦极有力。入后说到死忠、死孝，尤能言人所不敢言。此大有关于世教之文。(《古文翼》卷八)

卷九　唐宋文

朋党论

欧阳修

解题　李焘《续资治通鉴长编》卷一四八:"庆历四年四月戊戌,上(按:指仁宗)谓辅臣曰:'自昔小人多为朋党,亦有君子之党乎?'范仲淹对曰:'臣在边时,见好战者自为党,而怯战者亦自为党。其在朝廷,邪正之党亦然。唯圣心所察尔。苟朋而为善,于国家何害也?'初,吕夷简罢相,夏竦授枢密使,复夺之,代以杜衍,同时进用富弼、韩琦、范仲淹在二府,欧阳修等为谏官。石介作《庆历圣德诗》,言进贤退奸之不易,奸,盖斥夏竦也。竦衔之。而仲淹等皆修素所厚善,修言事一意径行,略不以形迹嫌疑顾避。竦因与其党造为党论,目衍、仲淹及修为党人,修乃作《朋党论》上之。"

臣闻朋党之说,自古有之,惟幸人君辨其君子小人而已。归重人君,一篇主意。大凡君子与君子,以同道为朋;小人与小人,以同利为朋。此自然之理也。君子小人,先平写一笔。

然臣谓小人无朋,惟君子则有之。其故何哉?侧注君子立论。小人所好者,利禄也;所贪者,货财也。当其同利之时,暂相党引以为朋者,伪也。及其见利而争先,或利尽而交疏,则反相贼害,虽其兄弟亲戚,不能相保。故臣谓小人无朋,其暂为朋者,伪也。承写小人无朋。君子则不然。所守者道义,所行者忠信,所惜者名节。以之修身,则同道而相益;以之事国,则同心而共济。终始如一,此君子之朋也。承写君子有朋。故为人君者,但当退小人之伪朋,用君子之真朋,则天下治矣。应转"人君辨其君子小人"句,作一束,以起下六段意。

尧之时,小人共工、驩兜等四人为一朋,君子八元、伯奋、仲堪、叔献、季仲、伯虎、仲熊、叔豹、季狸。八恺苍舒、隤敱、梼戭、大临、龙降、庭坚、仲容、叔达。十六人为一朋。舜佐尧,退四凶小人之朋,而进元、恺君子之朋,尧之天下大治。君子一证。及舜自为天子,而皋、夔、稷、契等二十二人四岳、九官、十二牧。并列于朝,更相称美,更相推让,凡二十二人为一朋,而舜皆用之,天下亦大治。君子又一证。《书》曰:"纣有臣亿万,惟亿万心;周有臣三千,惟一心。"纣之时,亿万人各异心,可谓不为朋矣,然纣以亡国。小人一证。周武王之臣三千人为一大朋,而周用以兴。君子又一证。后汉献帝时,尽取天下名士囚禁之,目为党人。时以窦武、陈蕃、李膺、郭泰、范滂、张俭等为党人。及黄巾贼起,汉室大乱,后方悔悟,尽解党人而释之,然已无救矣。钜鹿张角,聚众数万,皆著黄巾以为标帜,时人谓之黄巾贼。帝召群臣会议,皇甫嵩以为宜解党禁,帝惧而从之。○小人又一证。唐之晚年,渐起朋党之论。李德裕之党多君子,牛僧孺之党多小人,号牛、李党。及昭宗时,尽杀朝之名士,或投之黄河,曰:"此辈清流,可投浊流。"而唐遂亡矣。天祐二年,朱全忠聚朝士贬官者三十余人,于白马驿尽杀之。时李振屡举进士不中第,深疾缙绅之士,言于全忠曰:"此辈尝自谓清流,宜投之黄河,使为浊流。"全忠笑而从之。○小人又一证。

夫前世之主,能使人人异心不为朋,莫如纣;能禁绝善人为朋,莫如汉献帝;能诛戮清流之朋,莫如唐昭宗之世。然皆乱亡其国。缴上纣、汉、唐三段,是不能辨君子、小人者。更相称美、推让而不自疑,莫如舜之二十二臣;舜亦不疑而皆用之。然而后世不诮舜为二十二人朋党所欺,而称舜为聪明之圣者,以能辨君子与小人也。周武之世,举其国之臣三千人共为一朋,自古为朋之多且大莫如周,然周用此以兴者,善人虽多而不厌也。缴前舜、武三段,是能辨君子小人者。○看他一一用倒卷之法,五"莫如"字,尤错落可诵。

嗟呼!治乱兴亡之迹,为人君者可以鉴矣!总缴"治乱兴亡"四字。归到人君身上,直与篇首"惟幸人君"句相应。

汇评

[宋]　吕祖谦:议论出人意表。大凡作文,妙处须出意外。(《古文关键》卷上)

[明]　茅坤:破千古人君之疑。(《唐宋八大家文钞·欧阳文忠公文钞》卷一四)

[清]　金圣叹:最明畅之文,却甚幽细;最条直之文,却甚郁勃;最平夷之文,却甚跳跃鼓舞。(《天下才子必读书》卷八)

[清]　储欣:《泰誓》数纣之罪曰:"朋家作仇。"夫子曰:"君子群而不党。""朋党"二字岂可施之君子哉?永叔独谓"小人无朋,惟君子有之",是翻案文字,亦其开导人主不得已而出于此也。前半正意已尽,后只博引以足之,是一作法。(《唐宋十大家全集录·六一居士全集录》卷一)○"小人无朋"一语,开凿鸿濛,自公而前,未之闻也。格颇仿刘子政,而奇警过之。(《唐宋八大家类选》卷四)

[清]　沈德潜:反反复复,说小人无朋,君子有朋,末归到人君能辨君子小人。见人君能辨,但问其君子小人,不问其党不党也。因谏院所进文,故格近于方严。汉桓帝时,党部二百余人下狱,后又禁锢

之。灵帝时,杀李膺、范滂等百余人。至献帝,狱已解矣。文中偶误引。(《唐宋八大家文读本》卷一〇)

[清] 吴楚材、吴调侯：公此论为杜、范、韩、富诸人发也。时王拱辰、章得象辈欲倾之,公既疏救,复上此论。盖破蓝元震朋党之说,意在释君之疑。援古事以证辨,反复曲畅,婉切近人,宜乎仁宗为之感悟也。(《古文观止》卷九)

[清] 余诚：此论原为倾陷君子而发,自不得不侧重君子立言,妙在语似翻新出奇,而义实大中至正,故能感悟人主而为万世不磨之论。前半极言人君宜辨君子小人,后半历引治乱兴亡之迹作证,以人君不能辨君子小人多由于未明治乱兴亡之迹也。前后本属一意贯注,而篇首以"自古"句伏后半篇,篇末以"其能辨"句抱前半篇,起伏照应,尤见紧密。(《重订古文释义新编》卷八)

[清] 过珙："朋"字说得开天辟地,而小人曾不得一侧足其间,此正破汉、唐、宋党锢之祸,无足为君子病,而反足为君子重。立论极是有识,宜仁宗之终为感悟也。(《详订古文评注全集》卷八)

[清] 唐介轩：提出君子小人,以破朋党之说,胸中如镜,笔下如刀。(《古文翼》卷七)

纵囚论

欧阳修

解题 《旧唐书·太宗纪》:"贞观六年十二月辛未,亲录囚徒归死罪者二百九十人于家,令明年秋末就刑。其后,应期毕至,诏悉原之。"《资治通鉴》卷一九四贞观七年九月条,谓"去岁所纵天下死囚,凡三百九十人,无人督帅,皆如期自诣朝堂。无一人亡匿者,上皆赦之"。《新唐书·刑法志》谓囚为三百九十人,"纵之还家,期以明年秋即刑。及期,囚皆诣庙堂,无后者,太宗嘉其诚信,悉原之。然尝谓群臣曰:'吾闻语曰,一岁再赦,好人喑哑。吾有天下,未尝数赦者,不欲诱民于幸免也。'"

信义行于君子,而刑戮施于小人。两句立柱。刑入于死者,乃罪大恶极,此又小人之尤甚者也。悬指所纵之囚。宁以义死,不苟幸生,而视死如归,此又君子之尤难者也。悬指囚之自归。○两"尤"字,最见精神。方唐太宗之六年,录大辟闢。囚三百余人,纵使还家,约其自归以就死。是以君子之难能,期小人之尤者以必能也。一断。其囚及期,而卒自归无后者,是君子之所难,而小人之所易也。一断。此岂近于人情哉?一句收紧,伏后"必本人情"句。

或曰:罪大恶极,诚小人矣。及施恩德以临之,可使变而为君子。盖恩德入人之深,而移人之速,有如是者矣。设一难,起下本旨。曰：太宗之为此，所以求此名也。言太宗为此，正求恩德入人之名。○劈手一接，喝破太宗一生病根，刺心刻骨。然安知夫纵之去也，不意其必来以冀免，所以纵之乎？又安知夫被纵而去也，不意其自归而必获免，所以复来乎？将太宗与囚之心事，一一写出，深文曲笔。夫意其必来而纵之，是上贼下之情也；意其必免而复来，是下贼上之心也。贼，犹盗也。吾见上下交相贼以成此名也，乌有所谓施恩德与夫知信义者哉？上以贼下，非真施恩德也。下以贼上，非真知信义也。○反应上文收住。不然，太宗施德于天下，于兹六年矣，不能使小人不为极恶大罪；而一日之恩，能使视死如归，而存信义，此又不通之论也。反复辨驳，愈驳愈快。

然则何为而可？曰：纵而来归，杀之无赦；而又纵之，而又来，则可知为恩德之致尔。又起一波。然此必无之事也。急转。若夫纵而来归而赦之，可偶一为之尔。若屡为之，则杀人者皆不死，是可为天下之常法乎？不可为常者，其圣人之法乎？提出"常法"二字，纵囚之失，显然可见。是以尧、舜、三王之治，必本于人情，不立异以为高，不逆情以干誉。前不说尧、舜、三王，留在后结，辞尽而意无穷。

汇评

［宋］　吕祖谦：文最紧，曲折辨论，惊人险语，精神聚处，词尽意未尽。此篇反复有血脉。(《古文关键》卷上)

［宋］　黄震："上下相贼"字恐太甚，要是三代后盛事。若夫圣人"不立异以为高，不逆情以干誉"，则至论也。(《黄氏日钞》卷六一)

［宋］　谢枋得：文有气力，有光焰，熟读之，可发人才气，善于立论。(《文

章轨范》卷二)

[明] 归有光:人于结束处多忽略,谓文之用工不在于尾。殊不知一篇命脉归束在此,须要言有尽而意无穷,三叹而有余音,方为妙手。如欧阳永叔《纵囚论》,可以为式。(《文章指南》信集)

[明] 茅坤:曲尽人情。(《唐宋八大家文钞·欧阳文忠公文钞》卷一四)

[明] 钟惺:论得甚精,一步紧一步,但略嫌太刻。(引自《山晓阁选宋大家欧阳庐陵全集》卷二)

[清] 金圣叹:此论有刀斧气,横斫竖斫,略无少恕。读之,增人气力。(《天下才子必读书》卷一三)

[清] 孙琮:古人作文,有用宽衍之笔,有用严紧之笔。如此文,纯是严紧。一起劈立二句,断定一篇主意,随即分写两段,紧紧扣住,然后入纵囚一事,又紧紧点合,止将"不近人情"一句断煞。字仅及百,大意已尽,何等斩截,何等坚劲!下又再起一波,断其不是施恩德与知信义。末复设为戏论,缴收"不近人情",又反复写得紧严。尤妙在一起二句,陡然而下;一结二句,陡然而住。如此笔力,如刀斧斫截,快利无双。(《山晓阁选宋大家欧阳庐陵全集》卷二)

[清] 储欣:"好名"二字切中唐太宗骨髓。(《唐宋十大家全集录·六一居士全集录》卷一)○纵囚一事,或一时不忍瀫觫之所为,然其事足以悦愚夫愚妇,而不合于尧、舜、三王,故公直以好名责之,非刻也。善乎,公之言尧、舜、三王也,曰"不立异以为高,不逆情以干誉"。吾又知泣罪解网,皆后世无识者妄传之耳。假设禹、汤而为此,一近于姁,一近于巫,其立异干誉也孰甚焉。(《唐宋八大家类选》卷四)

[清] 张伯行:只"求名"两字,勘破太宗之心,便将一段佳话尽情抹倒。行文老辣,不肯放松一字,真酷吏断狱手。(《唐宋八大家文钞》卷五)

[清] 林云铭:欧公本人情上勘出,以"贼下""贼上"二语,断尽当年上下

隐衷，总是太宗好名之心所为。余尝谓太宗上苑吞蝗必非真蝗，真蝗岂可吞者？或用纸草剪作蝗形，掇而视之，以愚左右耳目耳。安得欧阳之笔逐一驳出，使人称快耶？（《古文析义》卷一四）

[清] 吴楚材、吴调侯：太宗纵囚，囚自来归，俱为反常之事。先以不近人情断定，末以不可为常法结之，自是千古正论。通篇雄辨深刻，一步紧一步，令无可躲闪处。此等笔力，如刀斫斧截，快利无双。（《古文观止》卷九）

[清] 沈德潜：怨女三千放出宫，死囚四百来归狱，此太宗盛德事，而欧公以为不近人情者，缘不可为常，恐后世借口以行其好名之举也。子产乘舆济人，孟子谓其惠而不知为政，正是此意。纵囚事，后汉戴封已行之，不始于唐太宗也。戴封在《独行传》中。（《唐宋八大家文读本》卷一〇）

[清] 浦起龙：前路逼出"人情"二字，中间驳去恩德速化之说，后仍勒转治法本乎人情作断案。笔笔扎紧，要其后放阔说，本情以伸常法也。（《古文眉诠》卷五八）

[清] 过珙：深文刻笔。辨驳处，令人几无处躲闪，似近于刻。然本于人情之论，则又至恕也。欧公尝自言："道胜者文不难自至。"良然。（《详订古文评注全集》卷八）

[清] 朱宗洛：起手泛论，中间实就太宗说，后复推开，就尧、舜、三王说。前一段浅浅说，后复重重剥进，此文家由虚而实，由浅取深之法也。前半用笔，一字一铁案，此步步敲实法也。后两段忽用曲折顿宕之笔，追取正意，此又句法变换之巧也。至起用偶语，收亦用偶语，遥相对照，俱是老手作文极奇极横处，读者不可不领其妙。（《古文一隅》卷下）

[清] 唐介轩：王道必本人情，破的之论。首从君子小人起意，发出小惠之不可行远。词严义正，颠扑不破。（《古文翼》卷七）

卷九　唐宋文

释秘演诗集序

欧阳修

解题　《苏舜钦集编年校注》卷二《赠释秘演》："高车大马闉上京,释曰演者何声名？当年余尝与之语,实亦可喜无俗情。作诗千篇颇振绝,放意吐出吁可惊。不肯低心事镌凿,直欲淡泊趋杳冥。落落吾儒坐满室,共论悫若木陷钉。卖药得钱则沽酒,日费数斗同醉醒。伤哉不栉被佛缚,不尔烜赫为名卿。数年不见今老矣,自说厌苦居都城。垂颐孤坐若痴虎,眼吻开合犹光精。雄心瞥起忽四顾,便拟击浪东南行。开春余行可同载,相与旷快观沧溟。"此诗作于庆历二年(1042)。释文莹《湘山野录》："苏子美有赠秘演诗'垂颐孤坐若痴虎,眼吻开合犹光精'之句,人谓与秘演写真。演额额方厚,顾视徐缓,喉中含其声,常若鼾睡然。其始云'眼吻开合无光精',演以浓墨涂去'无'字,自改为'犹'。子美诟之,演曰:'吾尚活,岂可无光精耶？'"尹洙亦有《浮图秘演诗集序》,见《河南先生文集》卷五。

予少以进士游京师,因得尽交当世之贤豪。_{当世贤豪,指在位及求仕者。}然犹以谓国家臣一四海,休兵革,养息天下以无事者四十年,而智谋雄伟非常之士,无所用其能者,往往伏而不出,山林屠贩,必有老死而世莫见者,_{伏秘演、曼卿二人。}欲从而求之不可得。_{此段言非常之士不易见,先作一折。}

其后得吾亡友石曼卿。_{先出曼卿作陪引。}曼卿为人,廓然有大志。时人不能用其材,曼卿亦不屈以求合。无所放其意,则往往从布衣野老,酣嬉淋漓,颠倒而不厌。伏后"隐于酒"与"极饮醉歌"一段案。予疑所谓伏而不见者,庶几狎而得之,故尝喜从曼卿游,欲因以阴求天下奇士。从曼卿吊起秘演。

浮屠秘演者,浮屠,僧也。○入题。与曼卿交最久,亦能遗外世俗,以气节自高。二人欢然无所间。曼卿隐于酒,秘演隐于浮屠,皆奇男子也。二人合写。然喜为歌诗以自娱。鱼。○点出"诗"字。当其极饮大醉,歌吟笑呼,以适天下之乐,何其壮也!叙其盛。一时贤士,皆愿从其游,予亦时至其室。插入自家。十年之间,秘演北渡河,东之济、郓,运。无所合,困而归。曼卿已死,秘演亦老病。叙其衰。嗟夫!二人者,予乃见其盛衰,则予亦将老矣。插入自家。○写秘演,将曼卿引来陪说。写二人,将自家插入陪说。文情绝妙。

夫曼卿诗辞清绝,尤称秘演之作,以为雅健有诗人之意。不脱曼卿。秘演状貌雄杰,其胸中浩然,应"奇男子"。既习于佛,无所用,深惜秘演。独其诗可行于世,而懒不自惜。已老,胠区。其橐,胠,发也。尚得三、四百篇,皆可喜者。此段方叙其集诗,是正文。

曼卿死,秘演漠然无所向。到底不脱曼卿。闻东南多山水,其巅崖崛峍。崒,论入声。江涛汹涌,甚可壮也,应前"壮"字。遂欲往游焉。足以知其老而志在也。年虽老而志犹壮。○结"老"字。于其将行,为叙其诗,因道其盛时以悲其衰。仍以"盛"、"衰"二字结,妙。

汇评

[明] 归有光：读到慷慨呜咽处，清夜如听击筑声。(《欧阳文忠公文选》卷六)

[明] 茅坤：命意最旷而逸，得司马子长之神髓矣。(《欧阳文忠公文钞》卷一七)

[清] 孙琮：此文妙在层次渐出，布局宽展。如一起先作一番虚写，企想必有其人；第二段方作实写，先出一个石曼卿，却是陪引；第三段从曼卿引出秘演，方是正文；第四段出秘演能诗；第五段叙其合；第六段叙其离；第七段叙其集诗；第八段叙其出游。即此数段，写得何等渐次，何等宽展！唯其渐次，所以宽展。熟读之，可祛忙促之病。篇中写秘演，夹写曼卿；写二人，夹写自己。结处说曼卿死，秘演无所向；秘演行，欧公悲其衰，写出三人真知己。(《山晓阁选宋大家欧阳庐陵全集》卷三)

[清] 储欣：一气直下，而盛衰各见，奇绝。按秘演、惟俨俱交曼卿，而曼卿奇士，所交二僧，皆以奇合者，故二序磊落纵恣，为送浮图文辟一法门矣。(《唐宋十大家全集录·六一居士全集录》卷五) ○"奇"字为骨，又用"盛"、"衰"二字生情，文亦疏宕有奇气。(《唐宋八大家类选》卷一一)

[清] 谢有煇：韩、欧皆以辟佛自任，而不免为释子作序，看其必寻一下笔处。韩子之送文畅，扯柳子厚来拌说；欧公之序惟俨、秘演，亦扯石曼卿引入。盖其人习于浮图则可屏，若气节高迈，智谋雄伟非常，则不当以形迹论矣。此皆其立言之不苟也。(《古文赏音》卷九)

[清] 林云铭：欧阳公一生辟佛，乃代浮屠作诗序。若言向无交好，则不必作；言有交好，则既斥其学，又友其人，是言与行相违也。于是想出当年与秘演相识之始，由于石曼卿，遂借石曼卿来，从头至尾做个陪客，以为演与曼卿皆奇士而隐者，而己以阴求奇士得之，便

不碍手,此命意之高处。篇中叙事感慨,无限悲壮。其行文又如云气往来,空濛缭绕,得史迁神髓矣。(《古文析义》卷一四)

[清] 吴楚材、吴调侯:写秘演绝不似释氏行藏,序秘演诗亦绝不作诗序套格。只就生平始终盛衰叙次,而以曼卿夹入写照,并插入自己。结处说曼卿死,秘演无所向;秘演行,欧公悲其衰,写出三人真知己。(《古文观止》卷九)

[清] 沈德潜:从己引出曼卿,从曼卿引出秘演,为浮屠人作序,自应留己身分也。盛衰死生之感,不胜呜咽。(《唐宋八大家文读本》卷一一)

[清] 浦起龙:曼卿为公友,秘演为曼卿友,故全以宾主搭间架。曼卿死,秘演老而别,故又以盛衰变易作激楚声。然此等文实开时套。(《古文眉诠》卷五九)

[清] 过珙:序秘演诗集,则秘演是主,曼卿是宾,欧公自己尤宾中之宾也。通篇妙以宾主陪衬夹叙,而以"盛"、"衰"二字为眼目,映带收束,其间觉文情花簇而章法紧严矣。(《详订古文评注全集》卷八)

[清] 刘大櫆:欧公诗文集序,当以秘演、江邻几为第一,而惟俨、苏子美次之。(引自《评校音注古文辞类纂》卷八)

[清] 唐介轩:以求士立意,从曼卿引出秘演,从秘演说到诗集,文境迂回曲至,俯仰悲怀,一往情深。(《古文翼》卷七)

[清] 张裕钊:《惟俨集序》纯以转掉作起落之势,是极意学退之文字,而未极自然神妙之境。《秘演集序》直起直落,直转直接,具无穷变化,纯是潜气内转,可与子长诸表序参看。(引自《评校音注古文辞类纂》卷八)

[清] 林纾:公既以奇男子加秘演,复称其壮,见其盛,悯其志,均不以浮屠之礼待之,但指其为奇男子隐于浮屠耳。今为秘演作序,正所以赏其奇,不因其为浮屠而与游。如此脱卸敛避之法,纯学昌黎。且浮屠之所居,非寺不可,而公不言寺而言室。至于稍涉于浮屠者,无不避去。且写秘演与曼卿极饮大醉之状,直是一个野和尚,

其所以可爱,在能诗耳。曼卿既可与游,则因曼卿而识其人,亦非有心结纳方外之比。文顿挫伸缩,无不自如,入手极工细,写秘演状态极昂藏,到收局时,于衰飒中仍见昂藏,终始脱不去一个"奇"字,真有数之至文也。(《古文辞类纂选本》卷二)

[清] 毛庆蕃:前路虚引衬入,为其为释也。中后盛衰兴感,笔情恣肆,人我胥忘矣。跌宕雄奇,是欧公得意处。(《古文学余》卷三二)

卷十

宋　文

梅圣俞诗集序

欧阳修

解题　《欧阳文忠公集·居士集》卷三三《梅圣俞墓志铭》："圣俞，字也，其名尧臣，姓梅氏，宣州宣城人也。自其家世颇能诗，而从父询以仕显。至圣俞，遂以诗闻，自武夫、贵戚、童儿、野叟，皆能道其名字。虽妄愚人不能知诗义者，直曰此世所贵也，吾能得之，用以自矜。故求者日踵门，而圣俞诗遂行天下。其初喜为清丽闲肆平淡，久则涵演深远，间亦琢刻以出怪巧，然气完力余，益老以劲。其应于人者多，故辞非一体，至于他文章，皆可喜，非如唐诸子号诗人者，僻固而狭陋也。圣俞为人仁厚乐易，未尝忤于物，至其穷愁感愤，有所骂讥笑谑，一发于诗，然用以为欢，而不怨怼，可谓君子者也。初在河南，王文康公见其文，叹曰：'二百年无此作矣。'其后大臣屡荐宜在馆阁，尝一召试，赐进士出身，余辄不报。嘉祐元年，翰林学士赵槩等十余人列言于朝曰：'梅某经行修明，愿得留，与国子诸生讲论道德，作为雅颂，以歌咏圣化。'乃得国子监直讲。……圣俞初以从父荫，补太庙斋郎，历桐城、河南、河阳三县主簿，以德兴令知建德县。又知襄城县，监湖州盐税，签署忠武、镇安两军节度判官，监永济仓，国子监直讲，累官至尚书都官员外郎。尝奏其所撰《唐载》二十六卷，多补正旧史阙谬。乃命编修《唐书》，书成，未奏而卒，享年五十有九。"

665

予闻世谓诗人少达而多穷，劈头引一语，拈"穷"字起。夫岂然哉？盖世所传诗者，多出于古穷人之辞也。一句驳倒诗人多穷，下详写诗非能穷人。凡士之蕴其所有而不得施于世者，多喜自放于山巅水涯之外，见虫鱼草木、风云鸟兽之状类，往往探其奇怪，内有忧思感愤之郁积，其兴于怨刺，以道羁臣寡妇之所叹，而写人情之难言，盖愈穷则愈工。述古今诗人，作意摹写。然则非诗之能穷人，殆穷者而后工也。惟穷而后工，故世所传者，多出于古穷人之辞。○一语点正，引出圣俞。

予友梅圣俞，点出人。少以荫补为吏，累举进士，辄抑于有司。困于州县凡十余年，年今五十，犹从辟<ruby>书<rt>jū</rt></ruby>。书，为人之佐，郁其所蓄不得奋见于事业。辟书，聘书也。为人佐，如作幕宾之类。○点出遭遇，正写其穷。其家宛陵，幼习于诗，自为童子，出语已惊其长老；既长，学乎六经仁义之说，其为文章，简古纯粹，不求苟说于世，世之人徒知其诗而已。点出文章，为诗作陪引。然时无贤愚，语诗者必求之圣俞。圣俞亦自以其不得志者，乐于诗而发之。故其平生所作，于诗尤多。方正点出诗。世既知之矣，而未有荐于上者。昔王文康公尝见而叹曰："二百年无此作矣！"虽知之深，亦不果荐也。若使其幸得用于朝廷，作为雅颂，以歌咏大宋之功德，荐之清庙，而追商、周、鲁《颂》之作者，岂不伟欤！奈何使其老不得志而为穷者之诗，乃徒发于虫鱼物类、羁愁感叹之言？世徒喜其工，不知其穷之久而将老也，可不惜哉！此段正写圣俞之诗穷而后工。如叙事，如发论，开合照应。尽态极妍，亦复感慨无限。

圣俞诗既多，不自收拾。其妻之兄子谢景初，惧其多而易失也,取其自洛阳至于吴兴以来所作,次为十卷。予尝嗜圣俞诗,而患不能尽得之,遽喜谢氏之能类次也,辄序而藏之。结出作序意。其后十五年,圣俞以疾卒于京师,余既哭而铭之,因索于其家,得其遗稿千余篇,并旧所藏,掇端入声。其尤者六百七十七篇,为一十五卷。记所集篇数。呜呼!吾于圣俞诗,论之详矣,故不复云。言于圣俞诗中已论之详,故于序中不复言其所以工也。○惆然不尽。

汇评

[明] 何孟春:欧阳永叔序梅氏集,谓诗"多出于古穷人之辞",凡数十言,以为"非诗之能穷人,殆穷者而后工也"。……韩退之志柳子厚云:"子厚斥不久,穷不极,虽有出于人,其文学辞章必不能自力,以致必传于后如今无疑也。"凡此皆穷而后工、陁而后奇之证也。永叔辈叙文,其不祖于此欤!(《余冬叙录》卷六〇)

[明] 茅坤:绝佳。(《唐宋八大家文钞·欧阳文忠公文钞》卷一七)

[清] 金圣叹:不知是论,是记,是传,是序,随手所到,皆成低昂曲折。少年偷见此等文字,便思伸手泚笔,自作古文。(《天下才子必读书》卷八)

[清] 孙琮:此篇妙处,前幅妙在一起写得兀突,又写得郁勃,如朝云出岫,浮浮而上,不知其几千万重也。中幅妙在写得低昂婉转,又写得淋漓满志,如曲终余韵,一唱三叹,不知其几回反复也。得此两处写得出色,便令通篇文字出色,后面只用直叙而足。若"穷而后工"四字,是欧公独创之言,实为千古不易之言。(《山晓阁选宋大家欧阳庐陵全集》卷三)

[清] 储欣:韩子云:"愁苦之音易好。"文不出此语,衍成一篇绝世文字。(《唐宋十大家全集录·六一居士全集录》卷五)○只"穷"、"工"二字,往复议论悲慨,古今绝调。(《唐宋八大家类选》卷一一)

[清] 林云铭：以"穷而后工"四字作骨，中间先写其穷，次写其诗之工，俱在世人知不知上见之。又趁笔从"知"上转入不遇荐用，痛惜其以穷而老，婉曲淋漓，感叹欲绝。末以论次诗叙作结，非圣俞不足当此。(《古文析义》卷一四)

[清] 吴楚材、吴调侯："穷而后工"四字，是欧公独创之言，实为千古不易之论。通篇写来低昂顿折，一往情深。"若使其幸得用于朝廷"一段，尤突兀争奇。(《古文观止》卷一〇)

[清] 沈德潜："穷而后工"与"作为雅颂，以歌咏功德"云云，后人袭之，已成熟语矣。及读欧公文，弥见其新，以往复容与一片神行，袭者徒得其貌也。(《唐宋八大家文读本》卷一一)

[清] 过珙：昔人有言，虞卿非穷愁不能著书。意者穷而后工，非特诗也。而永叔特于诗发之，一篇虽序其诗，终伤其穷。盖诗既穷而后工，写其穷，正是写其诗。郁勃顿挫，须看其始终一片怜才至意处。(《详订古文评注全集》卷八)

[清] 蔡铸：此文以"穷"字为骨。首从诗为穷人之辞翻起；次言圣俞自少至将老，无往而不穷；次言圣俞为人不应穷；次言圣俞以穷而诗愈多；次惜无人怜圣俞之穷而荐之；末言作序之由，悲恻缠绵，低回欲绝。(《蔡氏古文评注补正全集》卷八)

送杨寘序

欧阳修

解题 本文庆历七年(1047)作于滁州。杨寘,生平未详。《宋史·文苑传》有杨寘,庆历二年(1042)举进士,试国子监、礼部皆第一。而本文中杨寘"累以进士举,不得志",可见非一人。

予尝有幽忧之疾,退而闲居,不能治也。既而学琴于友人孙道滋,受宫声数引,久而乐之,不知其疾之在体也。先自记往事,提出学琴,送杨子意在此。

夫琴之为技小矣,顿挫。及其至也,大者为宫,细者为羽。该商角徵。操弦骤作,忽然变之,声以情迁。急者凄然以促,缓者舒然以和,如崩崖裂石,高山出泉,而风雨夜至也;如怨夫寡妇之叹息,雌雄雍雍之相鸣也。其忧深思远,则舜与文王、孔子之遗音也;悲愁感愤,则伯奇孤子、屈原忠臣之所叹也。伯奇,尹吉甫子。吉甫听后妻之言,疑而逐之。伯奇事后母孝,自伤无罪,投河死。屈原,楚怀王臣,被放作《离骚》。○借景形容,连作三四叠,乃韩、欧得意之笔。喜怒哀乐,动人必深,二句为下转笔。而纯古淡泊,与夫尧舜三代之言语、孔子之文章、《易》之忧患、《诗》之怨刺无以异。必如此写,方不是琵琶与筝。其能听之以耳,应之以手,取其和者,道其湮郁,写其幽思,则感人之际,亦有至者焉。写琴至此极尽。

予友杨君，入杨子。好学有文，累以进士举，不得志。及从荫调，为尉于剑浦，区区在东南数千里外，是其心固有不平者。且少又多疾，而南方少医药，风俗饮食异宜。以多疾之体，有不平之心，居异宜之俗，其能郁郁以久乎？三句，总摄"幽忧"意，情至而语深。然欲平其心以养其疾，于琴亦将有得焉。读至此，则知通篇之说琴，意不在琴也。止借琴以释其幽忧耳。故予作琴说以赠其行。且邀道滋酌酒，进琴以为别。一结泠然。

汇评

[宋] 黄震：言学琴于孙道滋，其乐可以忘疾。(《黄氏日钞》卷六一)

[明] 茅坤：此文当肩视昌黎而直上之。(《唐宋八大家文钞·欧阳文忠公文钞》卷一八)

[清] 金圣叹：此文全然学韩昌黎《送王含秀才序》，看其结法便知。(《天下才子必读书》卷八)

[清] 孙琮：本意为杨寘郁郁，作序以解之，今读其前幅，闲闲然只说琴声，若与后幅绝不相关者，写得何等高脱。及读至后幅，始悟前幅皆是为后幅出力写照，写得又何等神采，文之以法胜者。(《山晓阁选宋大家欧阳庐陵全集》卷三)

[清] 储欣：千秋绝调，此移我情。风雨如晦，取公此序朗读数通，亦足解幽忧之疾。(《唐宋十大家全集录·六一居士全集录》卷五)○公深于琴者，故能言之若此。予不知音，每读之，仿佛琴声铿锵。(《唐宋八大家类选》卷一一)

[清] 何焯：此似学《送王秀才序》而不如者。不独笔力简古为难，韩乃简古中旨趣深远。(《义门读书记》卷三八)

[清] 吴楚材、吴调侯：送友序，竟作一篇琴说，若与送友绝不相关者。及读至末段，始知前幅极力写琴处，正欲为杨子解其郁郁耳。文

能移情,此为得之。(《古文观止》卷一〇)

［清］ 过珙:杨子心怀郁郁,而欧公借琴以解之,故通篇只说琴,而送友意已在其中。文致曲折,古秀雅淡,言有尽而情味无穷。(《详订古文评注全集》卷八)

［清］ 刘大櫆:《考工记》之言钟虞,《庄子》之言风,淳于髡之言饮酒,老苏之言风水相遭,皆能备极形容。欧公此篇,当与并美。(《评校音注古文辞类纂》卷三二)

［清］ 姚范:昌黎于作序原由每能简洁,而文法硬札高古。欧、曾以下无之,惟《杨寘序》有其意,然以"多疾之体"六七句缀之,终不似。(《援鹑堂笔记》卷四四)

［清］ 爱新觉罗·弘历:古之善言琴者,惟韩退之《听颖师弹琴》诗,然未免三分琵琶七分筝之诮。若此文与枚乘《七发》中"龙门之桐高百尺而无一枝"篇,便真有琴声出于纸上。(《唐宋文醇》卷二五)

［清］ 唐介轩:幽忧之疾杨所同,治幽忧之疾,则欧公所独。文发出琴之感人,大有一唱三叹之致,入题后收束,亦点滴不漏。(《古文翼》卷七)

［清］ 林纾:诸体中,唯赠送序最无着实之体例,可以凭空自成楼阁。杨寘初非知名之人,举进士不得志,为数何止千万?若人人皆代为发起牢骚,则尘羹土饭之言,摇笔即至。公拈出一"琴"字,开头先伏一"疾"字,似琴能已疾,且能消忧者。"琴"与"疾"字既相关合,则"琴"字在"疾"字范围之中,故中间一段,恣意写琴,并非嵇叔夜之《琴赋》,步步为杨生散愁解郁之药石。且不说明足以已杨生之疾,先说己之幽忧痼疾借琴而解,则是以验方赠良友矣。其下说南荒之少医、杨生之多疾,处处皆足动其忧,时时均可生其疾,叫起"琴"字,似唯琴足托以疗疾屏忧者。将孙道滋弹琴作结,此首尾相应法也。文之幽渺凄厉,如秋宵之风雨,是欧文中别饶一种风格。(《古文辞类纂选本》卷六)

［清］ 毛庆蕃:诸序皆本昌黎,此篇风韵尤绝,几疑青出于蓝,冰寒于水

矣。盖其中有永叔独到处故也。(《古文学余》卷三二)

[清] 唐文治：《秋声赋》满纸皆秋声,此文满纸皆琴声。"桃花流水杳然去,别有天地非人间",文境仿佛似之,神乎技矣！琴说在结末点出,高绝,此亦自然天籁也。欧公文最善唱叹,……学者但求其神足矣。(《国文经纬贯通大义》卷一)

[清] 陈曾则：淡宕夷犹。(《古文比》卷二)

卷十　宋文

五代史伶官传序

欧阳修

解题　《新五代史·伶官传》:"庄宗既好俳优,又知音,能度曲,至今汾、晋之俗,往往能歌其声,谓之'御制'者皆是也。……自其为王,至于为天子,常身与俳优杂戏于庭,伶人由此用事,遂至于亡。……其败政乱国者,有景进、史彦琼、郭门高三人为最。是时,诸伶人出入宫掖,侮弄缙绅,群臣愤嫉,莫敢出气,或反相附托,以希恩倖,四方藩镇,货赂交行,而景进最居中用事。庄宗遣进等出访民间,事无大小皆以闻。每进奏事殿中,左右皆屏退,军机国政皆与参决。……郭门高者,名从谦,门高其优名也。虽以优进,而尝有军功,故以为从马直指挥使。从马直,盖亲军也。从谦以姓郭,拜崇韬为父,而皇弟存乂又以从谦为养子。崇韬死,存乂见囚,从谦置酒军中,愤然流涕,称此二人之冤。是时,从马直军士王温宿卫禁中,夜谋乱,事觉被诛。庄宗戏从谦曰:'汝党存乂、崇韬负我,又教王温反。复欲何为乎?'从谦恐,退而激其军士曰:'罄尔之赀,食肉而饮酒,无为后日计也。'军士问其故,从谦因曰:'上以王温故,俟破邺,尽坑尔曹。'军士信之,皆欲为乱。李嗣源兵反,向京师,庄宗东幸汴州,而嗣源先入。庄宗至万胜,不得进而还,军士离散,尚有二万余人。居数日,庄宗复东幸汜水,谋扼关以为拒。四月丁亥朔,朝群臣于中兴殿,宰相对三刻罢。从驾黄甲马军阵于宣仁门、步军阵于五凤门以俟。庄宗入食内殿,从谦自营中露刃注矢,驰攻兴教门,与黄甲军相射。庄宗闻乱,率诸王卫士击乱兵出门。乱兵纵火焚门,缘城而入,庄宗击杀数十百人。乱兵从楼上射帝,帝伤重,踣于绛霄殿廊下,自皇后、诸王、左右皆奔走。至午时,帝崩。"

呜呼!盛衰之理,虽曰天命,岂非人事哉!原庄宗之所以得天下,与其所以失之者,可以知之矣。庄宗,姓朱耶,名存勖,先世事唐,赐姓李。父克用,以平黄巢功,封晋王。至存勖,灭梁自立,号后唐。○先作总挈。"盛"、"衰"、"得"、"失"四字,是一篇关键。

世言晋王之将终也,以三矢赐庄宗而告之曰:"梁,吾仇也;朱温从黄巢为盗,既而降唐,拜为宣武军节度使,赐名全忠,未几,进封梁王,竟移唐祚。燕王,吾所立;燕王姓刘,名守光,晋王尝推为尚父。守光曰:"我作河北天子,谁能禁我!"遂称帝。契丐。丹与吾约为兄弟,而皆背晋以归梁。契丹耶律阿保机帅众入寇,晋王与之连和,约为兄弟。既归而背盟,更附于梁。此三者,吾遗恨也。与尔三矢,尔其无忘乃父之志。"庄宗受而藏之于庙。其后用兵,则遣从事以一少牢告庙,羊曰少牢。请其矢,盛平声。以锦囊,负而前驱,及凯旋而纳之。凯,军胜之乐。○以上叙事。

方其系燕父子以组,守光父仁恭。周德威伐燕,守光曰:"俟晋王至听命。"晋王至而擒之。函梁君臣之首,晋兵入梁,梁主友贞谓皇甫麟曰:"李氏吾世仇,理难降之。卿可断吾首。"麟遂泣弑梁主,因自杀。函,以木匣盛其首也。入于太庙,还矢先王,而告以成功,其意气之盛,可谓壮哉!一段扬。及仇雠已灭,天下已定,一夫夜呼,乱者四应,仓皇东出,未见贼而士卒离散,君臣相顾,不知所归,至于誓天断发,泣下沾襟,何其衰也!一段抑。岂得之难而失之易欤?抑本其成败之迹,而皆自于人欤?复作虚神,宕出正意,应缴人事。

《书》曰："满招损,谦得益。"忧劳可以兴国,逸豫可以亡身,自然之理也。引《书》作断,应篇首"理"字。故方其盛也,举天下之豪杰,莫能与之争;又一段扬,仍用"方其"字,妙。及其衰也,数十伶人困之,而身死国灭,为天下笑。伶人,乐工也。庄宗善音律,或时自傅粉墨,与优人共戏于庭。后为伶人郭从谦所弑。○又一段抑,仍用"及其"字,妙。夫祸患常积于忽微,而智勇多困于所溺,岂独伶人也哉!结出正意,慨想独远。

汇评

[宋] 倪思:司马迁传滑稽,欧阳公传伶官,皆有深意,政以直言谏救未必能行,而滑稽、伶官巧发中机,或能回人。此滑稽、伶官之言所以不可废也。(《经鉏堂杂志》卷四)

[宋] 楼昉:只看盛衰两节,断尽庄宗始终,又须推原昔何为而盛,今何为而衰。其盛也,以其有志;其衰也,以其溺心。忧深思远,词严气劲,千万世之龟鉴,隐然言意之表。(《崇古文诀》卷一九)

[清] 钱谦益:《五代史记》之文,直欲祧班而祢马。《唐六臣》、《伶人》、《宦者》诸传,淋漓感叹,绰有太史公之风。人谓欧阳子不喜《史记》,此瞽说也。(《牧斋有学集》卷三八)

[清] 金圣叹:只是一低一昂法,妙于前幅点缀又秾至。(《天下才子必读书》卷一三)

[清] 王符曾:始为变徵之音,继为羽声慷慨,读之不觉起舞。(《古文小品咀华》卷四)按:《古文小品咀华(乙种本)·伶官传论》评语多出"前用摹写,后用披剥,忧劳逸豫,归之人事。极痛快文字,要只善用抑扬耳"数句。

[清] 孙琮:此篇除却前幅叙事,中、后两幅不过是两扬两抑。中幅一扬一抑,引《书》作断,已极低昂之妙;后幅再扬再抑,又复作断,愈见

屈曲之奇。看他只是一个抑扬反复文法，写作两番，两番写作六段，便有无限低回，几回感慨，何笔之神也！(《山晓阁选宋大家欧阳庐陵全录》卷二)

[清] 储欣：写庄宗之盛，以形其衰，允堪垂戒。(《唐宋八大家类选》卷一一)

[清] 林云铭：此伶人传序也。传中所载诸伶有宠，侮弄缙绅，夷戮功臣，而景进、史彦琼、郭从谦三人为最。从谦当李嗣源反后遂作乱，庄宗中流矢而殂，甚为详悉，但"誓天断发，泣下沾襟"之语不见于本传，岂当日至万胜镇登高而叹所传逸事耶？篇中以"盛"、"衰"二字作线，步步发出感慨，而归本于人事。盖以庄宗本英主，乃一旦为数十伶人所困以至灭亡者，其始以此辈为不足虑，而平时之溺情不能自克，及祸患之来，毕生智勇至此举不可用。因思千古覆辙，大抵如此，何可胜慨！其行文悲壮淋漓，可以与子长、孟坚颉颃，《五代史》中有数文字也。(《古文析义》卷一四)

[清] 吴楚材、吴调侯：起手一提，已括全篇之意。次一段叙事，中、后只是两扬两抑。低昂反复，感慨淋漓，直可与史迁相为颉颃。(《古文观止》卷一〇)

[清] 沈德潜：抑扬顿挫，得《史记》神髓，《五代史》中第一篇文字。(《唐宋八大家文读本》卷一四)

[清] 吕葆中：从太史公《项羽本纪》来。(《唐宋八家古文精选·欧阳文精选》)

[清] 浦起龙：此离题格也，不与宦者一律论。何则？伶乃细娱宵小之一端，啬夫狎昵，推类皆是，惑之则败，一朝觉悟，断遣非难。故第以人事概之，而以溺志警之，理如是止也。(《古文眉诠》卷六二)

[清] 过珙：以豪笔写其雄心，悲情壮语，萦后绕前，非永叔不能有此姿态。(《详订古文评注全集》卷八)

[清] 刘大櫆：跌宕遒逸，风神绝似史迁。(引自《评校音注古文辞类纂》卷八)

[清] 凌扬藻：冯定远云："欧公文人，又生于太平，不知武事，每叙战之际，则使人思钜鹿、垓下，然三矢告庙，亦极笔也。"按三矢告庙一段文字，淋漓慨慷，足为武皇父子写生，然实全用王元之《五代史阙文》之词，遂成绝调，非欧公自创也。何义门云："欧公叙高平之战独胜。"（《蠡勺编》卷二三）

[清] 唐介轩：庄宗以英明之主而溺于优俳之贱，其亡也忽焉。文极抑扬顿挫，慷慨激昂，末段收束，尤为名论不磨。（《古文翼》卷七）

[清] 张裕钊：叙事华严处得自《史记》，子固、介甫所稀。（引自《评校音注古文辞类纂》卷八）

[清] 唐文治：此文以"盛"、"衰"二字作主。首段总冒；中间一段盛，一段衰；末段以"方其盛也"、"及其衰也"作对锁。所以不觉板滞者，由欧公丰神妙绝千古，一唱三叹，皆出于天籁，临时随意点缀，故能化板为活耳。（《国文经纬贯通大义》卷一）

五代史宦者传论

欧阳修

解题　《新五代史·宦者传》："呜呼，自古宦、女之祸深矣！明者未形而知惧，暗者患及而犹安焉，至于乱亡而不可悔也。虽然，不可以不戒。作《宦者传》。"

　　自古宦者乱人之国，其源深于女祸。女，色而已，宦者之害，非一端也。自来妇与寺只是并提，此特与极力分出。盖其用事也近而习，其为心也专而忍。先总挈二句，是宦者为害之根，下文俱从此转出。能以小善中人之意，小信固人之心，使人主必信而亲之。宦者之害，一转。待其已信，然后惧以祸福而把持之。虽有忠臣、硕士列于朝廷，而人主以为去己疏远，不若起居饮食、前后左右之亲为可恃也。宦者之害，二转。故前后左右者日益亲，则忠臣、硕士日益疏，而人主之势日益孤。势孤，则惧祸之心日益切，而把持者日益牢。安危出其喜怒，祸患伏于帷闼，则向之所谓可恃者，乃所以为患也。宦者之害，三转。患已深而觉之，欲与疏远之臣图左右之亲近，缓之则养祸而益深，急之则挟人主以为质。至。虽有圣智，不能与谋。宦者之害，四转。谋之而不可为，为之而不可成，至其甚，则俱伤而两败。故其大者亡国，其次亡身，而使奸豪得借以为资而起，至抉渊入声。其种类，尽杀以快天下之心而后已。董卓因而亡汉，朱温因而篡唐，千古同辙。○宦者之害，五转。此前史所载宦者之祸常如此者，非一世也。应前"自古"二字,总兜一句。

夫为人主者,非欲养祸于内而疏忠臣、硕士于外,盖其渐积而势使之然也。放宽一步,正是打紧一步。覆霜之戒,可不慎欤?夫女色之惑,不幸而不悟,则祸斯及矣。使其一悟,捽卒。而去之可也。持头发曰捽。宦者之为祸,虽欲悔悟,而势有不得而去也,唐昭宗之事是已。昭宗与崔胤谋诛宦官,宦官惧。刘季述等乃以银挝画地,数上罪数十,幽上于少阳院,而立太子裕。故曰"深于女祸"者,谓此也。可不戒哉?结段申前"深于女祸"一句,最深切著明,可为痛戒。

汇评

[宋] 楼昉:读之,使人愤痛而悲伤,深于世变之言也。(《崇古文诀》卷一九)

[明] 王鏊:指画弊端,言言紧切。(引自《欧阳文忠公文选》卷五)

[明] 茅坤:通篇如倾水银于地,而百孔千窍无所不入,其机圆而其情邑。(《唐宋八大家文钞·欧阳文忠公文钞》卷一六)

[清] 金圣叹:看他只是一笔,犹如引绳,环环而转。(《天下才子必读书》卷八)

[清] 孙琮:篇中详写宦官之祸,凡用八九转笔,层层转入,方能详悉写尽。(《山晓阁选宋大家欧阳庐陵全集》卷二)

[清] 林云铭:此论以"宦者之害非一端"句作骨,描写历代祸乱,自始至终,无一字不曲尽。然层层说来,却似一气呵成,笔力雄大,千古无两矣。(《古文析义》卷一四)

[清] 吴楚材、吴调侯:宦官之祸,至汉、唐而极。篇中详悉写尽,凡作无数层次,转折不穷,只是"深于女祸"一句意。名论卓然,可为千古龟鉴。(《古文观止》卷一〇)

[清] 沈德潜：包括汉、唐史立论，非专为五代也。逐层透出，无微不达，笔如切玉之刀，锋不可犯。宦官不得宫妾，犹未酿成大祸；二者合而亡身亡国之事乃决，前明客魏，其最著也。欧公轻视女祸，岂见其一而遗其一耶？（《唐宋八大家文读本》卷一四）

[清] 浦起龙：是一宗千古宦官供状，一滚一意，鹿门有水银泻地之喻，要不越误信、难除两层。宦官之祸，非可与伶人同年而语，故切究而陈之。（《古文眉诠》卷六二）

[清] 过琪：说出宦竖之隐，计深虑长。始失于习近而莫知，终成乎亲暱而难图，最中隐弊，故人主贵慎之于早。（《详订古文评注全集》卷八）

[清] 朱宗洛：首层言其惑主，二层言其擅权，三层言其固宠，四层言其弱主，五层言其蓄谋种毒，以上俱就祸之未著言。六层祸始著矣，七层祸难去也，八层言人主实受其祸处，九层言祸已决而不可收。起处"其用事也"二句，此言宦者致祸之由，故为下九层提笔。（《古文一隅》卷下）

[清] 唐介轩：宦官之祸，千古共愤。此篇历叙其所以固宠之故及人主欲去之难，言言痛切，字字透快。凡为治者，当以此论为鉴。（《古文翼》卷七）

[清] 张裕钊：学韩公子，得其削刻坚峻，与明允为近。（引自《评校音注古文辞类纂》卷八）

[清] 林纾：文入手，以女祸相较，即撇去女祸，指宦官之大恶，且历疏其蠹国陷主之能。用一个"亲"字，明宦官为附骨之疽；又用一"远"字，明忠臣硕士不能作救国之药：两两比较，终竟忠臣远而宦官亲。迨一觉而知惧，已为把持要劫，生出不测之患，如甘露之变，令人寒心。文字字痛恨宦官，却句句抛不下忠臣硕士，把"亲"字与"远"字辘轳上下，每说宦官，必照顾到忠臣硕士，飞花滚雪，射目生棱。（《古文辞类纂选本》卷二）

相州昼锦堂记

欧阳修

解题 韩琦《安阳集》卷二有《昼锦堂》诗："古人之富贵,贵归本郡县。譬若衣锦游,白昼自光绚。不则如夜行,虽丽胡由见？事累载方册,今复著俚谚。或纡太守章,或拥使者传。歌樵忘故穷,涤器掩前贱。所得快恩仇,爱恶任骄狷。其志止于此,士固不足羡。兹予来旧邦,意弗在矜衒。以疾而量力,惧莫称方面。……公余新此堂,夫岂事饮燕？亦非张美名,轻薄诧绅弁。重禄许安闲,顾已常兢战。庶一视题榜,则念报主眷。汝报能何为,进道确无倦。忠义耸大节,匪石乌可转？虽前有鼎镬,死耳誓不变。丹诚难悉陈,感泣对笔砚。"李塗《文章精义》谓"永叔《昼锦堂记》全用韩稚圭《昼锦堂》诗意。"《欧阳文忠公集·书简》卷一《与韩忠献王稚圭》(治平三年)云："昨日辱以相台园池为贶,俾得拭目辞翰之雄,粲然如见众制高下映发之丽,而乐然如与都人士女游嬉于其间也。荣幸,荣幸！昼锦书刻精好,但以衰退之文不称为惭,而又以得托名于后为幸也。"范公偁《过庭录》云："韩魏公在相,曾乞《昼锦堂记》于欧公,云：'仕宦至将相,富贵归故乡。'韩公得之爱赏。后数日,欧复遣介别以本至,云：'前有未是,可换此本。'韩再三玩之,无异前者,但于'仕宦'、'富贵'下,各添一'而'字,文义尤畅。"又,朱弁《曲洧旧闻》卷八云："欧阳文忠公作《昼锦堂记》成,以示晁美叔秘监,云：'垂绅正笏,不动声色,措天下于泰山之安。'如此,予所亲见,故实记其事,无一字溢美。于斯时也,他人皆惴慄流汗,不能措一词；公独闲暇如安平无事,真不可及也。"

仕宦而至将相，富贵而归故乡，此人情之所荣，而今昔之所同也。富贵归故乡，犹当昼而锦，何荣如之？《史记》："富贵不归故乡，如衣绣夜行，谁知之者？"昼锦之说本此。○四句，乃一篇大意。盖士方穷时，困厄闾里，庸人孺子皆得易而侮之，若季子不礼于其嫂，苏秦，字季子，说秦，大困而归，嫂不为炊。买臣见弃于其妻。朱买臣家贫，采薪自给。妻羞之，求去。买臣笑曰："待君富贵当报汝。"妻怒曰："从君终饿死。"买臣不能留，即去。一旦高车驷马，旗旄导前，而骑卒拥后，夹道之人相与骈肩累迹，瞻望咨嗟，而所谓庸夫愚妇者，奔走骇汗，羞愧俯伏，以自悔罪于车尘马足之间。历数世态炎凉，何等痛切。此一介之士得志于当时，而意气之盛，昔人比之衣锦之荣者也。数句收拾前文，振起下意。

惟大丞相魏国公则不然。韩琦，字稚圭，封魏国公。○一句撇过上文。公，相去声。人也。相州，今河南彰德府安阳县。○伏句。世有令德，为时名卿。自公少时，已擢高科，登显士。海内之士闻下风而望余光者，盖亦有年矣。所谓将相而富贵，皆公所宜素有。应起二句。非如穷厄之人侥幸得志于一时，出于庸夫愚妇之不意，以惊骇而夸耀之也。翻季子、买臣一段。然则高牙大纛不足为公荣，桓圭衮裳不足为公贵；高牙，车轮之牙。大纛，车上羽葆幢。桓圭，三公所执。衮裳，三公所服。惟德被生民，而功施社稷，勒之金石，播之声诗，以耀后世而垂无穷。此公之志，而士亦以此望于公也。岂止夸一时而荣一乡哉？此又道公平生之志，以见异于季子、买臣处。

公在至和中，至和，仁宗年号。尝以武康之节来治于相，以武康节度来知相州。是富贵而归故乡也。乃作昼锦之堂于后圃。点题。既又刻诗于石，以遗相人。其言以快恩仇、矜名誉为可薄，盖不以昔人所夸者为荣,而以为戒。于此见公之视富贵为何如,而其志岂易量哉?_{就诗中之言,见其轻富贵,而不以昼锦为荣,为韩公解释最透。}故能出入将相,_{公先经略西夏,后同平章事。}勤劳王家,而夷险一节。_{夷,平时。险,处难。一节,谓一致也。}至于临大事,决大议,垂绅正笏,不动声色,而措天下于泰山之安,可谓社稷之臣矣。_{公在谏垣,前后凡七十余疏。及为相,劝上早定皇嗣,以安天下。故曰"临大事"云云。○此段所称皆是实事,初无溢美。}其丰功盛烈所以铭彝鼎而被弦歌者,_{应前"勒金石,播声诗"二句。}乃邦家之光,非闾里之荣也。_{一篇结穴只二语。笔力千钧。}

余虽不获登公之堂,幸尝窃诵公之诗,乐公之志有成,而喜为天下道也,于是乎书。_{拈出作记意。}

汇评

[宋] 唐庚:凡为文,上句重,下句轻,则或为上句压倒。《昼锦堂记》云:"仕宦而至将相,富贵而归故乡。"下云:"此人情之所荣,而今昔之所同也。"非此两句,莫能承上句。(《唐子西文录》)

[宋] 邵博:曾南丰读欧阳公《昼锦堂记》"来治于相",《真州东园记》"泛以画舫之舟"二语,皆以为病。(《邵氏闻见后录》卷一六)

[宋] 楼昉:文字委曲,善于形容。(《崇古文诀》卷一八)

[宋] 黄震:载韩公大节,出昼锦之荣之外。(《黄氏日钞》卷六一)

[宋] 陈善:"仕宦而至将相,富贵而归故乡",此欧公《昼锦堂记》第一句也。其后,东坡作《韩文公庙碑》,其破题云:"匹夫而为百世师,一言而为天下法。"语句之工,便不减前作。议者谓欧语工于叙富贵,坡语工于说道义。盖此二句皆即其人而纪其事,已道尽二人平生事实如此。自非笔端有力,那能至是?(《扪虱新话》下集卷一)

[宋] 阙名:永叔作韩忠献《昼锦堂记》,开石了,以碑本寄张安道。安道

嗟叹久之，云："惜乎不先寄老夫，使此记遂有小颣。'以武康之节，来治于相'，两句中可去一字。不然，'以武康之节来治相'，又不然，'以武康节来治于相'。"（《桐江诗话》）

[明] 茅坤：冶女之文令人悦眼，而最得体处在安顿卫国公上。以史迁之烟波，行宋人之格调。昼锦题本一俗见，而欧阳公却于中寻出第一层议论发明，古之文章家地步如此。（《唐宋八大家文钞·欧阳文忠公文钞》卷二〇）

[明] 顾锡畴：其格调则宋人，其烟波则史迁矣。（引自《欧阳文忠公文选》卷七）

[清] 孙琮：古人作文命意，只是随手而得。如此记，只从魏公诗中"快恩仇、矜名誉为可薄"一语脱化出来。盖公之薄"快恩仇、矜名誉"之人，正是不以世俗之荣为夸耀，而以社稷生民厪忧念也，所以一起只将世俗之荣形出魏公不以此为念，然后略叙作堂，就其诗中看出通篇主意。真是随手得来，却是绝大议论。（《山晓阁选宋大家欧阳庐陵全集》卷三）

[清] 储欣：太近人矣，然其气调员美，最利时文。（《唐宋十大家全集录·庐陵全集录》卷五）

[清] 谢有煇：韩公非以富贵为荣者，而顾自名其堂曰"昼锦"。盖惟有韩公之勋业，然后可以当昼锦之名；亦惟有韩公之德量，而后不以昼锦为嫌也。此意要亦惟欧公能发明之。（《古文赏音》卷九）

[清] 张伯行：以穷阨得志者相形，见公超然出于富贵之上。因"昼锦"二字颇近俗，故为之出脱如是。文旨浅而词调敷腴，最为人所爱好。（《唐宋八大家文钞》卷六）

[清] 何焯：题无深意，特高一层起论，施诸魏公，独不为夸。荆川云："前一段依题说起，后乃归之于正，此反题格也。"按反题却愈切题，所以佳。（《义门读书记》卷三八）

[清] 林云铭："昼锦"之说，起于"富贵不归故乡，如衣绣夜行"二语，故以当昼而锦指富贵归乡而言，盖荣之也。韩魏公以相州人，于至

和中,请以武康节度使来守相州。在魏公,荣君之恩,名其堂为"昼锦",虽觉贴切,其实魏公为两朝顾命、定策元勋,出入将相,功在社稷,其为荣,原不在富贵不富贵,归乡不归乡也。作记者若单表平昔功业,又抛不下本题。是篇先就昼锦之荣翻起,倒入魏公之志,然后叙其平昔功业,以其荣归之邦国斡旋得体,文亦光明正大,与题相称。(《古文析义》卷一四)

[清] 吴楚材、吴调侯:魏公、永叔,岂皆以昼锦为荣者?起手便一笔撇开,以后俱从第一层立议,此古人高占地步处。按魏公为相,永叔在翰林,人曰"天下文章,莫大于是",即《昼锦堂记》。以永叔之藻采,著魏公之光烈,正所谓天下莫大之文章。(《古文观止》卷一〇)

[清] 余诚:从"昼锦"二字中想出个"荣"字来,复从"荣"字上一层想出个"志"字来,于是以"志"字为经,以"荣"字为纬,写成一篇洋洋洒洒大文,却妙在从人情说起,推出昼锦之所以为荣处,为魏公作反衬。且又不说坏若辈,不过只以富贵之荣衬出公功德之荣来。然使一口竟尽,便索然无味,而文势亦不峥嵘,故前幅既作衬笔,而转入韩公,后仍多作顿宕,直至"公在"一段,方才实叙出公之功德足以为荣。字字是韩公实录,毫无溢美之词。崇议闳论,堪传不朽,而结构亦极精密。此当是庐陵最用意之文,然非韩公之功德,正恐难当得此文也。(《重订古文释义新编》卷八)

[清] 过琪:题曰"昼锦",却把衣锦之荣一笔扫开,此最是欧公善于避俗处。前后赞颂韩公皆是实事,初无溢美。如此功德文章,正堪并传不朽。(《详订古文评注全集》卷八)

[清] 唐介轩:堂名"昼锦",似以仕宦富贵为荣矣,文却随擒随纵,写出魏公心事荦荦,与俗辈不同。可谓手写题面而神游题外者。(《古文翼》卷七)

[清] 毛庆蕃:先从昼锦摹写,折入韩魏公,而相州之堂高出寻常矣,是为神巧。然文之所以可传者,魏公之贤,足以称之,而欧阳无愧辞也。(《古文学余》卷三二)

丰乐亭记

欧阳修

解题　《欧阳文忠公集·书简》卷一《与韩忠献王稚圭》(庆历六年)："山州穷绝,比乏水泉。昨夏秋之初,偶得一泉于州城之西南丰山之谷中,水味甘冷,因爱其山势回抱,构小亭于泉侧。又理其傍为教场,时集州兵弓手,阅其习射,以警饥年之盗。间亦与郡官宴集其中。方惜此幽致,思得佳木美草植之,忽辱宠示芍药十种,岂胜欣荷?山民虽陋,亦喜遨游,自此得与郡人共乐,实出厚赐也。"同书卷六《与梅圣俞》(庆历七年)云:"去年夏天,因饮滁水甚甘,问之,有一土泉在城东百步许,遂往访之。乃一山谷中,山势一面高峰,三面竹岭,回抱泉上,旧有佳木一二十株,乃天生一好景也。遂引其泉为石池,甚清甘,作亭其上,号丰乐,亭亦壮丽。又于州东五里许菱溪上,有二怪石,乃冯延鲁家旧物,因移在亭前。广陵韩公闻之,以细芍药十株见遗,亦植于其侧。其他花竹,不可胜纪。"

　　修既治滁_除。之明年,_{滁,滁州,在淮东。时公守是州。}夏,始饮滁水而甘。_{始饮而甘,明初至滁未暇知水甘也。只此句,意极含蓄。}问诸滁人,得于州南百步之近。_{出其处。}其上则丰山耸然而特立,_{陪一上。}下则幽谷窈然而深藏,_{陪一下。}中有清泉滃_{翁上声}。然而仰出。_{出泉。}俯仰左右,顾而乐之,_{再陪左右。}于是疏泉凿石,辟地以为亭,而与滁人往游其间。_{出亭。○以上叙亭之景,当滁之胜。末带"与滁人"句,为下文发论张本。}

滁于五代干戈之际，用武之地也。五代，梁、唐、晋、汉、周也。○议论忽开一篇结构。昔太祖皇帝赵匡胤。尝以周师破李景南唐。兵十五万于清流山下，生擒其将皇甫晖、姚凤于滁东门之外，遂以平滁。周主柴世宗征淮南，唐人恐，皇甫晖、姚凤退保清流关，关在滁州西南，世宗命匡胤突阵而入，晖等走入滁，生擒之。○此滁所为用武之地，不能丰乐，以起下文。修尝考其山川，按其图记，升高以望清流之关，欲求晖、凤就擒之所，而故老皆无在者，盖天下之平久矣。就平滁想出天下之平，一往情深，是龙门得意之笔。自唐失其政，海内分裂，豪杰并起而争，所在为敌国者，何可胜升。数？上声。○宕开一笔，不独说滁也。及宋受天命，圣人出而四海一。向之凭恃险阻，划产。削消磨，百年之间，漠然徒见山高而水清。欲问其事，而遗老尽矣。再叠一笔，虚神不尽。今滁单接"今滁"。介江淮之间，舟车商贾、四方宾客之所不至，民生不见外事而安于畎亩衣食，以乐生送死。而孰知上之功德，休养生息，涵煦许。于百年之深也。归重上之功德，是为"丰乐"之所由来。凡作数层跌宕，方落到此句。文致生动不迫。

修之来此，乐其地僻而事简，又爱其俗之安闲。应"舟车商贾"数句。既得斯泉于山谷之间，乃日与滁人仰而望山，俯而听泉，掇幽芳春。而荫乔木，夏。风霜冰雪，刻露清秀，峭刻呈露，清爽秀出。○秋冬。四时之景无不可爱。又幸其民乐其岁物之丰成，而喜与予游也。点出题面，应转"与滁人往游"句。因为本其山川，道其风俗之美，使民知所以安此丰年之乐者，幸生无事之时也。结出作记意，应转"休养生息"句。

夫宣上恩德，以与民共乐，刺史之事也。遂书以名其亭焉。收极端庄郑重。妙绝。

汇评

[宋] 李塗：欧阳永叔《丰乐亭记》之类，能画出太平气象。（《文章精义》）

[明] 叶盛：欧阳公《丰乐亭记》"仰而望山，俯而听泉"，用白乐天《庐山草堂记》"仰观山，俯听泉"语。（《水东日记》卷二五）

[明] 何良俊：欧阳公《丰乐亭记》，中间何等感慨，何等转换，何等含蓄，何等顿挫！（《四友斋丛说》卷五）

[清] 金圣叹：记山水，却纯述圣宋功德；记功德，却又纯写徘徊山水，寻之不得其迹。曰：只是不把圣宋功德看得奇怪，不把徘徊山水看得游戏。此所谓心地淳厚、学问真到文字也。（《天下才子必读书》卷八）

[清] 储欣：唐人喜言开元事，是乱而思治。此"丰乐"二字，直以五代干戈之滁，形今日百年无事之滁，是治不忘乱也。一悲一幸，文情各极。（《唐宋八大家全集录·六一居士全集录》卷五）

[清] 王之绩：俯仰今昔，感慨系之，遂增无数姿态。是一篇司马子长文字，当合《项羽本纪》读之。（引自《评注才子古文》卷一二）

[清] 吴楚材、吴调侯：作记游文，却归到大宋功德、休养生息所致，立言何等阔大。其俯仰古今，感慨系之，又增无数烟波。较之柳州诸记，是为过之。（《古文观止》卷一〇）

[清] 沈德潜：记一亭而由唐及宋，上下数百年之治乱，群雄真主之废兴，一一在目，何等识力！中间休养生息一段，见仁宗之滋培元气，养以风雨，子孙不容更张，隐然言外。（《唐宋八大家文读本》卷一二）

[清] 唐介轩：题是丰乐，却从干戈用武立论，辟开新境，然后引出山高水清，休养生息，以点出丰乐正面。此谓纡徐为妍，卓荦为杰。（《古文翼》卷七）

[清] 林纾：欧文讲神韵，亦于顿笔加倍留意。如《丰乐亭记》曰："升高以望清流之关，欲求晖、凤就擒之所，故老皆无在者，盖天下之平

久矣。"又曰："百年之间,徒见山高而水清,欲问其事,而遗老尽矣。"或谓"故老无在"及"遗老尽矣"用笔似沓,不知前之思故老,专问南唐事也;后之问遗老,则兼综南汉、吴、楚而言。本来作一层说即了,而欧公特为夷犹顿挫之笔,乃愈见风神。(《春觉斋论文》)

[清] 陈衍:永叔文以序跋杂记为最长,杂记尤以《丰乐亭》为最完美。起一小段,已简括全亭风景,乃横插"滁于五代干戈之际"二语,得势有力,然后说由乱到治与由治回想到乱,一波三折,将实事于虚空中摩荡盘旋。此欧公平生擅长之技,所谓风神也。"今滁介于江淮"一小段,与"修之来此"一段,归结到太平之可乐与名亭之故,收煞皆用反缴笔为佳。(《石遗室论文》卷五)

[清] 吴闿生:此文忧深思远,声情发越,较胜前篇(按指《送田画秀才宁亲万州序》)。姚叔节先生曰:宋代兵革不修,酿成积弱之祸。公盖预见及此,特言之,以讽当世,足见经世之略。而文情抑扬吞吐,绝不轻露,所以为高。(《古文范》卷四)

[清] 李刚己:按欧公文字,凡言及朋友之死生聚散与五代之治乱兴亡,皆精采焕发。盖公平生于朋友风义最笃,于五代事迹最熟,故言之特觉亲切有味也。此文及《送田画秀才序》,皆以五代事迹为波澜。彼以风致跌宕取胜,此则感发深至,措注浑雄,楮墨之外,别有一种遥情远韵,令读者咏叹淫泆,油然不能自止。朱子以此篇为公文之最佳者,岂虚语哉?(《古文辞约编》)

醉翁亭记

欧阳修

解题 朱弁《曲洧旧闻》卷三有"《醉翁亭记》初成,天下莫不传诵,家至户到,当时为之纸贵"的记载。朱熹《晦庵先生朱文公文集》卷七一《考欧阳文忠公事迹》:"醉翁亭在琅琊山寺侧,记成刻石,远近争传,疲于摸打。山僧云,寺库有毡,打碑用尽,至取僧堂卧毡给用。凡商贾来供施者,亦多求其本,僧问作何用,皆云所过关征,以赠监官,可以免税。"又,《朱子语类》卷一三九:"欧公文亦多是修改到妙处。顷有人买得他《醉翁亭记》稿,初说滁州四面有山,凡数十字,末后改定,只曰'环滁皆山也'五字而已。"

环滁除。皆山也。滁,州名,在淮东。○一"也"字,领起下文许多"也"字。其西南诸峰,林壑尤美。从山单出西南诸峰。望之蔚畏。然而深秀者,琅琊也。从诸峰单出琅琊。山行六七里,渐闻水声潺潺,残。而泻出于两峰之间者,酿娘去声。泉也。从山出泉。峰回路转,有亭翼然临于泉上者,醉翁亭也。从泉出亭。作亭者谁?山之僧智仙也。出作亭之人。名之者谁?太守自谓也。出名亭之人法只应云"太守也"。又加"自谓"二字,因有下注故耳。太守与客来饮于此,饮少辄醉,而年又最高,故自号曰醉翁也。接手自注名亭之意,注"醉"一句,注"翁"一句,妙。醉翁之意不在酒,在乎山水之间也。山水之乐,得之心而寓之酒也。接手又自破名亭之意。一句不在酒,一句亦在酒,妙。

若夫日出而林霏开，明。云归而岩穴暝，晦。晦明变化者，山间之朝暮也。记亭之朝暮。野芳发而幽香，春。佳木秀而繁阴，夏。风霜高洁，秋。水落而石出者，冬。山间之四时也。记亭之四时。朝而往，暮而归，四时之景不同，而乐亦无穷也。又总收朝暮、四时，申出"乐"字，起下文数"乐"字。

至于二字贯下段。负者歌于涂，行者休于树，前者呼，后者应，伛於上声。偻楼。提携，伛偻，不伸也。往来而不绝者，滁人游也。临溪而渔，溪深而鱼肥；酿泉为酒，泉香而酒洌。洌，清洁也。山肴野蔌，速。○菜谓之蔌。杂然而前陈者，太守宴也。先记滁人游，次记太守宴，妙。宴酣之乐，非丝非竹，二句贯下段。射者中，投壶。奕者胜，围棋。觥肱，筹交错，觥，谓爵。筹，所以记罚。坐起而喧哗者，众宾欢也。苍颜白发，颓乎其中者，太守醉也。记众宾自欢，太守自醉，妙。

已而二字贯下段。夕阳在山，人影散乱，太守归而宾客从也。归时景。树林阴翳，鸣声上下，游人去而禽鸟乐也。归后景。○记太守去，宾客亦去，滁人亦去。忽又添出禽鸟之乐来，下便借势一路卷转去，设想甚奇。然而禽鸟知山林之乐，而不知人之乐；人知从太守游而乐，而不知太守之乐其乐也。刻画四语，从前许多铺张俱有归束。醉能同其乐，醒能述以文者，太守也。结出作记。太守谓谁？庐陵欧阳修也。结出作记姓名。

汇评

［宋］ 楼昉：此文所谓笔端有画，又如累叠阶级，一层高一层，逐旋上去都不觉。（《崇古文诀》卷一八）

[元] 虞集：此篇是记体，欧阳以前无之。或曰赋体，非也。逐篇叙事，无韵不排，只是记体。第三段叙景物，忽然铺叙，记中多有。（引自《评选古文正宗》卷九）

[明] 茅坤：昔人读此文，谓如游幽泉邃石，入一层才见一层，路不穷，兴亦不穷。读已，令人神骨翛然长往矣。此是文章中洞天也。（《唐宋八大家文钞·欧阳文忠公文钞》卷二一）

[明] 李腾芳：欧公《醉翁亭记》"峰回路转，有亭翼然临于泉上者，醉翁亭也"，一"翼"字将亭之情、亭之景、亭之形象俱写出，如在目前，可谓妙绝矣。（《李文庄公全集》卷九山居杂著上）

[清] 孙琮：一起记山、记泉、记亭、记人，数段极为散漫，今却于名亭之下自注自解，一反一复，作一收束。中幅记朝暮、记四时，又为散漫，于是将四时朝暮总结一笔，又作一收束。后幅记游、记宴、记欢、记醉、记人归、记鸟乐，数段又极散漫，于是从禽鸟卷到人，从人卷到太守，又作一收束。看他一篇散漫文字，却得三处收束，便是一篇纪律文字，细读当得之。（《山晓阁选宋大家欧阳庐陵全集》卷三）

[清] 储欣：乃遂成一蹊径，然其中有画工所不能到处。（《唐宋十大家全集录·六一居士全集录》卷五）

[清] 吴楚材、吴调侯：通篇共用二十个"也"字，逐层脱卸，逐步顿跌，句句是记山水，却句句是记亭，句句是记太守。似散非散，似排非排，文家之创调也。（《古文观止》卷一〇）

[清] 浦起龙：丰乐者，同民也，故处处融合滁人；醉翁者，写心也，故处处摄归太守。一地一官，两亭两记，各呈意象，分辟畦塍。（《古文眉诠》卷五九）

[清] 余诚：直记其事，一气呵成，自首至尾计用二十个"也"字，此法应从昌黎《潮州祭太湖神》文脱胎。风平浪静之中，自具波澜萦回之妙。笔歌墨舞，纯乎化境，洵是传记中绝品。至记亭所以名"醉翁"及醉翁所以醉处，俱隐然有乐民之乐意在，却又未尝着迹，立

言更极得体。(《重订古文释义新编》卷八)

[清] 过珙：从滁出山，从山出泉，从泉出亭，从亭出人，从人出名，一层一层复一层，如累叠阶级，逐级上去，节脉相生，妙矣！尤妙在"醉翁之意不在酒"及"太守之乐其乐"两段，有无限乐民之乐意，隐见言外。若止认作风月文章，便失千里。(《详订古文评注全集》卷八)

[清] 刘大櫆：欧公此篇以赋体为文，其用"若夫"、"至于"、"已而"等字，则又兼用六朝小赋局段套头矣。(《海峰先生精选八家文钞》)

[清] 爱新觉罗·弘历：前人每叹此记为欧阳绝作。间尝熟玩其辞，要亦无关理道，而通篇以"也"字断句，更何足奇！乃前人推重如此者，盖天机畅则律吕自调，文中亦具有琴焉，故非他作之所可并也。况修之在滁，乃蒙被垢污而遭谪贬，常人之所不能堪，而君子亦不能无动心者，乃其于文萧然自远如此。是其深造自得之功，发于心声，而不可强者也。(《唐宋文醇》卷二六)

[清] 平步青：《升庵外集》卷五〇《山海经补注》："白沙山广围三百里，尽沙也。"世传六一公作《醉翁亭记》，始云"滁四面皆有山"，又改云"滁为州，山四周"，又改云云，末乃改云"环滁皆山也"，可谓简而秀，然《山海经》已有此语。(《霞外攟屑》卷七下)

[清] 唐文治：通篇用"也"字调，为特创格。然必须曲折多乃佳，否则转成庸俗矣。(《国文经纬贯通大义》卷六)

秋声赋

欧阳修

解题 《欧阳文忠公集·书简》卷三《与王懿敏公仲仪》（嘉祐四年）："自去岁秋冬已来，益多病，加以目疾，复左臂举动不得。三削请洪，诸公畏物议不敢放去，意谓宁俾尔不便，而无为我累，奈何奈何！然且告他只解府事（按指开封府事）必可得。不过月十日，且得作闲人尔，少缓汤火煎熬。有无限鄙怀，不能具述。"又，《与王懿敏公仲仪》（嘉祐五年）："某自罢府，又一岁有余，方得《唐书》了当，遽申前请，恳乞江西，前后累削，辞极危苦，而二三公若不闻。近年眼目尤昏，又却送在经筵。事与心违，无一是处，未知何日遂得释然，一偿素志于江湖之上，然后归老汝阴尔。"按：《秋声赋》作于嘉祐四年秋，是年二月，欧免知开封府。两封致王素书简道出了彼时欧之心境。

　　欧阳子方夜读书，闻有声自西南来者，先出"声"字。悚然而听之，"听"字，领起下文。曰："异哉！"初淅沥以潇飒，掺入声。○含"风雨"句。忽奔腾而砰湃，派。○含"波涛"句。如波涛夜惊，一喻。风雨骤至。二喻。其触于物也，鏦鏦聪。铮铮，撑。金铁皆鸣；含"赴敌"数句。又如赴敌之兵，衔枚疾走，不闻号令，但闻人马之行声。衔枚，所以止喧哗也。枚，形似箸，两端有小绳，衔于口而系于头后，则不能言。○三喻，连下三喻，长短参差，虚状秋声，极意描写。予谓童子："此何声也？汝出视之。"借"视"陪"闻"，作波。童子曰："星月皎洁，明河在天。是方夜。四无人声，声在树间。"是"视"，不是"闻"，妙。

予曰："噫嘻,悲哉!此秋声也,胡为乎来哉!借童子语,翻出"秋声"二字。先咨嗟,次怪叹,领起全篇。盖夫秋之为状也,其色惨淡,烟霏云敛;其色,宾。其容清明,天高日晶;精。○晶,光也。○其容,宾。其气栗冽,砭边。人肌骨;其气,宾。其意萧条,山川寂寥。其意,宾。故其为声也,凄凄切切,呼号奋发。从其色、其容、其气、其意,唤出其声。丰草绿缛肉。而争茂,佳木葱茏而可悦。二句未秋。草拂之而色变,木遭之而叶脱。其所以摧败零落者,乃一气之余烈。实写秋声已毕。

"夫秋,刑官也,司寇为秋官,掌刑。于时为阴;以二气言。又兵象也,主肃杀。于行为金。以五行言。是谓天地之义气,常以肃杀而为心。《乡饮酒礼》云:天地肃杀,"此天地之义气也"。天之于物,春生秋实,"实"字,含"既老"、"过盛"意。故其在乐也,商声主西方之音,商声,属金,故主西方之音。夷则为七月之律。夷则,七月律名。《月令》:"孟秋之月,……律中夷则。"商,伤也,物既老而悲伤;夷,戮也,物过盛而当杀。注四句。○此段又细写秋之为义,洗刷无余。下乃从秋畅发悲哉意。

"嗟夫!草木无情,有时飘零。人为动物,惟物之灵,草木无情,而人有情。无情者,尚有时而飘零,况有情者乎?○四句起下数层,是作赋本意。百忧感其心,万事劳其形,有动乎中,必摇其精。人之秋,非一时也。而况思其力之所不及,忧其智之所不能!人或有时非秋,而又欲故自寻秋也。宜其渥然丹者为槁木,黟衣。然黑者为星星。朱颜忽而变枯,黑发忽而变白,犹草木之绿缛而色变,葱茏而叶脱也。奈何非金石之质,欲与草木而争荣?若欲任其忧思,必此身为金石而后可也。奈何非金非石,而欲与草木争一日之荣乎?念谁为之戕贼,亦何恨乎秋声?"念此槁木、星星,乃忧思所致,是自为戕贼耳,亦何恨乎天地自有之秋声哉?○结出悲秋正旨。

695

童子莫对,垂头而睡。但闻四壁虫声唧唧,如助予之叹息。
又于秋声中添出一声,作余波。

汇评

[宋] 李之仪：近时欧阳文忠公《秋声》乃规摹李白,其实则与刘梦得、杜牧之相先后者。(《姑溪居士集》卷三一)

[宋] 楼昉：模写之工,转折之妙,悲壮顿挫,无一字尘涴。(《崇古文诀》卷一八)

[宋] 黄震：《蝉声赋》、《秋声赋》之脱洒……皆当成诵。(《黄氏日钞》卷六一)

[元] 刘壎：欧阳公《秋声赋》清丽激壮,摹写天时,曲尽其妙。(《隐居通义》卷五)

[元] 祝尧：此等赋实自《卜居》、《渔父》篇来,追宋玉赋《风》与《大言》、《小言》等,其体遂盛,然赋之本体犹存。及子云《长杨》,纯用议论说理,遂失赋本矣。欧公专以此为宗,其赋全是文体,以扫积代俳律之弊,然于三百五篇吟咏情性之流风远矣。《后山谈丛》云："欧阳永叔不能赋。"其谓不能者,不能进士律赋尔,抑不能《风》所谓赋邪？(《古赋辨体》卷八)

[明] 归有光：形容物状,模写变态,末归于人生忧感,与时俱变,使人读之,有悲秋之意。(《欧阳文忠公文选》卷一○)

[明] 茅坤：萧瑟可诵,虽不及汉之雅,而词致清亮。(《唐宋八大家文钞·欧阳文忠公文钞》卷三二)

[明] 孙鑛：果是以文为赋,稍嫌近切,然说意透,亦自俊快可喜。(引自《欧阳文忠公文选》卷一○)

[明] 钟惺：秋声,无形者也,却写得形色宛然。读之,使人悄然而悲,肃然而恐,真可谓绘风手矣。(引自《山晓阁选宋大家欧阳庐陵全集》卷四)

[清] 金圣叹：赋每伤于俳俪。如此又简峭，又精练，又径直，又波折，真是后学作文之点金神术也。（《天下才子必读书》卷一三）

[清] 孙琮：作赋本意只是自伤衰老，故有动于中，不觉闻声感叹。一起先作一番虚写，第二段方作一番实写，一虚一实已写尽秋声。第三段止说秋之为义崇以肃杀，引起第四段自伤衰老为一篇主意。结尾"虫声唧唧"亦是从声上发挥，绝妙点缀。读前幅，写秋声之大，真如狂风怒涛，令人怖恐；读末幅，写虫声之小，真如嫠妇夜泣，令人惨伤：一个"声"字写作两番笔墨，便是两番神境。（《山晓阁选宋大家欧阳庐陵全集》卷四）

[清] 储欣：赋之变调，别有文情。赋至宋几亡矣，此文殊有深致。（《唐宋十大家全集录·六一居士全集录》卷一）

[清] 何焯：虽非楚人之辞，然于体物自工。至后乃推论人事，初非纯用议论也。讥之者只是不识，公于文章，变而不失其正耳。（《义门读书记》卷三九）

[清] 林云铭：总是悲秋一意。初言声，再言秋，复自秋推出声来，又自声推出所以来之故，见得天地本有自然之运，为生为杀，其势不得不出于此，非有心于戕物也。但念物本无情，其摧败零落，一听诸时之自至，而人日以无穷之忧思，营营名利，竞图一时之荣，而不知中动精摇，自速其老。是物之飘零者，在目前有声之秋；人之戕贼者，在意中无声之秋也，尤堪悲矣！篇中感慨处带出警悟，自是神品。（《古文析义》卷一四）

[清] 吴楚材、吴调侯：秋声，无形者也。却写得形色宛然，变态百出。末归于人之忧劳自少至老，犹物之受变自春而秋，凛乎悲秋之意溢于言表。结尾虫声唧唧，亦是从声上发挥，绝妙点缀。（《古文观止》卷一〇）

[清] 浦起龙：古不如汉，丽不如唐，超解亦让后来坡老，而其机法之楚楚，可以津逮幼学。（《古文眉诠》卷六二）

[清] 余诚：借景言情，不徒以赋物为工。而感慨悲凉中，寓警悟意，洵

堪令人猛省。通篇凡十四易韵。(《重订古文释义新编》卷八)

［清］ 过琪：秋声本无可写，却借其色、其容、其气、其意，引出其声。一种感慨苍凉之致，凄然欲绝。末归到感心劳形，自为戕贼，无时非秋，真令人不堪回首。(《详定古文评注全集》卷八)

［清］ 朱宗洛：首一段摹写秋声，工而切矣，却不放出"秋"字，于空中想像形容，此实中带虚之法也。次段先就童子口中摹写一番，然后接出秋声，振起全篇，此文家顿挫摇曳之法也。三段实写"声"字，却不径就"声"字说，先用"其色"、"其容"、"其气"、"其意"等作陪，此四面旁衬之法也。四段就"秋"字发挥，即带起下段，此前后相生法也。五段是作赋本旨。末段是用小波点缀，收束前后感慨，尤见情文绝胜。(《古文一隅》卷下)

［清］ 黄仁黼：《文心雕龙》曰："赋也者，受命于诗人，拓宇于楚辞也。"尝考古今篇什，秋意最甚，莫如楚辞。夫楚辞者，刱于屈原，而述于宋玉。其缠绵恻怛之意，悉本诗人忠厚之遗。故《离骚》之悲，隐而不露；《九辩》之悯，感而遂通。古人托物言情，无论目睹心思，所以兴悲，其致一也。先生感光阴之荏苒，叹时事之已非，一旦触景撼怀，闻声致慨，其萧瑟之情，固同《九辩》，而悲伤之隐，实类《离骚》。亦何怪嗣响楚辞，而继美诗人也哉！(《古文笔法百篇》卷一五)

祭石曼卿文

欧阳修

解题　《欧阳文忠公集·居士集》卷二四《石曼卿墓表》："曼卿，讳延年，姓石氏，其上世为幽州人。……幽燕俗劲武，而曼卿少亦以气自豪，读书不治章句，独慕古人奇节伟行非常之功，视世俗屑屑，无足动其意者。自顾不合于时，乃一混以酒，然好剧饮，大醉，颓然自放，由是益与时不合。而人之从其游者，皆知爱曼卿落落可奇，而不知其才之有以用也。年四十八，康定二年二月四日，以太子中允、秘阁校理卒于京师。……庄献明肃太后临朝，曼卿上书，请还政天子。其后，太后崩，范讽以言见幸，引尝言太后事者，遽得显官；欲引曼卿，曼卿固止之，乃已。自契丹通中国，德明尽有河南而臣属，遂务休兵，养息天下，然内外弛武三十余年，曼卿上书言十事，不报。已而元昊反，西方用兵，始思其言，召见，稍用其说，籍河北、河东、陕西之民，得乡兵数十万。曼卿奉使籍兵河东，还，称旨，赐绯衣银鱼，天子方思尽其才，而且病矣。……状貌伟然，喜酒自豪，若不可绳以法度，退而质其平生，趣舍大节无一悖于理者。遇人无贤愚，皆尽忻欢。及间而可不天下是非善恶，当其意者无几人。其为文章，劲健称其意气。"

　　维治平_{英宗年号}。四年七月日，具官欧阳修，谨遣尚书都省令史李敫_异。至于太清，以清酌庶羞之奠，致祭于亡友曼卿之墓下，而吊之以文曰：

呜呼曼卿！一呼。生而为英，死而为灵。生死并点。其同乎万物生死，而复归于无物者，暂聚之形；不与万物共尽，而卓然其不朽者，后世之名。许其名传后世，单就死一边说。此自古圣贤莫不皆然，而著在简册者昭如日星。引古圣贤一证，言其名之必传。十九字，一句读。

呜呼曼卿！二呼。吾不见子久矣，犹能仿佛子之平生。唤起下文。其轩昂磊落，突兀峥撑。嵘，宏。而埋藏于地下者，十六字，一句读。意其不化为朽壤，而为金玉之精。不然，生长松之千尺，产灵芝而九茎。恒。○此从生前想其死后必当化为金玉、为长松、为灵芝，必不与万物同为朽壤也。○中间用"不然"一折，更快。奈何荒烟野蔓，荆棘纵宗。横，风凄露下，走磷邻。飞萤？磷，鬼火。但见牧童樵叟，歌吟而上下，与夫惊禽骇兽，悲鸣踯掷。躅逐。而咿伊。嘤。悲其今日之墓。今固如此，更千秋而万岁兮，安知其不穴藏狐貉与鼯鼪？悲其后日之墓。此自古圣贤亦皆然兮，独不见夫累累乎旷野与荒城！又牵"自古圣贤皆然"，呼应有情。

呜呼曼卿！三呼。盛衰之理，吾固知其如此，临了又一折。而感念畴昔，悲凉凄怆，不觉临风而陨涕者，有愧夫太上之忘情。自述伤感，欷歔欲绝。尚飨！

汇评

[明] 茅坤：凄清逸调。（《唐宋八大家文钞·欧阳文忠公文钞》卷三一）
[清] 金圣叹：胸中自有透顶解脱，意中却是透骨相思，于是一笔已自透顶写出去，不觉一笔又自透骨写入来。不知者乃惊其文字一何跌荡，不知非跌荡也。（《天下才子必读书》卷八）

[清] 孙琮：此文三提曼卿，分三段看：第一段许其名垂后世，写得卓然不磨；第二段悲其生死，写得凄凉满目；第三段自述感伤，写得歍歔欲绝，可称笔笔传神。(《山晓阁选宋大家欧阳庐陵全集》卷三)

[清] 储欣：公祭文奇崛不及韩，清峭不及王，独情致缠绵凄恻，而亦微带俗韵，若此篇是也。(《唐宋十大家全集录·六一居士全集录》卷五)○运长短句，一气旋转。(《唐宋八大家类选》卷一四)

[清] 张伯行：似骚似赋，亦怆亦达。(《唐宋八大家文钞》卷五)

[清] 林云铭：此遣祭曼卿墓下之词，非始死而吊奠，故全在墓上着笔，而以曼卿平生之奇，串入生发。其大意，从雍门子鼓琴一段脱化来。文情浓至，音节悲哀，不忍多读。(《古文析义》卷一四)

[清] 吴楚材、吴调侯：篇中三提曼卿，一叹其声名卓然不朽，一悲其坟墓满目凄凉，一叙己交情伤感不置。文亦轩昂磊落，突兀峥嵘之甚。(《古文观止》卷一○)

[清] 浦起龙：此一祭，盖葬既久而近经其处，触眼苍凉，不禁侘傺歍歔，一写其宿草之悲也。或把作随常祭文批解，伧子又从而剿之以为活套，不足一哂。文虽极悲凉，却能向已墟境象，点出不朽精神。(《古文眉诠》卷六二)

[清] 过珙：玉露元、晁文元尝问隐者刘海蟾以不死之道，海蟾笑曰："人何曾死，而君乃畏之求生乎？所可死者形尔，不与形自灭者固自在也。"通篇只是此意。曼卿得此，可以不死矣。凄清逸调，读之令人悲酸。(《详订古文评注全集》卷八)

[清] 朱宗洛：首段决其名之必传，所以慰死者；中段写死后之凄凉，所以悲死者；结处紧承中段，回环首段，结出自己思念之诚，知其用意固重在中一段也。此文妙处，总在转换处、顿束处及开宕处见精神，故尺幅中有排宕百折之妙。(《古文一隅》卷下)

[清] 高步瀛：欧公此等文，最为世俗所喜，然不善学之，易流于俗艳。故何义门颇讥之，然竟斥为无味，则太过矣。(《唐宋文举要》甲篇卷六)

泷冈阡表

欧阳修

解题　曾敏行《独醒杂志》卷二:"两府例得坟院,欧阳公既参大政,以素恶释氏,久而不请。韩公为言之,乃请泷冈之道观。又以崇公之讳,因奏改为西阳宫,今隶吉之永丰。后公罢政,出守青社,自为阡表,刻碑以归。江行过采石,舟裂碑沉。舟人曰:'神如有知,石将出。'有顷,石果见,遂得以归立于其宫。绍兴乙卯宫焚,不余一瓦,碑亭独无恙,信有神物护持云。"又,罗大经《鹤林玉露》甲编卷一"仕宦归故乡"条:"欧阳公居永丰县之沙溪,其考崇公葬焉,所谓泷冈阡是也。厥后奉母郑夫人之丧归合葬,载青州石镌阡表。石绿色,高丈余,光可鉴,阡近沙山太守庙。"

　　呜呼！惟我皇考崇公,卜吉于泷冈之六十年,其子修始克表于其阡,泷冈,在江西吉安府永丰县。阡,垄也。非敢缓也,盖有待也。提出缓表之故,包下种种恩荣。

　　修不幸,生四岁而孤。太夫人守节自誓,居穷自力于衣食,以长以教,俾至于成人。为下"告之"发端。太夫人告之曰:"汝父为吏廉而好施与,喜宾客,其俸禄虽薄,常不使有余,曰:'毋以是为我累。'故其亡也,无一瓦之覆、一垄之植以庇而为生,十四字,一句读。吾何恃而能自守耶？反跌一句。吾于汝父,知其一二,以有待于汝也。起下"能养"、"有后"。自吾为汝家妇,不及事吾姑,然知汝父之能养去声。也。汝孤而幼,吾不能知汝之必有立,然知汝父之必将有后也。一段,叙父之孝亲裕后。吾之始归也,汝父免于母丧方逾年。岁时祭祀,则必涕泣曰:'祭而丰,不如养之薄也。'间御酒食,则又涕泣曰:'昔常不足,而今有余,其何及也!'浅语,更觉入情。吾始一二见之,以为新免于丧适然耳。顿宕。既而其后常然,至其终身未尝不然。吾虽不及事姑,而以此知汝父之能养也。一段,承写孝亲。汝父为吏,尝夜烛治官书,屡废而叹。吾问之,则曰:'此死狱也,我求其生不得尔。'吾曰:'生可求乎?'曰:'求其生而不得,则死者与我皆无恨也。矧求而有得耶?以其有得,则知不求而死者有恨也。夫常求其生,犹失之死,而世常求其死也。'仁人之言,缠绵恺恻。回顾乳者抱汝而立于旁。生波。因指而叹曰:'术者谓我岁行在戌将死,使其言然,吾不及见儿之立也,后当以我语告之。'谓死狱求生之语。○述至此,不胜酸楚。其平居教他子弟,常用此语。吾耳熟焉,故能详也。描情真切。其施于外事,吾不能知。补笔。其居于家,无所矜饰,而所为如此,是真发于中者耶!呜呼!其心厚于仁者耶!此吾知汝父之将必有后也。一段,承写裕后。汝其勉之。夫养不必丰,要平声。于孝;利虽不得博于物,要其心之厚于仁。吾不能教汝,此汝父之志也。"总束数语,有收拾。○以上并太夫人之言。修泣而志之,不敢忘。结受母教。

先公少孤力学,咸平真宗年号。三年进士及第,为道州判官,泗、绵二州推官,又为泰州判官,享年五十有九,葬沙溪之泷冈。一段,详崇公仕宦年葬。太夫人姓郑氏,考讳德仪,世为江南名族。太夫人恭俭仁爱而有礼,初封福昌县太君,进封乐安、安康、彭城三郡太君。一段,详太夫人氏族德爵。自其家少微时,治其家以俭约,其后常不使过之，曰："吾儿不能苟合于世，俭薄所以居患难也。"逆知后来迁谪之事，有先见。其后修贬夷陵，太夫人言笑自若，曰："汝家故贫贱也，吾处之有素矣。汝能安之，吾亦安矣。"一段，又表太夫人安于俭薄。

自先公之亡二十年，修始得禄而养。又十有二年，列官于朝，始得赠封其亲。又十年，修为龙图阁直学士、尚书吏部郎中，留守南京。太夫人以疾终于官舍，享年七十有二。带点太夫人年寿。又八年，修以非才入副枢密，遂参政事。又七年而罢。详记年数，应起手"六十年"句。自登二府，天子推恩，褒其三世。盖自嘉祐仁宗年号。以来，逢国大庆，必加宠锡。皇曾祖府君，累赠金紫光禄大夫、太师、中书令；曾祖妣，累封楚国太夫人；皇祖府君，累赠金紫光禄大夫、太师、中书令兼尚书令；祖妣，累封吴国太夫人；皇考崇公，累赠金紫光禄大夫、太师、中书令兼尚书令；皇妣，累封越国太夫人。今上初郊，皇考赐爵为崇国公，太夫人进号魏国。一段，叙出自己出处及历朝宠锡。

于是小子修泣而言曰：此段归美祖先，方入己意。"呜呼！为善无不报，而迟速有时，此理之常也。名言至理，足以训世。惟我祖考，积善成德，宜享其隆。虽不克有于其躬，而赐爵受封，显荣褒大，实有三朝之锡命。是足以表见于后世，而庇赖其子孙矣。"总赞前人。乃列其世谱，具刻于碑。既又载我皇考崇公之遗训，太夫人之所以教而有待于修者，并揭于阡。总收父母教训，言约而尽。俾知夫小子修之德薄能鲜，遭时窃位，而幸全大节，不辱其先者，其来有自。结出己之立身，本于先泽，最得体要。

熙宁神宗年号。三年,岁次庚戌,四月辛酉朔、十有五日乙亥,男推诚保德崇仁翊戴功臣、观文殿学士、特进行兵部尚书、知青州军州事、兼管内劝农使、充京东路安抚使、上柱国、乐安郡开国公,食邑四千三百户、食实封一千二百户修表。

汇评

[明] 顾锡畴:自家屋里文,亦只淡写几句家常话,遂无一字不入情,无闲语不入妙,欧公集中之至文也。(《欧阳文忠公文选》卷一〇)

[清] 孙矿:不事藻饰,但就真意写出,而语语精绝,即闲语无不入妙,笔力浑劲,无痕迹可求。欧公文,当以此为第一。(引自《山晓阁选宋大家欧阳庐陵全集》卷三)

[清] 孙琮:善必归亲,仁人之心;褒崇祖先,孝子之思。篇中前幅表扬父母之孝节仁俭,善必归亲之意也;后幅详述膺封之隆宠;褒荣祖先之心也。仁人孝子之心,蔼然如见。(《山晓阁选宋大家欧阳庐陵全集》卷四)

[清] 储欣:千百年墓表中有数文章,岂惟《居士集》之冠?予师观我先生令永丰,贻予《泷冈阡表》石刻本,旁有龙爪迹二焉,指数历然。土人云:公始磨刻此碑于家,舟载以行。无何,大风雨,舟覆。稍定,使人汩水求碑不可得。越一日,碑已在泷冈阡矣,完善无毫发损,增二爪迹而已。父老相传,龙王欲读公文,遣其属攫致之。其说颇诞,然文章能事至于如此,于以动明神而感怪物,亦理之或然者欤?(《唐宋十大家全集录·六一居士全集录》卷二)〇恳恳恻恻,可以教孝。所志不过一二事,而父母之仁贤圣善,炳铄千古矣。彼所见者大也。(《唐宋八大家类选》卷一三)

[清] 林云铭:墓表请代作,与志铭同用于葬日,此常例也。今乃自为表于既葬六十年后,事属创见。且其文尤不易作,何也?幼孤不能通知父之行状,必借母平日所言为据,多一曲折,一难也。人生大

节,莫过廉孝仁厚数端,而母以初归既不逮姑,且妇职中馈,外言不入于阃,恶从知之?二难也。母卒已十数年,纵有平日之言,亦不知今日用以表墓,错综引入,不成片段,三难也。赠封祖考,实己之显亲扬名,咏叹语稍不斟酌归美,便涉自矜,四难也。是作开口便擒"有待"二字,随接以太夫人教言。其有待处即决于乃翁素行,因以死后之贫验其廉,以思亲之久验其孝,以治狱之叹验其仁,或反跌,或正叙,琐琐曲尽,无不极其斡旋。中叙太夫人,将治家俭薄一节重发,而诸美自见。末叙历官赠封,以赞叹语结之。句句归美先德,且以自己功名皆本于父母之垂裕,深得立言之体。此庐陵晚年用意合作也。(《古文析义》卷一四)

[清] 方苞:撕其繁复,则格愈高,义愈深,气愈充,神愈王。学者潜心于此,可知修辞之要。(《古文约选·欧阳永叔文约选》)

[清] 吴楚材、吴调侯:善必归亲,褒崇先祖。仁人孝子之心率意写出,不事藻饰,而语语入情,只觉动人悲感,增人涕泪。此欧公用意合作也。(《古文观止》卷一○)

[清] 沈德潜:不特不铺陈己之显扬,并不实陈崇公行事,只从太夫人语中传述一二,而崇公之为孝子仁人,足以庇赖其子孙者,千载如见。此至文也。(《唐宋八大家文读本》卷一四)

[清] 过珙:以"有待"句为主,却将"能养"、"有后"两段实发有待意,逐层相生,逐层结应,篇法累累如贯珠。其文情恳挚缠绵,读之真觉言有尽而意无穷。(《详订古文评注全集》卷八)

[清] 陈兆仑:只举一二事,而廉吏节母之全体毕具,所谓铭体尚实,使可信今而传后也。(《陈太仆批选八大家文钞·欧文》)

[清] 鲍振方:题以地书,致其尊也严。书立表岁月朔日甲子,重之也。详书己之勋阶、官封、爵号、食邑,著先德之所致也。(《金石订例》卷四)

[清] 林纾:欧公之《泷冈阡表》、归震川之《项脊轩记》,琐琐屑屑,均家常之语,乃至百读不厌,斯亦奇矣。虽然,叙细碎之事,能使熔成

整片，则又大难。观《泷冈表》中语，时时用一"知"字，又时时用一"待"字。盖欧公幼不见赠公，但述太夫人深信赠公，故累累用"知"字；既知赠公之必有后，故累累用"待"字。既用此二字为之提纲挈领，则以下琐琐屑屑之处，皆有所消纳，而不至散漫烦赘，令人生憎。震川力追欧公，得其法乳，故《项脊轩》一记，亦别开生面。（《春觉斋论文》）

[清]　唐文治：此文首段总冒以"吾于汝父，知其一二，以有待于汝"一句，引起"能养"、"有后"二意；中间一段能养，一段有后；后以"养不必丰"四句作封锁。天性忱挚，字字血泪，更不可以法绳之，而法度自然精密。至哉文乎！首段"非敢缓也，盖有待也"八字，丰神最宜细玩，当与《出师表》"亲贤者，远小人"一段同读。倘改去"也"字，即失神气矣。（《国文经纬贯通大义》卷一）

古文观止(解题汇评本)

管仲论

苏 洵

解题 《史记·齐太公世家》:"(桓公)四十一年,秦穆公虏晋惠公,复归之。是岁,管仲、隰朋皆卒。管仲病,桓公问曰:'群臣谁可相者?'管仲曰:'知臣莫如君。'公曰:'易牙如何?'对曰:'杀子以适君,非人情,不可。'公曰:'开方如何?'对曰:'倍亲以适君,非人情,难近。'公曰:'竖刁如何?'对曰:'自宫以适君,非人情,难亲。'管仲死,而桓公不用管仲言,卒近用三子,三子专权。"

管仲相威公,威公,即桓公。因避宋钦宗讳,故改桓为威。霸诸侯,攘夷狄,终其身齐国富强,诸侯不敢叛。功案。管仲死,竖刁、易牙、开方用,威公薨于乱,五公子争立,公子武孟、公子元、公子潘、公子商人、公子雍、公子昭。昭立,是为孝公,故曰五公子。其祸蔓万。延,讫简公,齐无宁岁。祸案。

夫功之成,非成于成之日,盖必有所由起;祸之作,不作于作之日,亦必有所由兆。接上生下。故齐之治也,吾不曰管仲,而曰鲍叔。鲍叔荐管仲,桓公用之。○承功"所由起",是客。及其乱也,吾不曰竖刁、易牙、开方,而曰管仲。承祸"所由兆",是主。何则?竖刁、易牙、开方三子,彼固乱人国者,顾其用之者,威公也。责威公,是客。夫有舜而后知放四凶,有仲尼而后知去少正卯。彼威公何人也?

句含蓄。顾其使威公得用三子者,管仲也。责管仲,是主。事见下文。仲之疾也,公问之相。当是时也,吾意以仲且举天下之贤者以对。而其言乃不过曰:竖刁、易牙、开方三子,非人情,不可近而已。管仲病,桓公问曰:"群臣谁可相者?"管仲曰:"知臣莫如君。"公曰:"易牙如何?"对曰:"杀子以适君,非人情,不可。""开方如何?"对曰:"倍亲以适君,非人情,难近。""竖刁如何?"对曰:"自宫以适君,非人情,难亲。"管仲死,而桓公不用其言,近用三子。三子专权。○入管仲罪处,全在此段,以下反复畅发此意。

呜呼!仲以为威公果能不用三子矣乎?仲与威公处几年矣,亦知威公之为人矣乎?威公声不绝于耳,色不绝于目,而非三子者则无以遂其欲。彼其初之所以不用者,徒以有仲焉耳。一日无仲,则三子者可以弹冠而相庆矣。须看"有"、"无"二字意。仲以为将死之言可以縶威公之手足耶?夫齐国不患有三子,而患无仲。有仲,则三子者,三匹夫耳。转换警策。不然,天下岂少三子之徒哉?虽威公幸而听仲,诛此三人,而其余者,仲能悉数而去之耶?此转更透。呜呼!仲可谓不知本者矣。断句有关锁。因威公之问,举天下之贤者以自代,则仲虽死,而齐国未为无仲也。夫何患三子者?不言可也。此段设身置地,代仲为谋,论有把握。

五伯莫盛于威、文。文公之才,不过威公,其臣狐偃、赵衰、先轸、阳处父。又皆不及仲;灵公文公子。之虐,不如孝公桓公子。之宽厚。文公死,诸侯不敢叛晋,晋袭文公之余威,犹得为诸侯之盟主百余年。何者?其君虽不肖,而尚有老成人焉。晋以有贤而强。威公之薨也,一败涂地,无惑也,彼独恃一管仲,而仲则死矣。齐以无贤而败。○此把晋文来照齐桓,方知管仲无所逃责。

夫天下未尝无贤者，盖有有臣而无君者矣。未有有君而无臣者也。威公在焉，而曰天下不复有管仲者，吾不信也。见非天下无贤，正罪仲不能荐。仲之书，《管子》。有记其将死论鲍叔、宾胥无之为人，且各疏其短。管子寝疾，对桓公曰："鲍叔之为人也，好直而不能以国强。宾胥无之为人也，好善而不能以国诎。"是其心以为数子者皆不足以托国。而又逆知其将死，则其书诞谩不足信也。据仲之书，竟以为无贤，故不足信。吾观史鲻，秋。○即史鱼。以不能进蘧伯玉而退弥子瑕，故有身后之谏。《家语》：史鱼病，将卒。命其子曰："吾仕卫不能进蘧伯玉退弥子瑕，是吾生不能正君，死无以成礼。我死，汝置尸牖下，于我毕矣。"其子从之。灵公吊焉，怪而问之。其子以告。公愕然失容，于是命殡之客位。进蘧伯玉，而退弥子瑕。萧何且死，举曹参以自代。大臣之用心，固宜如此也。引二人，俱临殁时进贤切证。夫国以一人兴，以一人亡。贤者不悲其身之死，而忧其国之衰，故必复有贤者，而后可以死。彼管仲者，何以死哉！结语冷绝。

汇评

[宋]　吕祖谦：此篇义理的当，抑扬反复及警策处多。（《古文关键》卷下）

[宋]　楼昉：老泉诸论中，唯此论最纯正。开阖抑扬之妙，责得管仲最深切，意在言外。（《崇古文诀》卷二一）

[宋]　谢枋得：议论精明而断制，文势圆活而婉曲，有抑扬，有顿挫，有擒纵。（《文章轨范》卷三）

[明]　茅坤：通篇只罪管仲不能临没荐贤，起起伏伏，光景不穷。（《唐宋八大家文钞·苏文公文钞》卷六）

[清]　储欣：议论正而行阵甚坚。非常之才不恒有，仲荐一二老成人维持调护，以冀幸三子之不为变则可矣。如曰管仲之后复有管仲，

则异日狐、赵之徒犹且莫与比肩,而况他人乎?(《唐宋八大家类选》卷四)

[清] 谢有煇:极是深文,却说得管仲无可置辩。看其开口喝破正旨,后用逐层推驳,笔之遒紧非常。(《古文赏音》卷九)

[清] 吴楚材、吴调侯:通篇总是责管仲不能临没荐贤。起伏照应,开阖抑扬。立论一层深一层,引证一段紧一段。似此卓识雄文,方能令古今心服。(《古文观止》卷一〇)

[清] 沈德潜:以齐乱坐实管仲,固是深文;然咎其不能荐贤,自是正论。此老泉文之醇者。〇仲劝公勿用三子,后卒致乱。人皆服其先见,此独责其不能举贤自代,翻进一层。笔如老吏断狱,一字不可移易。(《唐宋八大家文读本》卷一六)

[清] 林纾:说三子之所以不能去,即去三子,尚有继三子而进之人;流弊在威公多欲而狎群小。语语皆切中威公之病。至谓"天下不复有管仲,而吾不信",则说得太容易矣。然非此亦不能自圆其说。妙在收处"管仲何以死哉"一语,奇极,耐人寻味不尽。(《古文辞类纂选本》卷一)

辨奸论

苏　洵

解题　本文作者为苏洵，原无争议。清初李绂始提出本文系邵伯温伪作的看法，蔡上翔赞同其说。此后，著作权归属成为疑案。近年来，又有不同意见的争论，可参阅章培恒的《〈辨奸论〉非邵伯温伪作》（见《献疑集》）、邓广铭的《〈辨奸论〉真伪问题的重提与再判》（载《国学研究》第三卷）、王水照《再论〈辨奸论〉真伪之争》（载《学术集林》卷十五）等文章。以下摘录的是由宋迄清有关作者问题的记载和议论。张方平《乐全集》卷三九《文安先生墓表》："（王）安石之母死，士大夫皆吊之，先生独不往，作《辨奸论》一篇，其文曰：……当时见者多不谓然，曰：'嘻，其甚矣！'先生既没三年，而安石用事，其言乃信。"《苏轼文集》卷四九《谢张太保撰先人墓碣书》："《辨奸》之始作也，自轼与舍弟皆有'嘻，其甚矣'之谏，不论他人。独明公（张方平）一见，以为与我意合。……先人之言，非公表而出之，则人未必信。信不信何足深计，然使斯人用区区小数以欺天下，天下莫觉莫知，恐后世必有'秦无人'之叹！"方勺《泊宅编》卷上："欧公在翰苑时，尝饮客。客去，独老苏少留。谓公曰：'适坐有囚首丧面者何人？'公曰：'王介甫也，文行之士，子不闻之乎？'洵曰：'以某观之，此人异时必乱天下。使其得志立朝，虽聪明之主，亦将为其诳惑，内翰何为与之游乎？'洵退，于是作《辨奸论》，行于世。是时介甫方作馆职，而明允犹布衣也。"叶梦得《避暑录话》卷二："苏明允本好言兵。见元昊叛，西方用事久无功，天下事有当改作，因挟其所著书，嘉祐初来京师，一时推其文章。王荆公为知制诰，方谈经书，独不嘉之，屡诋于众。以故明允恶荆公甚于仇雠。会张安道亦为荆公所排,二人素相善,明允作《辨奸》一篇,密献安道,以荆公比王衍、卢杞,而不以示文忠公。荆公后微闻之,因不乐子瞻兄弟。两家之隙,遂不可解。《辨奸》久不出,元丰间,子由从安道避南京,请为明允墓表,特全载之。苏氏亦不入石,比年少传于世。荆公性固简率不缘饰,然而谓之'食狗彘之食,囚首丧面'者,亦不至是也。"邵伯温《邵氏闻见录》卷一二:"眉山苏明允先生,嘉祐初游京师时,王荆公名始盛,党与倾一时,欧阳文忠公亦善之。先生,文忠客也。文忠劝先生见荆公,荆公亦愿交于先生。先生曰:'吾知其人矣,是不近人情者,鲜不为天下患。'作《辨奸论》一篇,为荆公发也。"李绂《穆堂初稿·书〈辨奸论〉后》:"老泉《嘉祐集》十五卷,原本不可见。今行世本有《辨奸》一篇,世人咸因此文称老泉能先见荆公之误国,其文始见于《邵氏闻见录》中。《闻见录》编于绍兴二年,至十七年,婺州学教授沈裴编《老苏文集》附录二卷,有载张文定公方平所为《老泉墓表》,中及《辨奸》,又有东坡《谢张公作墓表书》一通,专序《辨奸》事。窃意此三文皆伪作,以当日情事求之,固参差而不合也。……疑《墓表》与《辨奸》皆邵氏于事后补作也。"蔡上翔《王荆公年谱考略》卷一〇:"明允衡量古人,料度时事,偏见独识,固多有之,然能自畅其说,实为千古文豪。以《嘉祐全集》考之,亦恶有《辨奸》乱杂无章若此哉!"

事有必至,理有固然。引成语起。惟天下之静者,乃能见微而知著。惟静故能知几,此先生自负之言也。○开端三句,言安石必乱天下,但静以观之自见,虚虚冒起全篇。月晕运。而风,础楚。润而雨,础,柱下石也。月旁昏气曰晕,柱础生汗曰润。人人知之。天地阴阳之事,人无不知。人事之推移,理势之相因,其疏阔而难知,变化而不可测者,孰与天地阴阳之事?人事、理势,较天地阴阳则为易知。而贤者有不知,欧阳公亦劝先生与荆公游。其故何也?好恶乱其中,而利害夺其外也。常人尚能知天地阴阳之事,而贤者反不能知人事之推移、理势之相因,盖其心汩于好恶利害,而不能静也。○此段申明起手三句意。

　　昔者,引证。山巨源见王衍曰:"误天下苍生者,必此人也。"晋惠帝时,王衍为尚书令,乐广为河南令,皆善清谈。衍少时,山涛见之,叹曰:"何物老妪,生宁馨儿。然误天下苍生者,必此人也。"郭汾焚。阳见卢杞曰:"此人得志,吾子孙无遗类矣。"唐德宗以杨炎、卢杞同平章事。杞貌且,有才辩,悦之。时郭子仪每见宾客,姬妾不离侧。惟杞至,子仪悉屏侍妾。或问其故,对曰:"杞貌丑而心险,妇人见之必笑。他日杞得志,吾族无遗类矣。"自今而言之,其理固有可见者。理有固然。以吾观之,王衍之为人,容貌言语,固有以欺世而盗名者,然不忮至。不求,与物浮沉。无卢杞之阴险。使晋无惠帝,仅得中主,虽衍百千,何从而乱天下乎?反照神宗,伏下"愿治之主"。卢杞之奸,固足以败国,然而不学无文,容貌不足以动人,言语不足以眩世。无王衍之虚名。非德宗之鄙暗,亦何从而用之?反照神宗,伏下"愿治之主"。由是言之,二公之料二子,亦容有未必然也。虽理有固然,非事所必至。○此段言衍、杞之奸未甚,特其遇惠帝、德宗而为乱耳。正形安石为极奸。

　　今有人,暗指安石。口诵孔、老之言,身履夷、齐之行,收召好名之士、不得志之人,相与造作言语,私立名字,以为颜渊、孟轲复出,有王衍之虚名。而阴贼险狠,与人异趣。有卢杞之阴险。是王衍、卢杞合而为一人也,其祸岂可胜升。言哉?厥后卒生靖康之祸,直是目见,非为悬断。夫面垢不忘洗,衣垢不忘浣,缓。此人之至情也。今也不然,衣臣虏之衣,食犬彘之食,囚首丧面,而谈《诗》《书》,囚不栉首。居丧者,不洗面。○明指安石。此岂其情也哉?从恒情勘出至奸,所谓见微知著者以此。凡事之不近人情者,鲜不为大奸慝,竖刁、易

714

牙、开方是也。注见《管仲论》中。○拓开一步。以盖世之名,而济其未形之患,紧入本人。虽有愿治之主,好贤之相,犹将举而用之。规讽仁宗。则其为天下患,必然而无疑者,非特二子之比也。应上二子容有未然意。

孙子曰:"善用兵者,无赫赫之功。"不欲有功,恐致伤人也。使斯人而不用也,则吾言为过,而斯人有不遇之叹,孰知祸之至于此哉?不然,天下将被其祸,而吾获知言之名,悲夫!宁愿安石不见用,使天下以吾言为过,毋愿安石用,使天下被其祸,而吾获知言之名也。○结得淋漓感慨。

汇评

[明] 茅坤:荆川尝论《韩非子·八奸篇》,谓是一面照妖镜。余于老泉此论亦云。(《唐宋八大家文钞·苏文公文钞》卷五)

[清] 储欣:"不近人情"四字,遂为道学正传,其不近人情愈甚,则其为道学愈大矣。余读《论语》、《家语》诸书,夫子生平无一不近人情之事,无一不近人情之言。而后之号为颜、孟复出,且驾颜、孟而上之者,若此何也?(《唐宋十大家全集录·老泉全集录》卷三)○"囚首丧面而谈《诗》《书》",当亦生性使然,非矫饰者,然于此可见其不近人情。后来败坏天下,其坚僻执拗亦属性生,而天下固被其祸矣。大抵人之不近人情,有矫乎性而为之者,竖刁、易牙、开方是也;有任乎性而出之者,"囚首丧面而谈《诗》《书》"是也。由来不同,召乱则一,非明眼人未易觑破。士君子一入仕途,则好恶利害,求为静者而不可得矣。起段讥切欧阳诸公,洞中底里,非独论安石也。(《唐宋八大家类选》卷四)

[清] 谢有煇:从不近人情处勘出荆公之奸,能使他日之致祸凿凿可以

豫信,卓见真不可及。(《古文赏音》卷九)

[清] 林云铭:老泉料荆公,止在"不近人情"处看出。以竖刁、易牙、开方为比,要知此三人之不近情,止是图利,而荆公却是图名。原其始,亦非以祸人为心者。但以自许太过,而新法试行于鄞邑,又颇有效,以故执持愈坚。不知天下非一邑可概,且奉行之人又未必人人如我。盖缘平日未尝向人情物理上细心体贴,以致如此,便是"不近人情"的流弊。竖刁辈是甘为真小人,犹盗贼手挟刀剑戮杀人者。荆公是要作伪君子,犹庸医苦泥方书,药杀人者,不可谓盗贼是杀,庸医非杀也。奸慝之名,宜不能免。文中推见至隐,忧时之意,直与洛阳闻鹃同调。其先几特识,更堪双绝千古矣!(《古文析义》卷一四)

[清] 吴楚材、吴调侯:介甫名始盛时,老苏作《辨奸论》,讥其不近人情。厥后新法烦苛,流毒寰宇。见微知著,可为千古观人之法。(《古文观止》卷一〇)

[清] 浦起龙:援揣比例,情词危切,而寄意尤在起结间。神情遥照,以警夫倾信而误用者。(《古文眉诠》卷六三)

[清] 余诚:从"不近人情"处推见其奸,所谓见微知著者全在此。其以王衍、卢杞合为一人断安石,及以竖刁、开方比之,只借来预决安石必乱天下,正不必究其比拟之恰合否也。"口诵孔、老之言"及"囚首丧面"等处,虽历举安石实事,通篇却未曾明说出安石,然安石生平已无不料定。卓识奇文,自应一时无两。(《重订古文释义新编》卷八)

[清] 黄仁黼:此篇识见明到,要从学问中得来,原非亿中者比,可为千古定观人之法。尤妙笔情翻驳、曲折不直,谨严而仍寓变化之致。(《古文笔法百篇》卷五)

心　术

苏　洵

解题　《管子·心术上》："心之在体，君之位也。"同书《心术下》："心安是国安也，心治是国治也，治也者心也，安也者心也。"

　　为将之道，当先治心。泰山崩于前而色不变，麋鹿兴于左而目不瞬，_{瞬。}然后可以制利害，可以待敌。_{第一段，言为将当先治心。○此篇每段自为节奏，而以治心为主。}

　　凡兵上义，不义，虽利勿动。非一动之为利害，而他日将有所不可措手足也。夫惟义可以怒士，士以义怒，可与百战。_{第二段，言举兵当知尚义。}

　　凡战之道，未战养其财，将战养其力，既战养其气，既胜养其心。谨烽燧，严斥堠，_{后。○烽燧所以警寇。昼则燔燧，夜则举烽。斥，度也。堠，望也。以望烽火也。}使耕者无所顾忌，所以养其财；丰犒而优游之，所以养其力；小胜益急，小挫益厉，所以养其气；用人不尽其所欲为，所以养其心。_{虽平叙，自归重养心。}故士常蓄其怒、怀其欲而不尽。怒不尽则有余勇，欲不尽则有余贪。故虽并天下，而士不厌兵，此黄帝之所以七十战而兵不殆也。不养其心，一战而胜，不可用矣。_{第三段，言议战当知所养。}

凡将欲智而严，凡士欲愚。智则不可测，严则不可犯，故士皆委己而听命，夫安得不愚？夫惟士愚，而后可与之皆死。第四段，言将与士当得智愚。

凡兵之动，知敌之主，知敌之将，而后可以动于险。邓艾缒坠，兵于蜀中，非刘禅之庸，则百万之师可以坐缚，彼固有所侮而动也。后汉炎兴元年，魏将邓艾入蜀，自阴平行无人之地七百余里，凿山通道，造作桥阁，山高谷深，至为艰险。艾以毡自裹，推转而下。将士皆攀木缘崖，鱼贯而进。先登至江油，遂至成都。后主禅出降，汉亡。故古之贤将，能以兵尝敌，而又以敌自尝，故去就可以决。此段就上段分出，申说"智"字。

凡主将之道，知理而后可以举兵，知势而后可以加兵，知节而后可以用兵。知理则不屈，知势则不沮，知节则不穷。见小利不动，见小患不避。小利小患，不足以辱吾技也。夫然后有以支大利大患。夫惟养技而自爱者，无敌于天下。故一忍可以支百勇，一静可以制百动。第五段，言主将当知理、势、节三者。

兵有长短，敌我一也。敢问："吾之所长，吾出而用之，彼将不与吾校；吾之所短，吾蔽而置之，彼将强与吾角，奈何？"曰："吾之所短，吾抗而暴仆之，使之疑而却；吾之所长，吾阴而养之，使之狎而堕其中。此用长短之术也。"第六段，言主将当善用长短之术。

善用兵者，使之无所顾、有所恃。无所顾，则知死之不足惜；有所恃，则知不至于必败。尺箠当猛虎，奋呼而操击；喻有所恃。徒手遇蜥昔。蜴，亦。变色而却步，喻无所恃。人之情也。知此者，可以将矣。袒裼而案剑，则乌获不敢逼；冠胄衣甲，据兵而寝，则童子弯弓杀之矣。此喻不可徒恃,比前喻更深一层。故善用兵者以形固。夫能以形固,则力有余矣。第七段,论有备无患之道,而以"善用兵者以形固"终焉。

汇评

[明] 杨慎：篇中凡七段,各不相属。然先后不紊,由治心而养士……段落鲜明,井井有序,文之善变化者。(《三苏文范》)

[明] 茅坤：此文中多名言,但一段段自为支节,盖按古兵法与传记而杂出之者,非通篇起伏开阖之文也。(《唐宋八大家文钞·苏文公文钞》卷七)

[明] 姜宝：此文绝似《孙子·谋攻篇》,而文彩过之。老泉自谓"孙吴之简切,无不如意",非夸辞也。(引自《三苏文选》)

[清] 储欣：逐段说去,自有次第。(《唐宋十大家全集录·老泉全集录》卷一)

[清] 吴楚材、吴调侯：此篇逐节自为段落,非一片起伏首尾议论也。然先后不紊。由治心而养士,由养士而审势,由审势而出奇,由出奇而守备,段落鲜明,井井有序,文之善变化也。(《古文观止》卷一〇)

张益州画像记

苏 洵

解题 《苏轼文集》卷一四《张文定公墓志铭》:"(张方平)改户部侍郎,移镇西蜀。始,李顺以甲午岁叛,蜀人记之,至是方以为忧。而转运使摄守事,西南夷有邛部川首领者,妄言蛮贼侬智高在南诏,欲来寇蜀。摄守,妄人也,闻之大惊,移兵屯边郡,益调额外弓手,发民筑城,日夜不得休息,民大惊忧,争迁居城中。……朝廷闻之,发陕西步骑戍蜀,兵仗络绎,相望于道。诏促公行,且许以便宜行事。公言:'南诏去蜀二千余里,道险不通,其间皆杂种,不相役属,安能举大兵为智高寇我哉?此必妄也,臣当以静镇之。'道遇戍卒兵仗,辄遣还。入境,下令邛部川曰:'寇来吾自当之,妄言者斩。'悉归屯边兵,散遣弓手,罢筑城之役。会上元观灯,城门皆通夕不闭,蜀遂大安。"

至和_{仁宗年号}元年秋,蜀人传言有寇至边。边军夜呼,野无居人。_{四语写出将乱光景。}妖言流闻,京师震惊。方命择帅,天子曰:"毋养乱,毋助变,众言朋兴,朕志自定。外乱不作,变且中起。既不可以文令,又不可以武竞,惟朕一二大吏。孰为能处兹文、武之间,其命往抚朕师?"_{代天子言,便是天子气象。且语语为下伏根。}乃推曰:_{众推也。}"张公方平其人。"天子曰:"然。"公以亲辞,不可,遂行。冬十一月,至蜀。至之日,归屯军,撤守备。_{伏根。}使谓郡县:"寇来在吾,无尔劳苦。"明年正月朔旦,蜀人相庆如他日，遂以无事。又明年正月，相告留公像于净众寺。公不能禁。叙事简严，质而不俚。

眉阳苏洵言于众曰："未乱易治也，既乱易治也。有乱之萌，无乱之形，是谓将乱。将乱难治。不可以有乱急，亦不可以无乱弛。有乱急，无乱弛，即上不可以武竞，不可以文令意。是惟元年之秋，如器之敲，溪。未坠于地。敲，不正也。惟尔张公，安坐于其旁，颜色不变，徐起而正之。既正，油然而退，无矜容，得坐镇之体，即上归屯撤守意。为天子牧小民不倦。惟尔张公，尔繄以生，惟尔父母。以下至"不忍为也"，皆述张公之言，发挥本意。且公尝为我言：'民无常性，惟上所待。人皆曰蜀人多变，于是待之以待盗贼之意，而绳之以绳盗贼之法。重足屏丙。息之民，而以砧斧令，于是民始忍以其父母妻子之所仰赖之身，而弃之于盗贼，故每每大乱。夫约之以礼，驱之以法，惟蜀人为易。至于急之而生变，虽齐、鲁亦然。吾以齐、鲁待蜀人，而蜀人亦自以齐、鲁之人待其身。若夫肆意于法律之外，以威劫齐民，齐等之民。吾不忍为也。'此段议论，皆从上叙事中发出，虽称道张公，实回护蜀人，盖先生本蜀人，不得不回护也。呜呼！爱蜀人之深，待蜀人之厚，自公而前，吾未始见也。"皆再拜稽首曰："然。"收拾前文，下乃拈出画像意。

苏洵又曰："公之恩在尔心，尔死，在尔子孙。其功业在史官，叠下三"在"字，错落有致。无以像为也。且公意不欲。如何？"先作一折。皆曰："公则何事于斯？虽然，于我心有不释焉。今夫平居闻一善，必问其人之姓名与其邻里之所在，以至于其长短、小大、美恶之状，甚者或诘其平生所嗜好，以想见其为人。而史官亦书之于其传，意使天下之人，思之于心，则存之于目。存之于目，故其思之于心也固。由此观之，像亦不为无助。"此段就人之至情上，曲曲写出留像意，文势激昂，笔墨精采。苏洵无以诘，遂为之记。

公南京人，为人慷慨有大节，以度量雄天下。天下有大事，公可属。祝。○数语应篇首，以起扬颂意。系係。之以诗曰：

天子在阼，岁在甲午。西人传言，有寇在垣。庭有武臣，谋夫如云。天子曰嘻，命我张公。舍武臣、谋夫不用，而特用张公。公来自东，旗纛舒舒。西人聚观，于巷于涂。谓公暨暨，公来于于。暨暨，果毅貌。于于，自足貌。公谓西人："安尔室家，无敢或讹。讹言不祥，往即尔常。春尔条桑挑。桑，秋尔涤场。"条，枝落也。○此乃是常，是归屯撤守实际。西人稽首，公我父兄。公在西囿，草木骈骈。公宴其僚，伐鼓渊渊。骈骈，并茂也。渊渊，鼓声平和不暴怒也。○就归屯撤守描写。西人来观，祝公万年。有女娟娟，闺闼闲闲。有童哇哇，蛙。亦既能言。娟娟，美好貌。闲闲，自得貌。哇哇，小儿啼也。昔公未来，期汝弃捐。倒转二句，妙。禾麻芃芃，蓬。仓庾崇崇。芃芃，美盛貌。嗟我妇子，乐此岁丰。是归屯撤守后效。公在朝廷，天子股肱。天子曰归，公敢不承？转到公归留像。作堂严严，有庑有庭。公像在中，朝服冠缨。西人相告，无敢逸荒。公归京师，公像在堂。结有余韵。

汇评

[宋] 楼昉：词气严重，有法度。说不必有像，而亦不可以无像，此三四转奇甚。最好处是善回护蜀人。公蜀人也，所以尤难。（《崇古文诀》卷二一）

［明］ 唐顺之：此文二段，二项叙事，二项议论。（引自《唐宋八大家文钞·苏文公文钞》卷一〇）

［明］ 茅坤：词气严重，极有法度。益州常称老苏似司马子长，此记自子长之后，殆不多得。（《唐宋八大家文钞·苏文公文钞》卷一〇）

［清］ 储欣：持重若挽百钧之弓，不遗余力，诗亦朴雅入情。明允最著意文字。叙次纪律秩如，然毕竟议论处好。（《唐宋八大家类选》卷一一）

［清］ 蔡方炳：天下事，大都由张皇骚扰中生出变乱来。通篇写张公之功，俱于"归屯军，撤守备"上看出，可使身任地方者知所取法。前幅代天子作训辞，中幅代张公论治要，俱不离此意。世之无事，而尝若有事者，多见其不能镇定耳。〇从未有乱，说张公之能弭乱，是造无为有法；从不必有像，说张公之不可无像，是欲予先夺法。（引自于光华《古文分编集评》初集下卷二）

［清］ 吴楚材、吴调侯：前叙事，后议论。叙事古劲，而议论许多斡旋回护，尤高。末一段，写像处说不必有像，而亦不可无像。三四转折，殊为深妙。系诗一结，更见风雅遗音。（《古文观止》卷一〇）

［清］ 过琪：为寇警故遣张益州，而叙治寇处反属甚略，得回护法。为题画像故及弭寇，而叙画像处反说不必，得尊题法。御寇要有气魄，故前后都是一片气魄文字。（《详订古文评注全集》卷九）

［清］ 爱新觉罗·弘历：不屑屑叙益州治状，措词高深而精彩，光芒溢于毫楮。（《唐宋文醇》卷三六）

［清］ 毛庆蕃：益州深识治体，故能安蜀人；老泉亦深识治体，故能颂益州。（《古文学余》卷三三）

［清］ 陈曾则：诗仿昌黎，音调绝似。（《古文比》卷二）

刑赏忠厚之至论

苏　轼

解题　苏辙《栾城后集》卷二二《亡兄子瞻端明墓志铭》："嘉祐二年,欧阳文忠公考试礼部进士,疾时文之诡异,思有以救之。梅圣俞时与其事,得公《论刑赏》,以示文忠。文忠惊喜,以为异人,欲以冠多士。疑曾子固所为,子固,文忠门下士也,乃置公第二。复以《春秋》对义居第一,殿试中乙科。以书谢诸公,文忠见之,以书语圣俞曰:'老夫当避此人,放出一头地。'士闻者始哗不厌,久乃信服。"

尧、舜、禹、汤、文、武、成、康之际,何其爱民之深,忧民之切,而待天下以君子长者之道也！正是忠厚处,一篇主意在此一句。○总冒以咏叹起,另是一种起法。有一善,从而赏之,又从而咏歌嗟叹之,所以乐其始而勉其终；有一不善,从而罚之,又从而哀矜惩创之,所以弃其旧而开其新。一意翻作两层。故其吁俞之声,欢休惨戚,见于虞、夏、商、周之书。吁,叹其不然之辞。俞,应许之辞也。○应上尧、舜、禹、汤、文、武、成、康,此言盛时之忠厚。

成、康既没,穆王立而周道始衰,然犹命其臣吕侯,而告之以祥刑。《吕刑》:"告尔祥刑。"刑,凶器。而谓之祥者,刑期无刑,民协于中,其祥莫大焉。其言忧而不伤,威而不怒,慈爱而能断,恻然有哀怜无辜之心,故孔子犹有取焉。此言至衰世而忠厚犹存。《传》曰:"赏疑从与,所以广恩也。罚疑从去,所以慎刑也。"当赏而疑,则宁与之。当罚而疑,则宁不致罚。○就疑处见出忠厚来,篇中不出此意。

当尧之时,皋陶为士,将杀人,皋陶曰杀之三,尧曰宥之三。故天下畏皋陶执法之坚,而乐尧用刑之宽。"皋陶曰"二句,诸主文不知其出处,及入谢,欧阳公问其出处,东坡笑曰:"想当然耳!"数公大笑。四岳曰:"鲧可用。"尧曰:"不可。鲧方命圮族。"既而曰:"试之。"四岳,官名。一人而总四岳诸侯之事也。方命,逆命而不行也。圮族,犹言败类也。何尧之不听皋陶之杀人,而从四岳之用鲧也?然则圣人之意,盖亦可见矣。独举尧以为舜、禹、汤、文、武之例,刑赏忠厚意便跃然。《书》曰:"罪疑惟轻,功疑惟重。与其杀不辜,宁失不经。"罪可疑者,则从轻以罚之。功可疑者,则从重以赏之。法可以杀、可以无杀者,与其杀之而害彼之生,宁姑生之而自受失刑之责。呜呼!尽之矣。引经顿住。下乃畅发题旨,得意疾书,如长江大河,一泻千里。

可以赏,可以无赏,赏之过乎仁;可以罚,可以无罚,罚之过乎义。过乎仁,不失为君子;过乎义,则流而入于忍人。故仁可过也,义不可过也。到理快论。

古者赏不以爵禄,刑不以刀锯。又振起。赏之以爵禄,是赏之道行于爵禄之所加,而不行于爵禄之所不加也;刑以刀锯,是刑之威施于刀锯之所及,而不施于刀锯之所不及也。又将刑赏振宕一番,下便一转而入,快利无前。先王知天下之善不胜升。赏,而爵禄不足以劝也;知天下之恶不胜刑,而刀锯不足以裁也。是故疑则举而归之于仁,到底不脱"疑"字。以君子长者之道待天下,使天下相率而归于君子长者之道,应前。故曰忠厚之至也。一句点出。文气已完。下作余波。

　　《诗》曰:"君子如祉,祉,喜也。乱庶遄已。君子如怒,乱庶遄沮。"祉,喜也。遄,速也。夫君子之已乱,岂有异术哉?制其喜怒,而无失乎仁而已矣。《春秋》之义,立法贵严而责人贵宽,因其褒贬之义以制赏罚,亦忠厚之至也。引《诗》、引《春秋》,亦见同归于忠厚,深著夫子作《春秋》之意,有得于尧、舜、禹、汤、文、武、成、康之心。

汇评

[宋]　杨万里:欧阳公作省试知举,得东坡之文惊喜,欲取为第一人。又疑其是门人曾子固之文,恐招物议,抑为第二。坡来谢,欧阳问坡所作《刑赏忠厚之至论》,有"皋陶曰杀之三,尧曰宥之三",此见何书?坡曰:"事在《三国志·孔融传》注。"欧退而阅之,无有。他日再问坡,坡云:"曹操灭袁绍,以袁熙妻赐其子丕。孔融曰:'昔武王伐纣,以妲己赐周公。'操惊问何经见,融曰:'以今日之事观之,意其如此。'尧、皋陶之事,某亦意其如此。"欧退而大惊曰:"此人可谓善读书,善用书,他日文章,必独步天下。"然予尝思之,《礼记》云:"狱成,有司告于王。王曰:'宥之。'有司曰:'在辟。'王又曰:'宥之。'有司又曰:'在辟。'三宥不对,走出,致刑于甸人。"坡虽用孔融意,然亦用《礼记》故事,其称王谓王三皆然,安知此典故不出尧?(《诚斋诗话》)

[宋]　朱熹:因论东坡《刑赏论》,悉举而归之仁义,如是则仁义乃是不得已而行之物,只是作得一痴忠厚。此说最碍理,学者何尝察?○东坡《刑赏论》大意好,然意阔疏,说不甚透,只似刑赏全不奈人何相似。须是依本文,将"罪疑为轻,功疑为重"作主意。○因论二苏《刑赏论》极做得不是。先生曰:"用刑,圣人常有不得已之心;用赏,圣人常有不吝予之意,此自是忠厚了。若更于罪之疑者

从轻,于功之疑者从重,这尤是忠厚。此是两截之事。"(《朱子语类》卷一三〇)

[宋] 罗大经：《庄子》之文,以无为有；《战国策》之文,以曲作直。东坡生平熟此二书,故其为文,横说竖说,惟意所到,俊辩痛快,无复滞碍。其论刑赏也,曰：当尧之时,皋陶为士,将杀人,皋陶曰"杀之"三,尧曰"宥之"三……凡此类,皆以无为有也。叶水心云："苏文架虚行危,纵横倏忽,数百千言,读者皆知其所欲也,推者莫知其所自来,将无作有,古今议论之杰也。"(《鹤林玉露》乙编卷三)

[明] 杨慎：此东坡所作时论也。天才灿然,自不可及。○每段述事,而断以婉言警语,且有章调。(《三苏文范》卷五)

[明] 唐顺之：此文一意翻作数段。(引自《唐宋八大家文钞·苏文忠公文钞》卷一七)

[明] 茅坤：东坡试论文字,悠扬宛宕。于今场屋中极利者也。(《唐宋八大家文钞·苏文忠公文钞》卷一七)

[明] 王世贞：此篇只就本旨,从"疑"上全写其忠厚之至,一意翻作三段,非长公笔力不能如此敷畅。(引自《三苏文范》卷五)

[清] 储欣：风气将开,拔此大才,以奏扫荡廓清之烈,欧阳公力也。○以"想当然"语对经典明文,勾连顿挫,妙绝。(《唐宋十大家全集录·东坡先生全集录》卷一)

[清] 张伯行：东坡自谓文如行云流水,即应试论可见,学者读之,用笔自然圆畅。中间"赏不以爵禄,刑不以刀锯"一段,议论极有至理。(《唐宋八大家文钞》卷八)

[清] 吴楚材、吴调侯：此长公应试文也。只就本旨,从"疑"上全写其忠厚之至。每段述事,而断以婉言警语。天才灿然,自不可及。(《古文观止》卷一〇)

[清] 沈德潜：以"罪疑惟轻,功疑惟重"二语作主,文势如川云岭月,其出不穷。○以长公之高才,欧文忠之巨眼,而闱中遇合之文,圆熟流美如是,宜后世墨卷不矜高格也。为之三叹！(《唐宋八大家文

读本》卷二〇)

[清] 李扶九：刑赏不可废,惟疑者可以厚,文故拈出"疑"字之论,最为精细。盖"仁"字尚是忠厚之面,惟"疑"字方是刑赏忠厚之所以然,而引经据传,凿凿有凭,最为畅达。(《古文笔法百篇》卷六)

范增论

苏　轼

解题　《史记·项羽本纪》:"汉之三年,项王数侵夺汉甬道,汉王食乏,恐,请和,割荥阳以西为汉。项王欲听之。历阳侯范增曰:'汉易与耳,今释弗取,后必悔之。'项王乃与范增急围荥阳。汉王患之,乃用陈平计,间项王。项王使者来,为太牢具,举欲进之。见使者,详惊愕曰:'吾以为亚父使者,乃反项王使者。'更持去,以恶食食项王使者。使者归报项王,项王乃疑范增与汉有私,稍夺之权。范增大怒,曰:'天下事大定矣,君王自为之。愿赐骸骨归卒伍。'项王许之。行未至彭城,疽发背而死。"

汉用陈平计,间疏楚君臣。项羽疑范增与汉有私,稍夺其权。增大怒曰:"天下事大定矣,君王自为之。愿赐骸骨归卒伍。"归未至彭城,疽发背死。苏子曰:增之去善矣。不去,羽必杀增。略一扬。独恨其不早耳。劈下一断,作冒。然则当以何事去?故作问。增劝羽杀沛公,羽不听,终以此失天下,当于是去耶?故作问。曰:否。增之欲杀沛公,人臣之分也;羽之不杀,犹有君人之度也。增曷为以此去哉?故作答。○故作问答,以起下正意。《易》曰:"知几其神乎!"《诗》曰:"相彼雨雪,先集维霰。"线。○霰,雪之始凝者也。将大雨雪,必先微温。雪自上下,遇温气而搏,谓之霰。久而寒胜,则大雪矣。○先引《诗》、《易》语,文势不迫。增之去,当于羽杀卿子冠军时也。

义帝命宋义为上将,号曰卿子冠军,后为项羽所杀。○通篇只一句断尽。

陈涉之得民也,以项燕、扶苏。陈涉初起兵,假楚将项燕、秦太子扶苏为名。二人已死,陈涉诈称,以感动人心。○借陈涉引起项氏。项氏之兴也,以立楚怀王孙心。而诸侯叛之也,以弑义帝。楚怀王入秦,无罪而亡,楚人怜之。南公曰:"楚虽三户,亡秦必楚。"范增劝项梁求楚怀王孙名心者,立以为楚怀王。项羽阳尊怀王为义帝,阴使人弑之。○此言楚之盛衰系于义帝之存亡。且义帝之立,增为谋主矣。义帝之存亡,岂独为楚之盛衰,亦增之所与同祸福也。未有义帝亡而增独能久存者也。此言义帝之存亡关乎范增之祸福。羽之杀卿子冠军也,是弑义帝之兆也。其弑义帝,则疑增之本也,岂必待陈平哉?三人生死去就,最相关涉。推原出来,正见增之去,当于杀卿子冠军时也。物必先腐也,而后虫生之;人必先疑也,而后谗入之。陈平虽智,安能间无疑之主哉?反振二句,结过疑增不待陈平意。

吾尝论义帝天下之贤主也:独遣沛公入关,不遣项羽;借遣沛公引起识卿子冠军。识卿子冠军于稠人之中,而擢以为上将。不贤而能如是乎?叹义帝之贤,以起羽与义帝势不两立。羽既矫杀卿子冠军,义帝必不能堪。非羽弑帝,则帝杀羽。不待智者而后知也。申上"羽杀卿子冠军,是弑义帝之兆"句。增始劝项梁立义帝,诸侯以此服从;中道而弑之,非增之意也。夫岂独非其意,将必力争而不听也。空中著想,妙。不用其言而杀其所立,羽之疑增,必自是始矣。申上"弑义帝则疑增之本"句。

方羽杀卿子冠军,增与羽比肩而事义帝,救赵时,项羽为次将,范增为末将,故曰"比肩事义帝"。君臣之分未定也。为增计者,力能诛羽则诛之,不能则去之,岂不毅然大丈夫也哉?代增处置一番。增年已七十,合则留,不合则去。不以此时明去就之分,而欲依羽以成功名,陋矣。责增之不能知几,由于不明去就之分,最有关锁。虽然,增,高帝之所畏也。增不去,项羽不亡。呜呼!增亦人杰也哉!结尾作赞叹语,尽抑扬之致。

汇评

[宋] 吕祖谦:这一篇要看抑扬处,渐次引入,"难"一段之曲折。若无"陈涉之得民"一段,便接"羽杀卿子冠军"一段去,则文字直了;无"且义帝之立"一段,又直了。惟有此二段,然后见曲折处。吾尝论前一段平平说来,忽换起放开说,见语新意相属,又见一伏一起处。大凡作汉唐君臣文字,前面若说他好,后面须说他些子不好处,此论前说增不足道,后却说他好,乃放他一线地。(《古文关键》卷下)

[宋] 楼昉:项羽杀宋义,便是要迫义帝,弑义帝,便是要去范增。盖宋义是义帝所爱,而义帝是范增所立,三人死生存亡去就,最相关涉。推原得出,笔力老健,无一个字闲。此坡公海外文字,故有老气。(《崇古文诀》卷二五)

[宋] 黄震:增劝羽立义帝,使为楚谋欤,事成将置羽何地?为羽谋欤,又将置义帝何地?故羽欲成事,势不得不杀义帝,既杀义帝,则身犯弑逆之名,势不得不亡。增之拙谋,莫此为甚。而苏子以论增之功,既说矣,增实事羽为君,义帝不过增所假设以欺人者,乃谓增与羽比肩而事义帝,力能诛羽则诛之,何哉?(《黄氏日钞》卷六二)

[宋] 谢枋得:此是东坡海外文字,一句一字增减不得,句句有法,字字尽心。后生只熟读暗记此篇,义理融明,音律谐和,下笔作文,必警世绝俗。此论最好处,在"方羽杀卿冠军时,增与羽比肩事义

帝"一段,当与《晁错论》并观。○论增只当杀卿子时,中间将义帝关楚关增处,实发得畅透,则杀卿子时当去,数语决之矣。又实先发弑义帝之兆,疑增之本二意,却俱于空中看出,必亦是发明义帝与增关系处。至接"方羽"云云,隐然在卿子上替他看出做手来。一篇文字离合操纵,警而活,如游龙之变化也。再反赞范增数句,别意作结,愈增全篇矫然之势矣。(《文章轨范》卷三)

[明] 茅坤:增之罪案,一一刺骨。(《唐宋八大家文钞·苏文忠公文钞》卷一四)

[清] 储欣:论未确,而行文跳脱,不肯一字粘着纸上。(《唐宋十大家全集录·东坡先生全集录》卷二)

[清] 林云铭:行文曲折反复,无不入妙,煞是难得。末用数语叫转,更得抑扬三昧。(《古文析义》卷一五)

[清] 吴楚材、吴调侯:前半多从实处发议,后半多从虚处设想。只就增去不能早处,层层驳入,段段回环,变化无端,不可测识。(《古文观止》卷一○)

[清] 余诚:大意只责增不早去,而以"羽杀卿子冠军时"句为主,人后层层议论,总是畅发此旨。然笔却极曲折变化,纵横离合,读者殊难遽寻其针线之密。○开口以"去之善"一扬,跌出"恨其不早"。抑笔,人所易晓,至通篇俱用抑,而结处独扬,人几疑其自相矛盾矣。然须知通篇之抑,都是在"去就"一节上讲。结处之扬,就增为"高帝所畏"说,是褒增之才,故自两无妨碍。(《重订古文释义新编》卷八)

卷十 宋文

留侯论

苏 轼

解题 《史记·留侯世家》:"良尝闲从容步游下邳圯上,有一老父,衣褐,至良所,直堕其履圯下,顾谓良曰:'孺子,下取履!'良鄂然,欲殴之。为其老,强忍,下取履。父曰:'履我!'良业为取履,因长跪履之。父以足受,笑而去。良殊大惊,随目之。父去里所,复还,曰:'孺子可教矣。后五日平明,与我会此。'良因怪之,跪曰:'诺。'五日平明,良往。父已先在,怒曰:'与老人期,后,何也?'去,曰:'后五日早会。'五日鸡鸣,良往。父又先在,复怒曰:'后,何也?'去,曰:'后五日复早来。'五日,良夜未半往,有顷,父亦来,喜曰:'当如是。'出一编书,曰:'读此则为王者师矣。后十年兴。十三年孺子见我济北,谷城山下黄石即我矣。'遂去,无他言,不复见。旦日视其书,乃《太公兵法》也。良因异之,常习诵读之。"

　　古之所谓豪杰之士,必有过人之节,伏能忍。人情有所不能忍者。匹夫见辱,拔剑而起,挺身而斗,此不足为勇也。不能忍者。天下有大勇者,卒犇。然临之而不惊,无故加之而不怒,此其所挟持者甚大,而其志甚远也。能忍者。○能忍不能忍,是一篇主意。

　　夫子房受书于圯夷。上之老人也,其事甚怪。楚人谓桥为圯。《史记》:张良尝游下邳圯上,有一老父,衣褐,至良所,直堕其履圯下,顾谓良曰:"孺子,下取履!"良愕然,欲殴之。为其老,强忍下取履。父曰:"履我!"良业为取履,因长跪履之。父以足受,笑而去。去里所,复还曰:"孺子可教矣。"约后五日平明,会圯上。怒良后至者再。最后出一编书曰:"读此则为王者师矣。后十年兴。十三年,孺子见我济北,谷城山下黄石即我矣。"遂去,不复见。○入事。然亦安知其非秦之世有隐君子者,出而试之?观其所以微见其意者,皆圣贤相与警戒之义,而世不察,以为鬼物,亦已过矣。看老人事,非渺茫鬼怪。特作翻案,妙。且其意不在书。深入一层发议,此句乃一篇之头也。当韩之亡、秦之方盛也,以刀锯鼎镬待天下之士,其平居无罪夷灭者不可胜升。数。上声。虽有贲、孟贲。育,夏育。无所获施。夫持法太急者,其锋不可犯,而其势未可乘。有大勇者,当此时自能忍之。子房不忍忿忿之心,以匹夫之力,而逞于一击之间。当此之时,子房之不死者,其间不能容发,盖亦危矣。良,韩人,其先五世相韩。秦灭韩,良欲为韩报仇。求得力士,为铁椎重百二十斤,狙击秦皇帝博浪沙中,误中副车。秦皇帝大怒,大索天下十日,弗获。○此正不能忍之故。先抑一笔。千金之子,不死于盗贼。何者?其身可爱,而盗贼之不足以死也。子房以盖世之才,不为伊尹、太公之谋,而特出于荆轲、聂政两刺客。之计,以侥幸于不死,再抑一笔。此圯上老人所为深惜者也。惜其不能忍。是故倨傲鲜上声。腆忝。而深折之。鲜腆,言不为礼也。彼其能有所忍也,然后可以就大事,故曰"孺子可教也"。此段见老人以一"忍"字造就子房。是解上文"意不在书"一句。

楚庄王伐郑,郑伯肉袒牵羊以迎。庄王曰:"其主能下人,必能信用其民矣。"遂舍之。郑伯能忍。句践之困于会稽,而归臣妾于吴者,三年而不倦。句践能忍。且夫有报人之志,而不能下人者,是匹夫之刚也。此下又提前语申论之。前只虚括,此乃实发。夫老人者,以为子房才有余,而忧其度量之不足,故深折其少年刚锐之气,使之忍小忿而就大谋。何则?非有平生之素,卒然相遇于草野之间,而命以仆妾之役,油然而不怪者,此固秦皇之所不能惊,而项籍之所不能怒也。子房之于老人,可谓卒然临之而不惊,无故加之而不怒矣。虽有秦皇、项籍,亦不能惊而怒之也。○此段极写子房之能忍,以见其为天下之大勇。

观夫高祖之所以胜,项籍之所以败者,在能忍与不能忍之间而已矣。忽推论到高祖、项籍,正欲说归子房。项籍唯不能忍,是以百战百胜而轻用其锋;高祖忍之,养其全锋而待其敝,此子房教之也。高祖能忍,由子房教之,所谓"忍小忿而就大谋"者以此。当淮阴破齐而欲自王,高祖发怒,见于词色。由是观之,犹有刚强不能忍之气,非子房其谁全之!淮阴侯韩信请为假王,汉王大怒,张良蹑汉王足,因附耳语,汉王悟,立信为齐王。○举一事,以明子房教高祖能忍。

太史公疑子房以为魁梧奇伟,而其状貌乃如妇人女子,不称去声。其志气。《史记·留侯世家》赞:"余以为其人计魁梧奇伟,至见其图,状貌如妇人好女。"呜呼!此其所以为子房欤!淡语作收,含蓄多少!

汇评

[宋] 吕祖谦:格制好。先说忍与不忍之规模,方说子房受书之事,其意在不忍,此老人所以深惜,命以仆妾之役,使之忍小耻,就大谋,故其后辅佐高祖,亦使忍之有成。一篇纲目在"忍"字。(《古文关键》卷下)

[宋] 谢枋得:主意谓子房本大勇之人,唯年少气刚,不能涵养忍耐,以就大功名,如用力士提铁锤击秦始皇之类,皆不能忍;老父之圯下,始命之取履纳履,与之期五更相会,数怒骂之,正所以折其不能忍之气,教之以能忍也。(《文章轨范》卷三)

[明] 杨慎：东坡文如长江大河，一泻千里，至其浑浩流转，曲折变化之妙，则无复可以名状，而尤长于陈述叙事。留侯一论，其立论超卓如此。（《三苏文范》卷七）

[明] 归有光：作文须寻大头脑，立得意定，然后遣词发挥，方是气象浑成。如韩退之《代张籍与李浙东书》以"盲"字贯说，苏子瞻《留侯论》以"忍"字贯说是也。（《文章指南》信集）

[明] 王慎中：此文若断若续，变幻不羁，曲尽文家操纵之妙。（引自《唐宋八大家文钞·苏文忠公文钞》卷一四）

[明] 茅坤：此文只是一意反复，滚滚议论。然子瞻胸中见解，亦本黄老来也。（《唐宋八大家文钞·苏文忠公文钞》卷一四）

[明] 陈子龙：匹夫起义，古所未有。当时秦势已成，子房岂料有胜、广、刘、项之可以亡秦哉？故愤愤一击，以毕其报韩之志耳。（引自《古文渊鉴》卷五〇）

[清] 金圣叹：此文得意在"且其意不在书"一句起，掀翻尽变，如广陵秋涛之排空而起也。（《天下才子必读书》卷八）

[清] 徐乾学：意实翻空，辞皆征实。读者信其证据，而不疑其变幻。（《古文渊鉴》卷五〇）

[清] 储欣：博浪沙击秦，一事也；圯桥进履，又一事也。于绝不相蒙处，连而合之，可以开拓万古之心胸。（《唐宋十大家全集录·东坡先生全集录》卷二）〇击秦纳履，串两事如贯珠。〇子房不能忍，老人教之能忍，子房又教高祖能忍，文至此，真如独茧抽丝。（《唐宋八大家类选》卷五）

[清] 张伯行：论子房生平以能忍为高，却从老人授书、桥下取履一节说入，乃是无中生有之法，其大旨则本于《老子》柔胜刚、弱胜强意思，非圣贤正经道理。但古来英雄才略之士，多用此术以制人。（《唐宋八大家文钞》卷八）

[清] 汪份：一意反复，说者须晓得逆顺法，又须晓得虚实法。"子房以盖世之才"一段，从子房说到老人，"夫老人者"一段，从老人说到

子房，此顺逆法也。虚实法者，即《高帝篇》荆川所谓藏露也。得此二法，便能一意翻为两层。又须晓得急脉缓受法。前"千金之子"云，此以譬喻为缓受法也；后引郑伯、勾践事，是引古为缓受法也。且一路皆说子房不能忍，而譬喻及引古，皆是能忍者，乃反正相间法也。又须晓得信手拈来、头头是道理。后幅项籍之不能忍，观起高帝之能忍，而以为子房教之，又言高帝犹有忿忿不能忍，而非子房不能全之，如此方滚滚不穷。（引自《纂评唐宋八大家文读本》卷六）

[清] 吴楚材、吴调侯：人皆以受书为奇事，此文得意在"且其意不在书"一句撇开，拿定"忍"字发议。滔滔如长江大河，而浑浩流转，变化曲折之妙，则纯以神行乎其间。（《古文观止》卷一○）

[清] 沈德潜：老人教子房以能忍，是正义；子房又教高祖能忍，是余意。作文必如此推论。（《唐宋八大家文读本》卷二一）

[清] 吕葆中：此篇善于用虚，都是将无作有，空中结撰，文情缥缈，千丈游丝。至其引合着实处，亦如雄搏鸷击。（《唐宋八家古文精选·苏文精选》）

[清] 浦起龙：论旨曰"能忍"，然而实无正证也。拈起坯老深折，运化沙椎小忿，惩所不忍以归于忍，假一二初迹，以显佐汉定天下全神也。惟封齐，是用忍一证，亦复拈连洒脱。此与《管仲论》，非慧业人无处着手。（《古文眉诠》卷六六）

[清] 余诚：劈空提出个"忍"字，辟去俗论，翻却常解，立定主意。反反复复，到底总归一线，直如千丈游丝，袅袅天际，绝不见有断绝处。此固由立意之高，而亦缘运笔之妙。实事全以暗用，且不遽然说尽。……其前半运笔似蜻蜓点水，其后半运笔又似万壑朝宗。如此行文，自非胸有成竹，笔具炉锤者，那解辨来？（《重订古文释义新编》卷八）

[清] 刘大櫆：此文忽出忽入，忽主忽宾，忽浅忽深，忽断忽接。而纳履一事，止随文势带出，更不正讲，尤为神妙。（引自《评校音注古文辞类纂》卷四）

贾谊论

苏 轼

解题 《苏轼文集》卷二五《上神宗皇帝书》:"世常谓汉文不用贾生,以为深恨。臣尝推究其旨,窃谓不然。贾生固天下之奇才,所言亦一时之良策。然请为属国欲以系单于,则是处士之大言,少年之锐气。昔高祖以三十万众,困于平城,当时将相群臣,岂无贾生之比,三表五饵,人知其疏,而欲以困中行说,尤不可信矣。兵,凶器也,而易言之,正如赵括之轻秦,李信之易楚。若文帝亟用其说,则天下殆将不安。使贾生尝历艰难,亦必自悔其说,施之晚岁,其术必精,不幸丧亡,非意所及。不然,文帝岂弃材之主,绛、灌岂蔽贤之士?"《史记·屈原贾生列传》谓"天子议以为贾生任公卿之位。绛、灌、东阳侯、冯敬之属尽害之,乃短贾生曰:'雒阳之人,年少初学,专欲擅权,纷乱诸事。'于是天子后亦疏之,不用其议,乃以贾生为长沙王太傅"。贾谊生平可参阅该篇。

  非才之难,所以自用者实难。惜乎!贾生,王者之佐,而不能自用其才也。贾谊,雒阳人,年二十余文帝召以为博士,一岁中至大中大夫。天子议以为贾生任公卿之位,绛、灌之属尽害之,乃短贾生,帝于是疏之,出为长沙王太傅。后召对宣室,拜为梁王太傅。因上疏曰:"臣窃惟今之事势,可为痛哭者一,可为流涕者二,可为长太息者六。"帝虽纳其言,而终不见用。卒以自伤哭泣而死,年三十三。○一起断尽,立一篇主意。

夫君子之所取者远，则必有所待；所就者大，则必有所忍。古之贤人，皆负可致之才，而卒不能行其万一者，未必皆其时君之罪，或者其自取也。以其不能待且忍，故云自取。○申"不能自用其才"句。

愚观贾生之论，如其所言，虽三代何以远过？得君如汉文，犹且以不用死。然则是天下无尧、舜，终不可有所为耶？冷语破的。仲尼圣人，历试于天下，苟非大无道之国，皆欲勉强扶持，庶几一日得行其道。将之荆，先之以冉有，申之以子夏。荆，楚本号。将适楚，而先使二子继往者，盖欲观楚之可仕与否，而谋其可处之位欤。君子之欲得其君，如此其勤也。得君勤。一引。孟子去齐，三宿而后出昼，犹曰："王其庶几召我。"君子之不忍弃其君，如此其厚也。爱君厚。一引。公孙丑问曰："夫子何为不豫？"孟子曰："方今天下，舍我其谁哉？而吾何为不豫？"君子之爱其身，如此其至也。爱身至。一引。夫如此而不用，然后知天下果不足与有为，而可以无憾矣。得此一锁，方可接到贾生。若贾生者，非汉文之不能用生，生之不能用汉文也。此段说出得君勤、爱君厚、爱身至，必如是始可以无憾。摹写古圣贤用世之不苟，以责贾生。见得贾生欲得君甚勤，但爱君不厚，爱身不至耳。故曰"生之不能用汉文也"，甚有意味。

夫绛侯亲握天子玺而授之文帝，帝初封代王，孝惠无嗣，大臣迎立之。始至渭桥，太尉勃跪上天子玺符。灌婴连兵数十万，以决刘、吕之雌雄，高后时，诸吕欲危刘氏。大将军灌婴，与齐王襄连和，以待吕氏之变，共诛之。又皆高帝之旧将，此其君臣相得之分，岂特父子骨肉手足哉？贾生，洛阳之少年。欲使其一朝之间，尽弃其旧而谋其新，亦已难矣。此言其上疏中之意。○此段发明贾生不善用才之故。为贾生者，上得其君,下得其大臣,如绛、灌之属,优游浸渍恣。而深交之,使天子不疑,大臣不忌,然后举天下而唯吾之所欲为,不过十年,可以得志。代为贾生画策。安有立谈之间,而遽为人"痛哭"哉!责倒贾生,觉《治安》等篇,俱属无谓。观其过湘为赋以吊屈原,有"造托湘流兮,敬吊先生"句。萦纡郁闷,趯同跃。然有远举之志。有"予独抑郁其谁语?凤缥缥其高逝兮,夫固自引而远去"句。其后以自伤哭泣,至于夭绝。梁王骑堕马而死,贾生自伤为傅无状,哭泣岁余,亦死。是亦不善处穷者也。不善处穷,即不能自用意。夫谋之一不见用,则安知终不复用也?不知默默以待其变,而自残至此。文情开宕。呜呼!贾生志大而量小,才有余而识不足也。总断二句,是"不能用汉文"之本,一字一惜。

古之人,有高世之才,必有遗俗之累。是故非聪明睿冒。智不惑之主,则不能全其用。古今称苻扶。坚得王猛于草茅之中,一朝尽斥去其旧臣,而与之谋。彼其匹夫略有天下之半,其以此哉!秦王苻坚,因吕婆楼以招王猛。一见大悦,自谓如刘玄德之遇诸葛孔明也,乃以国事任之。○借苻坚能用王猛,正归过汉文不能用贾生,此一转尤妙。愚深悲生之志,故备论之。亦使人君得如贾生之臣,则知其有狷介之操,一不见用,则忧伤病沮,不能复振。二十一字为一句。○补出人主当怜才意。而为贾生者,亦谨其所发哉!仍归结到本身上去。○双关作收,深情远想,无限低徊。

汇评

[明]　唐顺之:不能深交绛、灌,不知默默自待,本是两柱子,而文字浑融,不见踪迹。(引自《唐宋八大家文钞·苏文忠公文钞》卷一四)
[明]　王慎中:谓贾生不能用汉文,直是说得贾生倒,而文字翻覆变幻,

无限烟波。(引自《唐宋八大家文钞·苏文忠公文钞》卷一四)

[明] 茅坤：细观此文，子瞻高于贾生一格。(《唐宋八大家文钞·苏文忠公文钞》卷一四)

[明] 王世贞：余少读苏轼所为《贾谊论》，谓非汉文不能用贾生，乃贾生之不能用汉文尔。……吾未尝不服苏氏论人之当、撰事之长，而叹贾生之无辞以自解。其后得班史之所著传而读之，然后知苏氏之工于撰事，急于持论，而不尽悉故实也。夫贾生之始，建议改正朔，易服色，制官名，兴礼乐，固非绛、灌之所喜，而实亦非绛、灌所深恶也。其所深恶者，在遣功臣列侯就国而已。故假以纷更之罪而谮之帝，帝亦因其谮而姑出谊以慰安之，且欲老其材而后用之耳，非果于弃谊也。何以知其然也？诸王太傅在王相下，与郡守等，自大中大夫而出，不为左。特以长沙卑湿，且一异姓贫弱之王，其迹似弃耳。亡何，而召见宣室，自以为弗如而徙傅梁。梁，大国也。梁王，爱子也。谊不死，即入而九卿矣。故曰帝非果于弃谊也。谊亦非悲郁佗傺而至死者，何以知其然也？吊屈之辞，虽若以自拟，而实讯其不能自引而高逝；赋鹏之辞，虽若以自吊，而实归之知命而不忧；其所上《治安策》，有可为痛哭长叹息者，盖在召对宣室与傅梁之后也，所谓"立谈之间而遽为人痛哭"者，岂实录哉？且贾生之自伤，在为傅无状，且哭泣以悲梁王之堕马而死，非以不用也。寿夭有命，生之夭，焉知非其命之尽，而归之自伤，又归之不用，宁非冤哉？史既称绛、灌之属恶之，而绛侯之就国，以一言告讦而逮系，谊以待大臣之礼风之，而上遂幡然改。谊不绛侯之怨是修，而修国体，抑何厚也！刘向所以深惜之，而轼不之知也。夫谊死而文帝次第用其言，谊虽夭，不为不用也。吾故曰：苏氏之工于撰事，急于持论，而不尽悉故实者此也。(《读书后》卷二《书贾谊传及苏轼所著论后》)

[清] 储欣：子瞻于韩、富、欧阳，周旋无失，得渐渍深交之道矣。绍圣以后，窜谪万里，仅仅一子自随，而读书养性，不弃其身，殆亦鉴前车

而免于覆者。(《唐宋十大家全集录·东坡先生全集录》卷二)○篇中下断语凡三,一步紧一步。韩魏公阻子瞻之大用,而子瞻叹其爱人以德,其于韩、富诸公,皆将渐渍而深交之。黄州之迁,宴坐寂照,有以自养,不为迁客无聊之态,能待能忍,子瞻胜贾生一筹矣。(《唐宋八大家类选》卷五)

[清] 林云铭：贾生病源全在取忌绛、灌,汉文势难独任,正是不能用汉文处。篇中层层责备,却带悲惜意,笔力最高。(《古文析义》卷一五)

[清] 方苞：亦自有见。但贾子陈治安之策,乃召自长沙,独对宣室,傅梁王后事,子瞻乃云："安有立谈之间而遽为人痛哭?"未免卤莽耳。(引自《评校音注古文辞类纂》卷四)

[清] 吴楚材、吴调侯：贾生有用世之才,卒废死于好贤之主。其病原欲疏间绛、灌旧臣,而为之痛哭,故自取疏废如此。所谓不能"谨其所发"也。末以苻坚用王猛,责人君以全贾生之才,更有不尽之意。(《古文观止》卷一○)

[清] 沈德潜：中间实还出用汉文处,是苏氏经纬。责备中语语惋惜,笔力高绝。○读此文须知言外有汉文负生之意。(《唐宋八大家文读本》卷二一)

[清] 浦起龙：惜其不善用才,正是深于惜才。读此文须将贾生当作者前身看。间世一出,旷世相感,所以辗转惜之,神味绵邈如此。(《古文眉诠》卷六六)

[清] 刘大櫆：长公笔有仙气,故文极纵荡变化,而落韵甚轻。(引自《评校音注古文辞类纂》卷四)

[清] 高嵣：三层断制,意实相承,一步紧一步。能待能忍,起处立柱,以下照此发挥,直是说得贾生倒。然惜其不善用才,正是深于惜才,责备中无限惋伤。(《唐宋八家钞》卷七)

晁错论

苏　轼

解题　《史记·袁盎晁错列传》："吴楚反，闻，晁错谓丞史曰：'夫袁盎多受吴王金钱，专为蔽匿，言不反。今果反，欲请治盎宜知计谋。'丞史曰：'事未发，治之有绝。今兵西乡，治之何益！且袁盎不宜有谋。'晁错犹与未决。人有告袁盎者，袁盎恐，夜见窦婴，为言吴所以反者，愿至上前口对状。窦婴入言上，上乃召袁盎入见。晁错在前，及盎请辟人赐间，错去，固恨甚。袁盎具言吴所以反状，以错故，独急斩错以谢吴，吴兵乃可罢。其语具在吴事中，使袁盎为太常，窦婴为大将军。两人素相与善。逮吴反，诸陵长者长安中贤大夫争附两人，车随者日数百乘。"《汉书·爰盎晁错传》：吴、楚七国俱反，以诛错为名。上与错议出军事，错欲令上自将兵，而身居守。……后十余日，丞相青翟、中尉嘉、廷尉欧劾奏错曰："吴王反逆亡道，欲危宗庙，天下所当共诛。今御史大夫错议曰：'兵数百万，独属群臣，不可信，陛下不如自出临兵，使错居守。徐、僮之旁吴所未下者可以予吴。'错不称陛下德信，欲疏群臣百姓，又欲以城邑予吴，亡臣子礼，大逆无道。错当要斩，父母妻子同产无少长皆弃市。臣请论如法。"制曰："可。"错殊不知。乃使中尉召错，绐载行市。错衣朝衣，斩东市。

天下之患，最不可为者，名为治平无事，而其实有不测之忧。<u>暗说景帝时诸侯强大。</u>坐观其变，而不为之所，则恐至于不可救。开。

起而强为之,则天下狃钮。于治平之安,而不吾信。狃,习也。○阔。暗说晁错建言削诸侯。惟仁人君子豪杰之士,为能出身为天下犯大难,以求成大功。三句为一篇关键。此固非勉强期月之间,而苟以求名之所能也。暗说晁错非其论。○一段是冒。天下治平,暗说景帝时。无故而发大难之端。暗说削七国。吾发之,吾能收之,然后有辞于天下。所谓出身犯难。事至而循循焉欲去之,暗说错居守。使他人任其责。暗说使天子将。则天下之祸,必集于我。暗说诛错。○一段是承。○以上两段,摄尽通篇大意。

昔者晁潮。错尽忠为汉,谋弱山东之诸侯。山东诸侯并起,以诛错为名。而天子不之察,以错为之说。景帝三年,晁错患七国强大,请削诸侯郡县。吴王濞、胶西王卬、胶东王雄渠、菑川王贤、济南王辟光、楚王戊、赵王遂,合兵反。罪状晁错,欲共诛之。帝与错议出军事,错欲令上自将,而身居守。袁盎素与错有隙,因言唯斩错可以谢诸侯,帝遂斩错东市。○入事。天下悲错之以忠而受祸,不知错有以取之也。一句断定,全篇俱发此句。

古之立大事者,不惟有超世之才,亦必有坚忍不拔之志。惟坚忍不拔,故能从容收功。伏下"徐"字,反照下"骤"字。昔禹之治水,凿龙门,决大河,而放之海。方其功之未成也,盖亦有溃冒。冲突可畏之患,惟能前知其当然,事至不惧而徐为之图,是以得至于成功。借禹作证,为立论之根。夫以七国之强,而骤削之,不能"徐为之图"。其为变岂足怪哉? 不能"前知其当然"。错不于此时捐其身,为天下当大难之冲而制吴、楚之命,乃为自全之计,欲使天子自将而已居守。一句指出晁错破绽。通篇从此发议。且夫发七国之难者谁乎? 紧喝一句。己欲求其名,应前"求名"。安所逃其患? 应前"祸"字。以自将之至危,与居守之至安,己为难首,择其至安,而遗天子以其至危,此忠臣义士所以愤怨而不平者也。断尽晁错,与袁盎何与耶?当此之时,虽无袁盎,亦未免于祸。承上递下。何者?已欲居守,而使人主自将,以情而言,天子固已难之矣,而重违其议,是以袁盎之说得行于其间。正见受祸皆错自取。使吴、楚反,错以身任其危,日夜淬砺。砺,火入水为淬。砺,磨也。东向而待之,使不至于累其君,则天子将恃之以为无恐。虽有百盎,可得而间哉?此段是代为错计,作正意收住。

嗟夫!世之君子欲求非常之功,则无务为自全之计。又唤醒。使错自将而讨吴、楚,未必无功。到底只责其不自将,收足"出身犯难"意。惟其欲自固其身,而天子不悦,奸臣得以乘其隙。错之所以自全者,乃其所以自祸欤!收上"错有以取之"句。

汇评

[宋] 吕祖谦:此篇前面引入事,说景帝时虽名为治平,有七国之变。此篇体制好,大概作文要渐渐引入来。(《古文关键》卷下)

[宋] 谢枋得:此论先立冒头,然后入事,又是一格。老于世故,明于人情,有忧深思远之智,有排难解纷之勇,不特文章之工也。(《文章轨范》卷三)

[明] 茅坤:于错之不自将而为居守处,寻一破绽作议论,却好。错之误,误在以旧有怨于盎,而欲借吴之反以诛之,此所谓自发杀机也,鬼瞰其室矣。何者?以错之学本刑名故也。(《唐宋八大家文钞·苏文忠公文钞》卷一四)

[清] 储欣:错虽数言兵,然未实试之行阵也。吴楚反,关东尽为敌国。景帝往来两宫间,天下寒心。此论云"晁错自将,未必无功",愚以为书生事后之见,非万全策。万全之策惟在任人。当是时,朝廷

745

之上有一持重善用兵之周亚夫不能荐,难乎其为智囊矣。(《唐宋十大家全集录·东坡先生全集录》卷二)

[清] 谢有煇:错之取祸,其父已先知之,然不谓发难之后,仍有善全之策,则文中"身任其危,天子方恃以无恐"一段议论是也。夫错之言兵事审矣,岂色厉内荏,计不出此邪?抑如鹿门所云,借吴除盎,自发杀机而还自祸邪?(《古文赏音》卷一〇)

[清] 吴楚材、吴调侯:此篇先立冒头,然后入事,又是一格。晁错之死,人多叹息,然未有说出被杀之由者。东坡之论,发前人所未发,有写错罪状处,有代错画策处,有为错致惜处,英雄失足,千古兴嗟。任大事者,尚其思坚忍不拔之义哉!(《古文观止》卷一〇)

[清] 浦起龙:吾读《应诏集》诸论至此,盖悟公之为此,直自成一家言,而古人特借以为资而已。当积弛忘患之日,恬愉处堂,惮不敢发,发又惧不能收,率用晁错喜事杀身以自解,公故切切然以坚忍矢志望之,而非直为昔者诉病也。推此以观诸论,则沾滞冰释。起幅雄深浑灏,独冠群篇。由其借错为影,直刺时局,自发议论,与《思治》、《策略》等相参,故能凭空横骛如此。要于题事,仍统体笼举也。(《古文眉诠》卷六六)

[清] 高嵣:公独摘出"使上将而己居守"一语为论柄,却是老于世故、明于人情之言。高在先将古君子出身犯难以求成功立案,则错之区区自全,先发难而不能收难,其被祸也,诚有以取之,相形益见,曷足怪与?公论发人所未发多如此,其笔力则公文本色,雄快不待言。(《唐宋八家钞》卷七)

卷十一

宋　文

上梅直讲书

苏　轼

解题　参见本书《刑赏忠厚之至论》解题。

轼每读《诗》至《鸱鸮》，读《书》至《君奭》，常窃悲周公之不遇。《鸱鸮》，《国风》篇名。周公相成王，管、蔡流言于国曰公将不利于孺子。故周公东征二年，而成王犹未知周公之意，公乃作《鸱鸮》之诗以贻王。《君奭》，《周书》篇名。君者，尊之之称。奭，召公名也。成王幼，周公摄政，当国践祚。召公疑之，乃作《君奭》。○劈头叹周公起，奇绝。及观《史》，《史记》。见孔子厄于陈、蔡之间，而弦歌之声不绝，颜渊、仲由之徒相与问答。夫子曰："'匪兕匪虎，率彼旷野'，吾道非耶？吾何为于此？"颜渊曰："夫子之道至大，故天下莫能容。虽然，不容何病？不容然后见君子。"夫子油然而笑曰："回，使尔多财，吾为尔宰。"夫天下虽不能容，而其徒自足以相乐如此。接手又美孔子，更奇。○通篇以"乐"字为主。乃今知周公之富贵，有不如夫子之贫贱。夫以召公之贤，以管、蔡之亲，而不知其心，则周公谁与乐其富贵？而夫子之所与共贫贱者，皆天下之贤才，则亦足以乐乎此矣。富贵而不乐，贫贱而足乐，此

747

周公所以不如夫子也。○双收周公、孔子,暗以孔子比欧、梅,以其徒自比,意最高,而自处亦高。

轼七、八岁时,始知读书,闻今天下有欧阳公者,其为人如古孟轲、韩愈之徒;先出欧阳公。而又有梅公者从之游,而与之上下其议论。次出梅公。其后益壮,始能读其文词,想见其为人,意其飘然脱去世俗之乐,而自乐其乐也。欧、梅之乐只虚写,妙。方学为对偶声律之文,即作诗及词、赋之类。求升斗之禄,自度无以进见于诸公之间。来京师逾年,未尝窥其门。欲写其得见,先写其不得见。文势开拓。今年春,天下之士群至于礼部,执事与欧阳公实亲试之,轼不自意获在第二。既而闻之,执事爱其文,以为有孟轲之风,而欧阳公亦以其能不为世俗之文也而取,是以在此。嘉祐二年,欧阳文忠公考试礼部进士,疾时文之诡异,思有以救之。梅圣俞时与其事,得公《论刑赏》以示文忠,文忠惊喜,以为异人。欲以冠多士,疑曾子固所为。子固,文忠门下士也。乃置公第二。○"不为世俗之文",应上"脱去世俗之乐",正见知己处。非左右为之先容,非亲旧为之请属,祝。而向之十余年间,闻其名而不得见者,一朝为知己。以上叙欧、梅之识拔,自己之遭遇,极为淋漓酣畅。退而思之,人不可以苟富贵,亦不可以徒贫贱。应前富贵、贫贱。有大贤焉而为其徒,则亦足恃矣。占地步多少。苟其侥一时之幸,从车骑数十人,使闾巷小民聚观而赞叹之,亦何以易此乐也!自东坡说出自己之真乐,乃一篇之关键。传曰:"不怨天,不尤人",盖"优哉游哉,可以卒岁"。引成语四句收住。执事名满天下,而位不过五品,其容色温然而不怒,其文章宽厚敦朴而无怨言,此必有所乐乎斯道也,轼愿与闻焉。末复以"乐乎斯道"专颂梅公,是"乐"字结穴。

汇评

[明] 杨慎：此书叙士遇知己之乐，遂首援周公有蔡、管之流言，召公之不悦，乃不能相知，以形容其乐，而自比于圣门之徒。(《三苏文范》卷一三)

[明] 茅坤：文潇洒，而入思少吃紧。(《唐宋八大家文钞·苏文忠公文钞》卷九)

[清] 金圣叹：空中忽然纵臆而谈，劣周公，伏孔子，岂不大奇？文态如天际白云，飘然从风，自成卷舒。人固不知其胡为而然，云亦不自知其所以然。(《天下才子必读书》卷四)

[清] 储欣：见道之言。(《唐宋十大家全集录·东坡先生全集录》卷八)○先将圣贤师友相乐立案，因说己遇知梅公之乐，且欲闻梅公之所以乐乎斯道者，最占地步，最有文情。(《唐宋八大家类选》卷九)

[清] 吴楚材、吴调侯：此书叙士遇知己之乐。遂首援周公有管、蔡之流言，召公之不悦以形起，而自比于圣门之徒。长公之推尊梅公，与阴自负意，亦极高矣。细看此文，是何等气象，何等采色！其议论真足破千古来俗肠。绝妙。(《古文观止》卷一一)

[清] 沈德潜：见富贵不足重，而师友以道相乐，乃人间之至乐也。周公、孔、颜，凭空发论；以下层次照应，空灵飘洒。东坡文之以韵胜者。(《唐宋八大家文读本》卷二三)

喜雨亭记

苏　轼

解题　嘉祐七年(1062),苏轼在签书凤翔府节度判官任上。三月旱,作《凤翔太白山祈雨文》、《真兴寺阁祷雨》诗,后连降大雨,遂有此篇。喜雨亭,在凤翔府城东北。

亭以雨名,志喜也。起笔便将"喜雨亭"三字拆开,倒点出,已尽一篇之意。古者有喜,则以名物,示不忘也。释所以志喜之意。周公得禾,以名其书;唐叔得禾,异母同颖,献之成王。成王命唐叔以馈周公于东土。周公嘉天子之命,作《嘉禾》。汉武得鼎,以名其年;汉武帝元狩六年夏,得宝鼎汾水上,改元为元鼎元年。叔孙胜敌,以名其子。鲁文公十一年,叔孙得臣获长狄侨如,乃名其子曰侨如。其喜之大小不齐,其示不忘一也。引古为证。

予至扶风之明年,始治官舍。为亭于堂之北,而凿池其南,引流种树,以为休息之所。先记作亭。是岁之春,雨麦于岐山之阳,其占为有年。纵一笔,下便可用"既而"字转,文始曲折。既而弥月不雨,民方以为忧。跌一句,借"忧"字形出"喜"字。越三月,乙卯乃雨,甲子又雨,民以为未足;又跌一句。丁卯大雨,三日乃止。次记雨。官吏相与庆于庭,商贾相与歌于市,农夫相与忭于野。"庆"、"歌"、"忭"三字,易法。忧者以喜,病者以愈,次记喜。而吾亭适成。紧接此句,妙。

雨更不可不喜,喜更不可不志,志喜更不可不以名亭在此。

于是举酒于亭上,以属祝。客而告之,开出波澜。曰:"五日不雨可乎?"更五日也。曰:"五日不雨则无麦。""十日不雨可乎?"更十日也。曰:"十日不雨则无禾。"无麦无禾,岁且荐同荐。饥,狱讼繁兴而盗贼滋炽。则吾与二三子,虽欲优游以乐于此亭,其可得耶?以无雨之可忧,形出得雨之可乐。今天不遗斯民,始旱而赐之以雨,使吾与二三子得相与优游而乐于此亭者,皆雨之赐也。其又可忘耶?应前"示不忘",结住。

既以名亭,又从而歌之,曰:"使天而雨珠,寒者不得以为襦;如。使天而雨玉,饥者不得以为粟。一雨三日,伊谁之力?一眼注着亭,却不肯一笔便说亭。民曰太守。太守不有,归之天子。天子曰不然,归之造物。造物不自以为功,归之太空。太空冥冥,不可得而名。吾以名吾亭。"歌非余文。盖喜雨固必志,而志喜雨何故却于亭?此理还未说出,因借歌以发之。

汇评

[宋] 楼昉:蝉蜕污浊之中,蜉蝣尘埃之外,所谓以文为戏者。(《崇古文诀》卷二四)

[宋] 李塗:子瞻《喜雨亭记》结云:"太空冥冥,不可得而名,吾以名吾亭。"是化无为有。《凌虚台记》结云:"盖世有足恃者,而不在乎台之存亡也。"是化有为无。(《文章精义》)

[元] 虞集:此篇题小而语大,议论干涉国政民生大体,无一点尘俗气,自非具眼者未易知也。(引自《三苏文范》卷一四)

[明] 茅坤:公之文好为滑稽,得之《庄子》"副墨"、"洛诵"之说。(《唐宋

八大家文钞·苏文忠公文钞》卷二五)

[明] 王世贞：看来东坡此篇文字，胸次洒落，真是半点尘埃不到。(引自《苏长公合作》卷一)

[清] 金圣叹：亭与雨何与，而得以为名？然太守、天子、造物既俱不与，则即以名亭固宜。此是特特算出以雨名亭妙理，非姑涉笔为戏论也。(《天下才子必读书》卷八)

[清] 储欣：浅制耳。然数百年家弦户诵文字，不可不存。(《唐宋十大家全集录·东坡先生全集录》卷五)○从亭上看出喜雨意，掩映有情。(《唐宋八大家类选》卷一二)

[清] 谢有煇：小小文字，自觉绚烂。(《古文赏音》卷一〇)

[清] 林云铭：居官兴建，当言与民同乐。但亭在官舍，为休息之所，无关民生，髯苏却借旱后大雨，语语为民，便觉阔大。若言雨是雨、亭是亭，两无交涉，则言虽大而近夸也。此却自喜雨之后，追言无雨必不能乐此亭，是亭以雨故方成，其为亭何等关系！末忽撰出歌来，而以雨力不可忘处层层推原，皆有至理，不但舍雨之外无可名此亭，亦舍亭之外无以名此雨，把一个太守私亭，毋论官吏、商贾、农夫，即天子、造物、太空，无不一齐搀入，岂非异样大观！(《古文析义》卷一五)

[清] 吴楚材、吴调侯：只就"喜雨亭"三字，分写、合写、倒写、顺写、虚写、实写，即小见大，以无化有。意思愈出而不穷，笔态轻举而荡漾，可谓极才人之雅致矣。(《古文观止》卷一一)

[清] 浦起龙：志不忘，是名亭主意，即是通篇命意，作者分明点出。(《古文眉诠》卷六九)

[清] 余诚：以三"忘"字为经，以八"名"字为纬，以三"民"字为骨，就一座私亭，写出绝大关系，俾忧乐同民之意隐然言外，而又毫不着迹。立言最为有体。然非出笔潇洒，亦安能藏庄重于流丽如此也？的是风流太守之文。彼于篇末以滑稽为讥者，殆未思民归功太守，太守推美于君，天子让善于天，天普美于无言，层层正自有

至理。(《重订古文释义新编》卷八)

[清] 爱新觉罗·弘历：天固妙万物而不有者也，轼故曰："造物不自以为功，归之太空也。"虽然，妙万物而不有，万物是以大有，人人不自有其善，天下于是大善，而岂区区焉，斤斤焉，饰貌矜情，以谐媚君父，矫诬上天云尔哉？轼斯记也，几于道矣。而茅坤谓之滑稽，储欣谓之浅制，洵乎高言不入于众人之心也。(《唐宋文醇》卷四四)

[清] 高塘：志喜不忘，是一篇命意。写"喜"、"雨"，不脱"亭"字，方是三字题文字。(《唐宋八家钞》卷七)

凌虚台记

苏 轼

解题 邵博《邵氏闻见后录》卷一五:"陈希亮,字公弼,天资刚正人也。嘉祐中知凤翔府。东坡初擢制科,签书判官事,吏呼苏贤良。公弼怒曰:'府判官,何贤良也!'杖其吏不顾,或谒入不得见。……东坡作府斋醮祷祈诸小文,公弼必涂墨改定数往反。至为公弼作《凌虚台记》……,公弼览之,笑曰:'吾视苏明允犹子也,某犹孙子也。平日故不以辞色假之者,以其年少暴得大名,惧夫满而不胜也。乃不吾乐邪?'不易一字,亟命刻之石。"

国于南山之下,宜若起居饮食与山接也。笔亦凌虚而起。四方之山,莫高于终南,终南山,在陕西西安府。而都邑之丽山者,莫近于扶风。丽,附也。以至近求最高,其势必得。而太守之居,未尝知有山焉。虽非事之所以损益,而物理有不当然者。应"宜若"句。此凌虚之所为筑也。点出台。

方其未筑也,太守陈公杖履逍遥于其下,见山之出于林木之上者,累累如人之旅行于墙外而见其髻也,曰:"是必有异。"叙未筑台之先。使工凿其前为方池,以其土筑台,高出于屋之檐而止。然后人之至于其上者,恍然不知台之高,而以为山之踊跃奋迅而出也。叙既筑台之后。"恍然不知"二句,正写凌虚意。公曰:"是宜名凌虚。"点出名台。以告其从事苏轼,而求文以为记。点出作记。

轼复于公曰:"物之废兴成毁,不可得而知也。提句寄想甚远。昔者荒草野田,霜露之所蒙翳,狐虺之所窜伏。方是时,岂知有凌虚台耶？台从无而有,是说兴、成。废兴成毁,相寻于无穷,则台之复为荒草野田,皆不可知也。台自有而无,是说废、毁。尝试与公登台而望,其东则秦穆之祈年、橐泉也,祈年、橐泉,皆宫名。其南则汉武之长杨、五柞,昨。○长杨,较猎之所。五柞,祀神宫。而其北则隋之仁寿、唐之九成也。仁寿,隋之宫名。九成,唐太宗所建宫,以避暑。计其一时之盛,宏杰诡丽,坚固而不可动者,岂特百倍于台而已哉！例兴、成。然而数世之后,欲求其仿佛,而破瓦颓垣无复存者,既已化为禾黍荆棘丘墟陇亩矣,而况于此台欤！例废、毁。○凭吊今古,唏嘘感慨,欲歌欲泣。夫台犹不足恃以长久,而况于人事之得丧、忽往而忽来者欤？而或者欲以夸世而自足,则过矣。推进一层说。盖世有足恃者,而不在乎台之存亡也。"托意有在,而不说出,妙。既以言于公,退而为之记。

汇评

[宋] 黄震:《凌虚台记》末句云:"盖世有足恃者,而不在乎台之存亡也。"其论甚高,其文尤妙,终篇收拾尽在此句,而意在言外,讽咏不尽。昔王师席所谓文之韵者此类。(《黄氏日钞》卷六二)

[明] 杨慎:《喜雨亭记》全是赞太守,《凌虚台记》全是讥太守。《喜雨亭》直以天子造化相形,见得有补于民;《凌虚台》则以秦、汉、隋、唐相形,见得无补于民,而机局则一也。(《三苏文范》卷一四)

[明] 陈元植:登高感慨,写出杰士风气,卓老谓骂非也。(引自《苏长公

合作》卷二）

[明] 郑之惠：台方成而所言皆颓废之景，别是世味外一种文字。若在后世，椽属敢以此等言论进乎？然文忠当日尚相传有傲上之谤，甚矣，笔墨之难也！（《苏长公合作》卷二）

[明] 茅坤：苏公往往有此一段旷达处，却于陈太守少回护。（《唐宋八大家文钞·苏文忠公文钞》卷二五）

[明] 钟惺：后段说理，反不精神。（引自《三苏文范》卷一四）

[明] 李贽：大难为太守矣。一篇骂太守文字耳。文亦好，亦可感。（引自《三苏文范》卷一四）

[清] 金圣叹：读之如有许多层节，却只是废兴成毁二段，一写再写耳。（《天下才子必读书》卷八）

[清] 储欣：登高望远，人人具有此情，惟公能发诸语言文字耳。"世有足恃"云云，自是宋人习气，或云自负所有，揶揄陈太守者，非也。（《唐宋八大家类选》卷一二）

[清] 谢有煇：山若踊跃奋迅而出，台之为凌虚可知。读公此文，亦字字有凌虚之想。（《古文赏音》卷一〇）

[清] 林云铭：行文亦有凌虚之概，踊跃奋迅而出，大奇！（《古文析义》卷一五）

[清] 吴楚材、吴调侯：通篇只是兴成废毁二段，一写再写，悲歌慷慨，使人不乐。然在我有足恃者，何不乐之有？盖其胸中实有旷观达识，故以至理出为高文。若认作一篇讥太守文字，恐非当日作记本旨。（《古文观止》卷一一）

[清] 沈德潜：发明废兴成毁，湍澜洄洑，感慨歔欷，后归于不朽之三，不止作达观旷识，齐得丧、忘古今也。杨升庵谓是讥太守文，储在陆又谓是宋人习气，俱未必然。（《唐宋八大家文读本》卷二三）

卷十一 宋文

超然台记

苏 轼

解题 苏辙《栾城集》卷一七《超然台赋叙》:"子瞻既通守余杭,三年不得代,以辙之在济南也,求为东州守。既得请高密……顾居处隐陋,无以自放,乃因其城上之废台而增葺之,日与其僚览其山川而乐之。以告辙曰:'此将何以名之?'辙曰:'今夫山居者知山,林居者知林,耕者知原,渔者知泽。安于其所而已,其乐不相及也,而台则尽之。天下之士奔走于是非之场,浮沉于荣辱之海,嚣然尽力而忘反,亦莫自知也,而达者哀之。二者非以其超然不累于物故邪? 老子曰:虽有荣观,燕处超然。尝试以超然命之,可乎?'因为之赋。"又,《张耒集》卷二《超然台赋》题下自注:"苏子瞻守密,作台于囿,名以超然,命诸公赋之。"

凡物皆有可观。苟有可观,皆有可乐。"乐"字,是一篇主意。非必怪奇伟丽者也,铺糟啜醨,醨,薄酒。皆可以醉,果蔬草木,皆可以饱。推此类也,吾安往而不乐? 此即蔬食饮水乐在其中,箪食瓢饮不改其乐意。○一起便见超然。

夫所为求福而辞祸者,以福可喜而祸可悲也。人之所欲无穷,而物之可以足吾欲者有尽。指富贵利达。美恶之辨战于中,而去取之择交乎前,则可乐者常少,而可悲者常多。不超然则不乐。是谓求祸而辞福。福可喜,祸可悲,今以求福辞祸之故,而多悲少乐,是求祸辞福也。夫求祸而辞福，岂人之情也哉？物有以盖之矣。盖，蔽也。○承上起下。彼游于物之内，而不游于物之外。反超然说。物非有大小也，自其内而观之，未有不高且大者也。彼挟其高大以临我，则我常眩乱反复，即《孟子》"勿视其巍巍"之意。如隙中之观斗，又乌知胜负之所在？喻眼界之小。是以美恶横生，而忧乐出焉，可不大哀乎！此段言游于物之内，则因其美恶而生忧乐；游于物之外，则无所往而不乐。

予自钱塘移守胶西，钱塘，属浙江杭州。胶西，即胶州，属山东莱州。○入题。释舟楫之安，而服车马之劳；去雕墙之美，而庇采椽之居；采椽不斫。背湖山之观，而行桑麻之野。安得超然。始至之日，岁比不登，盗贼满野，狱讼充斥，而斋厨索然，日食杞菊，春食苗，夏食叶，秋食花，冬食根。○安得超然。人固疑予之不乐也。反跌一句，起下文。处之期年，而貌加丰，发之白者日以反黑。予既乐其风俗之淳，而其吏民亦安予之拙也。正写己之安往而不乐。于是治其园圃，洁其庭宇，伐安丘、高密之木，安丘、高密，二县名。以修补破败，为苟完之计。而园之北，因城以为台者旧矣，稍葺而新之。时相与登览，放意肆志焉。叙完作台事。○上写因乐而有台，下写因台而得乐。"放意肆志"四字，正为"乐"字写照。上下关锁。南望马耳、常山，二山名。秦汉间，高人多隐于此。出没隐见，若近若远，庶几有隐君子乎？南。而其东则庐山，即秦始皇遣卢生入海，求羡门子高者。秦人卢敖秦博士。之所从遁也。东。西望穆陵，关名。《左传》：齐桓公曰："赐我先君履，南至于穆陵。"即此。隐然如城郭，师尚父、太公。齐威公即桓公。之遗烈犹有存者。西。北俯潍水，韩信与龙且战，夹潍水而阵。即此。慨然太息，思淮阴韩信封淮阴侯。之功，而吊其不终。北。○凭今吊古，感慨淋漓，超然山水之外。台高而安，深而明，夏凉而冬温，写台。雨雪之朝，风月之夕,予未尝不在,客未尝不从。写人。撷贤入声。园蔬,取池鱼,酿娘去声。秫术。酒,瀹脱粟而食之,曰:"乐哉,游乎!"撷,捋取也。酝酒为酿。秫,稷之粘者,即糯也。瀹,粗熟而出之也。脱粟,才脱谷而已,言不精凿也。○写人与台之日用平常。○"乐"字一振。

方是时,予弟子由适在济南,闻而赋之,且名其台曰"超然"。点台名字。以见予之无所往而不乐者,盖游于物之外也。应前"安往而不乐"及"游于物之外"句。超然之意,得此一结,更畅。

汇评

[宋] 黄震:《超然台记》谓物皆可乐,人之所欲无穷,而物之可以足吾欲者有尽,无往而不乐者,盖游于物之外也。(《黄氏日钞》卷六二)

[明] 吕雅山:此篇不惟文思温润有余,而说安遇顺性之理,极为透彻,此坡公生平实际也。故其临老谪居海外,穷愁颠倒,无不自得,真能超然物外者矣。(引自《三苏文范》卷一四)

[明] 唐顺之:前发超然之意,后段叙事。解意兼叙事格。(引自《唐宋八大家文钞·苏文忠公文钞》卷二五)

[明] 茅坤:子瞻本色。与《凌虚台记》并本之庄生。(《唐宋八大家文钞·苏文忠公文钞》卷二五)

[明] 姜宝:此记有即其所居之位、乐其日用之常、脱出尘寰之外之意,故名之曰超然。此东坡之所以为东坡也。(引自《三苏文范》卷一四)

[清] 金圣叹:台名超然,看他下笔便直取"凡物"二字。只是此二字已中题之要害,便以下横说竖说,说自说他,无不纵心如意也。须知此文手法超妙,全从《庄子·达生》、《至乐》等篇取气来。(《天下才子必读书》卷八)

[清] 谢有煇:物有尽而欲无厌,虽穷极奢华,总属不足之境,若袖手旁

观,未有不知笑之者。此亦游于物外之一证也,况其中淡然无欲者乎?文特自写胸中之乐,把"超然"二字,虚情实际,形容得八面都到。(《古文赏音》卷一〇)

[清] 张伯行:游物之外则随寓皆安,世之胶胶扰扰,患得患失以终其身者,岂足以知公之胸次乎?(《唐宋八大家文钞》卷八)

[清] 林云铭:台名超然,作文不得不说入理路去。凡小品文字,说到理路,最难透脱,此握定"无往不乐"一语,归根于游物之外,得《南华》逍遥大旨,便觉翛然自远。其登台四望一段,从习凿齿《与桓秘书》脱化而出,与《凌虚台》同一机轴,点染生趣。(《古文析义》卷一五)

[清] 方苞:子瞻记二台(指凌虚台与超然台),皆以东西南北点缀,颇觉肤套。此类蹊径,乃欧、王所不肯蹈。(引自《评校音注古文辞类纂》卷五六)

[清] 吴楚材、吴调侯:是记先发超然之意,然后入事。其叙事处,忽及四方之形胜,忽入四时之佳景,俯仰情深,而总归之一乐。真能超然物外者矣。(《古文观止》卷一一)

[清] 沈德潜:通篇含超然意,末路点题,亦是一法。(《唐宋八大家文读本》卷二三)

[清] 李扶九:超然物外之说,本之《庄子》,而笔亦似之。若中四方四时之波,亦古文常套。欧公集中两用,皆用简笔;长公集中两用,皆用吊古之笔,各出一奇。(《古文笔法百篇》卷三)

[清] 林纾:庄子于子桑户之死,托孔子之言答子贡,有方外、方内之别。方,区域也。方外忘死生,方内循礼法。今东坡之文变其说曰"物内"、"物外",其意正同。方外忘生死,物外忘忧乐也。"人之所欲无穷,而物之所以足吾欲者有尽",此二语可谓达生之极。东坡之居滕、迈,居儋耳,皆万无不死之地,而东坡仍有山水之乐。读东坡之居儋录诗,皆冲淡拟陶,虽不似陶,鄙见以陶潜之颓放疏懒,与东坡易地以居,则东坡不死,而陶潜必死。盖陶潜虽有夷旷之

思,而诗中多恋生恶死之意。东坡气壮,能忍贫而吃苦,所以置之烟瘴之地,而犹雍容。矧胶西居儋耳之北,尚在内地,有何不乐之有?惟东坡有《超然台》之作,则后此惠州、滕、迈、儋耳之行,皆无关紧要矣。通篇把定"游于物外"四字,则知天下足欲之难;知足之难,则随遇皆知足。然既能知足,不惟在胶西乐,即在儋耳亦乐。此所以名为超然。超然者,超乎物外也。文前半说理,后半叙事,初无妙巧,难在有达生之言可以味耳。(《古文辞类纂选本》卷九)

放鹤亭记

苏 轼

解题 邵博《邵氏闻见后录》卷一五：或问东坡："云龙山人张天骥者，一无知村夫耳。公为作《放鹤亭记》，以比古隐者；又遗以诗，有'脱身声利中，道德自濯澡'，过矣。"东坡笑曰："装铺席耳。"东坡之门，稍上者不敢言，如琴聪、蜜殊之流，皆铺席中物也。

熙宁 神宗年号。十年秋，彭城 彭城，今徐州是。大水。云龙山人张君之草堂，水及其半扉。云龙山，在州城南，张天骥隐此。明年春，水落，迁于故居之东、东山之麓。六。○麓，山足。升高而望，得异境焉，作亭于其上。先点作亭。彭城之山，冈岭四合，隐然如大环，独缺其西一面，而山人之亭，适当其缺。承写因异境作亭。春夏之交，草木际天，秋冬雪月，千里一色。风雨晦明之间，俯仰百变。又从异境上摹写一番。山人有二鹤，甚驯 驯。而善飞。驯，顺习也。旦则望西山之缺而放焉，纵其所如，或立于陂阜。田，泽障曰陂。或翔于云表，暮则傃 素。东山而归，傃，向也。故名之曰"放鹤亭"。次点名亭。○二段叙事，错落多致。

郡守苏轼，时从宾佐僚吏往见山人，饮酒于斯亭而乐之。藏"饮酒"二字，作后案。挹山人而告之 挹，酌也。曰："子知隐居之乐乎？虽南面之君，未可与易也。三句，是一篇纲领。《易》曰：'鸣鹤在阴，其子和之。'《易·中孚》九二爻辞。言九二中孚之实,而九五亦以中孚之实应之,如鹤鸣于幽隐之处,而其子自和之也。《诗》曰:'鹤鸣于九皋,声闻于天。'《诗·小雅·鹤鸣》之篇。皋,泽中水溢出所为坎,从外数至九,喻深远也。言鹤之鸣在于九皋,至深远矣,而声则闻于天。犹德至幽,而有至著者焉。盖其为物清远闲放,超然于尘埃之外,故《易》、《诗》人以比贤人君子。隐德之士,狎而玩之,宜若有益而无损者,然卫懿公好鹤则亡其国。卫懿公好鹤,出则鹤乘轩而行。一日,敌患,欲御之,皆曰:"公有鹤,何不以御敌,乃烦吾为。"遂亡国。周公作《酒诰》,《酒诰》,《周书》篇名。商受酗酒,天下化之。妹土,商之都邑,其染恶尤甚,武王以其地封康叔,故周公作《酒诰》以教之。卫武公作《抑》戒,《抑》戒,即《诗·大雅·抑》之篇。卫武公行年九十有五,作《抑》戒以自儆。其三章云:"颠覆厥德,荒湛于酒。"以为荒惑败乱,无若酒者,而刘伶、阮籍之徒,以此全其真而名后世。晋刘伶、阮籍,崇尚虚无,轻蔑礼法,纵酒昏酣,遗落世事。与阮咸、山涛、向秀、王戎、嵇康,为"竹林七贤"。○引鹤,从上名亭来。引酒,从上饮酒来。嗟夫!南面之君,虽清远闲放如鹤者,犹不得好,好之则亡其国。而山林遁世之士,虽荒惑败乱如酒者,犹不能为害,而况于鹤乎?由此观之,其为乐未可以同日而语也。"应上"隐居之乐"三句。远想远韵,笔势澜翻。

山人欣然而笑曰:"有是哉!"仍就山人作收。乃作放鹤、招鹤之歌曰:"鹤飞去兮西山之缺,高翔而下览兮择所适。翻然敛翼,宛将集兮,忽何所见,矫然而复击。独终日于涧谷之间兮,啄苍苔而履白石。歌放鹤。鹤归来兮东山之阴。其下有人兮,黄冠草履,葛衣而鼓琴。躬耕而食兮,其余以汝饱。归来归来兮,西山不可以久留。"歌招鹤。

汇评

[宋] 洪迈：他人记此亭，拘于题目，必极其所以摹写隐士之好鹤有何意思，公乃于题外酒上说入好鹤，隐然为天下第一快活固在言外矣。（引自《苏长公合作》卷二。《三苏文范》卷一四引此作陈仲凫语。）

[宋] 李塗：文字请客对主极难，独子瞻《放鹤亭记》以酒对鹤，大意谓清闲者莫如鹤，然卫懿公好鹤则亡其国；乱德者莫如酒，然刘伶、阮籍之徒反以酒全其真而名后世，南面之乐，岂足以易隐居之乐哉？鹤是主，酒是客，请客对主，分外精神。又归得放鹤亭隐居之意切；然须是前面陷"饮酒"二字，方入得来，亦是一格。（《文章精义》）

[明] 茅坤：疏旷爽然，特少沉深之思。（《唐宋八大家文钞·苏文忠公文钞》卷二四）

[明] 郑之惠：小题目出一段大议论，生发宛转，使人欲舞。（《苏长公合作》卷二）

[清] 汪份：题小只合如此作。荆川谓为论得超脱，极当。茅评嫌其少沉深之思，非也。（引自《纂评唐宋八大家文读本》卷七）

[清] 王符曾：绝妙思路。仲长统《乐志论》念不到此。（《古文小品咀华》卷四）

[清] 储欣：清音幽韵，序亦不烦。（《唐宋十大家全集录·东坡先生全集录》卷五）〇叙次议论并超逸，歌亦清旷，文中之仙。（《唐宋八大家类选》卷一二）

[清] 谢有煇：东坡尝谓："唐无文章，惟退之《送李愿归盘谷序》为独步。"今按《盘谷序》，通首载李愿之言，而末云"昌黎韩愈闻其言而壮之，与之酒，为之歌"，冷然作结。此亦不及山人之行事，但告以隐居之乐，而以"山人曰：有是哉"轻轻收住，疑坡公正是酷摹退之是序也。（《古文赏音》卷一〇）

[清] 林云铭：前段叙亭叙鹤，末段作歌，总为中段隐居之乐作衬笔耳。

亏他说隐居之乐，以南面之君伴讲，说鹤以酒伴讲，且出落转棹处，极其自然，全不费力。所谓遇方成圭，遇圆成璧，此等笔意，古今无第二手也。(《古文析义》卷一五)

[清] 吴楚材、吴调侯：记放鹤亭，却不实写隐士之好鹤。乃于题外寻出"酒"字，与"鹤"字作对。两两相较，真见得南面之乐无以易隐居之乐。其得心应手处，读之最能发人文机。(《古文观止》卷一一)

[清] 沈德潜：插入饮酒一段，见人君不可留意于物，而隐士之居，不妨轻世肆志，此南面之君未易隐居之乐也。中间"而况于鹤乎"一句，玲珑跳脱，宾主分明，极行文之能事。(《唐宋八大家文读本》卷二三)

[清] 浦起龙：鹤与酒对勘。鹤是题，酒从何来？从"饮酒乐"之句生来，盖当筵指点之文也。所以如此对勘者，羡彼闲放，慨我系官，正是郡守作山人《放鹤亭记》，不是闲泛人替他作记，神味又从"放"字来也。(《古文眉诠》卷六九)

石钟山记

苏　轼

解题　《全唐文》卷七一二李渤《辨石钟山记》云："次于南隅，忽遇双石……询诸水滨，乃曰：'石钟也，有铜铁之异焉。'……若非潭滋其山，山涵其英，联气凝质，发为至灵，不然，则安能产兹奇石乎？乃知山仍石名旧矣。如善长（郦道元）之论，则濒流庶峰，皆可以斯名冠之。聊刊前谬，留遗将来。"苏轼《跋石钟山记后》云："钱塘东南，皆有水乐洞，泉流空岩中，皆自然宫商。又自灵隐下天竺而上至上天竺，溪行两山间，巨石磊磊如牛羊，其声空砉然，真若钟声，乃知庄生所谓'天籁'者，盖无所不在也。"

《水经》云："彭蠡里。之口有石钟山焉。"彭蠡，即鄱阳湖。○引《水经》起，更典实。郦力。元郦道元，注《水经》。以为下临深潭，微风鼓浪，水石相搏，声如洪钟。一说。是说也，人常疑之。人疑。今以钟磬置水中，虽大风浪不能鸣也，而况石乎！一驳，伏下"简"字案。至唐李渤少室山人，唐顺宗征为左拾遗，称疾不至。始访其遗踪，得双石于潭上，扣而聆之，南声函胡，宫音。北音清越，商音。枹浮。止响腾，余韵徐歇。枹，鼓槌也。自以为得之矣。一说。然是说也，余尤疑之。余疑。石之铿然有声者，所在皆是也，而此独以钟名，何哉？一驳，伏下"陋"字案。

元丰神宗年号。七年六月丁丑，余自齐安舟行适临汝，齐安、临汝,皆邑名。而长子迈将赴饶之德兴尉,时公之长君苏迈,为饶州府德兴县尉。送之至湖口,因得观所谓石钟者。寺僧使小童持斧,于乱石间择其一二扣之,硿硿空。然。此即李渤之故智。余固笑而不信也。仍然是疑,转下有势。至其夜月明,独与迈乘小舟至绝壁下。大石侧立千尺,如猛兽奇鬼,森然欲搏人;而山上栖鹘,兀。闻人声亦惊起,磔磔窄。云霄间;又有若老人欬慨。且笑于山谷中者,或曰:"此鹳鹤也。"一段点缀奇景,惨淡凄其,侵人毛发。伏下"士大夫不肯以小舟夜泊绝壁"句。余方心动欲还,折笔妙。而大声发于水上,噌增。吰宏。如钟鼓不绝。噌吰,钟声。舟人大恐。徐而察之,则山下皆石穴罅,鰕去声。不知其浅深,微波入焉,涵澹谈。澎烹。湃派。而为此也。一处见闻得其实。舟回至两山间,将入港讲。口,有大石当中流,可坐百人,空中而多窍,与风水相吞吐,有窾款。坎镗汤。鞳榻。之声,窾坎镗鞳,钟鼓声。与向之噌吰者相应,如乐作焉。两处见闻得其实。因笑谓迈曰:"汝识之乎?噌吰者,周景王之无射亦。也;无射,周景王所铸钟名。窾坎镗鞳者,魏庄子之歌钟也。魏庄子,晋大夫。○两处石声,与古钟声无异。古之人不余欺也!"始知古人以钟名石为不谬。

事不目见耳闻而臆断其有无,可乎?人谓石置水中不断鸣,盖臆断耳。郦元之所见闻殆与余同,而言之不详;简。士大夫终不肯以小舟夜泊绝壁之下,故莫能知;而渔工水师虽知而不能言,此世所以不传也。破"人常疑之"句。而陋者乃以斧斤考击而求之,自以为得其实。破"余尤疑之"句。余是以记之,盖叹郦元之简,而笑李渤之陋也。结出。

汇评

[宋] 刘克庄：坡公此记，议论，天下之名言也；笔力，天下之至文也；楷法，天下之妙画也。（《后村先生大全集》卷一一〇《坡公石钟山记》）

[明] 杨慎：通篇讨山水之幽胜，而中较李渤、寺僧、郦元之简陋，又辨出周景王、魏献子之钟音，其转折处，以人之疑起己之疑，至见中流大石，始释己之疑，故此记遂为绝调。（《三苏文范》卷一四）

[明] 茅坤：风旨亦自《水经》来，然多奇峭之兴。（《唐宋八大家文钞·苏文忠公文钞》卷二五）

[明] 郑之惠：平铺直叙，却自波折可喜，此是性灵上带来文字，今古所希。○千古文人，唯南华老仙、太史公、苏长公字字挟飞鸣之势。（《苏长公合作》卷二）

[清] 林云铭：此记全为世俗错认以钟名山之义，而止求于考击之间，致乖郦之旧注。故篇首以两说两疑总起，随以自己亲历确见，参之古乐音节，方知古人以石钟命名为不谬。而郦元以简致疑，虽非无因，但李渤以陋为得，尤为可笑耳。篇中辨驳过而叙事，叙事过而议论，议论过而断制，按节而下，其起落转换融成一片，无迹可寻。此等笔力，惟髯苏能之，以天分最高，非可学而至也。（《古文析义》卷一五）

[清] 方苞：潇洒自得，子瞻诸记中特出者！（引自《评校音注古文辞类纂》卷五六）

[清] 吴楚材、吴调侯：世人不晓石钟命名之故，始失于旧注之不详，继失于浅人之俗见。千古奇胜，埋没多少！坡公身历其境，闻之真，察之详，从前无数疑案，一一破尽。爽心快目！（《古文观止》卷一一）

[清] 沈德潜：记山水，并悟读书观理之法，盖臆断有无，而或简或陋，均非可以求古人也。通体神行，末幅尤极得心应手之乐。（《唐宋八大家文读本》卷二三）

卷十一　宋文

[清]　吕葆中：此翻案也。李翻郦，苏又翻李，而以己之所独得，详前之所未备，则道元亦遭简点矣。文最奇致，古今绝调。（《唐宋八家古文精选·苏文精选》）

[清]　浦起龙：以辩体为记体，当作翻案观。李渤翻道元之案，坡老又翻李渤之案也。每山盘水汇，水搏石窍作声，所在非一。而石之异立，声韵清长者，信有之矣。余外家安氏古墓两石驼，石质不异凡石，击之锵然，若梵磬出林，良久渐远，土人呼为响石，特未详所自致耳。古人之论，如此类，两存可也。（《古文眉诠》卷六九）

[清]　刘大櫆：以"心动欲还"，跌出"大声发于水上"，才有波折，而兴会更觉淋漓。钟声二处，必取古钟二事以实之。具此诙奇，文章妙趣，洋溢行间，坡公第一首记文。（引自《评校音注古文辞类纂》卷五六）

[清]　曾国藩：石钟山之片石寸草，诸将士皆能辨识。上钟岩与下钟岩其下皆有洞，可容数百人，深不可穷，形如覆钟。彭侍郎玉麟于钟山之顶建立昭忠祠，乃知钟山以形言之，非以声言之。郦氏、苏氏所言，皆非事实也。（《曾文正公全集·求阙斋读书录》卷九）

[清]　林纾：东坡此文，直以记为考，分作两层：始斥郦道元之简，继斥李渤之陋，自明得石钟之真际。"噌"，音狰，空器也。《晋书·王沈传》："空器者，以泓噌为雅量。""泓噌"即"噌吰"也。《广韵》："噌吰，钟鼓声。"《集韵》作"鈜"。"镗"，音汤，鼓声也。《广韵》："以铁贯物。""镗"，音跋，通作"钹"，发土具也。以意会之，则"镗鞳"含有金铁锵鸣之声。盖前所闻者声空，后所闻者声实。栖鹘鹳鹤之鸣，似与本文无涉，特用其声为石钟作势，以形其静。可见四无人声，鸟方夜鸣，引起石钟之声，方有着落。盖此二鸟之声，亦非闲笔。须知读古人之文，须从其不经意处思之，方悉其精神粘贯处也。（《古文辞类纂选本》卷九）

[清]　唐文治：此文近刻画物理，而特以淡远高洁之笔出之，翛然神远，有如仙境，非亲烟火者所能知也。（《国文经纬贯通大义》卷六）

古文观止(解题汇评本)

潮州韩文公庙碑

苏　轼

解题　元祐七年(1092),苏轼应潮州知州王涤之请而作此文。《与潮守王朝请涤》二首载《苏轼文集》卷五九。第一首云:"承寄示士民所投牒及韩公庙图,此古之贤守留意于教化者所为,非簿书俗吏之所及也。顾不肖何足以记此。公意既尔,众复过听,亦不敢固辞。"第二首云:"承谕欲撰韩公庙碑,万里远意,不敢复以浅陋为词。谨以撰成,付来介,其一已先遁矣。卷中者,乃某手书碑样,止令书史录去,请依碑样,止模刻手书。碑首既有大书十字,碑中不用再写题目,及碑中既有太守姓名,碑后更不用写诸官衔位。此古碑制度,不须徇流俗之意也。但一切依此样,仍不用周回及碑首花草栏界之类,只于净石上模字,不着一物为佳也。"

匹夫而为百世师,一言而为天下法,_{东坡作此碑,不能得一起头,起行数十遭,忽得此两句。是从古来圣贤,远远想入。}是皆有以参天地之化,关盛衰之运。_{用"是皆"二字接,包括古今圣贤多少。}其生也有自来,_{生不苟生。}其逝也有所为。_{死不苟逝。}故申、吕自岳降,_{《大雅》:"维岳降神,生甫及申。"甫,即吕也。《书·吕刑》,《礼记》作《甫刑》;而孔氏以为吕侯,后为甫侯是也。申,申伯也。○生有自来。}傅说为列星,_{《庄子》:傅说"乘东维,骑箕尾,而比于列星。"○逝有所为。}古今所传,不可诬也。_{略证,顿住。}孟子曰:"我善养吾浩然之气。"_{忽然提出"气"字来。}是气也,寓于寻常之中,而塞乎天地之间。_{卒猝。}然遇之,则王公失其贵,晋、楚失其富,良、平张良、陈平。失其智,贲、育孟贲、夏育。失其勇,仪、秦张仪、苏秦。失其辨。一遇是气,则贵、富、智、勇、辨,皆无所用,才见浩然。是孰使之然哉?顿上起下。有力。其必有不依形而立,不恃力而行,不待生而存,不随死而亡者矣。叠四语,刻画"气"字。故在天为星辰,在地为河岳,幽则为鬼神,而明则复为人。此理之常,无足怪者。以上言古今圣贤殁后必为神。是一篇之冒。

自东汉以来,道丧文弊,异端并起,历唐贞观、太宗年号。开元明皇年号。之盛,辅以房、玄龄。杜、如晦。姚、崇。宋璟。而不能救。折入。独韩文公起布衣,谈笑而麾之,天下靡然从公,复归于正,文公排异端,明天道,正人心,布衣而挽回世教,其功尤烈。盖三百年于此矣。宕句得神。文起八代之衰,八代,东汉、魏、晋、宋、齐、梁、陈、隋。而道济天下之溺,公《原道》等篇,奥衍宏深,障百川,回狂澜,所以救济人心之溺。忠犯人主之怒,宪宗迎佛骨入禁中,公上表极谏,帝怒,贬潮州。而勇夺三军之帅,镇州乱,杀帅洪正,而立王廷凑,诏公宣抚,众皆危之。公至,对廷凑力折其党。○四句,说尽韩公一生。此岂非参天地、关盛衰、浩然而独存者乎!应前结住。下提笔再起。盖尝论天人之辨,以谓人无所不至,可以智力胜。惟天不容伪。必以精诚感。○总二句。智可以欺王公,人。不可以欺豚鱼;《易·中孚》象曰:"信及豚鱼。"○天。力可以得天下,人。不可以得匹夫匹妇之心。天。○四句,承上生下。故公之精诚,能开衡山之云,公有谒衡山南岳庙诗云:"我来正逢秋雨节,阴气晦昧无清风。潜心默祷若有应,岂非正直能感通!须臾尽扫众峰出,仰天突兀撑晴空。"是诚能开衡山之云也。○天。而不能回宪宗之惑;谓贬潮州。○人。能驯句。鳄鱼之暴,潮州鳄鱼为患,公为文投水中,是夕暴风震电起溪中,数日水尽涸,西徙六百里。○天。而不能弭米。皇甫镈、博。李逢吉之谤;宪宗得公潮州谢表,颇感悔,欲复用之,镈忌公,奏改袁州。李逢吉因台参之事,使公与李绅交斗,遂罢公为兵部侍郎。是不能止谤也。○人。能信于南海之民，庙食百世，谓潮州立庙祀公。○横插一笔。○天。而不能使其身一日安于朝廷之上。公自观察推官入仕，贬山阳，贬潮州，移袁州，行军蔡州，宣抚镇州，是不能一日在朝也。○人。盖公之所能者天也，其所不能者人也。一点便醒。应上"人无所不至"二句，收住。

始潮人未知学，公命进士赵德为之师，自是潮之士，皆笃于文行，延及齐民，齐等之民。至于今，号称易治。信乎孔子之言："君子学道则爱人，小人学道则易使也。"记公于潮。潮人之事公也，饮食必祭，水旱疾疫，凡有求必祷焉。记潮于公。而庙在刺史公堂之后，民以出入为艰。前太守欲请诸朝作新庙，不果。元祐哲宗年号。五年，朝散郎王君涤来守是邦，凡所以养士治民者，一以公为师。民既悦服，凡作记，最要补出此一笔。则出令曰："愿新公庙者听。"听其所令。民欢趋之。卜地于州城之南七里，期年而庙成。记新庙。下忽作辩难，文情涌起。

或曰："公去国万里而谪于潮，不能一岁而归。不及一年而去。没而有知，其不眷恋于潮也审矣。"轼曰："不然。公之神在天下者，如水之在地中，无所往而不在也。何尝不在潮？而潮人独信之深，思之至，焄蒿。焄蒿凄怆，鬼神精气蒸上处，是焄蒿。使人精神悚然，是凄怆。若或见之。譬如凿井得泉，而曰水专在是，岂理也哉？"何尝专在潮？○现前点拨，妙解妙喻。

元丰神宗年号。元年，诏封公昌黎伯，昌黎，郡名。故榜曰"昌黎伯韩文公之庙"。点出庙门上额。潮人请书其事于石，点出碑。因作诗以遗之，使歌以祀公。其辞曰：

卷十一　宋文

公昔骑龙白云乡，《庄子》："乘彼白云，游于帝乡。"谓公昔日骑龙作马，乘白云于帝乡。手抉渊入声。云汉分天章，《诗》曰："倬彼云汉，为章于天。"谓公以手抉开云汉，分天之为章。天孙为织云锦裳。天孙，织女也。言若织女为公织就云锦之裳。○此言公之文章，自天而成。飘然乘风来帝旁，飘飘然乘高风而降自上帝之侧。下与浊世扫粃糠。浊世粃糠，喻世俗文章之陋。○此言公从天而降，为一代词章之宗。西游咸池略扶桑，《淮南子》："日出阳谷，浴于咸池，拂于扶桑。"谓公西游咸池日浴之地，而略过于扶桑日拂之方。草木衣被昭回光。公光辉发越，被及草木，犹日月之昭回于天而光明也。○此言公光被四表，而为民物之所瞻仰。追逐李、杜参翱翔，李白、杜甫，唐之诗士。公与之追逐，参列翱翔于其间。汗流籍、湜走且僵，张籍、皇甫湜同名于时，而不及公远甚。汗流者，言其愧汗如流也。走且僵，谓其退避奔走而僵仆也。灭没倒影不能望。日光冲激谓之灭没。反从下照谓之倒影。喻公之道德光辉炫耀夺目，人不能拟而望之也。○此言公之文章道德，大莫能及。作书诋佛讥君王，谓《佛骨表》。要观南海窥衡、湘，公被谪潮州，跋涉岭海，是谓要观南海，窥衡山、湘水。历舜九嶷疑。吊英、皇。九嶷，山名。在苍梧、零陵之间，舜所葬处。英、皇，尧女娥皇、女英也。从舜南狩，道死衡、湘之间。公历行舜所巡之地，吊娥皇、女英之灵。○此言公谪潮及所经历之处。祝融先驱海若藏，南海之神曰祝融。海若，亦海神。公涉岭外海道，祝融为之先驱于前，而海若亦率怪物以敛藏。约束蛟鳄如驱羊。谓驱鳄鱼之暴。○此言公之德足以感神，威足以服物。钧天无人帝悲伤，九天，中天曰钧天。言大钧之天无人，而上帝为之悲伤。讴吟下招遣巫阳。特遣巫阳讴吟，以下招文公。○此言公没仍归帝旁。爉薄。牲鸡卜羞我觞，爉牲，即挲牛。鸡卜，岭表凡小事必卜，名鸡卜鼠卜。羞，进也。言祭以爉牲鸡卜之薄，而进我之觞，所以表诚也。于粲荔丹与蕉黄。公《罗池庙碑》："荔枝黑兮蕉叶黄。"为迎送柳子厚之歌。东坡引用其语，以见潮人祭公亦如公之祭子厚也。○此言庙中陈祭之品。公不少留我涕滂，伤公之殁。**翩然被发下大荒。**韩公诗云："翩然下大荒，被发骑麒麟。"东坡用此语，盖祝其来享也。○歌词蹈厉发越，直追《雅》、《颂》。

汇评

［宋］ 洪迈：刘梦得、李习之、皇甫持正、李汉，皆称诵韩公之文，各极其挚。……是四人者，所以推高韩公，可谓尽矣。及东坡之碑一出，而后众说尽废。……"骑龙白云"之诗，蹈厉发越，直到《雅》、《颂》，所谓若捕龙蛇、搏虎豹者，大哉言乎！（《容斋随笔》卷八）

［宋］ 朱熹：向尝闻东坡作《韩文公庙碑》，一日思颇得久，（原注：饶录云："不能得一起头，起行百十遭。"）忽得两句云："匹夫而为百世师，一言而为天下法。"遂扫将去。（《朱子语类》卷一三九）

［宋］ 史绳祖：如东坡则雄节迈伦，高气盖世，故不深于诗。只如作《唐韩文公庙碑》，可谓发扬蹈厉，然"作书诋佛讥君王"一句，大有节病，君王岂可讥耶？（《学斋佔毕》卷一）

［宋］ 黄震：《韩文公庙碑》，非东坡不能为此，非文公不足以当此，千古奇观也。（《黄氏日钞》卷六二）

［宋］ 谢枋得：后生熟读此等文章，下笔便有气力，有光彩。○东坡平生作诗不经意，意思浅而味短，独此诗与《司马温公神道碑》、《表忠观碑铭》三诗奇绝，皆刻意苦思之文也。（《文章轨范》卷四）

［元］ 刘壎：尝观东坡作《韩文公庙碑》，有曰："公之精诚，能开衡山之云，而不能回宪宗之惑；能驯鳄鱼之暴，而不能弭皇甫镈、李逢吉之谤；能使南海之民庙食百世，而不能使其身一日安于朝廷之上。"此正用《史记·龟策列传》中语，云："神至能见梦于元王，而不能自出渔者之笼；身能十言尽当，不能通使于河，还报于江；贤能令人战胜攻取，不能自解于刀锋，免剥刺之患；圣能先知亟见，而不能令卫平无言。"观其文法，正似相同。（《隐居通议》卷一八）

［明］ 郑之惠：苏公作《韩公庙碑》及诗，即如韩公作《樊宗师墓志铭》，不

独文肖其人,抑且人摹其文。(《苏长公合作》卷七)

[明] 茅坤:予览此文,不是昌黎本色,前后议论多漫然,然苏长公生平气格独存,故录之。(《唐宋八大家文钞·苏文忠公文钞》卷二六)

[清] 金圣叹:此文于先生生平,另是一手。大约凡作三段:一段冒起,一段正叙,一段辨庙。段段如有神助。(《天下才子必读书》卷八)

[清] 储欣:歌词悲壮,竞爽韩诗。(《唐宋十大家全集录·东坡先生全集录》卷五)

[清] 陈廷敬:文忠一生持论,只重气字。文特踔厉,歌辞雄健,洵足媲美昌黎。(引自《古文渊鉴》卷五〇)

[清] 张伯行:此文止是一气挥成,更不用波澜起伏之势,与东坡他文不同。其磅礴澎湃处,与昌黎大略相似。(《唐宋八大家文钞》卷八)

[清] 林云铭:此碑若落俗手,必痛叙韩公在潮政绩,致潮人思慕、立庙报功而已,殊不知韩公以一身上接孔孟之传,学者仰之如泰山北斗,乃天下万世之韩公,非潮州一方之韩公也。……坡公此作,开口言古之圣贤如孔孟者,关系乎世道,其生其死,端非偶然,必有不生不死之理,与天地长存,而韩公生于道丧文弊之后,能以匹夫挽回数百年之气运,其关系于世道何如?则生为人而死为神,又确然可信者。……再玩歌词,语语奇丽,以韩公诗好为峭刻古险,极意摹仿故也。(《古文析义》卷一五)

[清] 谢有煇:韩公虽遇谤遭贬,然自袁州归朝后,犹得展其经济。篇中"一日不能安于朝"等语,在长公感愤之意为多。(《古文赏音》卷一〇)

[清] 沈德潜:文亦以浩然之气引之,故纵横挥洒,而不规规于联络照应之法。合以神,不必合以迹也。〇前一段见参天地、关盛衰,由于浩然之气;中一段见公之合于天而乖于人,是所以贬斥之故;后一段是潮人所以立庙之故,脉理极清。(《唐宋八大家文读本》卷二四)

[清] 吴楚材、吴调侯:韩公贬于潮,而潮祀公为神。盖公之生也,参天

地,关盛衰,故公之没也,是气犹浩然独存。东坡极力推尊文公,丰词瑰调,气焰光采。非东坡不能为此,非韩公不足当此。千古奇观也!(《古文观止》卷一一)

[清] 蔡世远:上半总论韩文公,后半方是潮州庙碑。精力全注在上半,后半只淡淡写来耳。韩文公、范文正公、欧文忠公三大人物,其碑记序文得苏文忠公以崇论闳议、精思浩气构之,大人物得此大手笔,快哉!(《古文雅正》卷一二)

[清] 过珙:通篇以"气"字为主,波澜顿挫,如风雨争飞,鱼龙杂糅,而一线相引,一气到底,章法井然不乱。其文笔,亦是浩然之气所结聚者。(《详订古文评注全集》卷九)

[清] 唐介轩:通篇历叙文公一生道德文章功业,而归本在养气上,可谓简括不漏。至行文之排宕闳伟,即置之昌黎集中,几无以辨,此长公出力模写之作。(《古文翼》卷七)

乞校正陆贽奏议进御札子

苏　轼

解题　《苏轼文集》卷五九《答虔倅俞括》："文人之盛，莫若近世，然私所敬慕者，独陆宣公一人。家有公奏议善本，顷侍讲读，尝缮写进御，区区之忠，自谓庶几于孟轲之敬主，且欲推此学于天下，使家藏此方，人挟此药，以待世之病者，岂非仁人君子之至情哉！"费衮《梁溪漫志》卷六："蜀中石刻东坡文字稿，其改窜处甚多，玩味之，可发学者之思。……《乞校正陆贽奏议上进札子》：'学问日新'下云'而臣等才有限而道无穷'，于'臣'字上涂去'而'字。'窃以人臣之献忠'改为'纳忠'。'方多传于古人'改作'古贤'，又涂去'贤'字，复注'人'字。'智如子房而学则过'，改'学'字作'文'。'但其不幸，所事暗君'，改'所事暗君'作'仕不遇时'。'德宗以苛察为明'改作'以苛刻为能'。'以猜忌为术，而贽劝之以推诚；好用兵，而贽以消兵为先；好聚财，而贽以散财为急'，后于逐句首皆添'德宗'二字。'治民驭将之方'先写'驭兵'二字，涂去，注作'治民'。'改过以应天变'改为'天道'。'远小人以除民害'改作'去小人'。'以陛下圣明，若得贽在左右，则此八年之久，可致三代之隆'，自'若'字以下十八字并涂去，改云'必喜贽议论，但使圣贤之相契，即如臣主之同时'。'昔汉文闻颇、牧之贤'改'汉文闻'三字作'冯唐论'。'取其奏议，编写进呈'，涂去'编'字，却注'稍加校正缮'五字。'臣等无任区区爱君忧国，感恩思报之心'，改云'臣等不胜区区之意'。"

臣等猥委。以空疏，备员讲读。<small>时任翰林，与吕希哲、范祖禹同进。</small>

圣明天纵，学问日新。臣等才有限而道无穷，心欲言而口不逮，以此自愧，莫知所为。自谦引起。窃谓人臣之纳忠，譬如医者之用药。药虽进于医手，方多传于古人。若已经效于世间，不必皆从于己出。设一确喻，便可转入宣公奏议。

伏见唐宰相陆贽，才本王佐，学为帝师，论深切于事情，言不离于道德，智如子房而文则过，辨如贾谊而术不疏，上以格君心之非，下以通天下之志，极赞宣公。但其不幸，仕不遇时。便发感慨。德宗以苛刻为能，而贽谏之以忠厚；德宗以猜忌为术，而贽劝之以推诚；德宗好用兵，而贽以消兵为先；德宗好聚财，而贽以散财为急。至于用人听言之法，治边御将之方，罪己以收人心，改过以应天道，去小人以除民患，惜名器以待有功，如此之流，未易悉数。举奏议中大要言。可谓进苦口之药石，针害身之膏肓。荒。〇肓，膈也。心下为膏。《左传》：晋景公疾病，秦伯使医缓治之。未至，公梦疾为二竖子曰："彼良医也，惧伤我，焉逃之？"其一曰："居肓之上、膏之下，若我何？"医至，曰："疾不可为也，在肓之上、膏之下。攻之不可，达之不及，药不至焉。"使德宗尽用其言，则贞观太宗年号。可得而复。反振作顿，起下仁宗当用宣公之言。

臣等每退自西阁，蛤。即私相告，以陛下圣明，必喜贽议论。但使圣贤之相契，即如臣主之同时。取善不必以时代拘。昔冯唐论颇、牧之贤，则汉文为之太息。汉文帝谓冯唐曰："昔有为我言赵将李齐之贤，战于钜鹿下，吾每饭未尝不在钜鹿。"唐对曰："尚不知廉颇、李牧之为将也。"帝拊髀曰："我独不得颇、牧为将，何忧匈奴哉？"魏相条晁、潮。董之对，则孝宣以致中兴。魏相好观汉故事，数条汉兴以来国家便宜行事及晁错、仲舒等所言，请施行之。上任用焉。若陛下能自得师，则莫若近取诸贽。此段劝勉仁宗听信之意，最为婉切。夫六经三史，《史记》及两《汉书》为三史。诸子

778

百家，非无可观，皆足为治。但圣言六经。幽远，末学子、史。支离，譬如山海之崇深，难以一二而推择。如贽之论，开卷了然，聚古今之精英，实治乱之龟鉴。以经、史、诸子形出奏议，深明宣公之论，便于观览推行。臣等欲取其奏议，稍加校正，缮写进呈。愿陛下置之坐隅，如见贽面，反复熟读，如与贽言。必能发圣性之高明，成治功于岁月。直写乞校正进御之意。

臣等不胜区区之意，取进止。

汇评

[明] 茅坤：长公所最得意识见，亦最得意条奏。借贽之所苦口于德宗者，感动主上。（《唐宋八大家文钞·苏文忠公文钞》卷五）

[清] 储欣：所以进书之意，轩豁流露。（《唐宋十大家全集录·东坡先生全集录》卷七）

[清] 张伯行：苏长公自少即好读陆宣公书，故惓惓欲献之君父者，莫非忠爱之心也。中段檃括奏议大意，简而该，精而切。其文字安详恳挚，亦大类宣公手笔。（《唐宋八大家文钞》卷八）

[清] 林云铭：陆宣公奏议剀切精当，自是政治第一部书。无论何代之君，俱宜取置坐侧。按苏文忠本传，最好庄子、贾谊、陆宣公三书。生平所著策论，大约取贾、陆为蓝本。以其服膺已久，故乞校正进御，亦把宣公说得最真切也。其行文用对偶句法，仍是一气呵成。先辈以为说宣公事便学宣公文，其实坡翁所撰四六表敕，无不流动，与散行无异，不特是篇才学这般手笔也。（《古文析义》卷一五）

[清] 吴楚材、吴调侯：东坡说宣公，便学宣公文章。讽劝鼓舞，激扬动人。宣公当时不见知于德宗，庶几今日受知于陛下，与其观六经、诸子之崇深，不如读宣公奏议之切当，尤使人主有欣然向往，恨不

同时之想。(《古文观止》卷一一)

[清]　沈德潜：此哲宗初立时，公任启沃之责，借宣公之苦口于德宗者以感动之也。进宣公奏议，即仿其体，奏进文正不必艰深其辞。(《唐宋八大家文读本》卷一九)

[清]　浦起龙：此札之上，当元祐之末，伏莽将起，蓄计讲求绍述之时，文惟述往，意实箴今，非泛泛者。至以对属为流行，又古文绝顶高手。(《古文眉诠》卷六四)

[清]　高塸：前段从自己进谏之意吸起贽奏，虚冒大意。中段论贽赞奏，如是标举其君，恰得言言对照，以此坚定君心，面面剔透。(《唐宋八家钞》卷六)

前赤壁赋

苏　轼

解题　本文作于壬戌年,即元丰五年(1082)。篇首注"元丰四年",误。《苏轼文集》卷五〇《与范子丰》(其七)云:"黄州少西,山麓斗入江中,石室如丹。传云曹公败所,所谓赤壁者。或曰'非也'。……今日李委秀才来相别,因以小舟载酒饮赤壁下。李善吹笛,酒酣作数弄,风起水涌,大鱼皆出。山上有栖鹘,亦惊起。坐念孟德、公瑾,如昨日耳。"又,《苏轼文集》附《苏轼佚文汇编》卷二《与钦之》云:"轼去岁作此赋,未尝轻出以示人,见者盖一二人而已。钦之有使至,求近文,遂亲书以寄。多难畏事,钦之爱我,必深藏之不出也。又有《后赤壁赋》,笔倦未能写,当俟后信。轼白。"按:此简作于元丰六年(1083)。苏轼友人傅尧俞,字钦之。

　　壬戌元丰四年。**之秋,七月既望,苏子与客泛舟游于赤壁之下。**建安十三年,曹操自江陵追刘备,备求救于孙权,权将周瑜请兵三万拒之。瑜部将黄盖建议以斗舰载荻柴,先以书诈降。时东南风急,盖以十舰著前,余船继进,去二里许,同时火发。火烈风猛,烧尽北船,操军大败,石壁皆赤。石壁有二,惟蒲圻县西北乌林,与赤壁相对,乃周瑜破曹操处。东坡所游,则黄州之赤壁,误也。**清风徐来,水波不兴。**先赋风。**举酒属**祝。**客,诵《明月》之诗,歌《窈窕》之章。**谓《明月》诗中《窈窕》一章。**少焉,月出于东山之上,徘徊于斗牛之间。**斗、牛,二星。○次赋月。○风、月是一篇张本。**白露横江,水光接天。**写秋景二句。**纵一苇之所如,凌万顷之茫然。**一苇,谓小舟也。苇,蒹葭之属。《卫风》:"谁谓河广,一苇杭之。"浩浩乎如冯平。虚御风,而不知其所止;列子御风而行,泠然善也。飘飘乎如遗世独立,羽化而登仙。道家飞升遐举,谓之羽化。○赋领受此风此月者,一路都写乐景。

于是饮酒乐甚,点出"乐"字。扣舷贤。而歌之。舷,船边。歌曰:"桂棹兮兰桨,舟中前推曰桨,后推曰棹。击空明兮溯素。流光。摇桨曰击。月在水中,谓之空明。逆水而上曰溯。月光与波俱动,谓之流光。渺渺兮予怀,望美人兮天一方。"美人,谓同朝君子。此先生眷眷不忘朝廷之意也。客有吹洞箫者,无底者谓洞箫。倚歌而和之。其声呜呜然,如怨如慕,如泣如诉,余音嫋嫋,鸟。不绝如缕,舞幽壑之潜蛟,泣孤舟之嫠离。妇。嫠妇,寡妇也。○忽因吹洞箫发出一段悲歌感慨,起下愀然意。

苏子愀悄。然,正襟危坐而问客曰:"何为其然也?"生出后半篇文字。客曰:"'月明星稀,乌鹊南飞',此非曹孟德之诗乎?《文选》:魏武帝《短歌》曰:"月明星稀,乌鹊南飞,绕树三匝,无枝可依。"孟德,曹操字也,是为魏武帝。○先引昔所诵诗。西望夏口,东望武昌,武昌,即鄂州。夏口,在鄂州江夏县西。山川相缪,同缭。郁乎苍苍,此非孟德之困于周郎者乎?缪,绕也。周瑜,字公瑾,曹操呼为周郎。此谓曹操为周瑜败于赤壁。○现指今所遭处。方其破荆州,刘琮降。下江陵,自江陵至赤壁。顺流而东也,舳逐。舻卢。千里,旌旗蔽空,酾诗。酒临江,横槊朔。赋诗,酾,酾酒也。槊,矛属。曹氏父子鞍马间为文,往往横槊赋诗。固一世之雄也,而今安在哉?一段借曹公发端,其伤心却在下一段。况吾与子渔樵于江渚之上,侣鱼虾而友麋鹿,驾一叶之扁篇。舟,小舟曰扁舟。举匏樽以相属。祝。○匏樽,酒器之质者。寄蜉蝣于天地,渺沧海之一粟,蜉蝣,小虫,一名渠略,朝生暮死。○无有曹公舳舻千里,旌旗蔽空也。哀吾生之须臾,羡长江之无穷。承上"而今安在"。挟飞仙以遨游,抱明月而长终。遐想此事。知不可乎骤得,托遗响于悲风。"终无可奈何也,故借此意于悲声之中。○以上拟客发议,以抒下文。

苏子曰:"客亦知夫水与月乎？现前指点。逝者如斯,客所知。而未尝往也；客所未知。○此句说水。盈虚者如彼,客所知。而卒莫消长也。客所未知。○此句说月。盖将自其变者而观之,则天地曾不能以一瞬；舜。○瞬,目摇也。○客所知。自其不变者而观之,则物与我皆无尽也,而又何羡乎？客所未知。"羡"字应上。○即水、月、天、地以自解,见得天地盈虚消息之理,本无终穷,况眼前境界,自有风月可乐,何事悲感？且夫天地之间,物各有主,苟非吾之所有,虽一毫而莫取。推开一步。惟江上之清风,与山间之明月,应前风月。耳得之而为声,风。目遇之而成色,月。取之无禁,用之不竭,是造物者之无尽藏也,而吾与子之所共适。"客曰"况吾与子",此曰"而吾与子"。一酬一对之间,差却境界多少。

客喜而笑,客转悲而喜。洗盏更酌。肴核既尽,杯盘狼藉。籍。相与枕藉谢。乎舟中,不知东方之既白。结出人自在。

汇评

[宋] 苏辙：子瞻诸文皆有奇气,至《赤壁赋》,仿佛屈原、宋玉之作,汉、唐诸公皆莫及也。(苏籀《栾城先生遗言》)

[宋] 晁补之：《赤壁》前后赋者,苏公之所作也。曹操气吞宇内,楼船浮江,以谓遂无吴矣。而周瑜少年,黄盖裨将,一炬以焚之。公谪黄冈,数游赤壁下,盖忘意于世矣。观江涛汹涌,慨然怀古,犹壮瑜

事而赋之。(《续离骚序》,引自《经进东坡文集事略》卷一)

[宋] 唐庚：余作《南征赋》,或者称之,然仅与曹大家辈争衡耳。惟东坡《赤壁》二赋,一洗万古,欲仿佛其一语,毕世不可得也。(《唐子西文录》)

[宋] 张表臣：《赤壁赋》卓绝近于雄风。(《珊瑚钩诗话》卷一)

[宋] 葛立方：黄州亦有赤壁,但非周瑜所战之地。东坡尝作赋曰："西望夏口,东望武昌,非孟德之困于周郎者乎?"盖亦疑之矣。故作长短句云："人道是三国周郎赤壁。"谓之"人道是",则心知其非矣。(《韵语阳秋》卷一三)

[宋] 朱熹：或问："东坡言'逝者如斯,而未尝往也;盈虚者如代,而卒莫消长也。'只是《老子》'独立而不改,周行而不殆'之意否?"曰："然。"又问："此语莫也无病?"曰："便是不如此。既是逝者如斯,如何不往? 盈虚如代,如何不消长? 既不往来,不消长,却是个甚底物事? 这个道理,其来无尽,其往无穷,圣人不但云：'维天之命,于穆不已。'又曰：'逝者如斯夫。'只是说个不已,何尝说不消长,不往来? 他本要说得来高远,却不知说得不活了。既是'逝者如斯,盈虚者如代',便是这道理流行不已也。东坡之说,便是肇法师'四不迁'之说也。"(《朱子语类》卷一三〇)

[宋] 俞文豹：碑记文字铺叙易,形容难,犹之传神,面目易模写,容止气象难描模。《赤壁赋》："清风徐来,水波不兴";"白露横江,水光接天";"江流有声,断岸千尺,山高月小,水落石出"。此类如仲殊所谓"费尽丹青,只这些儿画不成"。(《吹剑四录》)

[宋] 史绳祖：至于《前赤壁赋》尾段一节,自"惟江上之清风,与山间之明月",至"相与枕藉乎舟中,不知东方之既白",却只是用李白"清风明月不用一钱买,玉山自倒非人推"一联十六字演成七十九字,愈奇妙也。(《学斋佔毕》卷二)

[宋] 吴子良：《庄子》内篇《德充符》云："自其异者视之,肝胆楚越也;自其同者观之,万物皆一也。"东坡《赤壁赋》云："盖将自其变者观

之,虽天地曾不能以一瞬;自其不变者观之,则物与我皆无尽也,而又何羡乎?"盖用《庄子》语意。(《荆溪林下偶谈》)

[宋] 谢枋得:此赋学《庄》、《骚》文法,无一句与《庄》、《骚》相似,非超然之才,绝伦之识,不能为也。潇洒神奇,出尘绝俗,如乘云御风,而立乎九霄之上。俯观六合,何物茫茫,非惟不挂之齿牙,亦不足入其灵台丹府也。○余尝中秋夜泛舟大江,月色水光与天宇合而为一,始知此赋之妙。(《文章轨范》卷七)

[元] 李冶:东坡《赤壁赋》:"此造物者之无尽藏也,而吾与子之所共食。"一本作"共乐",当以"食"为正。赋本韵语,此赋自以"月"、"色"、"竭"、"食"、"籍"、"白"为协。若是"乐"字,则是取下"客喜而笑,洗盏更酌"为协,不特文势萎茶,而又段落丛杂,东坡大笔,必不应尔。所谓"食"者,乃自己之真味,受用之正地,非他人之所与知者也。今苏子有得乎此,则其间自乐,盖不可以容声矣,又何必言"乐"而后始为乐哉?《素问》云:"精食气,形食味。"启玄子为之说曰:"气化则精生,味和则形长。"又云:"壮火食气,气食少火。"启玄子为之说曰:"气生壮火,故云'壮火食气';少火滋气,故云'气食少火'。"东坡赋意,正与此同。(《敬斋古今黈》卷八)

[明] 文徵明:言曹孟德气势皆已消灭无余,讥当时用事者。尝见墨迹寄傅钦之者云:"多事畏人,幸无轻出。"盖有所讳也。(引自《三苏文范》卷一六)

[明] 归有光:如陶渊明《归去来辞》,于举业虽不甚切,观其词义,潇洒夷旷,无一点风尘俗态,两晋文章,此其杰然者。苏子瞻《赤壁赋》之趣,脱自是篇。(《文章指南》仁集)

[明] 茅坤:予尝谓东坡文章,仙也。读此二赋,令人有遗世之想。(《唐宋八大家文钞·苏文忠公文钞》卷二八)

[明] 钟惺:《赤壁》二赋,皆赋之变也。此又变中之至理奇趣,故取此可以该彼。(引自《三苏文范》卷一六)

[明] 郑之惠:《赤壁》、《恨》《别》两赋,亦皆原本屈、宋,第语稍浮露;若

文通高华，子瞻飘洒，各自擅场。世之耳食者，闻宋无赋，诋两《赤壁》不直一钱，则屈三闾不应有《卜居》、《渔父》；且文何定体，即三闾又从何处得来？（《苏长公合作》卷一）

[清] 金圣叹：游赤壁，受用现今无边风月，乃是此老一生本领。却因平平写不出来，故特借洞箫鸣咽，忽然从曹公发议。然后接口一句喝倒，痛陈其胸前一片空阔了悟，妙甚！（《天下才子必读书》卷八）

[清] 储欣：行歌笑傲，愤世嫉邪。（《唐宋十大家全集录·东坡先生全集录》卷一）○出入仙佛，赋一变矣。（《唐宋八大家类选》卷一四）

[清] 谢有煇：风月满空，江山如洗，不必铺写形容，使人自得于吊古悲歌之下，文章中悟境。（《古文赏音》卷一〇）

[清] 张伯行：以文为赋，藏叶韵于不觉，此坡公工笔也。凭吊江山，恨人生之如寄；流连风月，喜造物之无私。一难一解，悠然旷然。（《唐宋八大家文钞》卷八）

[清] 林云铭：二《赤壁》俱是夜游。此篇十二易韵，以江风山月作骨，前面步步点出，一泛舟间，胜游已毕，坡翁忽借对境感慨之意，现前指点，发出许多大议论。然以江山无穷吾生有尽，尚论古人遗迹歔欷凭吊，虽文人悲秋常调，但以吹箫和歌声中引入，则文境奇。其论曹公之诗，曹公之事，低回流连，两送而出，则文致奇。盛言曹公英雄，较论我生微细，蜉蝣短景，对境易哀，则文势奇。迨至以水月为喻，发出正论，则《南华》、《楞严》之妙理，可以包络天地，佽同造化，尤非文人梦思所能到也。（《古文析义》卷一五）

[清] 方苞：所见无绝殊者，而文境邈不可攀。良由身闲地旷，胸无杂物，触处流露，斟酌饱满，不知其所以然而然。岂惟他人不能摹仿，即使子瞻更为之，亦不能如此调适而鬯遂也。（引自《评校音注古文辞类纂》卷七一）

[清] 吴楚材、吴调侯：欲写受用现前无边风月，却借吹洞箫发出一段悲感，然后痛陈其胸前一片空阔。了悟风月不死，先生不亡也。（《古文观止》卷一一）

卷十一　宋文

［清］　浦起龙：二赋（指前后《赤壁赋》）皆志游也。记序之体，出以韵语，故曰"赋"焉。其托物也不粘，其感兴也不脱，纯乎化机。潘稼堂《赤壁》诗："亦知孙曹争战处，远在鄂渚非齐安。聊借英雄发感慨，移山走海骋笔端。"晓事人语也。（《古文眉诠》卷六九）

［清］　余诚：起首一段，就风月上写游赤壁情景，原自含"共适"之意。入后从"渺渺予怀"引出"客箫"，复从"客箫"借吊古意，发出"物我皆无尽"的大道理。说到这个地位，自然可以共适，而平日一肚皮不合时宜都消归乌有，那复有人世兴衰成败在其意中。尤妙在"江上"数语，回应起首，始终总是一个意思。游览一小事目，发出这等大道理，遂堪不朽。（《重订古文释义新编》卷八）

［清］　爱新觉罗·弘历：盖与造物者游而天机自畅，并无意于吊古，更何预今世事？尝书寄傅钦之而曰"多难畏事，幸毋轻出"者，畏宵小之掯撼无已，又或作蛰龙故事耳。乃文征明谓以曹孟德气势消灭无余，讥当时用事者，转以寄傅钦之之语为证，谓为实有所讥刺，可谓乌焉成马矣。（《唐宋文醇》卷三八）

［清］　李调元：苏东坡前后《赤壁赋》，高出欧阳文忠《秋声赋》之上。（《赋话》卷一〇）

［清］　高嵣：有摹景处，有寄情处，有感慨处，有洒脱处，此赋仙也。（《唐宋八家钞》卷七）

［清］　吴汝纶：此所谓文章天成偶然得之者。是知奇妙之作，通于造化，非人力也。〇胸襟既高，识解亦复绝非常，不得如方氏之说，谓"所见无绝殊"也。（引自《评校音注古文辞类纂》卷七一）

［清］　李扶九：以文体论，似游赤壁记也，然记不用韵，而赋方用韵，此盖以记为赋者也。……以文法论，纯得吹箫一段生波，下乃发出如许妙理。（《古文笔法百篇》卷一四）

后赤壁赋

苏　轼

解题　王宗稷《东坡先生年谱》："元丰五年壬戌,先生年四十七,在黄州,寓居临皋亭,就东坡筑雪堂,自号东坡居士。……七月,游赤壁,有《赤壁赋》。……十月,又游之,有《后赤壁赋》。"

是岁承上篇。十月之望,步自雪堂,将归于临皋。公年四十七,在黄州寓居临皋亭。就东坡筑雪堂,自号东坡居士。堂以大雪中为之,故名。○写不必定游赤壁。二客从予,过黄泥之坂。黄泥坂,雪堂至临皋之道也。○写不必定约某客。霜露既降,木叶尽脱,赋十月。人影在地,仰见明月,赋望。顾而乐之,行歌相答。赋自本欲归,客亦偶从。

已而叹曰："有客无酒,有酒无肴。月白风清,如此良夜何!"仍用"风"、"月"二字,乃长公一生襟怀。客曰："今者薄暮。暮,薄,迫也。迫晚曰薄暮。举网得鱼,巨口细鳞,状如松江之鲈。顾安所得酒乎?"客创逸兴。归而谋诸妇。妇曰："我有斗酒,藏之久矣,以待子不时之需。"妇更凑趣。

于是携酒与鱼,复游于赤壁之下。泛舟复游。○叙出复游之端,最有头绪。江流有声,断岸千尺,山高月小,水落石出。状景写情,字字若画。曾日月之几何,而江山不可复识矣!感慨多少。予乃摄衣而上，舍舟登岸。履巉岩，巉岩，高危也。披蒙茸，戎。○披，开也。蒙茸，草卉丛生也。踞虎豹，石类虎豹之状者，踞而坐之。登虬求。龙，草木有类虬龙者，登而援之。攀栖鹘之危巢，鹘，鹰属，夜则宿于危巢。吾仰而欲攀之。俯冯平。夷之幽宫。冯夷，水神。息于深渊之幽宫，吾俯而欲窥之。盖二客不能从焉。上六句，又添此一句，写尽崎岖险仄。划然长啸，啸，蹙口出声，以舒愤懑之气。草木震动，山鸣谷应，风起水涌。写出萧瑟景况。予亦悄然而悲，肃然而恐，凛乎其不可留也。先生至此，亦不能不知难而退也。反而登舟，舍岸登舟。放乎中流，听其所止而休焉。赋出入自在。时夜将半，四顾寂寥。适有孤鹤，横江东来，翅如车轮，玄裳缟衣，戛甲。然长鸣，掠予舟而西也。空中著想。

须臾客去，予亦就睡。舍舟登岸。梦一道士，羽衣蹁跹，过临皋之下，揖予而言曰："赤壁之游乐乎？"应"乐"字。问其姓名，俛同俯。而不答。呜呼噫嘻！我知之矣！"畴昔之夜，飞鸣而过我者，非子也耶？"道士顾笑，予亦惊寤。借鹤与道士，寄写旷达胸次。开户视之，不见其处。岂惟无鹤、无道士？并无鱼，并无酒，并无客，并无赤壁，只有一片光明空阔。

汇评

[元] 虞集：陆士衡云："赋体物而浏亮。"坡公《前赤壁赋》已曲尽其妙，《后赋》尤精于体物，如"山高月小，水落石出"，皆天然句法。末用道士化鹤之事，尤出人意表。（引自《三苏文范》卷一六）

[明] 茅坤：萧瑟。借鹤与道士之梦，以发胸中旷达今古之思。（《唐宋八大家文钞·苏文忠公文钞》卷二八）

[明] 李贽：前赋说道理时，有头巾气，此则灵空奇幻，笔笔欲仙。（引自

《苏长公合作》卷一）

[明] 李廷机：诵《前赤壁赋》，已尽其妙；《后赋》尤精于体物，玩"山高"二句，语自天巧，末设梦与道士数句，尤见无中生有。（引自《苏长公合作》卷一）

[明] 袁宏道：《前赤壁赋》为禅法道理所障，如老学究着深衣，遍体是板；《后赋》平叙中有无限光景，至末一段，即子瞻亦不知其所以妙。（引自《苏长公合作》卷一）

[明] 郑之惠：眼前景径一道破，便似宇宙今日始开。只"山高月小，水落石出"，"山鸣谷应，风起水涌"十六字，试读之，占几许风景！（《苏长公合作》卷一）

[清] 金圣叹：前赋，是特地发明胸前一段真实了悟；后赋，是承上文从现身现境一一指示此一段真实了悟，便是真实受用也。本不应作文字观，而文字特奇妙。（《天下才子必读书》卷八）

[清] 王符曾：前赋写初秋，后赋写初冬。前赋全从赤壁着笔，后赋全从复游落想。前赋雄浑，后赋幽峭。而总以一轮皓月出没其间，虽起东坡而问之，亦应以吾言为然。○确是第二次游赤壁文，其设色之工，觉潘、鲍、江、庾有其才情，逊其神韵也。（《古文小品咀华》卷四）

[清] 储欣：前赋设为问答，此赋不过写景叙事。而寄托之意，悠然言外者，与前赋初不殊也。（《唐宋八大家类选》卷一四）

[清] 谢有煇：前此有意来游，却未登山；此则无意复至，而备领登临之趣。"孤鹤"一段，尤属非非想。公谓吾文如百斛源泉，随地涌出，于此验之。（《古文赏音》卷一〇）

[清] 张伯行：犹是风月耳。上文字字是秋景，此文字字是冬景。体物之工，其妙难言。（《唐宋八大家文钞》卷八）

[清] 林云铭：赤壁初游，必不知有再游之事，此番再游，则着着俱要照管前番矣。山水风月，不过如此，前番既游，此番又重迭往游，有何意味？作文者唯有别行一路之法。前篇既是立意往游，此番先

从不想再游意步步说来，便是把柄，故归临皋也，忽然有凑趣之客；见人影也，忽然有凑趣之月；暮得鱼也，忽然有凑趣之肴；谋诸妇也，忽然有凑趣之酒。然后游兴勃然，不可遏矣。但念景同前景，游同前游，犹之乎未游也，乃前番之万顷茫然，今则断岸千尺矣；前番未出舟中一步，今则摄衣攀跻，无奇不探矣；前番舟中与客共游，今则舍舟而上独游矣；前番客之悲转而为乐，兴举而更酌，今则己之乐转而为悲，兴尽而登舟矣；前番枕藉舟中，今则就睡户内矣；末以醒时见孤鹤、梦中见道士幻想作结，其变换皆非文人意想所及。若无前篇，不见此篇之妙；若无此篇，不见前篇之佳。而伦父乃欲置轩轾于其间，以后作胜前作，坡翁有知，能无齿冷？（《古文析义》卷一五）

[清] 吴楚材、吴调侯：前篇写实情实景，从"乐"字领出歌来。此篇作幻境幻想，从"乐"字领出叹来。一路奇情逸致，相逼而出。与前赋同一机轴，而无一笔相似。读此两赋，胜读《南华》一部。（《古文观止》卷一一）

[清] 浦起龙：后赋并刷尽文章色相矣。来不相期，游乃孤往；向后空空，人境俱夺。迁谪旷抱，远过贾傅、白傅。（《古文眉诠》卷六九）

[清] 余诚：此赋与前赋有同处，有异处，有同而异处，有异而同处，尤不可不知。何谓同？两篇皆以客作波，风月生情，酒肴点缀，睡为归结，此同处也。……至前赋客用浑言，此明指二客；前赋风月首尾照应，此只一二处点染；前赋三及饮酒，此一入题便止；前赋与客枕藉舟中，此赋客去就睡屋内。笔法随处变换，故曰同而异也。究之两赋情景与两赋笔法，虽皆异，而着想之奇同，措词之工同，见地之高同，结构之妙同，语语之皆仙，笔笔之入化，亦无一不同。（《重订古文释义新编》卷八）

[清] 姚范：《后赤壁赋》："月白风清，如此良夜何。"《后汉·祭遵传》："帝幸遵营，飨士卒，作黄门舞乐，良夜乃罢。"章怀注："良犹深也。"（《援鹑堂笔记》卷五〇）

[清] 李扶九：前篇结处，作不了语，原来留此篇地也，故起首即承之。此篇亦写客、写歌、写风、写月、写乐、写酒、写肴，一一与前篇同，而各位置不同。前篇纯在舟中，次早还在；此篇有登岸一举，半夜即归，则前篇所未有也。前篇借客生波，尚似实情；此篇忽鹤忽道士，奇幻极矣，乃神似《南华》，非袭其貌也。至前篇说悲处，在客口中；此篇悲则公自言矣。（《古文笔法百篇》卷一四）

[清] 唐文治：《前赤壁赋》如冰壶朗彻，空明已极，《后赋》如何作法？迨既有上半篇重游之妙境，更如何结法？不得已，乃以一梦作结。既有梦境，乃以孤鹤横空而来布置于前，此所谓空中楼阁法也。子瞻自道其文，如万斛泉随地涌出，要知此乃到窘极处，用无中生有之法，逃于空虚。此国手弈棋之最后著也。聪明人读此，自有灵妙悟境。（《国文经纬贯通大义》卷二）

[清] 李刚己：按前赋通篇就泛舟而言，此赋则以登岸为正文，归舟为余波。此虽由前后情事不同，然亦为文时惨淡经营，别辟蹊径，以避重复之意也。又按前赋辞气较为豪放，此赋风格较为遒紧，盖二篇一作于孟秋，一作于孟冬，山川之气象既异，而文境亦与之俱变矣。（《古文辞约编》）

三槐堂铭

苏　轼

解题　邵伯温《邵氏闻见录》卷六："太宗即位，谓辅臣曰：'王祐文章之外，别有清节，朕所自知。'以兵部侍郎召，不及见而薨。初，祐赴贬时，亲宾送于都门外，谓祐曰：'意公作王溥官职矣。'（编者按：时王溥为相。）祐笑曰：'某不做，儿子二郎必做。'二郎者，文正公旦也。祐素知其必贵，手植三槐于庭曰：'吾子孙必有为三公者。'已而果然。天下谓之三槐王氏。"

　　天可必乎？贤者不必贵，仁者不必寿。天不可必乎？仁者必有后。二者将安取衷哉？_{入手便作疑词，文势曲折。}吾闻之申包胥_{楚人。}曰："人定者胜天，天定亦能胜人。"_{引证。}世之论天者，皆不待其定而求之，故以天为茫茫。善者以怠，恶者以肆。盗跖之寿，孔、颜之厄，此皆天之未定者也。_{判断极得。}松柏生于山林，其始也，困于蓬蒿，厄于牛羊，而其终也，贯四时、阅千岁而不改者，其天定也。_{即物以验之。}善恶之报，至于子孙，则其定也久矣。_{不必待其已报而后定。}吾以所见所闻考之，而其可必也审矣。_{此句便是入题笔势。}国之将兴，_{暗指宋。}必有世德之臣厚施而不食其报，_{暗指晋国。}然后其子孙能与守文太平之主共天下之福。_{暗指魏国。}○先虚虚说起。

故兵部侍郎晋国王公,王祐。显于汉、周之际,历事太祖、太宗,文武忠孝,厚施。天下望以为相,而公卒以直道不容于时。不食其报。盖尝手植三槐于庭,曰:"吾子孙必有为三公者。"未定之天。已而其子魏国文正公,王旦。相真宗皇帝于景德、祥符俱年号。之间,既定之天。朝廷清明、天下无事之时,享其福禄荣名者十有八年。"与守文太平之主共天下之福。"今夫寓物于人,明日而取之,有得有否。跌宕。而晋公修德于身,责报于天,取必于数十年之后,如持左契,交手相付,吾是以知天之果可必也。前言"其可必也审矣",此言"天之果可必也",正是决词,以应"天可必乎"之说。转盼有情。

吾不及见魏公,而见其子懿敏公。王素。○写世德子孙,故又添出一世。以直谏事仁宗皇帝,出入侍从将帅三十余年,位不满其德。天将复兴王氏也欤?何其子孙之多贤也?此言王氏之得天未已。意思唱叹不尽。世有以晋公比李栖筠云。○唐人。者,请李栖筠作陪。其雄才直气,真不相上下。且说同。而栖筠之子吉甫、其孙德裕,功名富贵略与王氏等。且说同。而忠恕仁厚,不及魏公父子。请李栖筠,乃只为此句也。由此观之,王氏之福,盖未艾也。此又借一相近人出色一番。懿敏公之子巩拱。与吾游,又添出一世。好德而文,以世其家,吾是以录之。收结劲健。

铭曰:呜呼休哉!魏公之业,与槐俱萌,封植之勤,必世乃成。既相真宗,四方砥平,归视其家,槐阴满庭。吾侪小人,朝不及夕,相时射利,皇恤厥德?庶几侥幸,不种而获。不有君子,其何能国。王城之东,晋公所庐,郁郁三槐,惟德之符。呜呼休哉!铭意言种槐即是种德。

汇评

[宋] 谢枋得：文字下手处最嫌直突，此篇先以疑词说起，后以正意决之，方见文势曲折之妙。(《文章轨范百家评注》卷七)

[明] 茅坤：中多名言。(《唐宋八大家文钞·苏文忠公文钞》卷二七)

[清] 储欣：可以明天人之际。(《唐宋十大家全集录·东坡先生全集录》卷五)

[清] 张伯行：眼界既高，议论更大。世之人不务修德，少不如意，即有怨天之念，何其所见之陋也！(《唐宋八大家文钞》卷八)

[清] 吴楚材、吴调侯：起手以"可必"、"不可必"两设疑局，作诘问体。次乃说出有未定之天，有一定之天，历世数来，乃见人事既尽，然后可以取必于天心。此长公作铭微意。王氏勋业，与槐俱萌，实与此文而俱永。(《古文观止》卷一一)

[清] 高嵣：天道有常有反常，圣贤只道其常耳。《易》曰："积善之家，必有余庆；积不善之家，必有余殃。"《书》曰："作善降之百祥，作不善降之百殃。"俱是其常也。如尧、舜之子，何以应皆不肖？瞽、鲧之子，何以应得舜、禹？文王之子，何以又有管、蔡？孔圣何以仅一子而先卒？颜子何以应夭？盗跖何以应寿？后世此类亦甚多，俱是反常也。坡公此铭，亦是道其常。(《唐宋八家钞》卷七)

[清] 李扶九：凡铭多有叙于前，是文叙中以"天"字为骨，铭中以"德"字为骨。叙中铺扬功德世系极其盛矣，铭中"吾侪小人"六句，有规勉其子孙意，乃为得体。(《古文笔法百篇》卷三)

方山子传

苏 轼

解题　《苏轼诗集》卷二三《岐亭五首叙》："元丰三年(1080)正月,余始谪黄州。至岐亭北二十五里山上,有白马青盖来迎者,则余故人陈慥季常也。为留五日,赋诗一篇而去。……凡余在黄四年,三往见季常,季常七来见余,盖相从百余日也。"按:本文作于元丰四年(1081)。此前十九年,即嘉祐八年(1063),陈慥之父陈希亮知凤翔府,时为签书判官的苏轼即与陈慥交往。

方山子,光、黄间隐人也。一句伏案。少时慕朱家、郭解俱汉时游侠。为人,闾里之侠皆宗之。好侠是一篇之纲。稍壮,折节读书,欲以此驰骋当世,仍是侠。然终不遇。总是豪侠气概,伏下使酒好剑轻财一段。晚乃遁于光、黄间,曰岐亭。伏岐亭相见。庵居蔬食,不与世相闻。弃车马,毁冠服,徒步往来山中,人莫识也。伏山中人。见其所着帽,方耸而高,曰:"此岂古方山冠之遗像乎!"因谓之方山子。《后汉书》:"方山冠似进贤冠,以五采縠为之。"○方山子,是想像得名。

余谪居于黄,谪黄州监税。过岐亭,适见焉。曰:"呜呼!此吾故人陈慥季常也,姓、名、字,并点出。何为而在此?"惊怪之词。方山子亦矍觉。然问余所以至此者。紧接妙,真似一时适见光景。余告之故。告以谪居之故。俯而不答,仰而笑,逼真隐士行径。呼余宿其家,环堵萧然,而妻子奴婢皆有自得之意。描写隐居之乐,刻画入情。余既耸然异之。一顿,便作波澜。独念方山子少时,使酒好剑,用财如粪土。追叙其侠。前十九年,余在岐山,见方山子从两骑,挟二矢,游西山,鹊起于前,使骑逐而射之,不获。方山子怒马独出,一发得之。游侠之态如画。因与余马上论用兵及古今成败,自谓一时豪士。得此一转,更见悲壮。今几日耳,精悍之色,犹见于眉间,而岂山中之人哉?应前山中之人唤起有得意。

然方山子世有勋阀,伏。当得官,使从事于其间,今已显闻。一跌。而其家在洛阳,园宅壮丽,与公侯等。河北有田,岁得帛千匹,亦足以富乐。二跌。皆弃不取,独来穷山中,此岂无得而然哉?掉转自得意句。有声响。

余闻光、黄间多异人,往往佯狂垢污,不可得而见,方山子傥见之欤?作不凡语,余波宕漾。

汇评

[宋] 黄震:《方山子传》,则公弼之幼子名,官不及而以乃父遗风放浪山泽者耳。非苏子之善形容,一介之豪,何以垂名后世耶?(《黄氏日钞》卷六二)

[明] 杨慎:按方山始席肭为侠,后隐光、黄间零落。此传却叙其弃富贵而甘萧索,为有自得,(有)回护他处。然中述其少年使酒一段,结语云"光、黄人,每佯狂垢汙",自不可掩。(《三苏文范》卷一六)

[明] 茅坤:奇颇跌宕,似司马子长。此篇《三苏文粹》不载,余特爱其烟波生色处,往往能令人涕洟,故录入之。(《唐宋八大家文钞·苏

文忠公文钞》卷二三）

[明] 李贽：变传之体，得其景趣，可惊可喜。（引自《苏长公合作》补卷下）

[明] 袁宗道：方山子小有侠气耳。因子瞻用笔，隐见出没形容，遂似大侠。（引自《三苏文范》卷一六）

[明] 郑之惠：效《伯夷》《屈原传》，亦叙事、亦描写、亦议论，若隐若见其人于楮墨外。（《苏长公合作》补卷下）

[清] 王符曾：曲折顿挫，慷慨淋漓，全部《史记》，供其驱使。文至髯苏，真如挟飞仙以遨游。（《古文小品咀华》卷四）

[清] 储欣：模韩。（《唐宋十大家全集录·东坡先生全集录》卷五）○"隐"字、"侠"字，一篇骨子。始侠而今隐，侠处写得豪迈，须眉生动，则隐处益复感慨淋漓，传神手也。（《唐宋八大家类选》卷一三）

[清] 林云铭：此为方山子生前作传也。若论传体，止前段叙事处是传，以下皆论赞矣。妙在步步俱用虚笔。始疑其何以在岐亭，继见其穷，又疑何以自得若此。因追念其平日慕侠读书，向非隐人本色。且历数其家世，富贵可就，必不至于以穷为隐者。总之，种种以不当隐而隐，方验其非无得而为之，所以为可传也。末以隐人不可得见为问，正见方山子不为人所识，是其为异人处。议论中带出叙事，笔致横溢，自成一格，不可以常传之格论也。（《古文析义》卷一五）

[清] 吴楚材、吴调侯：前幅自其少而壮、而晚，一一顺叙出来。中间独念方山子一转，由后追前，写得十分豪纵，并不见与前重复，笔墨高绝。末言舍富贵而甘隐遁，为有得而然，乃可称为真隐人。（《古文观止》卷一一）

[清] 沈德潜：生前作传，故别于寻常传体，通篇只叙其游侠隐沦，而不及世系与生平行事，此传中变调也。写游侠须眉欲动，写隐沦姓字俱沉，自是传神能事。（《唐宋八大家文读本》卷二四）

[清] 吕葆中：陈季常非真隐者，其隐亦侠之变相耳。坡公于此意能传之而不露。(《唐宋八家古文精选·苏文精选》)

[清] 浦起龙：大致就遁迹中追表侠少气豪，作倒运格，便写得隐人非庸碌人。高手，高手！(《古文眉诠》卷六九)

[清] 过琪：篇法全学《史记》，然其词气淋漓跌宕，机势沛然，自是长公本色。(《详定古文评注全集》卷九)

[清] 刘大櫆：鹿门"烟波生色"四字，足尽此文之妙。(引自《评校音注古文辞类纂》卷三七)

[清] 林纾：通篇眼目在"欲以此驰骋当世，然终不遇"二语。东坡亦正欲驰骋当世，竟谪黄州，正自悲其不遇耳。宋时小人好摭人短，东坡不敢发其牢骚，故借方山子以抒其意。"何为在此"，似疑其不应谪也；"所以至此"，似隐示以无罪见责也。"不答而笑"，则嘲诮之意寓其中，讥其不遇时而尚驰骋，故不能不蹶其霜蹄。书至此，防漏泄不平之意，急急推开。追溯方山子前迹，仍就"驰骋"二字发议。足富乐而尚不取，正以形己之进取不得当也。末二语，摹《廖道士序》。(《古文辞类纂选本》卷七)

[清] 李刚己：东坡文字长于议论，叙事之作，不逮韩、欧远甚，惟此篇跌宕有奇气。(《古文辞约编》)

[清] 高嵣："隐"、"侠"二字是通篇关键。写豪侠须眉欲动，写隐沦姓字俱沉。传神之笔，尤妙从隐中追表出来，作倒运格，便写得隐人非庸人，更自奇变非常。(《唐宋八家钞》卷七)

六国论

苏 辙

解题　《史记·魏世家》:"魏王以秦救之故,欲亲秦而伐韩,以求故地。无忌谓魏王曰:'……夫存韩安魏而利天下,此亦王之天时已。通韩上党于共、宁,使道安成,出入赋之,是魏重质韩以其上党也。今有其赋,足以富国。韩必德魏爱魏重魏畏魏,韩必不敢反魏,是韩则魏之县也。魏得韩以为县,卫、大梁、河外必安矣。今不存韩,二周、安陵必危,楚、赵大破,卫、齐甚畏,天下西乡而驰秦入朝而为臣不久矣。'"

尝读六国世家,《史记》,六国俱有世家。窃怪天下之诸侯以五倍之地,十倍之众,发愤西向,以攻山西千里之秦,而不免于灭亡。先怪六国灭亡。常为之深思远虑,以为必有可以自安之计。次为六国代计。盖未尝不咎其当时之士虑患之疏而见利之浅,且不知天下之势也。次咎当时策士不知天下之势。下乃发议。

夫秦之所与诸侯争天下者,不在齐、楚、燕、赵也,而在韩、魏之郊;诸侯之所与秦争天下者,不在齐、楚、燕、赵也,而在韩、魏之野。秦之有韩、魏,譬如人之有腹心之疾也。韩、魏塞秦之冲,而蔽山东之诸侯,故夫天下之所重者,莫如韩、魏也。此言韩、魏为六国蔽障,为秦咽喉。深明天下大势。昔者范雎用于秦而收韩,商鞅用于秦而收魏。收者,使之附秦也。昭王未得韩、魏之心,而出兵以攻齐之刚、寿，而范雎以为忧，一反更醒。然则秦之所忌者可见矣。引证以明已说之有据。

秦之用兵于燕、赵，秦之危事也。越韩过魏而攻人之国都，燕、赵拒之于前，而韩、魏乘之于后，此危道也。而秦之攻燕、赵，未尝有韩、魏之忧，八句，只是一句。则韩、魏之附秦故也。夫韩、魏诸侯之障，而使秦人得出入于其间，此岂知天下之势耶？此切责韩、魏。委区区之韩、魏，以当强虎狼之秦，彼安得不折而入于秦哉？韩、魏折而入于秦，然后秦人得通其兵于东诸侯，而使天下遍受其祸。此切责东诸侯。

夫韩、魏不能独当秦，而天下之诸侯藉之以蔽其西，故莫如厚韩亲魏以摈秦。通篇结穴。下只一意，转折而尽。秦人不敢逾韩、魏以窥齐、楚、燕、赵之国，一转。而齐、楚、燕、赵之国，因得以自完于其间矣。二转。以四无事之国，佐当寇之韩、魏，三转。使韩、魏无东顾之忧，而为天下出身以当秦兵。四转。以二国委秦，而四国休息于内，以阴助其急，五转。若此可以应夫无穷，彼秦者将何为哉？此段深著自安之计在知天下之势。不知出此，而乃贪疆场尺寸之利，背盟败约，以自相屠灭。秦兵未出，而天下诸侯已自困矣。至于秦人得伺其隙，以取其国，可不悲哉！感叹作结，遗恨千古。

汇评

［明］　唐顺之：此文甚得天下之势。（引自《古文赏音》卷一〇）
［明］　茅坤：识见大，而行文亦妙。（《唐宋八大家文钞·苏文定公文钞》卷六）

[明] 王志坚：当时苏秦非不为此论，所以卒不成者，六国无明君，朝聚暮散，为秦人所欺而不悟也。（引自《唐宋文醇》卷五一）

[清] 金圣叹：看得透，写得快。笔如骏马下坂，云腾风卷而下，只为留足不住故也。此文在阿兄手中，犹是得意之作。"三苏"之称，岂曰虚语。（《天下才子必读书》卷八）

[清] 储欣：老泉论六国之弊在赂秦，盖借以规宋也，故其言激切而淋漓；颍滨论天下之势在韩、魏，直设身处地为六国谋矣，故其言笃实而明著，两作未易议优劣也。（《唐宋十大家全集录·栾城全集录》卷五）

[清] 谢有煇：六国皆可以自全，而自取败亡者，老泉指摘其敝，而颍滨备论其势，皆极正当之论。（《古文赏音》卷一〇）

[清] 林云铭：行文一气流转，且确切不易，坡翁真难为兄矣。（《古文析义》卷一五）

[清] 吴楚材、吴调侯：是论只在"不知天下之势"一句。苏秦之说六国，意正如此。当时六国之策，万万无出于亲韩、魏者。计不出此，而自相屠灭。六国之愚，何至于斯？读之可发一笑。（《古文观止》卷一一）

[清] 浦起龙：世人读苏秦说六国文，往往模糊不得其要领；自次公揭醒，大势瞭然。篇体虚实陪正，备具天巧。（《古文眉诠》卷七〇）

[清] 唐介轩：熟悉天下大势，了然于心口之间。当时范雎深见及此，故有远交近攻之说。惜乎六国不悟，乃自相并吞，遂致折而入于秦也。（《古文翼》卷八）

上枢密韩太尉书

苏 辙

解题 孙汝听《苏颍滨年表》:"嘉祐二年丁酉,辙兄弟试礼部中第。三月辛巳,上御崇政殿试进士。丁亥,放章衡榜以下及第出身。辙中第五甲,有《上韩琦枢密书》。"

太尉执事:辙生好为文,思之至深。以为文者气之所形,然文不可以学而能,气可以养而致。以养气冒起一篇大意。孟子曰:"我善养吾浩然之气。"今观其文章,宽厚宏博,充乎天地之间,称其气之小大。一证。太史公司马迁。行天下,周览四海名山大川,与燕、赵间豪俊交游,故其文疏荡,颇有奇气。二证。此二子者,岂尝执笔学为如此之文哉?跌宕。其气充乎其中而溢乎其貌,动乎其言而见乎其文,而不自知也。申明文为气之所形。非亲尝者不能道此。

辙生十有九年矣。开宕。其居家所与游者,不过其邻里乡党之人;一。所见不过数百里之间,无高山大野可登览以自广;二。百氏之书,虽无所不读,然皆古人之陈迹,不足以激发其志气。三。恐遂汨骨。没,故决然舍去,求天下奇闻壮观,以知天地之广大。虚提以起下四段。过秦、汉之故都,恣观终南、嵩、华之高,一。北顾黄河之奔流,慨然想见古之豪杰。二。至京师,仰观天子宫阙之壮,与仓廪、府库、城池、苑囿之富且大也,而后知天下之巨丽。三。○本欲说见太尉,却自嵩、华、黄河、京师许多奇闻壮观说来,文势浩瀚。见翰林欧阳公,欧阳修。听其议论之宏辨,观其容貌之秀伟,与其门人贤士大夫游,而后知天下之文章聚乎此也。四。○又引一欧阳公,陪起太尉,妙。太尉以才略冠天下,转接无痕。天下之所恃以无忧,四夷之所惮以不敢发,入则周公、召公,出则方叔、召虎。皆周宣一时人。而辙也未之见焉。一句挽上起下。

且夫人之学也,不志其大,虽多而何为?开宕。辙之来也,于山见终南、嵩、华之高,于水见黄河之大且深,于人见欧阳公,而犹以为未见太尉也。一齐收卷,势如破竹。故愿得观贤人之光耀,闻一言以自壮,然后可以尽天下之大观而无憾者矣。应奇闻壮观结束,笔力千钧。

辙年少,未能通习吏事。向之来,非有取于斗升之禄,偶然得之,非其所乐。又自明志气。然幸得赐归待选,使得优游数年之间,将以益治其文,且学为政。太尉苟以为可教而辱教之,又幸矣。住意洒然。

汇评

[宋] 楼昉:胸臆之谈。笔势规摹从司马子长《自叙》中来。从欧阳公转韩太尉身上,可谓奇险。子由时方十九岁,或云老泉代作。(《崇古文诀》卷二六)

[明] 茅坤:胸次博大。(《唐宋八大家文钞·苏文定公文钞》卷五)

[清] 金圣叹:上书大人先生,更不作喁喁细语,一落笔便纯是一片奇

气。此一片奇气最难得,若落笔时写不得着,即此文通篇都无有。(《天下才子必读书》卷八)

[清] 储欣:亦疏荡,有奇气。(《唐宋十大家全集录·栾城全集录》卷一)○养气之说发于孟子,昌黎、柳州论文亦以气为主,眉山父子得力尤深,其文遂雄视百代。此书自道所见,固大而非夸也。(《唐宋八大家类选》卷九)

[清] 谢有煇:意在欲见太尉,使太尉接遇以礼耳,而以好为文立说,则自与慕势求援不同。中间借太史公为引子,一往疏荡之气,亦如公之评太史公者矣。(《古文赏音》卷一〇)

[清] 张伯行:苏家兄弟论文,每好说个"气"字。不知圣贤养气工夫,全在集义。而此所谓旷览山川,交游豪俊,特以激发其志气耳,与孟子浩然之气全无交涉也。其行文顾盼自喜,英气勃勃,自是令人倾服。(《唐宋八大家文钞》卷九)

[清] 林云铭:篇中以"激发志气"四字做个主脑,其行文错落奔放,数百言中有千万言不尽之势,想落笔时正当志气激发之后也。当与《孟子》、《史记》二书并读。(《古文析义》卷一五)

[清] 吴楚材、吴调侯:意只是欲求见太尉,以尽天下之大观,以激发其志气,却以得见欧阳公,引起求见太尉;以历见名山大川京华人物,引起得见欧阳公;以作文养气,引起历见名山大川京华人物。注意在此,而立言在彼,绝妙奇文。(《古文观止》卷一一)

[清] 沈德潜:虽以孟子、司马迁并举,然通篇文字,多从太史公周游天下数语生出。一往疏宕之气,亦如公之评太史公文。(《唐宋八大家文读本》卷二六)

[清] 浦起龙:养气为行文主本,自宜灌注全篇。而既引孟子一言,向后略无管照,心窃惑之,久之始悟厥旨。盖以太史之游,当孟子之养。其写境写人,皆是养气之助,与孟子之文,原两意也。英迈无双,一扫自荐窠臼。(《古文眉诠》卷七〇)

[清] 余诚:通体绝无一干求仕进语,而纡徐婉曲中,盛气足以逼人,的

是少年新得意人文字。本传称子由为人"沉静简洁,为文汪洋淡泊",而有秀杰之气。读此具足窥见一斑云。(《重订古文释义新编》卷八)

[清] 过珙:"养气"二字为一篇骨子,以下观名山大川及求见贤豪长者,皆是助其养气处。从山水陪出欧公,从欧公陪出太尉,一过一束,高奇豪迈,的是规摹史公处。其意气目空天下,眼高一世,非少年无此本色。昔人疑老泉代作,谬矣。(《详订古文评注全集》卷一〇)

[清] 刘大櫆:文亦有疏宕之气。(引自《评校音注古文辞类纂》卷三〇)

[清] 李扶九:雄谈伟论,词沛气充,虽极夸人,自占地步亦不小。上书虽云求教,实是自卖弄其文也,与韩昌黎、李青莲上书求荐者不同,宜其扬眉吐气,无所屈抑。(《古文笔法百篇》卷一六)

黄州快哉亭记

苏 辙

解题 苏轼《水调歌头·黄州快哉亭赠张偓佺》云:"落日绣帘卷,亭下水连空。知君为我新作,窗户湿青红。长记平山堂上,欹枕江南烟雨,杳杳没孤鸿。认得醉翁语,山色有无中。　　一千顷,都镜净,倒碧峰。忽然浪起,掀舞一叶白头翁。堪笑兰台公子,未解庄生天籁,刚道有雌雄。一点浩然气,千里快哉风。"按:张梦得字怀民,又字偓佺,清河(今河北南宫)人。王文诰《苏文忠公诗编注集成总案》卷二二:"(元丰六年癸亥六月)张梦得营新居于江上,筑亭,公榜曰'快哉亭',作《水调歌头》词。"本文作于是年(1083)十一月,时苏辙谪居筠州。

　　江出西陵,西陵,即黄州地。始得平地。其流奔放肆大;南合湘、沅,原。北合汉沔,勉。○湘、沅,二水名。汉水出为漾,东南流为沔,至汉中东行为汉沔。其势益张;至于赤壁之下,波流浸灌,与海相若。以亭览观江流,故从江叙起。清河张君梦得谪居齐安,齐安,即黄州。即其庐之西南为亭,以览观江流之胜,点亭字。而余兄子瞻名之曰"快哉"。倒出快哉。

　　盖亭之所见,南北百里,东西一舍,涛澜汹涌,风云开阖。昼则舟楫出没于其前,夜则鱼龙悲啸于其下。变化倏叔。忽,动心骇目,不可久视。今乃得玩之几席之上,举目而足。西望武昌诸山,冈陵起伏,草木行杭。列,烟消日出,渔夫、樵父之舍,皆可指数,上声。此其所以为"快哉"者也。一段写当日所见以为快。至于长洲之滨,故城之墟,曹孟德、孙仲谋之所睥睨。睨,诣。周瑜、陆逊之所驰骛,其流风遗迹,亦足以称快世俗。曹操,字孟德。孙权,字仲谋。睥睨,裹视貌。周瑜,权将,尝破曹操赤壁下。陆逊,亦权将,尝破曹休,振旅过武昌,权以御盖覆逊。出入直骋曰驰,乱驰曰骛。○一段吊往古之事以为快。

昔楚襄王从宋玉、景差磋。于兰台之宫,有风飒糁入声。然至者,王披襟当之,曰:"快哉此风!寡人所与庶人共者邪?"宋玉曰:"此独大王之雄风耳,庶人安得共之?"玉之言盖有讽焉。夫风无雄雌之异,而人有遇不遇之变。楚王之所以为乐,与庶人之所以为忧,此则人之变也,而风何为焉?因"快哉"二字,发此一段论端,寻说到张梦得身上,若断若续,无限烟波。士生于世,使其中不自得,将何往而非病?使其中坦然,不以物伤性,将何适而非快?"快"字从其中看出,才起得张君谪居之快来。今张君不以谪为患,收会脸。稽计。之余,会计,指簿书钱谷言。而自放山水之间,此其中宜有以过人者。与上两"其中"应。将蓬户瓮牖,无所不快,蓬户,编蓬为户也。瓮牖,以破瓮口为牖也。○翻跌。而况乎濯长江之清流,挹西山之白云,穷耳目之胜以自适也哉!紧收,正写快哉。何等酣畅。不然,连山绝壑,长林古木,振之以清风,照之以明月,此皆骚人思士之所以为悲伤憔悴而不能胜升。者,乌睹其为快也哉!反结,更有余味。

汇评

[明] 茅坤:入宋调,而其风旨自佳。(《唐宋八大家文钞·苏文定公文

卷十一　宋文

钞》卷一九）

[清]　储欣：《上太尉书》高奇豪迈，《快哉亭记》汪汪若千顷波，皆次公集中第一乘文字。（《唐宋八大家类选》卷一二）

[清]　张伯行：有潇洒闲放之致。（《唐宋八大家文钞》卷一〇）

[清]　林云铭：全篇止拿定"快哉"二字细发，可与乃兄《超然台记》并传。按"超然"二字出《庄子》，"快哉"二字出《楚辞》，皆有自乐其乐之意。"超然"乃子由命名，而子瞻为文，言其无往而不乐；"快哉"乃子瞻命名，而子由为文，言其何适而非快。俱从居官不得意时看出，取义亦无不同也。文中一种雄伟之气，可以笼罩海内，与乃兄并峙千秋。子瞻尝云："四海相知惟子由。"人伦之中，岂易得此？安得不令人羡杀！（《古文析义》卷一五）

[清]　吴楚材、吴调侯：前幅握定"快哉"二字洗发，后幅俱从谪居中生意，文势汪洋，笔力雄壮，读之令人心胸旷达，宠辱都忘。（《古文观止》卷一一）

[清]　沈德潜：金玉锦绣，五鼎大烹，焉往非病，中无自得之实也。空室蓬户，蔬食饮水，焉往非乐，不亏天性之真也。子由虽未及此，而见能及之，借题发挥，真觉触处皆是。（《唐宋八大家文读本》卷二六）

[清]　过琪：因"快哉"二字发一段议论，寻说到张梦得身上，若断若续，无限烟波。前半极力叙写"快"字，后半即谪居寻出"快"字意来，首尾机神一片。文致汪洋，笔力雄劲，自足与长公相雁行。（《详订古文评注全集》卷一〇）

[清]　毛庆蕃：张君谪居，而子瞻名其亭曰"快哉"，一篇议论，自此生出。行文伸缩变化，于范希文《岳阳楼记》外，别出奇观。（《古文学余》卷三三）

809

寄欧阳舍人书

曾 巩

解题 《欧阳文忠公集·居士集》卷二一《尚书户部郎中赠右谏议大夫曾公神道碑铭》:"(曾致尧)用其子易占恩,再迁右谏议大夫。初葬南丰之东园,水坏其墓。某年月日,改葬龙治乡之源头。庆历六年夏,其孙巩称其父命以来,请曰:'愿有述。'遂为之述。"得到欧阳修所作神道碑铭后,庆历七年(1047),曾巩撰此书以致谢意。欧于庆历中知制诰,而知制诰实掌中书舍人之职,故称舍人。又,庆历六年欧有《与曾巩论氏族书》云:"示及见托撰次碑文事,修于人事多故,不近文字久矣,大惧不能称述世德之万一,以满足下之意。"

去秋人还,蒙赐书及所撰先大父墓碑铭,反复观诵,感与惭并。

夫铭志之著于世,义近于史,而亦有与史异者。<u>三句是一篇纲领。</u>盖史之于善恶无所不书,而铭者,盖古之人有功德、材行、志义之美者,惧后世之不知,则必铭而见之,或纳于庙,或存于墓,一也。<u>古之铭志必勒之石。或留于家庙,或置之墓前,其义一也。</u>苟其人之恶,则于铭乎何有?<u>此其所以与史异也。史兼载善恶,铭独记善,所以异也。○此段申明"与史异"句。</u>其辞之作,所以使死者无有所憾,生者得致其严。<u>严,敬也。</u>而善人喜于见传,则勇于自立;恶人无有所纪,则以愧而惧。至于通材达识、义烈节士,嘉言善状,皆见于篇,则足为后法。警劝之道,非近乎史,其将安近? 此段申明"义近于史"句。

及世之衰,人之子孙者,一欲褒扬其亲而不本乎理。故虽恶人,皆务勒铭以夸后世。立言者,既莫之拒而不为,又以其子孙之请也,书其恶焉,则人情之所不得,于是乎铭始不实。此段言衰世铭不得实,起下段当观其人意。后之作铭者当观其人。铭以人重,此句为通篇关锁。苟托之非人,则书之非公与是,徇私则不公,惑理则失是。则不足以行世而传后。故千百年来,公卿大夫至于里巷之士莫不有铭,而传者盖少,其故非他,托之非人,书之非公与是故也。又从"观其人"翻出"公与是"一语。见今世之铭,并其义之近于史者,亦失之矣。

然则孰为其人而能尽公与是欤? 非畜道德而能文章者无以为也。此一转,徐徐引入欧公身上来。盖有道德者之于恶人则不受而铭之,公。于众人则能辨焉。是。而人之行,有情善而迹非,有意奸而外淑,有善恶相悬而不可以实指,有实大于名,有名侈于实。辨之甚难。犹之用人,非畜道德者,恶能辨之不惑,而是。议之不徇? 而公。○此以见必畜道德者,而后可以为。不惑不徇,则公且是矣。从道德侧到文章。而其辞之不工,则世犹不传,于是又在其文章兼胜焉。此以见必畜道德而能文章者,而后可以为。故曰非畜道德而能文章者无以为也。岂非然哉? 此段申明能尽公与是,必待畜道德而能文章者。下便可直入欧公。

然畜道德而能文章者,虽或并世而有,亦或数十年或一二百年而有之。其传之难如此,其遇之难又如此。可直入欧公矣,偏又作此一顿,文更曲折。若先生之道德文章,固所谓数百年而有者也。千里来龙，至此结穴。先祖之言行卓卓，幸遇而得铭其公与是，其传世行后无疑也。挽上略顿。而世之学者，每观传记所书古人之事，至于所可感，则往往蠹兴，入声。然不知涕之流落也，蠹，伤痛也。○波荡。况其子孙也哉？况巩也哉？收转，感慨呜咽。其追晞希。祖德晞，明不明之际也。而思所以传之之由，则知先生推一赐于巩而及其三世。其感与报，宜若何而图之？即感恩图报意顿住，下乃发出绝大议论。正是铭与史异用而同功。抑又思，若巩之浅薄滞拙，而先生进之；先祖之屯蹶否塞以死，而先生显之；则世之魁闳豪杰不世出之士，其谁不愿进于门？潜遁幽抑之士，其谁不有望于世？善谁不为？而恶谁不愧以惧？遥应前段"警劝之道"。为人之父祖者，孰不欲教其子孙？为人之子孙者，孰不欲宠荣其父祖？此数美者，一归于先生。铭一人而天下之为父祖子孙者，皆知所警劝，其为美更多于作史者。数美归于先生一语，极为推重欧公。若徒为己之祖父作感激，是犹一人之私耳。

既拜赐之辱，且敢进其所以然。所以感欧公者。所论世族之次，敢不承教而加详焉？承欧公来书之教而加详。愧甚，不宣。并结出自惭意。

汇评

[宋] 黄震：公谢其为先祖铭墓也，理密文畅可观。(《黄氏日钞》卷六三)

[明] 茅坤：此书纡徐百折，而感慨呜咽之气、博大幽深之识，溢于言外。较之苏长公所谢张公为其父墓铭书特胜。(《唐宋八大家文钞·曾文定公文钞》卷三)

[清] 储欣：层次如累丸相生，不绝如抽茧丝。浑涵光铓，其议论也；温

柔敦厚,其情文也。曾文至此,岂后人所能沿袭拟议?(《唐宋十大家全集录·南丰全集录》卷二)○层累言之,如挹长江之水而注诸海。(《唐宋八大家类选》卷九)

[清] 张伯行:说得志铭如许关系,如许慎重,则所以感激拜赐之意,不烦言而自见。此谓立言有体。其通篇命脉,在"畜道德而能文章"一句。至说有道德者铭始可据,而能文章只带说,其轻重尤为得宜。行文之妙,无法不备,又都片片从赤心流出。此南丰之文所以能使人往复嗟诵而不能已者也。(《唐宋八大家文钞》卷一三)

[清] 林云铭:是篇把志铭与史分别异同,转入后世之不实无可传处,归到庐陵之道德文章,欣幸一番,感恩一番,颂美一番,见得此铭便是千秋信史,可以警劝,关系匪轻,与世人执笔不同。把自己父祖亦占了许多地步,是善于阐扬先德者,不特文词高妙,议论精确也。(《古文析义》卷一五)

[清] 方苞:必发人所未见之义,然后其文传,而传之显晦,又视其落笔时精神机趣。如此文,盖兼得之。(引自《评校音注古文辞类纂》卷三〇)

[清] 张英:以"畜道德而能文章"归美欧阳,足见作铭之不易。以此一义回旋转折,洒洒洋洋,极唱叹游泳之致,想见其行文乐事。(引自《唐宋文醇》卷五四)

[清] 吴楚材、吴调侯:子固感欧公铭其祖父,寄书致谢,多推重欧公之辞,然因铭祖父而推重欧公,则推重欧公正是归美祖父。至其文纡徐百折,转入幽深,在南丰集中,应推为第一。(《古文观止》卷一一)

[清] 沈德潜:铭近于史。而今人之作,每不逮古人,须俟诸"畜道德而能文章"者。逐层牵引,如春蚕吐丝,春山出云,不使人览而易尽。(《唐宋八大家文读本》卷二七)

[清] 浦起龙:南丰第一得意书。乞言者,立言者,皆当三复。(《古文眉诠》卷七一)

［清］ 过珙：将道德文章特地抬高欧公，正足以信今传后。卓然归美祖先，其立言品地便加人一等，而感慨真挚中，更郑重有体。在南丰集中，应推为千年绝调。(《详订古文评注全集》卷一〇)

［清］ 刘大櫆：文亦雍容温雅，而前半历叙作铭源流，不免钝拙呆蹇。(引自《评校音注古文辞类纂》卷三〇)

［清］ 唐介轩：铭以人重，归美欧公，正是推崇祖父。文情绵邈，令人仁孝之思油然而生。(《古文翼》卷八)

［清］ 林纾：此书起伏伸缩，全学昌黎，妙在欲即仍离，将吐故茹。通篇着意在"畜道德能文章"六字，偏不作一串说，把道德抬高，言有道德之人，方别得公与是；别得公与是矣，又须用文章以传之。精神一副，全注在欧公身上。然而说近欧公时，忽又缩转，如此者再，真有力量，方能吞咽。(《古文辞类纂选本》卷五)

［清］ 唐文治：子固先生文，其妙全在曲折而达，委迤周至，既逐层脱卸，复兼剥茧抽蕉之趣。其态度之从容镇静，自朱子而外，殆无有能及之者。末段万壑千岩，神回气合，全篇意义作一总结束，所谓绎如以成也。凡文之结束处，俱应如此。(《国文经纬贯通大义》卷一)

卷十一 宋文

赠黎安二生序

曾　巩

解题　《欧阳文忠公集·居士集》卷一有庆历二年(1042)所作《送黎生下第还蜀》："黎生西南秀，挟策来东游。有司不见采，春霜滑归辀。自云喜《三传》，力欲探微幽。"《东坡志林》卷一："吾故人黎錞，字希声。治《春秋》有家法，欧阳文忠公喜之。"按：苏轼于治平四年(1067)护父丧返蜀，以书至京师，荐黎生、安生于曾巩。本文当作于是年。黎生学识为欧、苏所称，安生事迹未详。

赵郡苏轼，予之同年友也。_{提苏轼说入。}自蜀以书至京师遗予，称蜀之士曰黎生、安生者。_{点出二生。}既而黎生携其文数十万言，安生携其文亦数千言，辱以顾予。读其文，诚闳壮隽伟，善反复驰骋，穷尽事理，而其材力之放纵，若不可极者也。_{叙出二生之文。}二生固可谓魁奇特起之士，而苏君固可谓善知人者也。_{一总顿住。}

顷之，黎生补江陵府司法参军，将行，请予言以为赠。予曰："予之知生，既得之于心矣，乃将以言相求于外邪？"_{通篇意在勉二生以行道，不当但求为文词。}黎生曰："生与安生之学于斯文，_{插入安生，妙。}里之人皆笑以为迂阔。今求子之言，盖将解惑于里人。"_{因"迂阔"、"解惑"二句，生出下两段文字。}予闻之，自顾而笑。夫世之迂阔，孰有甚于予乎？自负不少。知信乎古，而不知合乎世；知志乎道，而不知同乎俗。此予所以困于今而不自知也。迂阔至此。世之迂阔，孰有甚于予乎？叠一句，妙。今生之迂，特以文不近俗，迂之小者耳，患为笑于里之人；若予之迂大矣，使生持吾言而归，且重得罪，庸讵止于笑乎？一段答他"笑以为迂阔"句。然则若予之于生，将何言哉？谓予之迂为善，则其患若此；谓为不善，则有以合乎世，必违乎古，有以同乎俗，必离乎道矣。应前，错落有致。生其无急于解里人之惑，则于是焉必能择而取之。一段答他"解惑于里人"句。遂书以赠二生，并示苏君，以为何如也？照起作结。

汇评

[明] 唐顺之：议论谨密。（引自《古文赏音》卷一一）

[明] 茅坤：子固作文之旨，与其所自任处，并已概见，可谓文之中尺度者也。（《唐宋八大家文钞·曾文定公文钞》卷六）

[清] 王符曾：和平温厚，盛世之音。行文亦详略有法。（《古文小品咀华》卷四）

[清] 储欣：辞若发摅愤懑，要其归，莫非垂世立教之言，升韩吏部之堂而入于室，亦曾文之至者。（《唐宋十大家全集录·南丰全集录》卷一）〇澹而隽。（《唐宋八大家类选》卷一二）

[清] 张伯行：圣贤之道，平易近情，而世多目之为迂阔，古今同慨也。子固借题自寓，且愿与有志者择而取之，真维持世教之文。（《唐宋八大家文钞》卷一四）

[清] 何焯：地步高，然不曾道着实地处，故不精彩。……此文最善学韩。结处暗用范滂语，翻案文势，抑扬反复，可谓圆健。（《义门读书记》卷四一）

[清] 林云铭：通篇拿定"里人笑为迂阔"一语，步步洗发，就作文上挽到

立身行己上去，命意正大无匹。其行文似嘲似解，总言自信得过，不可移于世俗之毁誉，而以迂阔不迂阔两路听人自择，严中带婉，此有德者之言也。(《古文析义》卷一五)

[清] 吴楚材、吴调侯：文之近俗者，必非文也。故里人皆笑，则其文必佳。子固借"迂阔"二字，曲曲引二生入道。读之觉文章声气去圣贤名教不远。(《古文观止》卷一一)

[清] 吕葆中：因人笑黎生之迂阔，而引以为同病，立言既妙，却又转进一层，言生"特以文不近俗，迂之小者"。及其告以"无急解里人之惑"，言外又隐然见得黎生尚未迂阔在。一步紧一步，此荆川所谓谨密者也。一篇之中，有诱掖，有锻炼，可为前修接引后进之法。(《唐宋八家古文精选·曾文精选》)

[清] 余诚：因二生为文迂阔，而自笑立身行己之大。痛快淋漓中，又复顿挫多姿，洵堪嗣续庐陵。至其命意之高超、立言之斟酌、补斡之精细、结构之浑成，更无不一一尽善。(《重订古文释义新编》卷八)

[清] 朱宗洛：尝论行文之法，意以尽为佳，而味又以不尽为佳。盖意尽则理足，味不尽则神足。如此文，只是欲坚二生信道之意耳。文却就自己作无穷扼腕，见信道者之必困于今，然后转入二生，见欲求免困者，必违乎道，而得失之间，令其自为去取，令阅者自得其意于语言之外，故能言尽而意不尽，意尽而味不尽。(《古文一隅》卷下)

[清] 唐介轩：就"迂阔"二字写出绝大议论，赠人却以自赠，气岸不凡。(《古文翼》卷八)

[清] 李扶九：合看此文，无法不备，无处不切。虽逊韩、苏之奇变恣肆，却自醇稳质实。八家并称，良有以也。(《古文笔法百篇》卷一一)

[清] 林纾：此文重在"心"、"外"二字。信古志道，心也；合世同俗，外也。黎生之求序，实不知所谓古之宜信、道之用志也，亦求解外人之讥评而已。故子固推而进之，豁而醒之，提出信古志道，是老师宿儒引导后进语。趁便发起牢骚，言不求吾言则已，一求吾言，益

将使人增笑。违古离道,是合世同俗之正面,此不须求而得也。若不同俗,且不合世,则古道自存,反求即是,贵在自择而已。此欧阳子所云"修于身无所不获"也。文近昌黎,唯层次少简,不及昌黎之能作千波万澜也。(《古文辞类纂选本》卷六)

读孟尝君传

王安石

解题 《史记·孟尝君列传》:"齐湣王二十五年,复卒使孟尝君入秦,昭王即以孟尝君为秦相。人或说秦昭王曰:'孟尝君贤,而又齐族也,今相秦,必先齐而后秦,秦其危矣。'于是秦昭王乃止。囚孟尝君,谋欲杀之。孟尝君使人抵昭王幸姬求解。幸姬曰:'妾愿得君狐白裘。'此时孟尝君有一狐白裘,直千金,天下无双,入秦献之昭王,更无他裘。孟尝君患之,遍问客,莫能对。最下坐有能为狗盗者,曰:'臣能得狐白裘。'乃夜为狗,以入秦宫藏中,取所献狐白裘至,以献秦王幸姬。幸姬为言昭王,昭王释孟尝君。孟尝君得出,即驰去,更封传,变名姓以出关。夜半至函谷关。秦昭王后悔出孟尝君,求之已去,即使人驰传逐之。孟尝君至关,关法鸡鸣而出客,孟尝君恐追至,客之居下坐者有能为鸡鸣,而鸡齐鸣,遂发传出。出如食顷,秦追果至关,已后孟尝君出,乃还。始孟尝君列此二人于宾客,宾客尽羞之,及孟尝君有秦难,卒此二人拔之。自是之后,客皆服。"

　　世皆称孟尝君能得士,士以故归之,而卒赖其力以脱于虎豹之秦。秦昭王囚孟尝君,欲杀之。孟尝君使人抵昭王幸姬求解。幸姬曰:"妾愿得君狐白裘。"此时孟尝君有一狐白裘,入秦,献之昭王。客有能为狗盗者,乃夜为狗,以入秦宫藏中,取所献狐白裘,以献幸姬。幸姬为言昭王,释孟尝君。孟尝君得出,即驰去。夜半,至函谷关。昭王后悔出孟尝君,求之,已去,即使人驰传追之。孟尝君至关,关法鸡鸣而出客,孟尝君恐追至。客有能为鸡鸣,而鸡尽鸣,遂得出。

○立案。

　　嗟乎！孟尝君特鸡鸣狗盗之雄耳，岂足以言得士？陡然一劈。不然，擅齐之强，得一士焉，宜可以南面而制秦，尚何取鸡鸣狗盗之力哉？驳得倒。鸡鸣狗盗之出其门，此士之所以不至也。断得尽。○疾转疾收，字字警策。

汇评

［宋］　楼昉：转折有力，首尾无百余字，严劲紧束，而宛转凡四五处，此笔力之绝。（《崇古文诀》卷二〇）

［宋］　谢枋得：笔力简而健。然一篇得意处，只是"擅齐之强，得一士焉，宜可以南面而制秦，尚取鸡鸣狗吠之力哉！"先得此数句，作此一篇文字，然亦是祖述前言。韩文公《祭田横墓文》云："当嬴氏之失鹿，得一士而可王。何五百人之扰扰，不能脱夫子于剑芒？岂所宝之非贤，抑天命之有常？"（《文章轨范》卷五）

［清］　金圣叹：凿凿只是四笔，笔笔如一寸之铁，不可得而屈也。读之可以想见先生生平执拗，乃是一段气力。（《天下才子必读书》卷八）

［清］　储欣：荆公短制并驾河东，希风《史记》论赞，奇美特绝。（《唐宋十大家全集录·临川全集录》卷二）○严峭。（《唐宋八大家类选》卷七）

［清］　谢有煇：荆公此文，命意亦与昌黎《祭田横文》相似，而短峭宕折，突过太史公矣。（《古文赏音》卷一一）

［清］　林云铭：《史记》称孟尝君招致任侠奸人入薛，其所得本不是士。即第一等市义之冯驩，亦不过代凿三窟，效鸡鸣狗盗脱难之力，何尝有谋国制敌之虑？龙门"好客自喜"一语早已断煞，而世人不知，动称为能得士，故荆公作此以破其说。篇首喝起"世皆称"三字，是与龙门赞语相表里，非翻案也。百余字中，有起承转合在

内，警策奇笔，不可多得。(《古文析义》卷一五)

[清] 吴楚材、吴调侯：文不满百字，而抑扬吞吐，曲尽其妙。(《古文观止》卷一一)

[清] 沈德潜：语语转，笔笔紧，千秋绝调。(《唐宋八大家文读本》卷三〇)

[清] 余诚：通篇只八十八字，而有四层段落，起承转合，无不毕具，洵简劲之至。然非此等生龙活虎之笔，寥寥数语中，何能得此转折，何能得此波澜？文与可画竹，尺幅而具寻丈之观，此其似之。至议论之正大，尤堪千载不磨。(《重订古文释义新编》卷八)

[清] 刘大櫆：寥寥数言，而文势如悬崖断堑，于此见介甫笔力。(引自《评校音注古文辞类纂》卷一〇)

[清] 唐介轩：意凡四折，一气盘旋，其笔力眼界，俱到绝顶。(《古文翼》卷八)

[清] 毛庆蕃：廉悍矫变，瘦硬通神，此是王荆公得意处。(《古文学余》卷三三)

[清] 李刚己：此文笔势峭折，辞气横厉，寥寥短章之中，凡具四层转变，真可谓尺幅千里者矣。(《古文辞约编》)

同学一首别子固

王安石

解题 吴曾《能改斋漫录》卷一四："王荆公初官扬州幕职,曾南丰尚未第,与公甚相好也,尝作《怀友》一首寄公,公遂作《同学》一首别之。《荆公集》具有其文。其中云:固作《怀友》一首遗予,其大略欲相扳以辅乎中庸而后已云云。然《怀友》一首,《南丰集》竟逸去,岂少作删之耶?其曰介卿者,荆公少字介卿,后易介甫。予偶得其文,今载此,云:'圣人之于道,非思得之,而勉及之,其间于贤大远矣。然圣人者不专己以自蔽也,或师焉,或友焉,参相求之,以广其道而辅其成。故孔子之师,或老聃、郯子云;其友,或子产、晏婴云。师友之重也,圣人然尔。不及圣人者,不师而传,不友而居,无悔也希矣。予少而学,不得师友,焦思焉而不中,勉勉焉而不及,抑其望圣人之中庸而未能至者也。尝欲得行古法,度士与之居或游,孜孜焉考予之失而切劘之,庶于几而后已,予亦有以资之也。皇皇四海,求若人而不获。自得介卿,然后始有周旋徼恳摘予之过而接之以道者,使予幡然其勉者有中,释然其思者有得矣,望中庸之域其可以策而及也,使得久相从居与游,予知免于悔矣。而介卿官于扬,予穷居极南,其合之日少,而离别之日多,切劘之效浅,而愚无知易懈,其可怀且忧矣。思而不释,已而叙之,相慰且相警也。介卿居今世,行古道,其文章称其行。今之人盖希古之人,固未易有也。为作《怀友》书两通,一自藏,一纳介卿家。'"

江之南有贤人焉,字子固,非今所谓贤人者,予慕而友之。

淮之南有贤人焉,字正之,非今所谓贤人者,予慕而友之。两"非今所谓贤人者",见其俱以古处自期也。○分提。二贤人者,足未尝相过也,口未尝相语也,辞币未尝相接也,其师若友,岂尽同哉?先翻"同"字。予考其言行,其不相似者何其少也!曰:学圣人而已矣。次点"学"字。学圣人,则其师若友必学圣人者。圣人之言行,岂有二哉?其相似也适然。接上相似总点"同学"。○合写。

予在淮南,为正之道子固,正之不予疑也。还江南,为子固道正之,子固亦以为然。空中立说,句法变换,自成隽永。予又知所谓贤人者,既相似又相信不疑也。醒发"同学"二字,先后缀映,百倍精神。子固作《怀友》一首遗予,其大略欲相扳以至乎中庸而后已。正之盖亦尝云尔。此处微分主客,是文家点题法。夫安驱徐行,辅音。中庸之庭而造于其室,辐,车践也。舍二贤人者而谁哉?写出两人阶级。到底只用合发。予昔非敢自必其有至也,亦愿从事于左右焉尔,辅而进之其可也。插入自己。

噫!官有守,私有系,会合不可以常也。结出"别"意。同学兄弟,每每若此,言之慨然。作《同学》一首别子固,以相警,且相慰云。正文只此二语。

汇评

[明] 茅坤:文严而格古。(《唐宋八大家文钞·王文公文钞》卷一〇)
[清] 金圣叹:此为瘦笔,而中甚腴。学文必当由瘦以入腴,如先学腴,即更无由得瘦也。(《天下才子必读书》卷八)
[清] 王符曾:扯正之来作伴,牵合不无痕迹,然文亦秀发,不近凡俗。

823

（《古文小品咀华》卷四）

[清] 储欣：求友之切如此。（《唐宋十大家全集录·临川全集录》卷二）

[清] 谢有煇：三人会合不可以常，故子固有《怀友》之作，而介甫以《同学》一首为答。然交友所重，在道德学问之际，行迹之聚散、怀想之私情，其小者也。故前面只说学问相勖处，而系恋之私，只以"官有守，私有系，会合不可常"三语作一掉，体格高绝。（《古文赏音》卷一一）

[清] 张伯行：略朋友离别之情，而叙道义契合之雅，使人读之油然有感。（《唐宋八大家文钞》卷一九）

[清] 吴楚材、吴调侯：别子固而以正之陪说，交互映发，错落参差。至其笔情高寄，淡而弥远，自令人寻味无穷。（《古文观止》卷一一）

游褒禅山记

王安石

解题 褒禅山在今安徽含山县北。至和元年(1054),王安石通判舒州任满赴阙。七月,游褒禅山。九月,为群牧司判官。

褒褒。禅山亦谓之华山。唐浮图慧褒浮图,僧也。始舍于其址,而卒葬之,以故其后名之曰褒禅。今所谓慧空禅院者,褒之庐冢也。叙出所由名。距其院东五里,所谓华山洞者,以其乃华山之阳名之也。通篇借游华山洞发挥,故先点出洞名。距洞百余步,有碑仆道,伏篇末案。其文漫灭,独其为文犹可识,曰"花山"。今言"华"如"华实"之"华"者,盖音谬也。闲文生趣。

其下平旷,有泉侧出,而记游者甚众,所谓"前洞"也。点前洞。是宾。由山以上五六里,有穴窈然,入之甚寒,问其深,则其好游者不能穷也,谓之"后洞"。点出后洞。是主。予与四人拥火以入,入之愈深,其进愈难,而其见愈奇。隐下正旨在内。有怠而欲出者,曰:"不出,火且尽。"遂与之俱出。已上叙游事,笔笔伏后议论。盖予所至,比好游者尚不能十一,然视其左右,来而记之者已少。盖其又深,则其至又加少矣。借此以喻学之深造。方是时,予之力尚足以入,火尚足以明也。顿宕。既其出,则或咎其欲出者,而予亦悔其随之,而不得极乎游之乐也。归结在此一句。

825

于是予有叹焉。古人之观于天地、山川、草木、虫鱼、鸟兽，往往有得，以其求思之深而无不在也。文情开拓。夫夷以近，则游者众；应"前洞"。险以远，则至者少。应"后洞"。而世之奇伟、瑰怪、非常之观，常在于险远，而人之所罕至焉，故非有志者不能至也。接入主意。有志矣，不随以止也，然力不足者，亦不能至也。翻跌尽致，亦以曲折递下。有志与力，而又不随以怠，至于幽暗昏惑而无物以相之，亦不能至也。挽上"拥火"句。然力足以至焉，于人为可讥，应"咎其欲出"句。而在己为有悔；应"悔其随之"句。尽吾志也而不能至者，可以无悔矣，其孰能讥之乎？此予之所得也。无悔与讥，便是有得，真论学名言。○一路俱是论游，按之却俱是论学。古人诣力到时，头头是道。川上山梁，同一趣也。

予于仆碑，应篇首。又有悲夫古书之不存，后世之谬其传而莫能名者，何可胜道也哉！无限感慨。此所以学者不可以不深思而慎取之也。直至此，方点明学者。记意寓体，收拾已尽。

四人者：庐陵萧君圭君玉，长乐王回深父，予弟安国平父、安上纯父。点四人结。

汇评

[明] 茅坤：逸兴满眼而余音不绝。（《唐宋八大家文钞·王文公文钞》卷八）

[清] 林云铭：凡记游，必叙山川之胜，与夫闻见之奇，且得尽其所游之乐，此常调也。兹但点出山名洞名，随以不尽游为慨，若如此便止，有何意味？精采处全在古人观物有得上发出一段大议论，即

把上文所以不得尽游重叙一番。惟尽吾志以赴之，若果不能至，则与力可至而不至者异矣。譬之学者，六合之外，存而不论，即是有得处。末以山名误字推及古书，作无穷之感，俱在学问上立论，寓意最深。(《古文析义》卷一五)

[清] 李光地：借题写己，深情高致，穷工极妙。(引自《唐宋文醇》卷五八)

[清] 吴楚材、吴调侯：借游华山洞，发挥学道。或叙事，或诠解，或摹写，或道故，意之所至，笔亦随之。逸兴满眼，余音不绝。可谓极文章之乐。(《古文观止》卷一一)

[清] 沈德潜：有志有力，而又有物以相之；其终不能至者，则亦无如何焉。借题发意，文人之常，然必说破正旨。此只于言外遇之，又是一格。○用笔最折。(《唐宋八大家文读本》卷三〇)

[清] 浦起龙：此游所至殊浅，偏留取无穷深至之思，真乃赠遗不尽。当持此为劝学篇。而洞之窅渺，亦使人神远矣。(《古文眉诠》卷七〇)

[清] 刘熙载：荆公《游褒禅山记》云："入之愈深，其进愈难，而其见愈奇。"余谓"深"、"难"、"奇"三字，公之学与文得失并见于此。(《艺概·文概》)

[清] 李扶九：记游而影学问，用笔则曲曲深入，所谓"深人无浅语，慧心无直笔"者也。在记体则为别行一路，在理则从"从游舞雩"章得也。(《古文笔法百篇》卷九)

泰州海陵县主簿许君墓志铭

王安石

解题 王安石《王文公文集》卷三三《许氏世谱》:"(许)遂字景山,尝上书江南李氏,李氏叹奇之,以为崇文馆校书郎,岁中,拜监察御史。后复上书太宗论边事,宰相赵普奇其意,以为与己合。知兴元府,起鄜侯废堰以利民。治澧、荆、扬三州,为盗者逃而去。其事兄如事父,使妻事其长姒如事母。故人无后,为嫁其女如己子。有子五人:恂,黄州录事参军;恢,尚书虞部员外郎;怡,今为太子中舍、签押淮南节度判官厅公事;元,今为江淮、荆湖、两浙制置发运使;平,泰州海陵主簿。五人者,咸孝友如其先人,故士大夫论孝友者归许氏。"

君讳平,字秉之,姓许氏。余尝谱其世家,所谓今泰州海陵县主簿者也。点得有致。君既与兄元相友爱称天下,而自少卓荦不羁,善辩说,与其兄俱以智略为当世大人所器。略顿。宝元仁宗年号。时,朝廷开方略之选,以招天下异能之士,而陕西大帅范文正公、郑文肃公争以君所为书以荐,于是得召试,为太庙斋郎,已而选泰州海陵县主簿。长才屈于下位者,不堪展读。

贵人多荐君有大才,可试以事,不宜弃之州县。君亦尝慨然自许,欲有所为。然终不得一用其智能以卒。噫!其可哀也已。一句断。下发议。

卷十一　宋文

　　士固有离世异俗,独行其意,骂讥、笑侮、困辱而不悔,彼皆无众人之求而有所待于后世者也,其龃阻。龉语。固宜。龃龉,谓不遇也。○此是另一种人,提过一边。若夫智谋功名之士,窥时俯仰以赴势物之会,而辄不遇者,乃亦不可胜数。似说许,又似不说许。辩足以移万物,而穷于用说税。之时;谋足以夺三军,而辱于右武之国,此又何说哉?韩非工说而发愤于韩王,李广善战而终诎于汉武,千古恨事不少。嗟乎!彼有所待而不悔者,其知之矣。收上,妙不说尽。

　　君年五十九,以嘉祐仁宗年号。某年某月某甲子葬真州之杨子县甘露乡某所之原。夫人李氏。子男瓌,规。不仕;璋,真州司户参军;琦,太庙斋郎;琳,进士。女子五人,已嫁二人,进士周奉先、泰州泰兴令陶舜元。

　　铭曰:有拔而起之,莫挤而止之。指范、郑诸公。呜呼许君!而已于斯,谁或使之?感慨不尽。

汇评

[明]　茅坤:许君多奇气,而荆公之志亦如之。(《唐宋八大家文钞·王文公文钞》卷一四)

[清]　金圣叹:如崩崖,如断岸,如欲堕不堕危石,如仄路合沓,走出仍是前溪。此为王介甫先生之笔。(《天下才子必读书》卷八)

[清]　储欣:人知后半文字议论忼慨直逼子长,不知前半叙事驾驭已得龙门三昧。(《唐宋十大家全集录·临川先生全集录》卷四)

[清]　林云铭:主簿一散员耳,且无政绩可纪,即以负才应荐不能大用为哀,数语已毕。中忽插入无心用世一流人,与对勘一番,见得古今

来多少英雄豪杰奋而不成,皆无处去讨消息。随以无心用世者能知此理掉转一语,咄然便止,隐隐谓用不用非人所能,与彼无心用世者友,占许多便宜,感慨悲怆之极也。铭语四句,亦含蓄不尽,如噉橄榄,回味甚长。(《古文析义》卷一五)

[清] 方苞:墓志之有议论,必于叙事縈带而出之。此篇及《王深甫志》则全用议论,以绝无仕迹可纪,家庭庸行又不足列也。然终属变体,后人不可仿效。(引自《评校音注古文辞类纂》卷四八)

[清] 吴楚材、吴调侯:起手叙事,以后痛写淋漓,无限悲凉。总是说许君才当大用,不宜以泰州海陵县主簿终,此作铭之旨也。文情若疑若信,若近若远,令人莫测。(《古文观止》卷一一)

[清] 刘大櫆:以议论行叙事,而感叹深挚,跌荡昭朗。荆公此等志文最可爱。(引自《评校音注古文辞类纂》卷四八)

[清] 姚鼐:按《宋史·许元传》,元固趋势之士,平盖亦非君子,故介甫语含讽刺。(引自《评校音注古文辞类纂》卷四八)

[清] 吴汝纶:张廉卿初见曾公,公为引声读此文,抑扬抗坠,声之敛侈,无不中节,使文字精神意态尽出。廉卿言下顿悟,不待讲说而明。自此研讨王文,笔端日益精进。此固见廉卿识解过人,亦见文字高能助学人神智,全在乎精读也。(引自《唐宋文举要》甲编卷七)

[清] 林纾:《宋史》许平无传,其兄许元有传。元在江淮十三年,以聚敛刻剥为能。在真州时,衣冠之求官舟者,日数十辈。元视势家贵族,立权巨舰予之。即小官惸独,伺候岁月,有不能得者。元自以为当然,无所愧悍。又急于进取,多聚珍奇,以賂遗权贵,人品本不足言。平之行能,应类其兄,故荆公言中加以讥切。文言"终不得一用其智能以卒",为全篇之大关键。忽破空说出"无众人之求,而有所待于后世",则以道自信也,此语与平无涉。所谓"窥时俯仰",则由许元身上射到许平,究竟斥其无济。归到"有待不悔",明明点醒许平生平之不满人意处,讥其不足语道也。刘海峰谓其感叹深挚,信哉!(《古文辞类纂选本》卷八)

卷十二

明 文

送天台陈庭学序

宋 濂

解题 天台,县名,在今浙江。《明史·宋濂传》:"宋濂,字景濂,其先金华之潜溪人,至濂,乃迁浦江。……自少至老,未尝一日去书卷。于学无所不通。为文醇深演迤,与古作者并。在朝,郊社宗庙山川百神之典,朝会宴享律历衣冠之制,四夷贡赋赏劳之仪,旁及元勋巨卿碑记刻石之辞,咸以委濂,屡推为开国文臣之首。士大夫造门乞文者后先相踵。"《天台县志稿》卷三四:"陈庭学博学工诗,明初给事仪曹。虽处繁剧,意度闲雅,不废吟咏。继由中书左司掾,屡从大将北征,以劳擢四川都指挥照磨,由水道至成都。川蜀险要及古来英雄攻战驻守之迹,诗人文士游眺之地,庭学无不登览,以纪其景物时之变,于是其诗益工。后以例自免归,与宋濂遇于京师。濂称其气愈充,其语益壮,其志意愈高,作序遗之,见《宋学士集》。"

西南山水,惟川蜀最奇。提一句,作一篇之冒。然去中州万里,陆有剑阁栈_{残上声}道之险,一难。水有瞿唐滟_衍澦_预之虞。二难。跨马行,则竹间山高者,累旬日不见其巅际,临上而俯视,绝壑万仞,杳莫测其所穷,肝胆为之掉_{迢上声}栗。陆行之难。水行,则江石悍利,波恶涡窝。诡,舟一失势尺寸,辄糜碎土沉,下饱鱼鳖。水行之难。其难至如此。总锁一笔。故非仕有力者,不可以游;非材有文者,纵游无所得;非壮强者,多老死于其地。极言游历之难,句句伏下案。嗜奇之士恨焉。应"奇"字,顿住。

天台陈君庭学,能为诗,材有文。由中书左司掾,砚。○掾官属。屡从大将北征,有劳,擢四川都指挥司照磨,仕有力。由水道至成都。成都,川蜀之要地,扬子云、司马相如、诸葛武侯皆成都人。之所居,英雄俊杰战攻驻守之迹,诗人文士游眺、饮射、赋咏、歌呼之所,述成都人物形胜,思致勃勃。庭学无不历览。无处不游。既览必发为诗,以纪其景物时世之变,游有所得。于是其诗益工。挽"能为诗"一笔,道紧。越三年,以例自免归,壮强不老死。会予于京师,其气愈充,其语愈壮,其志意愈高,盖得于山水之助者侈矣。"山水"一应。

予甚自愧,方予少时,尝有志于出游天下,顾以学未成而不暇。非材有文。及年壮可出,而四方兵起,无所投足。非仕有力。逮今圣主兴而宇内定,极海之际,合为一家,而予齿益加耄矣。非壮强。欲如庭学之游,尚可得乎?收转庭学一句,下又推开。

然吾闻古之贤士,若颜回、原宪,皆坐守陋室,蓬蒿没户,而志意常充然,有若囊括于天地者,此其故何也?得无有出于山水之外者乎?勘进一层,"山水"再应。庭学其试归而求焉,苟有所得,则以告予,予将不一愧而已也。应"愧"字结。

汇评

[清] 吴楚材、吴调侯：先叙游蜀之难，引起庭学之能游，是正文。继叙己之不能游，与前作反衬。末更推进一步。起伏应合，如峰回路转，真神明变化之笔。(《古文观止》卷一二)

[清] 李扶九：起首从蜀山水之奇起，乃从所仕之地生情也。后段推进一层，乃作序本意，得规勉体。篇中以"山水"二字为眼目，故前后三见；而前半二"奇"字，后半二"愧"字，各相照应，又各半篇之眼目也。文之细密如此。(《古文笔法百篇》卷一一)

阅江楼记

宋　濂

解题　《明太祖文集》卷一四有朱元璋《阅江楼记》、《又阅江楼记》，后篇序云："今年欲役囚者建阅江楼于狮子山，自谋将兴，朝无入谏者，抵期，而上天垂象责朕……即日惶惧，以罢其工。"又清王士禛《池北偶谈》卷一《阅江楼》云："按洪武初，欲于狮子山顶作阅江楼，先令儒臣作记，故潜溪诸公集皆有此文。楼实不果作。"

　　金陵为帝王之州，金陵即江南江宁府。自六朝迄于南唐，类皆偏据一方，无以应山川之王气。六朝，谓东晋、宋、齐、梁、陈也。五代时，徐知诰号为南唐。逮我皇帝，定鼎于兹，始足以当之。由是声教所暨，罔间朔南，暨，及也。朔南，朔北与极南之地也。《禹贡》："朔南暨声教，讫于四海。"存神穆清，与天同体，虽一豫一游，亦可为天下后世法。二句是立言本旨。京城之西北，有狮子山，自卢龙蜿蜒而来，长江如虹贯，蟠绕其下。卢龙，山名。蜿蜒，龙屈伸貌。虹，蝀蛛也。上以其地雄胜，诏建楼于巅，先点作楼。与民同游观之乐，遂锡嘉名为"阅江"云。次点楼名。○已上叙事，下发论。

　　登览之顷，万象森列，千载之秘，一旦轩露，岂非天造地设，以俟大一统之君，而开千万世之伟观者欤？登高一呼，气势雄阔。当风日清美，法驾幸临，升其崇椒，凭平。阑遥瞩，竹。○山巅曰椒。瞩，

卷十二　明文

视之甚也。**必悠然而动遐思。**一"思"字,生下许多"思"字。见江汉之朝宗,诸侯之述职,城池之高深,关阨之严固,诸侯春见天子曰朝,夏见曰宗。《小雅》:"沔彼流水,朝宗于海。"言流水亦知所向也。**必曰:"此朕栉职。风沐雨,战胜攻取之所致也。中夏之广,益思有以保之。"**一段"思有以"怀诸侯。**见波涛之浩荡,风帆之上下,番舶**白。**接迹而来庭,**蛮琛且森切。**联肩而入贡,**舶,海中大船。琛,宝也。**必曰:"此朕德绥威服,罩及内外之所及也。四陲之远,益思有以柔之。"**一段"思有以"柔远人。**见两岸之间、四郊之上,耕人有炙肤皲**均。**足之烦,农女有捋**鸾入声。**桑行馌叶。之勤,**皲,足坼冻裂。捋,取也。馌,馈也。**必曰:"此朕拔诸水火,而登于衽席者也。万方之民,益思有以安之。"**一段"思有以"子庶民。○从"阅"字注一"思"字,发出三大段议论,体裁宏远。**触类而思,不一而足。臣知斯楼之建,皇上所以发舒精神,因物兴感,无不寓其致治之思,奚止阅夫长江而已哉!**一总。文势开宕。

　　彼临春、结绮,起。**非不华矣;齐云、落星,非不高矣。**临春、结绮、齐云、落星,皆古楼名。**不过乐管弦之淫响,藏燕、赵之艳姬,不旋踵间而感慨系之,臣不知其为何说也。**又叹前代所建之楼,以寓箴规意。**虽然,长江发源岷**民。**山,**岷山,在蜀。**委蛇迤。七千余里而入海,白涌碧翻。六朝之时,往往倚之为天堑。**堑去声。○应篇首。**今则南北一家,视为安流,无所事乎战争矣。**前从"阅"字上注想,此又从"江"字上点缀,笔无渗漏。**然则果谁之力欤?**呼一句,承上起下。**逢掖之士,**逢掖,大衣也。《儒行》:"丘少居鲁,衣逢掖之衣。"**有登斯楼而阅斯江者,当思圣德如天,荡荡难名,与神禹疏凿之功同一罔极。**可谓赞扬之至。**忠君报上之心,其有不油然而兴耶?**既颂君,又讽臣,意极周匝得体。

臣不敏，奉旨撰记。欲上推宵旰干。图治之功者，勒诸贞珉。民。○珉，石之美者。他若留连光景之辞，皆略而不陈，惧亵也。

结又补出此意。何等郑重。

汇评

[明] 归有光：题意平常，若泥此发挥，文字却无味矣。须于题外另生议论，以相题之不及，方佳。如宋潜溪《阅江楼记》，谓斯楼之建，所以寓致治之思，非徒阅夫长江而已。这等议论，非浅见薄识所能到。（《文章指南》信集）

[明] 王世贞：宋承旨为国朝文臣领袖，此记乃奉旨所作，借题发意，因事纳忠，气象雄伟，辞意轩昂，发出圣祖保治宏谟，讵骚人墨客留连光景者可同日道哉？真浑噩之遗风，翰苑之宏裁也。（引自《增选古今文致》卷四）

[清] 吴楚材、吴调侯：奉旨撰记，故篇中多规颂之言，而为壮重之体，真台阁应制文字。明初朝廷大制作，皆出先生之手，洵堪称为一代词宗。（《古文观止》卷一二）

[清] 余诚：记为楼作，自应极言楼之壮丽及楼所见景物之佳，文偏只一两笔点缀，而所谓一两笔者，又皆撇笔。如此腾空破浪而行，真是奇观。然记事文字略题面而详题意，前贤固已有为之者矣。如范文正《严先生祠堂记》等等可证也。况承君命作记，更较与别人言不同，故通体以规讽为主。前以与民同游观之乐，引起中间痛发安不忘危之意。入后收束过，反复慨叹，而兼勉其臣。末仍归到规讽君上作结。妙能处处与阅江楼有关合，不可移置他题上去。波澜壮阔，步骤从容，结构精严，词旨恺切。昔人评云："驾宋轶唐，不愧一代文臣领袖。"良不诬也。（《重订古文释义新编》卷八）

[清] 李祖陶：中间"悠然而动遐思"三层，皆从江上推出，颂不忘规。末幅叹美承平，则人人皆有之意。（《金元明八大家文选·宋景濂文

选》卷一）

[清] 李扶九：一楼记耳，而一起一结，便有气象。而中间又从"阅"字上生出一"思"字，发出三段大议论。体裁宏远，小中见大。然奉旨撰记，故篇中多规讽之言，而为庄重之体，真台阁应制文字也。又须看其切江切楼，非泛泛铺排者，极为切实冠冕周到之作。明初朝廷大制作，皆出先生之手。阅此一篇，见其本领矣。《辑注》评：文有三层伟论，前从定鼎一统说入，摹出开创宏规，一也；中就颂扬主德寓讽，卓然大臣风范，二也；末以君恩罔极勉士，自露忠爱之心曲，三也。如此巨制，洵堪继韩续苏。（《古文笔法百篇》卷七）

司马季主论卜

刘 基

解题 《史记·日者列传》:"司马季主者,楚人也。卜于长安东市。……褚先生曰:'……夫司马季主者,楚贤大夫,游学长安,通《易经》,术黄帝、老子,博闻远见。观其对二大夫贵人之谈言,称引古明王圣人道,固非浅闻小数之能。'"《三辅黄图》卷一《都城十二门》:"长安城东出南头第一门,霸城门……或曰青门,门外旧出佳瓜。广陵人邵平为秦东陵侯,秦破,为布衣,种瓜青门外,瓜美,故时人谓之东陵瓜。"

东陵侯既废,过司马季主而卜焉。邵平为秦东陵侯,秦破,为布衣,种瓜长安城东。司马季主,汉时善卜者。

季主曰:"君侯何卜也?"东陵侯曰:"久卧者思起,久蛰者思启,久懑者思嚏。蛰,伏藏也。懑,烦闷也。嚏,鼻塞喷嚏。○三句,喻废久则思用。吾闻之蓄极则泄,闷极则达,热极则风,壅极则通。一冬一春,靡屈不伸;一起一伏,无往不复。六句,喻废极则必用。仆窃有疑,愿受教焉。"当复用而终不用,故疑而欲卜。季主曰:"若是,则君侯已喻之矣,又何卜为?"卜以决疑,既已喻之,何待于卜?东陵侯曰:"仆未究其奥也,愿先生卒教之。"不知其深,虽喻犹疑,何可不卜?

季主乃言曰:"呜呼!天道何亲?惟德之亲。鬼神何灵?因人而灵。夫蓍,枯草也;龟,枯骨也,物也。人,灵于物者也,何不自听而听于物乎?泛言不必卜之理。下乃转入正旨。且君侯何不思昔者也?有昔者必有今日。昔者,谓见用之日。今日,谓处废之时。○"思"字,与上三"思"字应。东陵知既废之当用,而不知既用之当废也。季主点醒他,全在此二句。是故碎瓦颓垣,昔日之歌楼舞馆也;荒榛断梗,昔日之琼蕤谁。玉树也;露蚕风蝉,昔日之凤笙龙笛也;鬼磷邻。萤火,昔日之金缸华烛也;秋荼春荠,昔日之象白驼峰也;丹枫白荻,昔日之蜀锦齐纨也。磷,鬼火。象白、驼峰,皆美味。○六段,由今思昔,现前指点,何等醒快。昔日之所无,今日有之不为过;暗指昔废今用者。昔日之所有,今日无之不为不足。暗指昔用今废者。是故一昼一夜,华开者谢;一秋一春,物故者新。激湍之下,必有深潭;高丘之下,必有浚谷。句句与东陵之言相对。君侯亦知之矣,何以卜为?"应前作收。紧峭。

汇评

[清] 林云铭:疑元末旧臣不见用于新朝者,多有时命之感,此故设词以规讽也。自首至尾,总是一个屈伸起伏道理。东陵侯止觉得久废当用,而不念及既用当废,所以有疑。司马季主提出"君侯何不思昔者"一句,如冷水浇背,令人吃惊。总是和盘打算妙法。其中抚今追昔一段,说得如许悲凉。富贵骄人之徒读之,便是一服清凉散也。(《古文析义》卷一六)

[清] 吴楚材、吴调侯:通篇只说得一个循环道理。吃紧唤醒东陵处,全在"何不思昔者"一句。以下总发明此意。世之人,类多时命之感,读此可以晓然矣。(《古文观止》卷一二)

卖柑者言

刘 基

解题　本篇为寓言体散文,选自《诚意伯文集》卷七。

杭有卖果者,善藏柑,涉寒暑不溃。会。出之烨叶。然,玉质而金色。剖其中,干若败絮。需去声。○金玉其外,败絮其中,映衬外意。予怪而问之曰:"若所市于人者,将以实笾豆,奉祭祀,供宾客乎?将衒外以惑愚瞽乎? 甚矣哉为欺也!"提出"欺"字作主。通篇俱从此发论。

卖者笑曰:"吾业是有年矣。吾业赖是以食寺。吾躯。吾售之,人取之,未闻有言,而独不足子所乎? 世之为欺者不寡矣,而独我也乎? 吾子未之思也。欺世盗名,举天下皆是。下历说居官之为欺者以实之。今夫佩虎符、坐皋比皮。者,皋比,虎皮也。洸洸乎干城之具也,果能授孙、膑。吴起。之略耶? 武将欺。峨大冠、拖长绅者,昂昂乎庙堂之器也,果能建伊、尹。皋陶。之业耶? 文臣欺。○忽发两段大议论。文臣、武将,何处可置面目? 盗起而不知御,民困而不知救,吏奸而不知禁,法斁而不知理,坐糜廪粟而不知耻。观其坐高堂,骑大马,醉醇醴而饫于去声。肥鲜者,孰不巍巍乎可畏、赫赫乎可象也? 又何往而不金玉其外、败絮其中也哉! 承上二段细写之。借题骂世之文,得此遂为酣畅。今子是之不察,而以察吾柑!"作反诘语。极冷隽。

予默默无以应。退而思其言,类东方生滑骨。稽之流。滑稽,诙谐也。东方朔善诙谐,号滑稽。岂其忿世嫉邪者耶?而托于柑以讽耶?结出立言之旨。

汇评

[清] 吴楚材、吴调侯:青田此言,为世人盗名者发,而借卖柑影喻。满腔愤世之心,而以痛哭流涕出之。士之金玉其外而败絮其中者,闻卖柑之言,亦可以少愧矣。(《古文观止》卷一二)

[清] 过珙:以么么题,发大议论。刘学士盖有慨于缙绅先生无不金玉其外,败絮其中,故设为卖柑之说,以抒写其意。玩其文,识见俊卓,调度闲雅,浑厚沉深,不露骨,不伤痕,可垂不朽。业宦者,宜写一通置座侧。(《详订古文评注全集》卷一〇)

深虑论

方孝孺

解题 此为作者所撰史论《深虑论》十篇中之首篇,见《逊志斋集》。

虑天下者,常图其所难,而忽其所易;备其所可畏,而遗其所不疑。然而祸常发于所忽之中,而乱常起于不足疑之事。岂其虑之未周与?盖虑之所能及者,人事之宜然,而出于智力之所不及者,天道也。从人事侧到天道,为一篇议论张本。

当秦之世,而灭诸侯、一天下,而其心以为周之亡在乎诸侯之强耳,变封建而为郡县。方以为兵革可不复用,天子之位可以世守,人事。而不知汉帝起陇亩之中,而卒亡秦之社稷。天道。○引秦事一证。汉惩秦之孤立,于是大建庶孽而为诸侯,以为同姓之亲可以相继而无变,人事。而七国萌篡弑之谋。景帝三年,晁错患七国强大,请削诸侯郡县。吴王濞、胶西王印、胶东王雄渠、淄川王贤、济南王辟光、楚王戊、赵王遂同举兵反。○天道。武、宣以后,稍剖析之而分其势,以为无事矣,人事。而王莽卒移汉祚。天道。○引汉事一证。光武之惩哀、平,魏之惩汉,晋之惩魏,各惩其所由亡而为之备,人事。而其亡也,皆出于所备之外。天道。○引东汉、魏、晋一证。唐太宗闻武氏之杀其子孙,求人于疑似之际而除之,贞观二十二年,有传秘记云:"唐三世之后,女主武氏,代有天下。"上密问太史令李淳风:"秘记所云,信有之乎?"对曰:

"臣仰观天象,俯察历数,其人已在陛下宫中。自今不过三十年,当王天下,杀唐子孙殆尽,其兆既成矣。"上曰:"疑似者尽杀之,何如?"○人事。而武氏则天。日侍其左右而不悟。天道。○引唐事一证。宋太祖见五代方镇之足以制其君,尽释其兵权,使力弱而易制,人事。而不知子孙卒困于敌国。天道。○引宋事一证。此其人总承。皆有出人之智、盖世之才,其于治乱存亡之几,思之详而备之审矣。虑切于此而祸兴于彼,终至乱亡者何哉?跌宕。盖智可以谋人,而不可以谋天。总断一笔。应上天、人二意。关锁甚紧。良医之子多死于病,良巫之子多死于鬼。彼岂工于活人而拙于谋子也哉?跌宕。乃工于谋人而拙于谋天也。又引医巫以为不能深虑之喻,尤见醒快。

古之圣人,知天下后世之变非智虑之所能周,非法术之所能制,不敢肆其私谋诡计,而唯积至诚、用大德以结乎天心,使天眷其德,若慈母之保赤子而不忍释。故其子孙虽有至愚不肖者足以亡国,而天卒不忍遽亡之,此虑之远者也。此段才说出工于谋天而能为深虑者。一篇主意,结穴在此。夫苟不能自结于天,而欲以区区之智笼络当世之务,而必后世之无危亡,此理之所必无者,而岂天道哉!反掉作结,尤见老法。

汇评

[清]　林云铭:从古无不弊之法。以周公、太公之明圣,于其子报政时,虽逆知后世之弊,犹不能补救,况其下此且出于意计所不及料者乎?篇中历叙处,胸有全史,末归本于至诚大德以结天心。虽出于智虑穷竭,无可如何之说,亦千古治天下者不易正理,舍是徒劳,更无益也。正学先生之文,正大罕匹,此尤其醇乎醇者。(《古

文析义》卷一六)

[清] 吴楚材、吴调侯：天道为智力之所不及，然尽人事以合天心，即天亦有可谋处。此文归到积至诚、用大德，正是祈天永命工夫。古今之论天道人事者多，得此乃见透快。(《古文观止》卷一二)

[清] 李扶九：通篇虽以人事陪说，而实重在天道，看起结可见。章法则首段虚冒，中间历引古及医巫喻，波浪壮阔，后方发正意，末乃反掉结，极有结构。意彼时方子知有燕王事，亦深思远虑一番，而无可如何，惟是积诚以结天心，而卒不能靖燕王之难者，大约精诚有未至也。程子曰："为臣而祈天永命，大是难事。"然此实正论，古今不磨也。(《古文笔法百篇》卷三)

豫让论

方孝孺

解题 《史记·刺客列传》:"豫让者,晋人也,故尝事范氏及中行氏,而无所知名。去而事智伯,智伯甚尊宠之。及智伯伐赵襄子,赵襄子与韩、魏合谋灭智伯,灭智伯之后而三分其地。赵襄子最怨智伯,漆其头以为饮器。豫让遁逃山中,曰:'嗟乎!士为知己者死,女为悦己者容。今智伯知我,我必为报仇而死,以报智伯,则吾魂魄不愧矣。'……既去,顷之,襄子当出,豫让伏于所当过之桥下。襄子至桥,马惊,襄子曰:'此必是豫让也。'……使兵围之。豫让曰:'臣闻明主不掩人之美,而忠臣有死名之义。前君已宽赦臣,天下莫不称君之贤。今日之事,臣固伏诛,然愿请君之衣而击之焉,以致报仇之意,则虽死不恨。非所敢望也,敢布腹心。'于是襄子大义之,乃使使持衣与豫让。豫让拔剑三跃而击之,曰:'吾可以下报智伯矣。'遂伏剑自杀。死之日,赵国志士闻之,皆为涕泣。"《明史·方孝孺传》:"方孝孺字希直,一字希古,宁海人。……燕兵至江北,帝下诏征四方兵。孝孺曰:'事急矣。遣人许以割地,稽延数日。东南募兵渐集,北军不长舟楫,决战江上,胜负未可知也。'帝遣庆成郡主往燕军,陈其说,燕王不听。帝命诸将集舟师江上,而陈瑄以战舰降燕,燕兵遂渡江,时六月乙卯也。帝忧惧,或劝帝他幸,图兴复。孝孺力请守京城,以待援兵,即事不济,当死社稷。乙丑,金川门启,燕兵入,帝自焚。是日,孝孺被执下狱。……欲使草诏,召至,悲恸声彻殿陛。成祖降榻劳曰:'先生毋自苦,予欲法周公辅成王耳。'孝孺曰:'成王安在?'成祖曰:'彼自焚死。'孝孺曰:'何不立成王之子?'

成祖曰：'国赖长君。'孝孺曰：'何不立成王之弟？'成祖曰：'此朕家事。'顾左右授笔札，曰：'诏天下，非先生草不可。'孝孺投笔于地，且哭且骂曰：'死即死耳，诏不可草。'成祖怒，命磔诸市。孝孺慨然就死。"按：方孝孺论豫让之事，谓"士君子立身事主，既名知己，则当竭尽智谋，忠告善道，销患于未形，保治于未然，俾身全而主安。生为名臣，死为上鬼，垂光百世，照耀简策，斯为美也"。观其尽忠尽节之行，可谓言而必信者也。

　　士君子立身事主，既名知己，则当竭尽智谋，忠告善道，销患于未形，保治于未然，俾身全而主安。生为名臣，死为上鬼，垂光百世，照耀简策，斯为美也。就正意泛论起。苟遇知己，不能扶危于未乱之先，而乃捐躯殒命于既败之后，钓名沽誉，眩世炫俗，由君子观之，皆所不取也。暗贬豫让一流人，作一篇之冒。

　　盖尝因而论之。豫让臣事智伯，及赵襄子杀智伯，让为之报仇，赵襄子约韩、魏大败智伯军，遂杀之，尽灭智氏之族。智伯之臣豫让，欲为之报仇。声名烈烈，虽愚夫愚妇，莫不知其为忠臣义士也。宽一笔。呜呼！让之死固忠矣，惜乎处死之道有未忠者存焉。二句为一篇纲领。何也？观其漆身吞炭，谓其友曰："凡吾所为者极难，将以愧天下后世之为人臣而怀二心者也。"谓非忠可乎？初，豫让入襄子宫中，欲刺襄子，被获。襄子义而舍之。让又漆身为癞，吞炭为哑，行乞于市。其友曰："以子之才，臣事赵孟，必得近幸。子乃为所欲为，顾不易耶！"让曰："既已委质为臣，而又求杀之，是二心也。凡吾所为者，极难耳，然所以为此者，将以愧天下后世之为人臣怀二心者也。"○申"让之死固忠"句。及观斩衣三跃，襄子责以不死于中行杭。氏而独死于智伯，让应曰："中行氏以众人待我，我故以众人报之。智伯以国士待我，我故以国士报之。"即此而论，让有

846

馀憾矣。襄子出,豫让伏于桥下,获之。襄子曰:"子不尝仕范中行氏乎?智伯灭范中行氏,而子不为报仇,反委质仕智伯。智伯已死,子独何为报仇之深也?"让曰:"范中行氏以众人遇臣,臣故众人报之。智伯以国士遇臣,臣故国士报之。"襄子使兵环之。让曰:"今日之事,臣固伏诛。然愿请君之衣而击之,虽死不恨。"襄子义之,持衣与让。让拔剑三跃,呼天击之,遂伏剑死。○申"处死之道有未忠"句。段规之事韩康,任章之事魏献,未闻以国士待之也,而规也、章也,力劝其主从智伯之请,与之地以骄其志,而速其亡也。智伯请地于韩康子,康子欲弗与,段规曰:"不如与之。彼狃于得地,必请于他人,他人不与,必向之以兵,然则我得免于患,而待事之变矣。"康子乃与之。智伯悦,又求地于魏桓子,桓子以无故欲弗与,任章曰:"无故索地,诸大夫必惧。吾与之地,智伯必骄。彼骄而轻敌,此惧而相亲,智氏之命,必不长矣。"桓子亦与之。○请规、章作陪客。郄疵之事智伯,亦未尝以国士待之也,而疵能察韩、魏之情以谏智伯,虽不用其言以至灭亡,而疵之智谋忠告,已无愧于心也。智伯帅韩、魏之兵,围赵城而灌之。郄疵谓智伯曰:"夫从韩、魏而攻赵,赵亡,难必及韩、魏。韩、魏必反矣。"智伯不听。襄子阴与韩、魏约,夜使人杀守堤之吏,而决水灌智伯军,遂灭智氏。○又请郄疵作陪客。○两段先就他人翻驳"国士"二字,而豫让可见。让既自谓智伯待以国士矣,国士,济国之士也。注一句,起下正论。当伯请地无厌之日,纵欲荒暴之时,为让者,正宜陈力就列,谆谆然而告之曰:"诸侯大夫,各安分地,无相侵夺,古之制也。今无故而取地于人,人不与,而吾之忿心必生;与之,则吾之骄心以起。忿必争,争必败;骄必傲,傲必亡。"谆切恳告,谏不从,再谏之;再谏不从,三谏之;三谏不从,移其伏剑之死,死于是日。伯虽顽冥不灵,感其至诚,庶几复悟,和韩、魏,释赵围,保全智宗,守其祭祀。若然,则让虽死犹生也,岂不胜于斩衣而死乎?一段代为豫让画策,信手拈来,都成妙理。所谓"扶危于未乱之先",而申国士之报者如此。让于此时,曾无一语开悟主心,视伯之危亡犹越人视秦人之肥瘠也。袖手旁观,坐待成败,国士之报曾若是乎？智伯既死,而乃不胜,升。血气之悻悻,甘自附于刺客之流,何足道哉？何足道哉？安有既命为国士,而旁观其主纵欲荒暴,不救其亡者乎？如此辨驳,足令九泉心服。

虽然,以国士而论,豫让固不足以当矣。转开生面。彼朝为仇敌,暮为君臣,靦天上声。然而自得者,又让之罪人也。噫！靦,面目貌。○结处忽与豫让,无限感慨。

汇评

[清] 吴楚材、吴调侯：此论责豫让不能扶危于智氏未乱之先,而徒欲伏剑于智氏既败之后,独辟见解,从来未经人道破。通篇主意,只在"让之死固忠矣"二句上。先扬后抑,深得《春秋》褒贬之法。(《古文观止》卷一二)

卷十二 明文

亲政篇

王 鏊

解题 《明史·王鏊传》："王鏊，字济之，吴人。……成化十年乡试，明年会试，俱第一。廷试第三，授编修。……时中外大权悉归（刘）瑾，鏊初开诚与言，间听纳。……瑾横弥甚，祸流缙绅。鏊不能救，力求去。四年，疏三上，许之。赐玺书、乘传，有司给廪隶，咸如故事。家居十四年，廷臣交荐不起。世宗即位，遣行人存问。鏊疏谢，因上《讲学》、《亲政》二篇。帝优诏报闻，官一子中书舍人。嘉靖三年复诏有司存问。未几卒，年七十五。赠太傅，谥文恪。"

　　《易》之《泰》曰："上下交而其志同。"其《否》曰："上下不交而天下无邦。"分提。盖上之情达于下，下之情达于上，上下一体，所以为"泰"。下之情壅阏遏。而不得上闻，上下间隔，虽有国而无国矣，所以为"否"也。分疏。交则泰，不交则否，自古皆然，而不交之弊，未有如近世之甚者。双承，侧入时弊。君臣相见，止于视朝数刻；上下之间，章奏批答相关接，刑名法度相维持而已。虚文何补。非独沿袭故事，亦其地势使然。二句，推出弊源。何也？国家常朝于奉天门，未尝一日废，可谓勤矣。然堂陛悬绝，威仪赫奕，御史纠仪，鸿胪举不如法，通政司引奏，上特视之，谢恩见辞，惴惴而退，上何尝治一事，下何尝进一言哉？上下不交如此。此无他，地势悬绝，所谓堂上远于万里，虽欲言无由言也。与明目达聪之治异。

849

愚以为欲上下之交，莫若复古内朝之法。此句为一篇之纲。盖周之时有三朝：库门之外为正朝，询谋大臣在焉；路门之外为治朝，日视朝在焉；路门之内曰内朝，亦曰燕朝。《玉藻》云："君日出而视朝，退适路寝听政。"《玉藻》，《礼记》篇名。盖视朝而见群臣，所以正上下之分；听政而适路寝，所以通远近之情。注《玉藻》四句。○一段言周制。汉制：大司马、左右前后将军、侍中、散骑诸吏为中朝，丞相以下至六百石为外朝。一段言汉制。唐皇城之北南三门曰承天，元正、冬至受万国之朝贡，则御焉，盖古之外朝也。其北曰太极门，其西曰太极殿，朔、望则坐而视朝，盖古之正朝也。又北曰两仪殿，常日听朝而视事，盖古之内朝也。一段言唐制。宋时常朝则文德殿，五日一起居则垂拱殿，正旦、冬至、圣节称贺则大庆殿，赐宴则紫宸殿或集英殿，试进士则崇政殿。侍从以下，五日一员上殿，谓之轮对，则必入陈时政利害。内殿引见，亦或赐坐，或免穿靴，盖亦有三朝之遗意焉。挽一句，法变。○一段言宋制。盖天有三垣，天子象之。正朝，象太极也；外朝，象天市也；内朝，象紫微也。自古然矣。再提三朝之象，间衬作渡。

国朝圣节、正旦、冬至大朝会则奉天殿，即古之正朝也。常日则奉天门，即古之外朝也。而内朝独缺。然非缺也，立言本旨，专注内朝，故特笔提清。华盖、谨身、武英等殿，岂非内朝之遗制乎？明初之制，有正朝、外朝，而内朝独缺。乃以临御武英等殿，证合内朝，识议俱见精确。洪武太祖年号。中如宋濂、刘基，永乐成祖年号。以来如杨士奇、杨荣等，日侍左右，大臣蹇义、夏元吉等，常奏对便殿。于斯时也，岂有壅隔之患哉？一段言明制。今内朝未复，临御常朝之后，人臣无复进见，三殿高闷，鲜或窥焉。故上下之情，壅而不通；天下之弊,由是而积。上下不交,弊日益甚。孝宗年号弘治。晚年,深有慨于斯,屡召大臣于便殿,讲论天下事。方将有为,而民之无禄,不及睹至治之美,天下至今以为恨矣。无限感慨。

惟陛下远法圣祖,近法孝宗,尽铲。近世壅隔之弊。常朝之外,即文华、武英二殿,仿古内朝之意,著紧在此。大臣三日或五日一次起居,侍从、台谏各一员上殿轮对;诸司有事咨决,上据所见决之,有难决者,与大臣面议之;不时引见群臣,凡谢恩辞见之类,皆得上殿陈奏。虚心而问之,和颜色而道之,如此,人人得以自尽。陛下虽深居九重,而天下之事灿然毕陈于前。交泰之象,固自如是。外朝所以正上下之分,内朝所以通远近之情。外朝、内朝双结。如此,岂有近时壅隔之弊哉?收尽通章。唐、虞之时,明目达聪,嘉言罔伏,野无遗贤,亦不过是而已。

汇评

[清] 吴楚材、吴调侯:稽核朝典,融贯古今,而于兴复内朝之制,深致意焉。人主亲贤士大夫之日多,亲宦官宫妾之日少,则上下之情通,而奸伪不得壅蔽矣。谁谓唐、虞之治不可见于今哉?(《古文观止》卷一二)

尊经阁记

王守仁

解题 明钱德洪等《阳明先生年谱》："（嘉靖）四年乙酉,先生五十四岁,在越。是月（四月）,作《稽山书院尊经阁记》。"

经,常道也。劈手便疏"经"字。冒下三段。其在于天谓之"命",其赋于人谓之"性",其主于身谓之"心"。"心"、"性"、"命"三字,为一篇之纲领。"心"字又为三句之纲领。心也,性也,命也,一也。

通人物,达四海,塞天地,亘古今,无有乎弗具,无有乎弗同,无有乎或变者也,是常道也。一段提出心、性、命。其应乎感也,则为恻隐,为羞恶,为辞让,为是非;其见于事也,则为父子之亲,为君臣之义,为夫妇之别,为长幼之序,为朋友之信。是恻隐也,羞恶也,辞让也,是非也;是亲也,义也,序也,别也,信也,一也,皆所谓心也、性也、命也。

通人物,达四海,塞天地,亘古今,无有乎弗具,无有乎弗同,无有乎或变者也,是常道也。二段推出四端、五伦。以言其阴阳消息之行,则谓之《易》;以言其纪纲政事之施,则谓之《书》;以言其歌咏性情之发,则谓之《诗》;以言其条理节文之著,则谓之《礼》;以言其欣喜和平之生,则谓之《乐》;以言其诚伪邪正之辨,则谓之

《春秋》。是阴阳消息之行也,以至于诚伪邪正之辨也,一也,皆所谓心也、性也、命也。

通人物,达四海,塞天地,亘古今,无有乎弗具,无有乎弗同,无有乎或变者也,夫是之谓六经。六经者非他,吾心之常道也。三段疏出六经。○心、性、命之论,了然洞达,凡三见而不易一字。斩尽理学葛藤,下乃归到尊经之意。云净水空,绝无凝滞。是故《易》也者,志吾心之阴阳消息者也;《书》也者,志吾心之纪纲政事者也;《诗》也者,志吾心之歌咏性情者也;《礼》也者,志吾心之条理节文者也;《乐》也者,志吾心之欣喜和平者也;《春秋》也者,志吾心之诚伪邪正者也。说六经而归之于心,才是实学。君子之于六经也,求之吾心之阴阳消息而时行焉,所以尊《易》也;求之吾心之纪纲政事而时施焉,所以尊《书》也;求之吾心之歌咏性情而时发焉,所以尊《诗》也;求之吾心之条理节文而时著焉,所以尊《礼》也;求之吾心之欣喜和平而时生焉,所以尊《乐》也;求之吾心之诚伪邪正而时辨焉,所以尊《春秋》也。一言志吾心,即所以为经;一言求之吾心,即所以尊经。分作两层,说得至平至易,独探圣贤真种子。

盖昔圣人之扶人极、忧后世而述六经也,犹之富家者之父祖,虑其产业库藏之积,其子孙者或至于遗亡散失、卒困穷而无以自全也,而记籍其家之所有以贻之,使之世守其产业库藏之积而享用焉,以免于困穷之患。一喻。故六经者,吾心之记籍也,而六经之实,则具于吾心。处处不脱"吾心"二字。两语为一篇关锁。犹之产业库藏之实积,种种色色,具存于其家,其记籍者,特名状数目而已。即前喻再喻。而世之学者,不知求六经之实于吾心,而徒考索于影响之间,牵制于文义之末,硁硁然以为是六经矣。是犹富家之子孙不务守视、享用其产业库藏之实积,日遗亡散失,至为窭㐡人丐夫,而犹嚣嚣然指其记籍曰:"斯吾产业库藏之积也。"何以异于是? 即前喻再喻。○只是一喻翻剔,愈折愈醒,可为不知尊经者戒。

呜呼! 六经之学,其不明于世,非一朝一夕之故矣。感叹不尽。尚功利,崇邪说,是谓乱经。习训诂,传记诵,没溺于浅闻小见,以涂天下之耳目,是谓侮经。侈淫词,竞诡辩,饰奸心盗行,逐世垄断,而犹自以为通经,是谓贼经。举"乱经"、"侮经"、"贼经"三项,正与"尊经"相反。恶似而非,不可不深辨也。若是者,是并其所谓记籍者,而割裂弃毁之矣,宁复知所以为尊经也乎? 仍点前喻,掉转尊经,劲甚,快甚。

越城旧有稽山书院,在卧龙西冈,卧龙山,在越城内。荒废久矣。郡守渭南南君大吉,既敷政于民,则慨然悼末学之支离,将进之以圣贤之道,于是使山阴令吴君瀛拓书院而一新之,又为尊经之阁于其后,才点出尊经阁。曰:"经正则庶民兴,庶民兴斯无邪慝矣。"阁成,请予一言以谂多士。予既不获辞,则为记之若是。入题只此数语。呜呼! 世之学者得吾说而求诸其心焉,则亦庶乎知所以为尊经也已。仍归心上作结。

汇评

[清] 吴楚材、吴调侯:六经不外吾心,吾心自有六经。学道者何事远求? 返之于心,而六经之要,取之当前而已足。阳明先生一生训人,一以良知、良能,根究心性。于此记略已备具矣。(《古文观

止》卷一二)

[清] 李祖陶：直从原本说起，本陆子"六经皆我注脚"之意而畅发之，滂沛横肆，文亦足雄视百代。(《金元明八大家文选·王阳明文选》卷五)

象祠记

王守仁

解题 柳宗元尝记唐人毁象祠之事。《柳河东集》卷二八《道州毁鼻亭神记》云:"鼻亭神,象祠也。不知何自始立,因而勿除,完而恒新,相传且千岁。元和九年,河东薛公由刑部郎中刺道州,除秽革邪,敷和于下。……既底于理,公乃考民风,披地图,得是祠。骇曰:'象之道,以为子则傲,以为弟则贼,君有鼻,而天子之吏实理。以恶德而专世祀,殆非化吾人意哉!'命巫去之。于是撤其屋,墟其地,沉其主于江。"

灵博之山,有象祠焉。其下诸苗夷之居者,咸神而祠之。宣慰安君,因诸苗夷之请,新其祠屋,而请记于予。予曰:"毁之乎,其新之也?"提出"毁"字发义。曰:"新之。""新之也何居乎?"波折。曰:"斯祠之肇也,盖莫知其原,然吾诸蛮夷之居是者,自吾父、吾祖溯曾、高而上,皆尊奉而禋祀焉,举而不敢废也。"予曰:"胡然乎? 有鼻之祀,唐之人盖尝毁之。应"毁之"句。象之道,以为子则不孝,以为弟则傲。斥于唐,而犹存于今;坏于有鼻,而犹盛于兹土也,胡然乎?"故为疑词。跌起自己一段议论。

我知之矣:君子之爱若人也,推及于其屋之乌,刘向《说苑》:"爱其人者,兼爱屋上之乌。"而况于圣人之弟乎哉? 然则祠者为舜,非为象也。推出祠象之由,奇确。意象之死,其在干羽既格之后乎?舜命禹征有苗,三旬,苗民逆命,禹班师,帝乃诞敷文德,舞干羽于两阶,七旬有苗格。○承"为舜"句推出此意,独辟见解,名论不磨。不然,古之鸷桀者岂少哉?而象之祠独延于世。吾于是盖有以见舜德之至,入人之深,而流泽之远且久也。以上从舜德看出当祠。以下从象化看出当祠。

象之不仁,盖其始焉耳,又乌知其终之不见化于舜也?"始"、"终"二字,伏后断案。"化"字,是立论本旨。《书》不云乎:"克谐以孝,烝烝乂,不格奸","瞽瞍亦允若"。谐,和也。烝,进也。乂,善也。格,至也。言舜遭人伦之变,而能和以孝。使之进进以善自治,而不至于大为奸恶也。允,信也。若,顺也。则已化而为慈父。象犹不弟,不可以为谐。奇思创解。进治于善,则不至于恶。不底于奸,则必入于善。信乎象盖已化于舜矣。一证。《孟子》曰:"天子使吏治其国"。象不得以有为也。斯盖舜爱象之深而虑之详,所以扶持辅导之者之周也。不然,周公之圣,而管、蔡不免焉。斯可以见象之见化于舜,再证。故能任贤使能,而安于其位,泽加于其民,既死而人怀之也。落到象祠上。诸侯之卿,命于天子,盖《周官》之制,其殆仿于舜之封象欤?

吾于是盖有以信人性之善,天下无不可化之人也。推开一笔,下急收住。然则唐人之毁之也,据象之始也;今之诸苗之奉之也,承象之终也。一篇议论,只二语结尽。斯义也,吾将以表于世。使知人之不善虽若象焉,犹可以改;而君子之修德,及其至也,虽若象之不仁,而犹可以化之也。结出勉人正意。

汇评

[清] 吴楚材、吴调侯：傲弟见化于舜，从象祠想出，从来未经人道破。当与柳子厚《毁鼻亭神记》参看，各辟一解，俱有关名教之文。（《古文观止》卷一二）

[清] 过珙：象胡然而祠也？象而祠，象必德且泽于祠所矣。象既德且泽于祠所也，象胡然而不可祠乎？"见化于舜"，故德泽加于其民，既死而人怀之，其论是也。今而后，吾见象祠之常新矣，毁云乎哉？（《详订古文评注全集》卷一〇）

[清] 刘肇虞：到底是赞舜妙甚。罗应经曰："凿空立说，奇文至文。"（《元明八大家古文》卷五）

[清] 李祖陶：意极新警，而文则曲折如意。（《金元明八大家文选·王阳明文选》卷五）

瘗旅文

王守仁

解题 《明史·王守仁传》:"正德元年冬,刘瑾逮南京给事中、御史戴铣等二十余人。守仁抗章救。瑾怒,廷杖四十,谪贵州龙场驿丞。"据查继佐《罪惟录·列传》卷一〇载:"瑾怒,矫旨杖守仁于门,谪龙场驿丞,复使人前道扼之。守仁佯置衣履江岸,题诗其处,若投江死者,得以免。"

维正德四年秋月三日,有吏目云自京来者,不知其名氏,携一子一仆,将之任,过龙场,_{正德二年,先生以兵部主事疏救戴铣,下狱廷杖,谪贵州龙场驿丞。}投宿土苗家。予从篱落间望见之,阴雨昏黑,欲就问讯北来事,不果。_{安顿一笔,有情。}明早,遣人觇_{诣平声}之,已行矣。薄_博。午,有人自蜈蚣坡来,云:"一老人死坡下,傍两人哭之哀。"予曰:"此必吏目死矣,伤哉!"_{吏目死,独作摹揣,妙。}薄暮,复有人来云:"坡下死者二人,傍一人坐哭。"询其状,则其子又死矣。明日,复有人来云:"见坡下积尸三焉。"则其仆又死矣。呜呼伤哉!_{叙三人之死,作一样写法。}

念其暴_仆。骨无主,将二童子持畚、_本。锸_插。往瘗_意。之。_{瘗,埋也。}二童子有难色然。_{亦惧死耶。}予曰:"噫!吾与尔犹彼也。"_{伤情处只在此一语。}二童闵然涕下,请往。_{自然感动。}就其傍山

859

麓为三坎,埋之。又以只鸡、饭三盂,于。○盂,饭器。嗟吁涕洟而告之曰:

呜呼伤哉!繄衣。何人?繄何人?不识彼之姓名。吾龙场驿丞余姚王守仁也。告以己之姓名。吾与尔皆中土之产。吾不知尔郡邑,尔乌乎来为兹山之鬼乎?先作疑讶。古者重去其乡,游宦不逾千里,吾以窜逐而来此,宜也。尔亦何辜乎?再作悲悯。闻尔官吏目耳,俸不能五斗,尔率妻子躬耕可有也,胡为乎以五斗而易尔七尺之躯?又不足,而益以尔子与仆乎?呜呼伤哉!为五斗丧身,又益以尔子与仆,言至此为之凄绝。尔诚恋兹五斗而来,则宜欣然就道,胡为乎吾昨望见尔容,蹙然盖不胜升。其忧者?夫冲冒霜露,扳班。援崖壁,行万峰之顶,饥渴劳顿,筋骨疲惫,而又瘴疠侵其外,忧郁攻其中,其能以无死乎?瘴疠固能死人,忧郁之死人更甚。吾固知尔之必死,然不谓若是其速,又不谓尔子、尔仆亦遽然奄忽也。前云益以子与仆,此云不谓子与仆,婉转情深。皆尔自取,谓之何哉!恋兹五斗而来,又不胜其忧,非自取而何?吾念尔三骨之无依而来瘗耳,乃使吾有无穷之怆也。呜呼伤哉!纵不尔瘗,幽崖之狐成群,阴壑之虺毁。如车轮,亦必能葬尔于腹,不致久暴尔。尔既已无知,然吾何能为心乎?一反一转,有非常苦心。自吾去父母乡国而来此,三年矣,历瘴毒而苟能自全,以吾未尝一日之戚戚也。今悲伤若此,是吾为尔者重,而自为者轻也,吾不宜复为尔悲矣。有情归之无情,深于学问之言。

吾为尔歌,尔听之。歌曰:连峰际天兮飞鸟不通,游子怀乡兮莫知西东。莫知西东兮维天则同,异域殊方兮环海之中。达观随寓兮莫必予宫。魂兮魂兮无悲以恫。通。○言虽身处异乡,总同在天之中,不必悲也。

又歌以慰之曰:与尔皆乡土之离兮,蛮之人言语不相知兮。性命不可期,吾苟死于兹兮,率尔子仆,来从予兮。吾与尔遨以嬉兮,骖紫彪而乘文螭鸥。兮,登望故乡而嘘唏兮。洒洒落落,足以慰死。吾苟获生归兮,尔子、尔仆尚尔随兮,无以无侣悲兮!道傍之冢累累兮,多中土之流离兮,相与呼啸而徘徊兮。餐风饮露,无尔饥兮。朝友麋鹿,暮猿与栖兮。尔安尔居兮,无为厉于兹墟兮。精诚可以格幽冥。

汇评

[清] 林云铭:掩骼埋藏,原是仁人之事。然其情未必悲哀若此。此因有同病相怜之意,未知将来自己必归中土与否,触景伤情,虽悲吏目,却是自悲也。及转出歌来,仍以己之或死或归两意生发。词似旷远,而意实悲怆。所谓长歌可以当哭也。(《古文析义》卷一六)

[清] 吴楚材、吴调侯:先生罪谪龙场,自分一死,而幸免于死。忽睹三人之死,伤心惨目,悲不自胜。作之者固为多情,读之者能无泪下?(《古文观止》卷一二)

[清] 刘肇虞:一恻怛哀矜之意,说来有惊怪,有责备,有割绝,愈转愈深,言有尽而意无穷。罗应经曰:"公本圣贤之学,言必由中,自成千古至文。"(《元明八大家古文》卷五)

[清] 李祖陶:总在插入自己,遂生出无端感怆,无限悲伤。歌辞豪宕悱恻,足以贯金石而泣鬼神。(《金元明八大家文选·王阳明文选》卷七)

信陵君救赵论

唐顺之

解题　《史记·魏公子列传》："魏安釐王二十年,秦昭王已破赵长平军,又进兵围邯郸。公子(按:指信陵君)姊为赵惠文王弟平原君夫人,数遗魏王及公子书,请救于魏。魏王使将军晋鄙将十万众救赵。秦王使使者告魏王曰:'吾攻赵旦暮且下,而诸侯敢救者,已拔赵,必移兵先击之。'魏王恐,使人止晋鄙,留军壁邺,名为救赵,实持两端以观望。……(信陵君)至邺,矫魏王令代晋鄙。晋鄙合符,疑之,举手视公子曰:'今吾拥十万之众,屯于境上,国之重任,今单车来代之,何如哉?'欲无听。朱亥袖四十斤铁椎,椎杀晋鄙,公子遂将晋鄙军。……进兵击秦军。秦军解去,遂救邯郸。"

　　论者以窃符为信陵君之罪,信陵君,魏公子无忌也。秦围赵邯郸,公子姊为平原君夫人,平原君遗书公子,请救于魏。魏王使将军晋鄙救赵,畏秦,留军壁邺。平原君使让公子曰:"胜所以自附为婚姻者,以公子之高义,为能急人之困也。"公子约车骑百余乘,欲赴秦军与赵俱死。夷门监者侯生,教公子请如姬窃兵符于王之卧内。公子尝为如姬报其父仇,果盗兵符与公子,夺晋鄙军,救邯郸,存赵。余以为此未足以罪信陵也。一句立案。夫强秦之暴亟矣,今悉兵以临赵,赵必亡。赵,魏之障也。赵亡,则魏且为之后。赵、魏,又楚、燕、齐诸国之障也,赵、魏亡,则楚、燕、齐诸国为之后。天下之势,未有岌岌于此者也。故救赵者,亦以救魏;救一国者,亦以救六国也。窃魏之符以纾魏之患,借一国之师以分六国之灾,

卷十二　明文

夫奚不可者？先论六国大势，明信陵救赵之功。欲擒先纵，此宽一步法。

然则信陵果无罪乎？曰：又不然也。余所诛者，信陵君之心也。一语扼定主意。信陵一公子耳，魏固有王也。提清。赵不请救于王，而谆谆焉请救于信陵，是赵知有信陵，不知有王也。平原君以婚姻激信陵，而信陵亦自以婚姻之故，欲急救赵，是信陵知有婚姻，不知有王也。其窃符也，非为魏也，非为六国也，为赵焉耳。非为赵也，为一平原君耳。层层驳入。使祸不在赵，而在他国，则虽撤魏之障，撤六国之障，信陵亦必不救。使赵无平原，或平原而非信陵之姻戚，虽赵亡，信陵亦必不救。又反证二层，更醒。则是赵王与社稷之轻重，不能当一平原公子，而魏之兵甲所恃以固其社稷者，只以供信陵君一姻戚之用。议论刺入心髓。幸而战胜，可也，不幸战不胜，为虏于秦，是倾魏国数百年社稷以殉姻戚，吾不知信陵何以谢魏王也。又设一难以诘之，信陵真难置喙。

夫窃符之计，盖出于侯生，而如姬成之也。侯生教公子以窃符，如姬为公子窃符于王之卧内，是二人亦知有信陵，不知有王也。又生一枝节，以为后半篇议论张本。余以为信陵之自为计，曷若以唇齿之势激谏于王，不听，则以其欲死秦师者而死于魏王之前，王必悟矣；侯生为信陵计，曷若见魏王而说之救赵，不听，则以其欲死信陵君者而死于魏王之前，王亦必悟矣；如姬有意于报信陵，曷若乘王之隙而日夜劝之救，不听，则以其欲为公子死者而死于魏王之前，王亦必悟矣。一段代为区处，反笔敲击，愈读愈快。如此，则信陵君不负魏，亦不负赵；二人不负王，亦不负信陵君。何为计不出此？信陵知有婚姻之赵，不知有王。内则幸姬，外则邻

863

国,贱则夷门野人,又皆知有公子,不知有王。则是魏仅有一孤王耳。作一总收,深明信陵之非,使之无地逃隐。

呜呼!自世之衰,人皆习于背公死党之行而忘守节奉公之道,有重相而无威君,有私仇而无义愤,如秦人知有穰侯,不知有秦王,虞卿知有布衣之交,不知有赵王,盖君若赘旒同瘤。久矣。穰侯,秦昭王相魏冉。虞卿,赵孝成王相,解其相印,与魏齐亡。○引战国时事作陪衬,见列国无王,习已成风。波澜绝妙。由此言之,信陵之罪,固不专系乎符之窃不窃也。深一层说。其为魏也,为六国也,纵窃符犹可。深文。其为赵也,为一亲戚也,纵求符于王,而公然得之,亦罪也。深文。

虽然,魏王亦不得为无罪也。上因罪信陵,而并罪侯生、如姬,此处又以罪魏王作波澜,潆洄映带,议论不穷。兵符藏于卧内,信陵亦安得窃之?信陵不忌魏王,而径请之如姬,其素窥魏王之疏也;如姬不忌魏王,而敢于窃符,其素恃魏王之宠也。木朽而蛀生之矣。插喻巧妙。古者人君持权于上,而内外莫敢不肃。立此二语,渐收拾前文。则信陵安得树私交于赵?赵安得私请救于信陵?如姬安得衔信陵之恩?信陵安得卖恩于如姬?履霜之渐,岂一朝一夕也哉!《易》曰:"履霜坚冰至。"又曰:"其所由来者渐矣","非一朝一夕之故"也。由此言之,不特众人不知有王,王亦自为赘旒也。如此立论,方是根究到底。

故信陵君可以为人臣植党之戒,魏王可以为人君失权之戒。两语双结,全局俱振。《春秋》书葬原仲、翚挥。帅师。嗟夫!圣人之为虑深矣!庄公二十有七年"秋,公子友如陈,葬原仲。"公子友,即季子也。如陈,私行也。原仲,陈大夫。隐公四年"秋,翚帅师。"翚,鲁卿羽父也。宋公乞师,翚以不义强其君,固请而行。无君之心兆矣。书葬原仲,以戒人臣之植党;书翚帅师,以戒人君之失权。此圣人之深虑也。○结意凛然。

汇评

[清] 吴楚材、吴调侯：诛信陵之心,暴信陵之罪,一层深一层,一节深一节,愈驳愈醒,愈转愈刻。词严义正,直使千载扬诩之案,一笔抹杀。(《古文观止》卷一二)

[清] 李扶九：此篇以窃符罪信陵,此俗解也,先生劈首驳去,直揭其无王之心,畅发而并罪及赵王、平原、侯生、如姬、魏王,无义不到,无笔不深。(《古文笔法百篇》卷五)

[清] 黄仁黼：战国时之天下,一攘窃之天下也。诸侯则窃王之号矣,大夫则窃君之称矣,名分纲常,显然窃之而不顾,何一符之足惜也。先生不此之较,而惟心是诛,盖亦从不可胜诛之中而诛之耳。故其中一则曰"不知有王",再则曰"不知有王",非真不知也,心无王耳;一则曰"王必悟",再则曰"王必悟",非真能悟也,心有王耳。心不知有王,而王亦卒不知;心不肯悟王,而王亦卒不悟。噫! 此区区之魏,所以卒灭于秦,而秦遂并六国也。(《古文笔法百篇》卷五)

报刘一丈书

宗 臣

解题　《明史·李攀龙传》附《宗臣传》："宗臣，字子相，扬州兴化人。由刑部主事调考功，谢病归，筑室百花洲上，读书其中。起故官，移文选。进稽勋员外郎，严嵩恶之，出为福建参议。倭薄城，臣守西门，纳乡人避难者万人。或言贼且迫，曰：'我在，不忧贼也。'与主者共击退之。寻迁提学副使，卒官，士民皆哭。"刘一丈，名玠，字国珍，号墀石，系作者父亲宗周之同乡至交。本文末尾尚有一段，《观止》删去，兹录之："乡园多故，不能不动客子之愁。至于长者之抱才而困，则又令我怆然有感。天之与先生者甚厚，亡论长者不欲轻弃之，即天意亦不欲长者之轻弃之也，幸宁心哉！"

数千里外，得长者时赐一书，以慰长想，即亦甚幸矣；何至更辱馈遗，则不才益将何以报焉？谢馈遗。书中情意甚殷，即长者之不忘老父，知老父之念长者深也。谢念及其父。

至以"上下相孚，才德称去声。位"语去声。不才，相爱情深，方有此语。则不才有深感焉。夫才德不称，固自知之矣；提过。至于不孚之病，则尤不才为甚。二句伏后案。

且今之所谓孚者何哉？借"孚"字一转，生出无数议论。日夕策马，候权者之门。门者故不入，则甘言媚词作妇人状，袖金以私之。

即门者持刺入,而主人又不即出见,尊严若神。立厩中仆马之间,恶气袭衣袖,即饥寒毒热不可忍,不去也。抵暮,则前所受赠金者出,报客曰:"相公倦,谢客矣,客请明日来。"即明日又不敢不来。曲笔一接,刻画尽致。夜披衣坐,闻鸡鸣即起盥贯。栉,职。○盥,洗手。栉,梳发。走马推门,门者怒曰:"为谁?"则曰:"昨日之客来。"可发一笑。则又怒曰:"何客之勤也!岂有相公此时出见客乎?"厉声不堪。客心耻之,至此亦觉难受。强忍而与言曰:"亡奈何矣,姑容我入。"门者又得所赠金,则起而入之。又立向所立厩中。故意描摹。幸主者出,南面召见,则惊走匍匐阶下。主者曰:"进!"则再拜,故迟不起,起则上所上寿金。主者故不受,则固请;主者故固不受,则又固请。叠句妙。然后命吏纳之,则又再拜,又故迟不起,起则五六揖始出。历叙丑态如画。出揖门者曰:"官人幸顾我,他日来,幸无阻我也!"门者答揖。大喜,奔出。马上遇所交识,即扬鞭语曰:"适自相公家来,相公厚我,厚我!"且虚言状。写马上两"厚我"急语,神情逼肖。即所交识亦心畏相公厚之矣。相公又稍稍语人曰:"某也贤,某也贤。"闻者亦心计交赞之。此世所谓上下相孚也。以冷语结前案。长者谓仆能之乎?以下乃言不孚之病。

前所谓权门者,自岁时伏腊一刺之外,即经年不往也。间去声。道经其门,则亦掩耳闭目,跃马疾走过之,若有所追逐者。斯则仆之褊衷。以此长不见悦于长吏,仆则愈益不顾也。每大言曰:"人生有命,吾惟守分而已。"长者闻之,得无厌其为迂乎?一段道出自己气节。以少胜多,笔力峭劲。

汇评

[明] 黄宗羲：描写逢迎之状态如画。○又先夫子曰：宗臣，字子和，兴化人。提学副使。其文虽无深致，而方幅整齐。(《明文授读》卷一九)

[清] 林云铭：叙上下相孚处，未免涉于轻薄，然仕途中更有甚于此者，但不可对人言耳。昏暮乞哀，骄人白日，舍此别无可进身处。(《古文析义》卷一六)

[清] 吴楚材、吴调侯：是时严介溪揽权，俱是乞哀昏暮、骄人白日一辈人，摹写其丑形恶态，可为尽情。末说出自己之气骨，两两相较，薰莸不同，清浊异质。有关世教之文。(《古文观止》卷一二)

[清] 过珙：写伺候之苦，献媚之劳，得意之状，字字写照传神，直令人不忍见，并不忍闻。看此辈何处生活！(《详订古文评注全集》卷一○)

吴山图记

归有光

解题 《古文笔法百篇》卷一:"《晋书》:陆云补浚仪令,到官肃然,一县称为神明。郡守害其能。去官后,百姓图其形,配食县社。今先生为魏公作记,不曰'配食县社',而曰'尸祝于浮屠、老子之宫',固知所题者山图,非若浚仪之民实有其事。"按:先生指作者归有光,与魏公(用晦)同年(嘉靖四十四年)及第。

吴、长洲二县,在郡治所,分境而治。而郡西诸山,皆在吴县。先提清吴山。其最高者,穹窿、阳山、邓尉、西脊、铜井。而灵岩,吴之故宫在焉,尚有西子之遗迹。灵岩独另写,妙。若虎丘、剑池及天平、尚方、支硎,刑。皆胜地也。而太湖汪洋三万六千顷,七十二峰沉浸其间,则海内之奇观矣。太湖又另写,妙。○以上叙次山水,作两番写,错落多致。

余同年友魏君用晦为吴县,未及三年,以高第召入为给事中。君之为县有惠爱,百姓扳班。留之不能得,而君亦不忍于其民,由是好事者绘《吴山图》以为赠。叙出图山之由。

夫令之于民诚重矣。令诚贤也,其地之山川草木亦被其泽而有荣也;令诚不贤也,其地之山川草木亦被其殃而有辱也。忽

869

起一峰，文情排宕。君于吴之山川，盖增重矣。异时吾民将择胜于岩峦之间，尸祝于浮屠、老子之宫也，固宜。一顿。而君则亦既去矣，何复惓惓于此山哉？又拓开一笔。昔苏子瞻称韩魏公去黄州四十余年而思之不忘，至以为思黄州诗，子瞻为黄人刻之于石。然后知贤者于其所至，不独使其人之不忍忘而已，亦不能自忘于其人也。借魏公美用晦，绝妙引证。

君今去县已三年矣，一日与余同在内庭，出示此图，展玩太息，因命余记之。点作记。噫！君之于吾吴，有情如此，如之何而使吾民能忘之也？结有余韵。

汇评

[清] 吴楚材、吴调侯：因令赠图，因图作记，因赠图而知令之不能忘情于民，因记图而知民之不能忘情于令。婉转情深，笔墨在山水之外。（《古文观止》卷一二）

[清] 李扶九：一山图耳，有甚情趣？乃从为令上生发，说得极有情。至笔墨之妙，尤深于开拓、断续、离合之法。（《古文笔法百篇》卷一）

[清] 黄仁黼：吴中山水甲天下，为去任官图赠，即有如王摩诘之画辋川，意出尘外，怪生笔端，亦不过丹青名胜，聊以供异日娱目赏心之具耳，初何尝有所眷恋于其间哉！乃一经先生品题，而山川草木皆若有情。信由先生妙笔，情至文生，故能言之恳款，娓娓动人。（《古文笔法百篇》卷一）

沧浪亭记

归有光

解题 沧浪亭系北宋苏舜钦贬居苏州时住所之所在。《苏舜钦集》卷十三《沧浪亭记》云："予以罪废无所归,扁舟南游,旅于吴中,始僦舍以处,……一日过郡学,东顾草树郁然,崇阜广水,不类乎城中。并水得微径于杂花修竹之间,东趋数百步,有弃地,纵广合五六十寻,三向皆水也。……予爱而徘徊,遂以钱四万得之,构亭北碕,号沧浪焉。"其地原有吴越时近戚孙承祐之池馆,已毁。《宋史·吴越钱氏世家》谓"孙承祐,杭州钱塘人,傔纳其姊为妃,因擢处要职","凭藉亲宠,恣为奢侈"。本文记叙沧浪亭的演变而感慨寓焉。

浮图文瑛_{浮图,释氏之称。文瑛,僧之号也。}居大云庵,环水,即苏子美_{名舜钦}。沧浪亭之地也。_{提明来历。}亟求余作《沧浪亭记》,曰:"昔子美之记,记亭之胜也,请子记吾所以为亭者。"

余曰:昔吴越有国时,_{吴越王钱镠,临安人,唐末据杭州,梁封为吴越王,谥武肃,传国四世,至宋太祖时入朝,国亡。○落想甚远。}广陵王镇吴中,治园于子城之西南,其外戚孙承祐,亦治园于其偏。迨淮南纳土,_{入赵宋。}此园不废。苏子美始建沧浪亭,_{遗迹在苏州府学东南。}最后禅者居之。此沧浪亭为大云庵也。_{亭变为庵。}有庵以来二百年,文瑛寻古遗事,复子美之构于荒残灭没之余,此大云庵为沧浪亭也。庵复为亭。下发感慨。

夫古今之变，朝市改易。尝登姑苏之台，望五湖之渺茫，群山之苍翠，太伯、虞仲之所建，阖闾、夫差之所争，子胥、种、蠡之所经营，今皆无有矣，庵与亭何为者哉？合挽庵与亭一笔，写得淡然。虽然，钱镠流。因乱攘窃，保有吴、越，国富兵强，垂及四世，诸子姻戚，乘时奢僭，宫馆苑囿，极一时之盛，顿宕。而子美之亭，乃为释子所钦重如此。缴转。可以见士之欲垂名于千载，不与澌斯。然而俱尽者，则有在矣。澌，冰索也。○一篇曲折文字，主意只在此一句。

文瑛读书喜诗，与吾徒游，呼之为沧浪僧云。点睛。

汇评

[清] 吴楚材、吴调侯：忽为大云庵，忽为沧浪亭，时时变易，已足唤醒世人。中间一段点缀，凭吊之感，黯然动色。至末一转，言士之垂名不朽者，固自有在，而不在乎亭之犹存也。此意开人智识不浅。（《古文观止》卷一二）

[清] 过琪：文致曲折淋漓，大苏集中，最多此种。（《详订古文评注全集》卷一○）

[清] 刘肇虞：诠次与议论俱逸绝。罗应经曰："慷慨有余哀。"（《元明八大家古文》卷六）

[清] 李祖陶：议论亦人人所有，而气韵特高。（《金元明八大家文选·归震川文选》卷四）

青霞先生文集序

茅　坤

解题　沈炼，号青霞。《明史·沈炼传》："沈炼，字纯甫，会稽人。嘉靖十七年进士。除溧阳知县。用忤倨，忤御史，调茌平。父忧去，补清丰，入为锦衣卫经历。炼为人刚直，嫉恶如仇，然颇疏狂。……嵩贵幸用事，边臣争致贿遗，及失事惧罪，益辇金贿嵩，贿日以重。炼时时扼腕。一日，从尚宝丞张逊业饮，酒半及嵩，因慷慨骂詈，流涕交颐。遂上疏言：'……今大学士嵩，贪婪之性疾入膏肓，愚鄙之心顽于铁石。当主忧臣辱之时，不闻延访贤豪，咨询方略，惟与子世蕃规图自便。……'因并论邦谟（按：夏邦谟为吏部尚书。）谄谀黩货状。请均罢斥，以谢天下。帝大怒，榜之数十，谪佃保安。……会蔚州妖人阎浩等素以白莲教惑众，出入漠北，泄边情为患。官军捕获之，词所连及甚众。顺喜，谓楷（按：顺，杨顺；楷，路楷，皆嵩之党羽。）曰：'是足以报严公子矣。'窜炼名其中，诬浩等师事炼，听其指挥，具狱上。嵩父子大喜。前总督论适长兵部，竟复如其奏。斩炼宣府市，戍子襄极边。"

青霞沈君，名炼，字纯甫，会稽人。由锦衣经历上书诋宰执。宰执深疾之，方力构其罪，赖天子仁圣，特薄其谴，徙之塞上。先生抗疏言严嵩父子误国，请戮之以谢天下。诏榜之数十，谪出塞外。当是时，君之直谏之名满天下。横插一句，妙。已而君累然携妻子出家塞上。会北敌数内犯，而帅府以下束手闭垒，以恣敌之出没，不及飞一镞以相抗。甚且及敌之退,则割中土之战没者与野行者之馘国。以为功。而父之哭其子,妻之哭其夫,兄之哭其弟者,往往而是,无所控吁。预。○旷职冒功,毒害生民,今古一辙。君既上愤疆场之日弛,而又下痛诸将士日营奸。刈我人民以蒙国家也。指上一段言。数呜咽欷歔,而以其所忧郁发之于诗歌文章,以泄其怀,即集中所载诸什是也。出诗文之有集,多少曲折。

君故以直谏为重于时,而其所著为诗歌文章又多所讥刺,稍稍传播,上下震恐,始出死力相煽构,而君之祸作矣。宰执、帅府恨先生切骨,窜名白莲教中,戮于边。○先生垂名千载,全从此祸得来,未足为恨。君既没,而一时阘寄所相与逭君者,寻且坐罪罢去。又未几,故宰执之仇君者亦报罢。而君之门人给谏俞君,于是哀辑其生平所著若干卷,刻而传之。而其子以敬,来请予序之首简。出作序意。

茅子受读而题之曰:若君者,非古之志士之遗乎哉?喝一句。孔子删《诗》,自《小弁》之怨亲,《巷伯》之刺谗以下,其忠臣、寡妇、幽人、怼士之什,并列之为"风";疏之为"雅",不可胜升。数。上声。岂皆古之中声也哉?然孔子不遽遗之者,特悯其人,矜其志,犹曰"发乎情,止乎礼义","言之者无罪,闻之者足以为戒"焉耳。删《诗》不必皆中声,独见其大。予尝按次《春秋》以来,屈原之《骚》疑于怨,伍胥之谏疑于胁,贾谊之疏疑于激,叔夜之诗疑于愤,刘蕡之对疑于亢,然推孔子删《诗》之旨而哀次之,当亦未必无录之者。上引《小弁》、《巷伯》,此引屈原、伍胥诸人,俱以孔子夹写,正极力推尊处。君既没,而海内之荐绅大夫至今言及君,无不酸鼻而流涕。呜呼！集中所载《鸣剑》、《筹边》诸什，试令后之人读之，其足以寒贼臣之胆，而跃塞垣战士之马，而作之忾也，固矣。二十三字，作一气读。他日国家采风者之使出而览观焉，其能遗之也乎？予谨识之。应"遗"字收。

至于文词之工不工，及当古作者之旨与否，非所以论君之大者也，予故不著。结有余波。

汇评

[清] 林云铭：青霞先生以诋奸相而徙边，即以徙边而著作，因此著作而殒命，其志则较然不欺者，不得以其诗文非温厚和平本旨而没之也。盛名既传，后人读其诗文，犹可以为警戒鼓舞之资，多少关系在内，断无不传之理矣。篇中步步写来，大有生色，而笔致亦浓至周匝。卓然名篇。（《古文析义》卷一六）

[清] 吴楚材、吴调侯：先生生平大节不必待文集始传。特后之人，诵其诗歌文章，益足以发其忠孝之志，不必其有当于中声也。此序深得此旨，文亦浩落苍凉，读之凛凛有生气。（《古文观止》卷一二）

蔺相如完璧归赵论

王世贞

解题 《史记·廉颇蔺相如列传》：“相如既归，赵王以为贤大夫使不辱于诸侯，拜相如为上大夫。秦亦不以城予赵，赵亦终不予秦璧。……太史公曰：知死必勇，非死者难也，处死者难。方蔺相如引璧睨柱，及叱秦王左右，势不过诛，然士或怯懦而不敢发。相如一奋其气，威信敌国，退而让颇，名重太山，其处智勇，可谓兼之矣！”

蔺子。相如之完璧，人皆称之，予未敢以为信也。赵惠文王时，得楚和氏璧，秦昭王欲以十五城易之，赵王使蔺相如奉璧西入秦。相如视秦王无意偿赵城，使其从者怀璧从径道亡，完璧归赵。○劈手一断。

夫秦以十五城之空名，诈赵而胁其璧，是时言取璧者情也，非欲以窥赵也。情，谓诈赵之情也。秦非欲谋赵，其情止欲取赵之璧。赵得其情则弗予，不得其情则予；得其情而畏之则予，得其情而弗畏之则弗予。此两言决耳，奈之何既畏而复挑其怒也！予璧，畏也；复怀以归，挑其怒也。○此段言止有予与弗予两说，不当既予而复怀归。

且夫秦欲璧，赵弗予璧，两无所曲直也。入璧而秦弗予城，曲在秦。秦出城而璧归，曲在赵。欲使曲在秦，则莫如弃璧；畏弃璧，则莫如弗予。相如谓赵王曰：“秦以城求璧，而赵不许，曲在赵。赵予璧，而秦不予赵城，曲在秦。”此言赵弗予璧，亦无所曲。以辨其“赵不许，曲在赵”之说。夫秦王既按图以予城,又设九宾,斋而受璧,其势不得不予城。秦王从相如之言,斋戒五日,设九宾礼于庭,引相如受璧,势不得不予赵城也。○作一扬。璧入而城弗予,相如则前请曰:"臣固知大王之弗予城也。夫璧非赵璧乎?而十五城,秦宝也,今使大王以璧故,而亡其十五城,十五城之子弟皆厚怨大王以弃我如草芥也。既不可以城易璧。大王弗予城而绐台上声。赵璧,以一璧故,而失信于天下,臣请就死于国,以明大王之失信。"又不可以璧易信。秦王未必不返璧也。此段代为相如画策,璧可以还赵,而直亦不在秦。今奈何使舍人怀而逃之,而归直于秦?是时秦意未欲与赵绝耳。令秦王怒,而僇相如于市,武安君秦将白起。十万众压邯寒。郸,而责璧与信,邯郸,赵都。一胜而相如族,再胜而璧终入秦矣。

吾故曰:蔺相如之获全于璧也,天也。言相如归璧,而获全无害者,乃一时之幸,非人力也。若其劲渑闵。池,赵王与秦王会渑池,秦王请赵王鼓瑟,相如亦请秦王击筑,是劲渑池也。柔廉颇,相如一旦位在廉颇之右,廉颇羞为之下,欲辱相如,相如尝畏避之。廉颇负荆谢罪,卒相与欢,是柔廉颇也。则愈出而愈妙于用。所以能完赵者,天固曲全之哉。余波作结。

汇评

[清] 林云铭:论断题,其篇法、段法、句法,俱难得如此斩截爽朗,别无衬垫闲话,自是大家手笔。……至于以相如获全于璧,归诸天幸两语,颇为近理。假令秦初得璧,即诈令有司按图以城予赵,阴戒勿予,相如必无可措辞请璧睨柱,不然,或俟其归传舍时,广设侦伺隄防,即欲使从者衣褐怀璧,亦必不能径达于赵。乃秦计俱不出此,致相如得以智勇自全,岂非天幸?篇中却不议及。尚论古

人,谈何容易耶?(《古文析义》卷一六)

[清] 吴楚材、吴调侯:相如完璧归赵一节,至今凛凛有生气,固无待后人之訾议也。然怀璧归赵之后,相如得以无恙,赵国得以免祸者,直一时之侥幸耳。故中间特设出一段中正之论,以为千古人臣保国保身万全之策,勿得视为迂谈而忽之也。(《古文观止》卷一二)

卷十二　明文

徐文长传

袁宏道

解题　钱谦益《列朝诗集小传》云："文长讥评王、李，其持论迥异时流。文长殁，王、李之焰益炽，无过而问焉者。后三十余年，楚人袁中郎游越中，得其残帙，示陶祭酒周望，相与激赏，谓嘉靖以来第一人。"按：《袁中郎全集》卷四《徐文长传》开头有袁宏道发现文长诗作，与陶周望灯下共读之记载，《观止》略去，今录于下："余一夕坐陶太史楼，随意抽架上书，得《阙编》诗一帙，恶楮毛书，烟煤败黑，微有字形，稍就灯间读之。读未数首，不觉惊跃，急呼周望：'《阙编》何人作者？今耶？古耶？'周望曰：'此余乡徐文长先生书也。'两人跃起，灯影下，读复叫，叫复读。僮仆睡者皆惊起。盖不佞生三十年，而始知海内有文长先生。噫，是何相识之晚也。因以所闻于越人士者，略为次第，为《徐文长传》。"

　　徐渭，字文长，为山阴诸生，声名籍甚。薛公蕙校越时，奇其才，有国士之目。然数奇，鸡。屡试辄蹶。通篇从"数奇"二字着眼。中丞胡公宗宪闻之，客诸幕。文长每见，则葛衣乌巾，纵谈天下事，胡公大喜。是时公督数边兵，威镇东南，介胄之士，膝语蛇行，不敢举头，而文长以部下一诸生傲之，议者方之刘真长、杜少陵云。其才、其品，固足增重。会得白鹿，属祝。文长作表，表上，永陵喜。公以是益奇之，一切疏计，皆出其手。文长自负才略，好奇计，谈兵多中，视一世士无可当意者。然竟不偶。应数奇。一结。

文长既已不得志于有司，接屡试辄蹶。遂乃放浪曲蘖，恣情山水，走齐、鲁、燕、赵之地，穷览朔漠。其所见山奔海立、沙起云行、雨鸣树偃、幽谷大都、人物鱼鸟，一切可惊可愕之状，一一皆达之于诗。"其所见"至此，作一气读。其胸中又有勃然不可磨灭之气，英雄失路、托足无门之悲，故其为诗，如嗔如笑，如水鸣峡，如种出土，如寡妇之夜哭、羁人之寒起。诗评新确。虽其体格时有卑者，然匠心独出，有王者气，非彼巾帼国。而事人者所敢望也。巾帼，妇人冠。○极抑扬之致。○此段论其诗，是袁石公之文，即是徐天池之文，悲壮淋漓，睥睨一世。文有卓识，气沉而法严，不以摸拟损才，不以议论伤格，韩、曾之流亚也。并论其文。文长既雅不与时调合，当时所谓骚坛主盟者，文长皆叱而奴之，故其名不出于越，悲夫！总承诗文一结，正见数奇不偶。

喜作书，笔意奔放如其诗，挽诗一笔，妙。苍劲中姿媚跃出，欧阳公所谓"妖韶女，老自有余态"者也。并论其书。间以其余，旁溢为花鸟，皆超逸有致。并论其画。○文长诗文字画皆自性中流出，不假人工雕琢者也。

卒以疑杀其继室，下狱论死。张太史元汴力解，乃得出。晚年愤益深，佯狂益甚，显者至门，或拒不纳。时携钱至酒肆，呼下隶与饮。极写不可一世之状。或自持斧击破其头，血流被面，头骨皆折，揉之有声。或以利锥锥其两耳，深入寸余，竟不得死。宁为玉碎，无为瓦全。可伤可痛。周望言："晚岁诗文益奇，又挽诗、文，妙。无刻本，集藏于家。"余同年有官越者，托以钞录，今未至。余所见者，《徐文长集》、《阙编》二种而已。然文长竟以不得志于时，抱愤而卒。数奇不偶，一语收住。

卷十二　明文

　　石公曰：先生数奇不已，遂为狂疾。狂疾不已，遂为囹圄。古今文人牢骚困苦，未有若先生者也。虽然，胡公间世豪杰，永陵英主，幕中礼数异等，是胡公知有先生矣；表上，人主悦，是人主知有先生矣，独身未贵耳。先生诗文崛起，一扫近代芜秽之习，百世而下，自有定论，胡为不遇哉？生则见知于君臣，没则见重于后世，身虽不贵，未为不遇也。梅客生尝寄予书曰："文长吾老友，病奇于人，人奇于诗。"余谓文长无之而不奇者也。无之而不奇，斯无之而不奇鸡。也。悲夫！赞语亦极咏叹之致。

汇评

〔清〕　林云铭：以"奇"字作骨，而重惜其不得志。悲壮淋漓，文如其人。且令天下后世负才不遇者读之，一齐下泪。或谓文长既见重于胡公，白鹿两表又为永陵赏识，何难立荐于朝，以贵其身。想必文长当日有所不屑耳。然惟不屑，所以为文长也。嗟夫！科第埋没英雄至此，可胜浩叹！（《古文析义》卷一六）

〔清〕　吴楚材、吴调侯：文长固数奇不偶，然而致身幕府，为天子嘉叹，不可谓不遇矣。而竟抱愤而卒，何其不善全乎？非石公识之残编断简中，几埋没千古矣。（《古文观止》卷一二）

〔清〕　过珙：古人以数奇不得志而死者多有，未有若文长之愤极而自戕者。篇中写诗奇、文奇、字奇、画奇，以至抱恨而死之奇。总由"数奇"二字写来，悲壮淋漓，情事团凑，亦是奇笔。（《详订古文评注全集》卷一〇）

〔清〕　李扶九：自来奇人，必有奇事奇文；无奇事奇文，何以为奇人？然奇事奇文，必有奇穷；若无奇穷，何以成奇事奇文？文长之为人奇穷矣，而文与事皆奇。故此传之文，即以"奇"字为骨，且末段用"石公曰"三字，俨然史笔，尤为大奇。然非是文，不足以表是人

也。(《古文笔法百篇》卷三)

[清] 黄仁黼：传者，纪载事迹，以传后世者也。诸史列传，班班可考，而其中或传或不传。非其人不足传，盖生平行事，必无一二奇行奇能，可以骇动人之耳目者，故虽传而其传不广。文长以一布衣游诸侯，纵谈天下事，胡公以是奇之，一切疏计皆出其手，亦可吐胸中所蕴矣。而其名仅震于白鹿一表，以是其奇不传诸史而传诸石公。而石公又不以其奇为不遇，而以其诗其文直取定于百世之下，则牢愁困苦皆不足为先生奇，而其勃然不可磨灭者乃真奇也。以真奇而论其病其穷，则无之不奇矣；无之而不奇，则无之不传矣。(《古文笔法百篇》卷三)

五人墓碑记

张 溥

解题 《明史·周顺昌传》:"周顺昌,字景文,吴县人。……顺昌为人刚方贞介,疾恶如仇。巡抚周起元忤魏忠贤削籍,顺昌为文送之,指斥无所讳。魏大中被逮,道吴门。顺昌出饯,与同卧起者三日,许以女聘大中孙。旗尉屡趣行,顺昌瞋目曰:'若不知世间有不畏死男子耶?归语忠贤,我故吏部郎周顺昌也。'因戟手呼忠贤名,骂不绝口。旗尉归,以告忠贤。御史倪文焕者,忠贤义子也,诬劾同官夏之令,致之死。顺昌尝语人,他日倪御史当偿夏御史命。文焕大恚,遂承忠贤指,劾顺昌与罪人婚,且诬以赃贿,忠贤即矫旨削夺。先所忤副史吕纯如,顺昌同郡人,以京卿家居,挟前恨,数潜于织造中官李实及巡抚毛一鹭。已,实追论周起元,遂诬顺昌请嘱,有所乾没,与起元等并逮。顺昌好为德于乡。有冤抑及郡中大利害,辄为所司陈说,以故士民德顺昌甚。及闻逮者至,众咸愤怒,号冤者塞道。至开读日,不期而集者数万人,咸执香为周吏部乞命。诸生文震亨、杨廷枢、王节、刘羽翰等前谒一鹭及巡按御史徐吉,请以民情上闻。旗尉厉声骂曰:'东厂逮人,鼠辈敢尔!'大呼:'囚安在?'手掷锒铛于地,声琅然。众益愤,曰:'始吾以为天子命,乃东厂耶!'蹋拥大呼,势如山崩。旗尉东西窜,众纵横殴击,毙一人,余负重伤,踰垣走。一鹭、吉不能语。知府寇慎、知县陈文瑞素得民,曲为解谕,众始散。顺昌乃自诣吏。又三日北行,一鹭飞章告变。东厂刺事者言吴人尽反,谋断水道,劫漕舟,忠贤大惧。已而一鹭言缚得倡乱者颜佩韦、马杰、沈扬、杨念如、周文元等,乱已定,忠贤乃安。然自是缇骑不出国门矣。"

五人者，盖当蓼了。洲周公之被逮，激于义而死焉者也。入手便提出五人来历。至于今，郡之贤士大夫请于当道，即除魏阉废祠之址以葬之，且立石于其墓之门，以旌其所为。点墓碑。呜呼！亦盛矣哉！

夫五人之死，去今之墓而葬焉，其为时止十有一月耳。夫十有一月之中，凡富贵之子，慷慨得志之徒，其疾病而死，死而湮因没不足道者，亦已众矣。况草野之无闻者欤！独五人之皦皦，何也？史公云："死或重于泰山，或轻于鸿毛。"良然。

予犹记周公之被逮，在丁卯三月之望。吾社之行为士先者，为之声义，敛资财以送其行，哭声震动天地。吴民好义如此。缇题。骑按剑而前，问："谁为哀者？"众不能堪，抶叱。而仆之。抶，击也。是时以大中丞抚吴者，毛一鹭。为魏之私人，周公之逮所由使也。吴之民方痛心焉，于是乘其厉声以呵，则噪而相逐，中丞匿于溷藩以免。一时义勇如见。既而以吴民之乱请于朝，按诛五人，曰：颜佩韦、杨念如、马杰、沈扬、周文元，点五人姓名。即今之傫垒。然在墓者也。句宕甚。

然五人之当刑也，意气扬扬，呼中丞之名而詈之，谈笑以死。断头置城上，颜色不少变。有贤士大夫发五十金，买五人之脰豆。而函之，卒与尸合。故今之墓中，全乎为五人也。写五人凛凛若生。

嗟夫！大阉之乱，缙绅而能不易其志者，四海之大，有几人欤？文情开拓。而五人生于编伍之间，素不闻诗书之训，激昂大义,蹈死不顾,亦曷故哉?此言五人之死义为尤难。且矫诏纷出,钩党之捕,遍于天下,卒以吾郡之发愤一击,不敢复有株治。大阉亦逡巡畏义,非常之谋,难于猝发。待圣人之出,而投缳铉。道路,不可谓非五人之力也。怀宗即位,谪魏忠贤凤阳看皇陵,忠贤行至阜城,知不免诛殛,因自经死。○此言五人之死,关系甚重。

由是观之,则今之高爵显位,暗指魏党。一旦抵罪,或脱身以逃,不能容于远近,而又有剪发杜门,佯狂不知所之者,其辱人贱行,视五人之死,轻重固何如哉?将此辈与五人两两相较,尤妙在不说煞。是以蓼洲周公,忠义暴仆。于朝廷,赠谥美显,荣于身后;而五人亦得以加其土封,列其姓名于大堤之上。凡四方之士,无有不过而拜且泣者,斯固百世之遇也!五人至今犹生,谁谓五人之不幸哉?不然,令五人者保其首领,以老于户牖之下,则尽其天年,人皆得以隶使之,安能屈豪杰之流,扼腕墓道,发其志士之悲哉?反掉一段,文势振宕。故予与同社诸君子,哀斯墓之徒有其石也,而为之记,亦以明死生之大,匹夫之有重于社稷也。点出作记意。

贤士大夫者,冏卿因之吴公、太史文起文公、孟长姚公也。点出贤士大夫,应起作结。

汇评

[清] 林云铭:拿定激义而死一意,说得有赖于社稷,且有益于人心。何等关系!令一时附阉缙绅无处生活。文中有原委,有曲折,有发挥,有收拾。华衮中带出斧钺,真妙篇也。(《古文析义》卷一六)
[清] 吴楚材、吴调侯:议论随叙事而入,感慨淋漓,激昂尽致。当与史

公《伯夷》、《屈原》二传并垂不朽。(《古文观止》卷一二)

[清] 过珙：一句句皆忠义眼泪,读者那得不感动？(《详定古文评注全集》卷一〇)

[清] 李扶九：作者目击其事,故言之直切痛快,令人读之亦痛快也。(《古文笔法百篇》卷一五)

[清] 黄仁黼：自古奸雄擅国,必众树党援者以助其威福也,必铢锄正类者以遂其诡随也。魏之党毛,毛之逮周,此亦数之然,势所必至,无足深骇者。若夫五人,生于编伍之间,素不娴诗书之训,一旦公义奋发,视死如饴,不啻以死国者死周,愤毛者愤魏,使后世观之,生气犹凛凛焉,斯亦奇矣。且其谈笑就义,在五人之心,即死而湮没无闻,委诸沟渎,令其与草木同腐,亦所不惜,初何尝计及死后有为之表章者耶？虽然,秦之哀三良也,则赋《黄鸟》；卫之伤二子也,则咏"乘舟"。恻隐之在人心,有随在不可磨灭者。审是,则五人得先生之文,庶几其名益彰与！(《古文笔法百篇》卷一五)

引用书目

《**周礼**》 清阮元校刻 《十三经注疏》本 中华书局1980年版
《**仪礼**》 清阮元校刻《十三经注疏》本 中华书局1980年版
《**礼记正义**》 汉郑玄注 唐孔颖达疏 清阮元校刻 《十三经注疏》本 中华书局1980年版
《**礼记集解**》 清孙希旦 永嘉丛书本
《**国语**》 四部丛刊本
《**春秋左传集解**》 晋杜预 上海人民出版社1977年版
《**春秋公羊传**》 清阮元校刻《十三经注疏》本 中华书局1980年版。
《**春秋穀梁传**》 清阮元校刻《十三经注疏》本 中华书局1980年版
《**战国策**》 四库全书本
《**论语**》 清阮元校刻《十三经注疏》本 中华书局1980年版
《**史记**》 汉司马迁 中华书局点校本
《**汉书**》 汉班固 中华书局点校本
《**后汉书**》 南朝宋范晔 中华书局点校本
《**三国志**》 晋陈寿 中华书局点校本
《**晋书**》 唐房玄龄等 中华书局点校本
《**宋书**》 梁沈约 中华书局点校本
《**旧唐书**》 后晋刘昫等 中华书局点校本
《**新唐书**》 宋欧阳修等 中华书局点校本
《**新五代史**》 宋欧阳修 中华书局点校本
《**宋史**》 元脱脱等 中华书局点校本
《**明史**》 清张廷玉等 中华书局点校本
《**罪惟录**》 清查继佐 四部丛刊本

《资治通鉴》　宋司马光　上海古籍出版社1987年版

《续资治通鉴长编》　宋李焘　上海古籍出版社1986年版

《三辅黄图》　四部丛刊本

《嘉庆重修一统志》　四部丛刊本

《管子》　四部丛刊本

《晏子春秋》　四部丛刊本

《吕氏春秋》　四部丛刊本

《新序疏证》　汉刘向撰　赵善诒疏证　华东师范大学出版社1989年版

《楚辞章句》　汉王逸　清光绪壬辰传经堂本

《华阳国志》　东晋常璩　四部丛刊本

《靖节先生集》　东晋陶潜撰　清陶澍集注　清道光二十年刊本

《贞观政要》　唐吴兢　四部丛刊本

《李白集校注》　唐李白撰　瞿蜕园朱金城校注　上海古籍出版社1980年版

《五百家注音辨韩昌黎先生文集》　唐韩愈撰　宋魏仲举辑　清乾隆甲辰刻本

《韩昌黎文集校注》　唐韩愈撰　马其昶校注　古典文学出版社1957年版

《李文公集》　唐李翱　四部丛刊本

《刘宾客文集》　唐刘禹锡　四库全书本

《白氏长庆集》　唐白居易　四部丛刊本

《柳河东集》　唐柳宗元　上海人民出版社1974年版

《樊川文集》　唐杜牧　四部丛刊本

《唐国史补》　唐李肇　中华书局1957年版

《酉阳杂俎》　唐段成式　四部丛刊本

《皮子文薮》　唐皮日休　四部丛刊本

《小畜集》 宋王禹偁 四部丛刊本

《徂徕石先生文集》 宋石介 中华书局1984年版

《欧阳文忠公集》 宋欧阳修 四部丛刊本

《乐全集》 宋张方平 四库全书本

《苏舜钦集编年校注》 宋苏舜钦撰 傅平骧胡问陶编年校注 巴蜀书社1991年版

《安阳集》 宋韩琦 四库全书本

《温国文正公文集》 宋司马光 四部丛刊本

《王文公文集》 宋王安石 上海人民出版社1974年版

《二程语录》 宋程颐程颢 福州正谊书院刻本

《苏轼文集》 宋苏轼 中华书局1986年版

《经进东坡文集事略》 宋苏轼 文学古籍刊行社1957年版

《东坡题跋》 宋苏轼 津逮秘书本

《东坡志林》 宋苏轼 中华书局1981年版

《姑溪居士集》 宋李之仪 1911年刊本

《栾城集》 宋苏辙 上海古籍出版社1987年版

《后山诗话》 宋陈师道 历代诗话本

《张耒集》 宋张耒 中华书局1990年版

《邵氏闻见录》 宋邵伯温 中华书局1983年版

《蔡宽夫诗话》 宋蔡启 宋诗话辑佚本

《王直方诗话》 宋王直方 宋诗话辑佚本

《唐子西文录》 宋强幼安述 历代诗话本

《避暑录话》 宋叶梦得 学津讨原本

《邵氏闻见后录》 宋邵博 中华书局1983年版

《浮溪集》 宋汪藻 四部丛刊本

《楚辞补注》 宋洪兴祖 四部丛刊本

《曲洧旧闻》 宋朱弁 丛书集成本

《扪虱新话》 宋陈善 儒学警悟本
《栾城先生遗言》 宋苏籀记 陶氏涉园影刻宋刊左氏百川学海本
《东坡先生年谱》 宋王宗稷 王水照编《宋人所撰三苏年谱汇刊》本上海古籍出版社1989年版
《能改斋漫录》 宋吴曾 中华书局1960年版
《珊瑚钩诗话》 宋张表臣 历代诗话本
《梅溪王先生文集》 宋王十朋 四部丛刊本
《独醒杂志》 宋曾敏行 知不足斋丛书本
《韵语阳秋》 宋葛立方 历代诗话本
《休斋诗话》 宋陈知柔 吴文治主编《宋诗话全编》本 江苏古籍出版社1998年版
《容斋随笔》 宋洪迈 上海古籍出版社1978年版
《骖鸾录》 宋范成大 宝颜堂秘籍本
《诚斋诗话》 宋杨万里 历代诗话续编本
《晦庵先生朱文公文集》 宋朱熹 四部丛刊本
《朱子语类》 宋朱熹 清同治壬申刊本
《楚辞集注》 宋朱熹 清光绪壬辰传经堂刊本
《楚辞后语》 宋朱熹 清光绪壬辰传经堂刊本
《古文关键》 宋吕祖谦 日本刊本
《东莱博议》 宋吕祖谦 清光绪二十五年文瑞楼刊本
《经钽堂杂志》 宋倪思 清康熙五十二年传经堂刊本
《习学记言序目》 宋叶适 中华书局1961年版
《崇古文诀》 宋楼昉 四库全书本
《文章精义》 宋李淦 人民文学出版社1960年版
《梁溪漫志》 宋费衮 涵芬楼刊本
《文章正宗》 宋真德秀 四库全书本
《吹剑录全编》 宋俞文豹 古典文学出版社1958年版

《后村先生大全集》　宋刘克庄　四部丛刊本
《贵耳集》　宋张端义　中华书局1958年版
《荆溪林下偶谈》　宋吴子良　宝颜堂秘笈续集本
《鹤林玉露》　宋罗大经　中华书局1983年版
《黄氏日钞》　宋黄震　耕余楼刊本
《宾退录》　宋赵与峕　上海古籍出版社1983年版
《学斋佔毕》　宋史绳祖　四库全书本
《困学纪闻》　宋王应麟　商务印书馆1959年版
《文章轨范》　宋谢枋得　清同治五年刊本
《苏颍滨年表》　宋孙汝听　上海古籍出版社1987年版《栾城集》附录
《桐江诗话》　宋阙名　宋诗话辑佚本
《滹南遗老集》　金王若虚　四部丛刊本
《敬斋古今黈》　元李冶　武英殿聚珍版丛书本
《唐才子传》　元辛文房　四库全书本
《隐居通议》　元刘壎　丛书集成本
《昌黎文式》　元程端礼　精钞本
《古赋辨体》　元祝尧　明成化刊本
《明太祖文集》　明朱元璋　四库全书本
《薛文清公读书录》　明薛瑄　清乾隆十一年刊本
《水东日记》　明叶盛　中华书局1980年版
《评选古文正宗》　明张鼐　明刊本
《馀冬叙录》　明何孟春　清乾隆二十三年世读轩重刊本
《檀弓丛训》　明杨慎　函海本
《四友斋丛说》　明何良俊　中华书局1959年版
《欧阳文忠公文选》　明归有光　清刊本
《古文举例》　明归有光　清光绪乙巳邹寿祺重辑昆山归氏本
《文章指南》　明归有光　清光绪二年闰五月皖江节署刊本

891

《文编》　明唐顺之　四库全书本

《唐宋八大家文钞》　明茅坤　皖省聚文堂重校刊本

《史记钞》　明茅坤　四库全书本

《史记评林》　明凌稚隆　清同治十三年刊本

《读书后》　明王世贞　清乾隆丙子刊本

《艺苑卮言》　明王世贞　历代诗话续编本

《焚书》　明李贽　中华书局1959年版

《读左漫笔》　明陈懿典　学海类编本

《少室山房类稿》　明胡应麟　四库全书本

《李文庄公全集》　明李腾芳　清光绪二年刊本

《钟伯敬增订袁中郎全集》　明袁宏道　明崇祯刻本

《苏长公合作》　明郑之惠　明万历吴兴闵氏刻本

《汉魏六朝百三家集题辞》　明张溥　人民文学出版社1981年版

《阳明先生年谱》　明钱德洪　清刊本《王文成公全书》附录

《牧斋有学集》　清钱谦益　四部丛刊本

《列朝诗集》　清钱谦益　清宣统二年神州国光社铅印本

《愚庵小集》　清朱鹤龄　上海古籍出版社1979年影印本

《天下才子必读书》　清金圣叹　《金圣叹全集》本　江苏古籍出版社1985年版

《评注才子古文》　清金圣叹　江左书林1914年石印本

《明文授读》　清黄宗羲　清康熙三十八年味芹堂刊本

《左传经世钞》　清魏禧　清乾隆十三年夏邑彭氏重刊本

《古文小品咀华》　清王符曾　书目文献出版社1983年版

《山晓阁左传选》　清孙琮　山晓阁文选本

《山晓阁公羊传选》　清孙琮　山晓阁文选本

《山晓阁国语选》　清孙琮　山晓阁文选本

《山晓阁西汉文选》　清孙琮　山晓阁文选本

《山晓阁选唐大家柳柳州全集》　清孙琮　上海锦章图书局1916年石印本

《山晓阁选宋大家欧阳庐陵全集》　清孙琮　清康熙刊本

《古文渊鉴》　清徐乾学　四库全书本

《唐宋十大家全集录》　清储欣　清光绪壬午江苏书局重刊本

《唐宋八大家类选》　清储欣　清光绪壬辰湖北官书处重刊本

《池北偶谈》　清王士禛　中华书局1982年版

《史记论文》　清吴见思　清康熙二十六年尺木堂刊本

《古文赏音》　清谢有煇　清康熙五十四年刊本

《唐宋八大家文钞》　清张伯行　丛书集成本

《义门读书记》　清何焯　中华书局1987年版

《全唐诗》　清彭定求等　中华书局1960年版

《古文析义》　清林云铭　清康熙丙申刊本

《韩文起》　清林云铭　清康熙三十二年建阳坊刻本

《读史管见》　清李晚芳　日本刊本

《古文观止》　清吴楚材吴调侯　中华书局1959年版

《唐宋八大家文读本》　清沈德潜　清光绪壬寅宁波汲绠斋石印本

《穆堂初稿》　清李绂　清乾隆庚申刊本

《唐宋八家古文精选》　清吕葆中　清康熙甲申吕氏家塾刊本

《古文眉诠》　清浦起龙　静寄东轩刊本

《古文雅正》　清蔡世远　清光绪乙巳宏道堂重刊本

《重订古文释义新编》　清余诚　上海锦章图书局石印本

《韩文论述》　清沈闾　清刻本

《详订古文评注全集》　清过珙　清嘉庆庚申刊本

《海峰先生精选八家文钞》　清刘大櫆　清光绪丙子刘继邢邱重刊本

《陈太仆批选八大家文钞》　清陈兆崙　清光绪二十六年天津文美斋石印本

《春秋左绣》　清冯李骅陆浩　清康熙五十九年刻本

《援鹑堂笔记》　清姚范　清道光十五年刊本

《史记评注》　清牛运震　空山堂全集本

《唐宋文醇》　清爱新觉罗·弘历　清光绪三年浙江书局重刊本

《古文评注便览》　清朱心炯　清乾隆己丑耐芳居刊本

《赋话》　清李调元　丛书集成本

《古文分编集评》　清于光华　清乾隆乙未刻本

《文选集评》　清于光华　清同治十一年江苏书局刊本

《古文集宜》　清魏起泰　清乾隆五十一年聚锦堂刊本

《元明八大家古文》　清刘肇虞　清乾隆二十九年步月楼刊本

《古文一隅》　清朱宗洛　清光绪丁亥撷华书屋刊本

《唐宋八家钞》　清高嵣　光绪庚子成都书局刊本

《蠡勺编》　清凌扬藻　丛书集成本

《骈体文钞》　清李兆洛　四部备要本

《仪卫轩文集》　清方东树　清同治戊辰刊本

《金元明八大家文选》　清李祖陶　清道光二十五年泰和刊本

《苏文忠公诗编注集成》　清王文诰　清嘉庆二十四年武林韵山堂刻本

《古文翼》　清唐介轩　清同治癸酉常熟艺文堂刊本

《六朝文絜笺注》　清许梿评选　清黎经浩笺注　上海古籍出版社1962年版

《全唐文》　清董诰等　中华书局1983年版

《金石订例》　清鲍振方　丛书集成本

《曾文正公全集》　清曾国藩　扫叶山房石印本

《艺概》　清刘熙载　上海古籍出版社1978年版

《历阳典录》　清陈廷桂　清同治六年和州官舍刊本

《史记札记》　清郭嵩焘　上海商务印书馆1957年版

引用书目

《蔡氏古文评注补正全集》 清蔡铸 商务印书馆1918年版
《霞外攟屑》 清平步青 上海古籍出版社1982年版
《古文笔法百篇》 清李扶九黄仁黼 岳麓书社1983年版
《增选古今文致》 清刘士镛 清光绪癸巳刻本
《古文辞类纂选本》 清林纾 商务印书馆1926年版
《春觉斋论文》 清林纾 人民文学出版社1959年版
《韩柳文研究法》 清林纾 商务印书馆1914年版
《左传撷华》 清林纾 商务印书馆1921年版
《石遗室论文》 清陈衍 无锡国学专修学校丛书本
《古文学馀》 清毛庆蕃 清光绪戊申刊本
《国文经纬贯通大义》 清唐文治 1925年石印本
《古文范》 清吴闿生 1927年刊本
《史记评议》 清李景星 四史评议本
《古文辞约编》 清李刚己 柏香书屋1925年校印本
《两汉文举要》 清高步瀛 中华书局1990年版
《唐宋文举要》 清高步瀛 上海古籍出版社1982年版
《古文比》 清陈曾则 中华书局1916年版
《评校音注古文辞类纂》 清王文濡 中华书局1923年印行本
《天台县志稿》 褚传浩等 1915年油印本
《韩愈志》 钱基博 商务印书馆1958年增订版
《汉文学史纲要》 鲁迅 《鲁迅全集》本 人民文学出版社1981年版
《管锥编》 钱钟书 中华书局1979年版
《全宋文》 四川大学古籍整理研究所编 巴蜀书社1991年版